Kohlhammer

Kohlhammer
Standards Psychologie

Herausgegeben von
Theo W. Herrmann
Werner H. Tack
Franz E. Weinert

Klaus Schneider
Heinz-Dieter Schmalt

Motivation

3., überarbeitete
und erweiterte Auflage

Verlag W. Kohlhammer

Die Deutsche Bibliothek – CIP-Einheitsaufnahme

Schneider, Klaus:
Motivation / Klaus Schneider ; Heinz-Dieter Schmalt. - 3., überarb. und erw. Aufl. - Stuttgart ; Berlin ; Köln : Kohlhammer, 2000
(Kohlhammer-Standards Psychologie : Basisbuch)
ISBN 3-17-016181-4

3., überarbeitete und erweiterte Auflage 2000

Stuttgart Berlin Köln
Verlagsort: Stuttgart
Umschlag: Data Images GmbH
Gesamtherstellung:
W. Kohlhammer Druckerei GmbH + Co. Stuttgart
Printed in Germany

Inhalt

Vorwort zur 3. Auflage 9

1. Einleitung 11

1.1. Gegenstand der Motivationspsychologie 11
1.2. Basale Konzepte der Motivationsforschung 15
1.2.1. Motive 15
1.2.2. Anreize 17
1.2.3. Das Zusammenwirken von Anreizen und Motiven 19
1.2.4. Anreiz und Emotion 20
1.2.5. Erwartungen in der Handlungssituation als Komponenten der Motivation 24
1.3. Motivation durch Erwartung und Wert 25
1.4. Die Funktion von Motiven 27
1.5. Motive, Ziele und Motivation 29
1.6. Wille und Bewußtheit 31
1.7. Auf ein Wort 34

2. Methoden der Motivationspsychologie 36

2.1. Der experimentell-psychologische Ansatz 36
2.2. Kontrolle und Variation der Anreize 39
2.3. Kontrolle der organismischen Bedingungsfaktoren 41
2.4. Messung von Motiven 50
2.5. Verhaltensgenetische Methoden 55
2.6. Auf ein Wort 56

3. Forschungsansätze der Motivationspsychologie 57

3.1. Der instinkttheoretische und ethologische Ansatz 57
3.2. Evolutionsbiologische und soziobiologische Ansätze 64
3.3. Der psychoanalytische Ansatz 70

3.4. Behavioristische Ansätze ... 73
3.5. Emotionspsychologische Ansätze ... 77
3.6. Kognitive Ansätze ... 85
3.7. Handlungstheoretische Ansätze ... 92
3.8. Auf ein Wort ... 100

4. Hunger ... 102

4.1. Phänomene und Funktion ... 102
4.2. Organismische Bedingungsfaktoren des Nahrungsaufnahmeverhaltens ... 108
4.2.1. Periphere Faktoren ... 109
4.2.2. Zentrale Faktoren ... 119
4.3. Kognitive und soziale Bedingungsfaktoren ... 122
4.4. Lernfaktoren ... 127
4.5. Auf ein Wort ... 131

5. Sexualität ... 132

5.1. Phänomene und Funktion ... 132
5.2. Natürliche und sexuelle Selektion ... 134
5.2.1. Morphologische Merkmale ... 134
5.2.2. Paarbildungen und Partnerschaften ... 137
5.2.3. Situative Bedingungsfaktoren (Anreize) ... 139
5.3. Sexuelle Erregung ... 142
5.4. Organismische Faktoren im Sexualverhalten ... 146
5.4.1. Hormonelle Bedingungsfaktoren ... 149
5.4.2. Neuronale Bedingungsfaktoren ... 154
5.5. Soziale Faktoren ... 155
5.6. Auf ein Wort ... 157

6. Neugier und Exploration ... 159

6.1. Phänomene und Funktion ... 159
6.2. Klassifikation des Neugierverhaltens ... 163
6.2.1. Spezifisches Neugierverhalten ... 166
6.2.2. Diversives Neugierverhalten ... 176
6.3. Interindividuelle Unterschiede im Explorationsverhalten ... 178

6.4. Organismische Bedingungsfaktoren 182
6.5. Auf ein Wort 184

7. Angst und Furcht 186

7.1. Phänomene und Funktion 186
7.2. Situative Auslöser der Angst 189
7.3. Die Triebkonzeption der Angst 191
7.3.1. Ängstlichkeit als Motivdisposition 193
7.3.2. Angst und Leistung 193
7.4. Kognitive Modelle der Angst 196
7.4.1. Aufmerksamkeitshypothesen der Ängstlichkeit 196
7.4.2. Besorgnis und Emotionalität als Komponenten der Ängstlichkeit 199
7.5. Angst in Konfliktsituationen und ihre Bewältigung 202
7.6. Angstkontrolle 207
7.7. Ängstlichkeit als Zustand (State) und als Disposition (Trait) 209
7.8. Neurobiologie der Angst 212
7.9. Auf ein Wort 215

8. Aggrcssion 217

8.1. Phänomene und Funktion 217
8.2. Biopsychologische Grundlagen aggressiven Verhaltens . 221
8.2.1. Aggression bei Tieren 221
8.2.2. Neurobiologie aggressiven Verhaltens 223
8.2.3. Hormonale Faktoren 226
8.3. Situative Bedingungsfaktoren menschlichen aggressiven Verhaltens 227
8.3.1. Die Frustrations-Aggressions-Hypothese 228
8.3.2. Unangenehme Ereignisse und Aggression 231
8.4. Vermittelnde Mechanismen: Affektive und kognitive Bedingungsfaktoren aggressiven Verhaltens 235
8.4.1. Die Bedeutung des Ärgeraffekts und physiologische Erregung 236
8.4.2. Die Bedeutung von Handlungsintentionen 239
8.5. Erwartung-Wert-Theorien der Aggression: Die Bedeutung antizipierter Konsequenzen........................... 243
8.6. Auf ein Wort 249

9. Machtmotivation 251

9.1. Phänomene und Funktion 251
9.2. Macht, das Individuum und die Gesellschaft 253
9.3. Das Machtmotiv und seine Verhaltensauswirkungen 256
9.4. Das Machtmotiv, politische Führung und Krieg und Frieden 262
9.5. Situative Determinanten machtmotivierten Verhaltens 266
9.6. Auf ein Wort 271

10. Leistungsmotivation 273

10.1. Phänomene und Funktion 273
10.2. Das Leistungsmotiv 274
10.3. Das Zusammenwirken von Person- und Situationsfaktoren: Das Risiko-Wahl-Modell 275
10.4. Der attributionstheoretische Ansatz 284
10.5. Leistungsmotivation, Diagnostizität und Unsicherheit 293
10.6. Zieltheorien 297
10.7. Gelernte Hilflosigkeit 300
10.8. Auf ein Wort 303

11. Literaturverzeichnis 305

12. Sachregister 341

Vorwort zur 3. Auflage

Als wir vor einigen Jahren das Konzept zur ersten Auflage des Lehrbuchs zur Motivationspsychologie entwickelten, haben wir uns von drei Grundideen leiten lassen:

- sowohl biologische als auch sozial-kognitive Einflußfaktoren zu berücksichtigen,
- Motivation aus einem Zusammenwirken innerer (personseitiger) und äußerer (situativer) Faktoren zu verstehen,
- auch willenspsychologische Ansätze in die Motivationspsychologie zu integrieren.

Dieser Ansatz hat sich als zukunftssicher und richtungsweisend bewährt. Insbesondere die durch die Evolutionsbiologie und Soziobiologie angeregte funktionale Sichtweise auf Motivation hat viele neue Einsichten ermöglicht, die einer rein sozial-kognitiven Auslegung von Motivationsvorgängen verschlossen bleibt. Auch die konsequente Berücksichtigung von Motivdispositionen hat sich als unverzichtbar erwiesen, insbesondere, wenn sie eine evolutionäre Vergangenheit haben. Die Integration der Willenspsychologie ist unterdessen auch vollzogen.

Es kann kein Zweifel daran bestehen, daß die Motivationspsychologie im letzten Jahrzehnt eine rasante Entwicklung genommen und auch viele Bereiche der Kognitions- und Emotionspsychologie in ihren Einflußbereich gebracht hat. Dies machte es erforderlich, das Buch in großen Teilen völlig neu zu schreiben, weil durch diese neuen Perspektiven auch ganz neue motivationspsychologische Einsichten gewonnen werden konnten.

Klaus Schneider ist leider viel zu früh von uns gegangen und konnte diese Entwicklungen nicht mehr miterleben; er hat sie jedoch angeregt und mitgestaltet. Das Buch „Motivation" soll deswegen noch einmal unter den bekannten Autorennamen erscheinen.

Bei der Arbeit an diesem Buch halfen mir Carola Ludwig, Marlies Pinnow, Rosa Maria Puca, Julia Schüler, Thomas Langens, Kurt Sokolowski und Melanie. Ihnen allen möchte ich an dieser Stelle danken.

Heinz-Dieter Schmalt, Sommer 2000

1. Einleitung

1.1. Gegenstand der Motivationspsychologie

Menschen und Tiere verfolgen zu unterschiedlichen Zeiten unterschiedliche Ziele mit unterschiedlicher Intensität und Ausdauer. Ein schöner Sonntagnachmittag im Frühjahr lockt Schüler A aus dem Haus ins Grüne, obwohl das Abitur im kommenden Jahr ansteht, während Schüler B, der sich ebenfalls auf das Abitur vorbereitet, den Nachmittag in seinem Zimmer verbringt, um sich auf einen Mathematiktest vorzubereiten. Das Studierverhalten von Schüler B während dieses Nachmittags ist nicht gleichmäßig intensiv: Zunächst hat er Schwierigkeiten, sich zu konzentrieren – er denkt an das letzte Zusammensein mit seinen Freunden bei einer Radtour; dann kommt er in Gang und kann konzentriert arbeiten. Später dringt aus der unteren Etage das Geräusch eines laufenden Fernsehers, in dem ein spannendes Formel-1-Rennen übertragen wird, an sein Ohr. Er verläßt sein Zimmer, um sich das Rennen anzuschauen. Danach spielt er eine Weile im Garten mit dem Hund. Nach dem Abendessen studiert er weiter, fühlt sich aber um 21.00 Uhr so müde, daß er beschließt, zu Bett zu gehen. Der nächste Sonntag ist regnerisch und kalt. Beide Schüler bleiben nun zu Hause und bereiten sich auf Prüfungsarbeiten vor.

Sowohl aus unserer Selbstbeobachtung als auch aus der Beobachtung anderer Menschen und auch der Tiere ist uns bekannt, daß ein und dasselbe Lebewesen zu unterschiedlichen Zeiten unterschiedliche Verhaltensweisen an den Tag legt und damit offensichtlich unterschiedliche Ziele verfolgt. Allgemeinere Ziele des Verhaltens können einmal die Wiederherstellung und Bewahrung innerer Zustände – so z.B. die energetische Versorgung des Körpers und damit die Beseitigung des Hungergefühls – und auch die Herstellung, Erringung oder Erhaltung äußerer Sachverhalte sein, wie ein Werk (ein Gegenstand, eine Zeichnung usw.), eine soziale Position oder eine soziale Beziehung. Liegen die erstgenannten Ziele im Organismus selbst, in der Aufrechterhaltung des »inneren Milieus« (Bernard, 1878), so liegen die letztgenannten Ziele in der dinglichen und sozialen Umwelt und im Verhältnis der handelnden Person zur Umwelt.

Ziele, die man verfolgen kann, gibt es unendlich viele. In der Motivationspsychologie hat es denn auch nicht an Versuchen gefehlt, diese Vielfalt an Zielen zu ordnen. Je nachdem, welches Abstraktionsniveau gewählt wird, ergeben sich hierbei ganz unterschiedliche Einteilungsversuche. Als brauchbar hat sich erwiesen, drei große Klassen von Zielen zu unterscheiden, nämlich mit Artgenossen zusammen zu sein, Einfluß auf die dingliche und soziale Umwelt zu haben und Unsicherheit zu reduzieren. Diese Einteilung ist deswegen recht praktikabel, weil sie sich nicht nur für den Menschen, sondern auch für die meisten der höher organisierten Lebewesen verwenden läßt (vgl. Buss, 1991; Deci & Ryan, 1991; McClelland, 1985, 1995).

Nicht zu jedem Zeitpunkt werden solche allgemeinen Ziele, die ein Mensch verfolgen kann, auch verhaltenswirksam; wenn aber in diesen Zielen überdauernde Anliegen zum Ausdruck kommen, stehen sie potentiell bereit, um bei entsprechender Anregung verhaltenswirksam zu werden. Diese Anregung kann von außen, z.B. dadurch, daß man eine nette Person trifft, oder von innen, z.B. durch hormonelle Veränderungen, kommen. Thematisch ähnliche Ziele können zu Klassen zusammengefaßt werden. Da Ziele unterschiedlich bewertet werden, ordnet die Motivationspsychologie solchen inhaltlich abgrenzbaren Klassen von Zielen Bewertungsdispositionen zu, die wir als Motive bezeichnen. Die Tatsache, daß Menschen und Tiere unterschiedliche Ziele verfolgen und daß die Zielverfolgung dabei unterschiedlich intensiv und ausdauernd ist, wird auf dispositionelle Unterschiede in der Zielbewertung, also auf die Motive, zurückgeführt (*interindividuelle Unterschiede*). Wenn sich Schüler B also intensiver auf das Abitur vorbereitet als andere Schüler, so könnte das daran liegen, daß er das Ziel – eine gute Abiturnote – höher bewertet. Da es hierbei um die Bewertung eines leistungsthematischen Ziels geht, könnte man dies auf ein stark ausgeprägtes Leistungsmotiv zurückführen.

Werden von ein und derselben Person zu unterschiedlichen Zeiten unterschiedliche Ziele verfolgt und damit im Verhalten sichtbar (*intraindividuelle Unterschiede*), so kann das auf unterschiedliche äußere und innere Anregungsfaktoren, Anreize in der Umwelt und/oder wechselnde innere Zustände zurückgeführt werden. Viele dieser intraindividuellen Unterschiede treten bei den meisten Personen in ähnlicher Weise auf und sind dann offensichtlich durch generell wirksame Umweltfaktoren bedingt, also durch Faktoren, die bei vielen Menschen in einer vergleichbaren Situation ähnliche Verhaltensweisen anregen. An einem sonnigen Wochenende im Frühjahr treffen wir in den Erholungsgebieten einer Stadt sehr viele Menschen an, an einem regnerischen nur wenige. Der Anreiz zum Spazierengehen, so schließen wir, ist bei Sonnenschein unter sonst vergleichbaren Umständen bei Bewohnern unseres Kulturkreises größer als bei Regen.

Andere im Verhalten manifest werdende intraindividuelle Unterschiede werden durch innere Veränderungen hervorgerufen, die auch bei den meisten Personen in vergleichbarer Weise vonstatten gehen können – sei es als Ausdruck genetisch verankerter Mechanismen, wie beim circadianen Aktivitätsrhythmus, sei es als Ausdruck erworbener kultureller Einstellungen. So streben wir Menschen als tagaktive Lebewesen einige Zeit nach Einbrechen der Dunkelheit einen Schlafplatz an, während nachtaktive Lebewesen dann erst richtig munter werden. Eine innere Uhr drängt uns dazu. Viele Menschen verspüren um die Mittagszeit Hunger oder Appetit und suchen eine Gelegenheit, Nahrung zu sich zu nehmen. Dieses Verhalten ist einmal durch organismische Veränderungen aufgrund des Energieverbrauchs seit der letzten Nahrungsaufnahme bedingt, gleichzeitig unterliegt dieses Verhalten aber im Hinblick auf den genauen Zeitpunkt und auf das, was und wieviel der Mensch ißt, einer kulturellen Prägung und ist damit von Lernfaktoren abhängig. Es sei noch einmal daran erinnert, daß gleiche Umweltfaktoren durchaus nicht immer alle Menschen zu vergleichbaren Verhaltensweisen anregen. Auch die angeführten Beispiele können das demonstrieren. Im Beispiel des Sonntagsspaziergangs gilt: Selbst das schönste Sonnenwetter kann manche Menschen nicht ins Grüne locken – sei es, daß sie wie unser Schüler B im Moment Wichtigeres zu tun haben oder aber, daß sie als notorische Stubenhocker eine Lektüre oder das Fernsehen einem Spaziergang vorziehen.

Es gelingt also offensichtlich nicht, Unterschiede im menschlichen Verhalten nur durch das Wirksamwerden unterschiedlicher Situationsfaktoren zu erklären; dazu sind die Verhaltensunterschiede zwischen Menschen in ein und derselben Situation häufig zu groß. Man hat deshalb das Motivkonstrukt in die Motivationspsychologie eingeführt, um diese Unterschiede in der Bewertung bestimmter objektiver Sachverhalte erklären zu können.

Motive drängen zu Handlungen, bedingen Zielsetzungen und determinieren die Bewertung der angestrebten Ziele, aber auch anderer handlungsrelevanter Momente, z.B. die Beurteilungen der Realisierungschancen einer Zielsetzung. Neben der Wertschätzung bestimmen auch die wahrgenommenen Realisierungschancen, die Erfolgs- oder Mißerfolgserwartungen menschliches und tierliches Verhalten. So könnten in unserem Beispiel beide Schüler die beschriebenen Tätigkeiten mit ihren unmittelbaren und langfristigen Folgen zwar gleich positiv bewerten, aber unterschiedliche Realisierungschancen für den Mathematiktest wahrnehmen. So mag Schüler A zwar eine gute Note in Mathematik genauso schätzen wie Schüler B, nur sind die von ihm wahrgenommenen Realisierungschancen höher oder niedriger: Vielleicht glaubt er, jede Anstrengung sei zwecklos, weil die Aufgabe zu schwer sei; oder aber, er sei sehr begabt für dieses Fach und benötige daher solche Vorbereitung nicht; folglich wird er eher spazierengehen als sich auf das Abitur vorbereiten. Solche Erwartungen sind einmal abhängig von der wahrgenommenen Schwierigkeit einer Aufgabe und den wahrgenommenen Leistungsfaktoren in der Person (Begabung, Tagesform), werden aber auch durch die Stärke und Richtung der Motive mitbestimmt.

In der Modellierung von Motivationsprozessen hat man die Wirkungsweise solcher Kognitionen und Bewertungen im menschlichen Handeln durch sogenannte Erwartung-Wert-Modelle abzubilden versucht. Der Grundgedanke einer solchen Modellvorstellung besagt, daß eine Person sowohl ihre Wertschätzung für bestimmte Handlungsziele als auch die von ihr wahrgenommenen Realisierungschancen bei der Auswahl von Handlungszielen in Rechnung stellt. Wert bezeichnet hier einen subjektiven Sachverhalt, die von der Person wahrgenommene Attraktivität. Interessanterweise zeigen viele Untersuchungen, daß sich auch tierliches Verhalten, selbst das Verhalten ganz niederer Arten, durch Erwartungs- und Wertvariablen modellieren läßt. Wir nehmen also an, daß die Modellierbarkeit von Motivationsvorgängen durch Erwartungs- und Wertvariablen eine Universalie darstellt und nicht an die Tatsache gebunden ist, daß sich Erwartungs- und Wertvorstellungen, wie bei uns Menschen, auch unter gewissen Umständen im bewußten Erleben zeigen. Dies mag auf den ersten Blick verwunderlich erscheinen. Wir kommen auf dieses Thema noch mehrfach zu sprechen (vgl. Kap. 1.2.5.; 1.3. und 3.6.).

Unterschiede in den Motiven können beruhen (a) auf Unterschieden in den genetischen Grundlagen dieser Dispositionen oder (b) auf unterschiedlichen Lernerfahrungen der Individuen. Letzteres gilt auch für organismisch fundierte Motivsysteme wie Hunger, Durst und Sexualität, bei denen individuelle Vorlieben für bestimmte Anreize oder Handlungsziele durch unterschiedliche individuelle Lernerfahrungen erklärt werden können. Die genetische Ausstattung einer Person und ihre Lernerfahrungen beeinflussen die Bewertung von Handlungszielen, die als personseitige Determinanten von Erwartungen und anderen Kognitionen die Wahl von Zielen, die Ausdauer und Intensität einer Handlung mitbestimmen. Ein Motiv stellt gewissermaßen den innerorganismischen Anteil eines Motivationssystems dar, das zielführendes Verhalten sicherstellt.

Wir halten als erstes Zwischenergebnis fest, daß sich die Motivationspsychologie mit Zielen, konkret mit zielgerichtetem Verhalten, beschäftigt. Die Tatsache, daß Personen sich darin unterscheiden, welche Ziele sie verfolgen, wird darauf zurückgeführt, daß sie diese Ziele unterschiedlich bewerten. Diese unterschiedliche Bewertung von Zielen geschieht durch das Motiv, das deswegen auch als Bewertungsdisposition bezeichnet wird. Damit eine solche Bewertungsdisposition aktiv werden kann, bedarf es allerdings noch einer Anregung durch einen geeigneten Anreiz. Ein solcher Anreiz signalisiert die Möglichkeit, daß ein ganz bestimmtes Ziel erreicht (oder verfehlt) werden könnte (vgl. *Abbildung 1.1*). Neben der Bewertung eines Handlungsziels beeinflussen auch die wahrgenommenen Realisierungschancen die Motivation. Aus beiden – der Erwartung und dem Wert – lassen sich die Grundzüge von Motivationsvorgängen rekonstruieren.

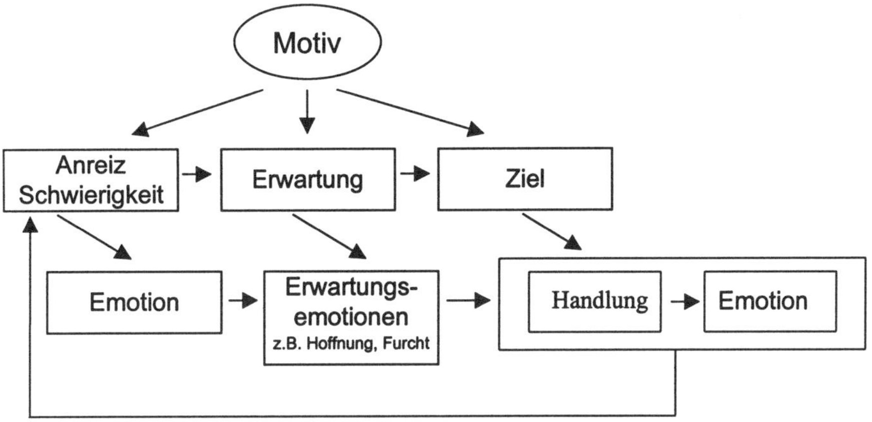

Abbildung 1.1: Schema eines Erwartung-Wert-Modells der Motivation.

1.2. Basale Konzepte der Motivationsforschung

1.2.1. Motive

In der Forschung hat sich der Begriff des Motivs zur Bezeichnung von thematisch abgrenzbaren Bewertungsdispositionen durchgesetzt. Die Einteilung der Motive muß sich an den Zielen oder Zwecken dieser Disposition orientieren, die dann, wenn sie auch bei den uns nächst verwandten Primaten nachgewiesen werden, als Ausdruck einer stammesgeschichtlichen Anpassung verstanden werden können. Sie entsprechen den natürlichen Bedürfnissen und stellen Antworten der Evolution auf die Erfordernisse des Überlebens und die Weitergabe des Erbgutes dar; sie sind, was ihre Existenz anbelangt, nicht mehr und nicht weniger »verwunderlich« als angepaßte morphologische Strukturen oder Organe. Wir nehmen an, daß die von uns hier vorgestellten relativ allgemeinen Motivsysteme, z.B. des Hungers, der Ängstlichkeit, Neugier und Sexualität, aber auch das Leistungs-, Anschluß- und Machtstreben sowie einige Formen aggressiven Verhaltens, eine genetische Basis besitzen, weil sie Anpassungen an Überlebens- und Fortpflanzungsbedingungen der dinglichen und sozialen Umwelt in der Entwicklung zum Menschen hin darstellen. Die durch die Soziobiologie angeregte Diskussion des letzten Jahrzehnts (Durham, 1991;

Simpson & Kenrick, 1997) hat deutlich gemacht, daß die in allen Kulturen vorfindbaren Anliegen der Menschen, für die außerdem Parallelen im Verhalten der uns nächst verwandten Primaten zu finden sind, immer auch Ausdruck einer phylogenetischen Anpassung und damit biogen sind.

Die Annahme einer genetischen Fundierung schließt nicht aus, daß in solchen Verhaltensdispositionen auch gesellschaftlich fundierte Wertschätzungen enthalten sind, die vom Individuum im Verlauf seiner Lerngeschichte übernommen wurden und damit Bestandteil seines Individualgedächtnisses sind. Schon bei Tieren, mehr noch bei Menschen, müssen wir annehmen, daß die genetische Information nur die Vorschrift für die Ausbildung relativ »offener«, d.h. durch Erfahrung modifizierbarer Verhaltensprogramme enthält (vgl. Mayr, 1974), so daß spezielle Bewertungen und Verhaltensweisen in der Ontogenese erworben werden müssen. Diesen Vorgang bezeichnet man als Sozialisation oder Enkulturation. Die vermittelten Werthaltungen unterliegen auch einem kulturellen Wandel (kulturelle Evolution), der nicht völlig losgelöst von den Antworten gedacht werden kann, die die biologische Evolution auf die Notwendigkeiten der Existenzerhaltung gefunden hat (vgl. Lumsden & Wilson, 1981). Man kann annehmen, daß die Sozialisationsbedingungen sich in vielen Fällen an das biologisch Vorgefundene anlehnen, so daß sich eine gewisse Synchronisation der genetischen und kulturellen Entwicklungsbedingungen ergibt. Aus dem Blickwinkel einer koevolutionären Betrachtungsweise kommt man zu dem Schluß, daß die genetische und die kulturelle Selektion in kooperativer Weise auf die Entfaltung von Merkmalen einwirken, die sich als adaptiv und vorteilhaft erwiesen haben (Asendorpf, 1996; Durham, 1991; Tooby, 1988). Die Sozialisationsbedingungen, die auch für die Übernahme und Weitergabe von Werthaltungen und Motiven verantwortlich sind, sind keine kulturellen Selbstläufer, sondern selber an die biologische Evolution angebunden. Andererseits wirkt aber auch die kulturelle Evolution zurück auf die biologische Evolution. Mit Sicherheit beeinflussen z.B. bestimmte Erfindungen aus der Medizin, wie etwa die Anwendung der Gentechnik, auch den Verlauf der biologischen Evolution. Was die motivationspsychologischen Aspekte betrifft, so kann man davon ausgehen, daß »die Werthaltungen und Bedürfnisse des Individuums die Werte und Bedürfnisvorgaben seiner Gesellschaft ebenso gestalten, wie sie von dieser gestaltet werden« (vgl. Riedl, 1987, S. 96).

Am Beispiel der Entwicklung des Leistungsmotivs läßt sich dieses Zusammenwirken demonstrieren. So ist von vielen Autoren eine genetische Basis für eine Kompetenz- bzw. Effizienzmotivation angenommen worden (Deci & Ryan, 1991; Harter, 1992; White, 1959), die sich in dem frühkindlichen »Selber-Machen-Wollen« manifestiert mit dem Ziel, die persönliche Effizienz in der Auseinandersetzung mit der sachlichen Umwelt möglichst zu steigern und die Grenzen der eigenen Kompetenz realistisch einschätzen zu lernen. Kulturelle Entwicklungen können nun in unterschiedlichem Ausmaß die Wertschätzung des Selber-Machen-Wollens betonen. Insbesondere der im 18. und 19. Jahrhundert sich in Mitteleuropa ausbreitende Calvinismus hat in seiner Glaubenslehre das Selber-Machen-Wollen, Selbstverantwortung, das Austesten der eigenen Kompetenz und schließlich den bestmöglichen Einsatz der eigenen Talente zum eigenen Nutzen und zum Wohle der Gesellschaft als besonders erstrebenswertes Ziel christlichen Lebenswandels hervorgehoben. Es ist deswegen nicht verwunderlich, wenn beim Vergleich verschiedener Religionsgruppen die Calvinisten die höchsten Werte für das Leistungsmotiv, das ebenso diese Sachverhalte betont, aufweisen (Vontobel, 1970). Diese Unterschiede verlieren sich aber zunehmend in modernen Industriegesellschaften (Veroff, 1992).

1.2.2. Anreize

Unabhängig von den Anteilen und der Bedeutung genetischer und lernbedingter Faktoren bedarf in jedem Falle das Motiv einer situativen Anregung, um zur Verhaltenswirksamkeit zu gelangen. Die situativen Momente, die Motive ansprechen und damit die Ausbildung einer Motivation bewirken, werden als Anreize bezeichnet. Motive und Anreize sind eng aufeinander bezogen, sie sind in gewisser Weise komplementär. Dieses Zusammenwirken von Motiv und passendem Anreiz hatte bereits Murray (1938, 1942) als ein »Thema« beschrieben. Besteht eine solche Korrespondenz zwischen Motiv und Anreiz, treten bestimmte Situationsmerkmale in den Vordergrund und bekommen einen »Aufforderungscharakter« (Lewin, 1926). Die Wirksamkeit solcher Anreize erfolgt unwillkürlich und automatisch. Die Anreize signalisieren dem Organismus, daß geeignete Bedingungen zum Ablauf zielgerichteter Handlungen vorliegen. Die ethologische Forschung (vgl. Kap. 3.1.) hat diesen Sachverhalt geradezu als »Auslösemechanismus« bezeichnet.

Was die Natur dieser Anreize anbelangt, so kann man auch hier – ähnlich wie bei den Motiven – biologische und soziale Einflußfaktoren in Rechnung stellen. Man kann einen solchen evolutionären Angleichungsprozeß annehmen, in dem die innerorganismischen Bedingungsfaktoren, die Motive, mit situativen Bedingungsfaktoren, den Anreizen, verbunden werden, um so Organismus-Umwelt-Korrespondenz herzustellen (Buss, 1991). Ein solch evolutionärer Druck zur Herstellung von Korrespondenz lastete sicherlich vor allem auf Verhaltenssystemen, wie etwa dem Fortpflanzungsverhalten, weil hiervon ganz unmittelbar die Arterhaltung abhängt. So ist beispielsweise bei manchen Primaten die Präsentation des Genitalbereichs ein mächtiger Anreiz, der Paarungsbereitschaft signalisiert und unmittelbar zum Kopulationsverhalten auffordert (Wickler, 1970).

Die Wirkung von Anreizen kann allerdings auch auf Lernerfahrungen aufbauen und von kulturellen und sozialen Faktoren oder schlicht den gegenwärtigen Umständen abhängen. Wenn man beispielsweise in einer fremden Stadt unterwegs ist und dringend eine bestimmte Person telefonisch erreichen muß, so besaßen bis vor einigen Jahren die gelben Telefonhäuschen der Deutschen Bundespost einen entsprechenden Aufforderungscharakter, heute sind es die grauen Häuschen der Telekom; hat man ein Handy dabei, verlieren auch diese ihren Aufforderungscharakter. Umweltereignisse gewinnen also deshalb einen Aufforderungsgehalt und werden positiv oder negativ erlebt, weil ihnen auf der Organismusseite ein Motiv oder ein momentanes Anliegen entspricht. Ein Aufforderungscharakter stellt also eine Umweltgegebenheit dar, die durch ein Motiv gewichtet und bewertet wird. Zwei Dinge sind hierbei von Bedeutung: Die Aufmerksamkeit wird auf motivrelevante Aspekte der Umwelt gelenkt, und die Umweltgegebenheit wird affektiv aufgeladen: positiv, wenn Zielerreichung im Vordergrund steht, negativ, wenn mögliche Zielverfehlung im Vordergrund steht. Aufgrund dieser Bewertung durch Motivdispositionen können Umweltgegebenheiten überhaupt erst positiv oder negativ erlebt werden und entsprechend die Richtung, Intensität und Ausdauer des Verhaltens bestimmen. Es sind damit nicht die objektiven Sachverhalte, die emotional-motivational wirksam werden, sondern die subjektiven, die von einer Person wahrgenommenen und bewerteten Sachverhalte. Wir werden daher im folgenden mit »Aufforderungscharakter« (Lewin, 1926) (später auch »Valenz« bzw. »Wert«) (Lewin, 1938) diese subjektiv bewerteten handlungswirksamen Sachverhalte bezeichnen.

Die Bedeutung und Wirkungsweise von Anreizen ist nicht nur abhängig von Motiven, sondern auch von wechselnden organismischen Zuständen. Eine Entleerung des Flüssigkeits- und Energiereservoirs im Organismus erhöht beispielsweise die Wirksamkeit von flüssigkeits- und nahrungsbezogenen Anreizen in der Umwelt: Sie werden eher wahrgenommen und positiv bewertet (vgl. Kap. 4.). In ähnlicher Weise wirken Veränderungen der Konzentration der Sexualhormone im Blut bei Säugetieren auf die Ansprechbarkeit derjenigen Mechanismen im Zentralen Nervensystem (ZNS), die das Sexualverhalten steuern, und damit auf die Wahrnehmung von und die Ansprechbarkeit auf sexuelle Anreize (vgl. Kap. 5.). Die Wirkung innerorganismischer Faktoren kann man sich wie einen Verstärker vorstellen. Organismische Zustände wie bestimmte Defizite und deren Meldung an das ZNS oder hormonelle Veränderungen im ZNS sensitivieren oder desensitivieren die informationsaufnehmenden und bewertenden Strukturen im ZNS: Die Wahrnehmung und die Bewertung von potentiellen Anreizen wird dadurch positiv oder negativ verändert.

1.2.3. Das Zusammenwirken von Anreizen und Motiven

Die äußeren Ursachen des Verhaltens und der beobachtbaren intra- und interindividuellen Unterschiede liegen also in der Situation, in den darin wahrgenommenen und emotional bewerteten Anreizen und bei einigen Motivationssystemen, zusätzlich auch in organismischen Zuständen, die entsprechende ZNS-Mechanismen (vor)aktivieren. Situative und organismische Faktoren können aber nur wirksam werden, wenn entsprechende Motive in die verhaltenssteuernden Mechanismen als personseitige Bewertungsdispositionen integriert sind. Eine umfassende Erklärung des Verhaltens kann also nur gelingen, wenn sowohl Personfaktoren, die Motive, als auch Situationsfaktoren und (wenn nötig) organismische Zustände mit in das Erklärungsmodell einbezogen werden. Auf die Notwendigkeit der gleichzeitigen Berücksichtigung von Person- und Situationsfaktoren hatte bereits Lewin (1926) hingewiesen. Er hat damit eine Vorgehensweise begründet, die inzwischen in motivations- und persönlichkeitstheoretischen Forschungsansätzen allgemein akzeptiert und als »Interaktionismus« bezeichnet wird (vgl. Mischel & Shoda, 1998): Ein Motiv – als personseitige Verhaltensdeterminante – kann nur in dem Ausmaß verhaltenswirksam werden, wie es durch situative Anreize angeregt wird. Andererseits kann auch ein Anreiz – als situationsseitige Verhaltensdeterminante – nur in dem Ausmaß verhaltenswirksam werden, wie er auf die entsprechende Motivdisposition im Individuum trifft. Dieses Aufeinandertreffen von Motiv und Anreiz bezeichnet man als Motivanregung, aus der ein Zustand der Motivierung resultiert.

Dieser engen Korrespondenz zwischen den Motiven und den entsprechenden Anreizen wurde auf der Ebene der psychologischen Theoriebildung durch die Schaffung einer Wert-Variablen entsprochen. Der Wert stellt also einen durch die Person gewichteten und bewerteten Sachverhalt der Situation bzw. einer zukünftigen Situation dar. Die Erlangung eines positiven Anreizes wird als emotional befriedigend erfahren, ebenso das Vermeiden eines negativen Ereignisses; dagegen wird der mißlungene Versuch der Erlangung eines positiven Anreizes oder der Eintritt eines negativen Ereignisses oder Handlungsausgangs als emotional negativ erfahren (Mowrer, 1960). Was emotional befriedigende und unbefriedigende Erfahrungen sind, wissen wir aus unserem eigenen Erleben. In der Fremdbeobachtung, besonders bei Lebewesen, die sich sprachlich nicht oder noch nicht mitteilen können, erschließen wir befriedigende und unbefriedigende Zustände aus dem Vorzugs- und Vermeidungsverhalten, beim Menschen manchmal auch aus Mimik und Gestik und aus neuroendokrinologischen Veränderungen oder der Aktivität bestimmter Hirnareale (vgl. Kap. 2.2.).

1.2.4. Anreiz und Emotion

In der Motivations-, Emotions- und Lernpsychologie besteht ein weitgehender Konsens darin, daß beim Menschen und wahrscheinlich generell bei Säugetieren Lust und Unlust die großen Lehrmeister sind, d.h., daß Lebewesen solche Verhaltensweisen bevorzugt ausführen und wiederholen, deren unmittelbare und weitreichende Konsequenzen als lustvoll erlebt werden, und solche Verhaltensweisen eher unterlassen, deren Konsequenzen als unlustvoll erlebt werden.

Die Bedeutung der Lust-Unlust für das menschliche Handeln finden wir bereits sehr klar bei einem Pionier unseres Faches, Gustav Theodor Fechner, in seiner Schrift »Über das höchste Gut« ausgesprochen: »Ein fester und untrennbarer Bezug besteht zwischen den Trieben, wovon das willkürliche wie das instinktartige Handeln der Wesen abhängt, und Lust und Unlust. Es gibt keinen Trieb, der nicht darauf zielte, Lust zu erzeugen oder zu erhalten, Unlust zu beseitigen oder zu verhüten. Es wird meist genügen, eines dieser Äquivalente zu berücksichtigen« (Fechner, 1923, S. 34). Zur gleichen Zeit wurden ganz ähnliche Annahmen in der Volkswirtschaftslehre formuliert. So schreibt der englische Ökonom Jevons (1871): »So können wir Freude und Leid betrachten, wie positive und negative Größen in der Algebra behandelt werden. Die algebraische Summe einer Reihe von Lust- und Unlustgefühlen erhält man, wenn man die Lustgefühle und die Unlustgefühle addiert und dann den Unterschied durch Subtraktion der größeren Summe von der kleineren errechnet. Unsere Aufgabe wird es stets sein, die in der Richtung der Lustgefühle resultierende Summe auf ein Maximum zu bringen, welche Richtung wir passend die positive Richtung nennen können. Diese Aufgabe werden wir erfüllen, wenn wir alles ergreifen und jede Handlung unternehmen, bei welcher das daraus hervorgehende Lustgefühl das damit verbundene Unlustgefühl übersteigt; und jedes Ding oder jede Handlung meiden, welche einen Ausschlag in der anderen Richtung zurückläßt«.

Zur Popularisierung dieses »Lustprinzips« haben sicherlich auch die Schriften Freuds beigetragen, der den Umstand einer Triebbefriedigung fest an ein Lusterlebnis geknüpft hat (Freud, 1915b; vgl. Kap. 3.3.). Später (Freud, 1920) bekam das Lustprinzip eine noch weitgehendere Bedeutung, indem es zum Regulativ des gesamten psychischen Geschehens gemacht wurde: »In der psychoanalytischen Theorie nehmen wir unbedenklich an, daß der Ablauf der seelischen Vorgänge automatisch durch das Lustprinzip reguliert wird, das heißt, wir glauben, daß er jedesmal durch eine unlustvolle Spannung angeregt wird und dann eine solche Richtung einschlägt, daß sein Endergebnis mit einer Herabsetzung dieser Spannung, also mit einer Vermeidung von Unlust oder Erzeugung von Lust zusammenfällt«. Als Beleg dafür, daß diese Anschauung, für die als frühester Zeuge Aristippos von Kyrene (ca. 430 v.Chr.) benannt wird, bereits eine lange Geschichte im europäischen Denken hat, sei folgende Stelle aus dem Buch von Aristoteles »Über die Seele« (ca. 330 v. Chr.) zitiert: »Zum Streben gehört nämlich Begierde, Mut und Wille; die Lebewesen haben aber alle wenigstens ein Wahrnehmungsvermögen, den Tastsinn. Für die wahrnehmenden Wesen aber gibt es auch Lust und Schmerz, Lust- und Schmerzvolles, und wo es das gibt, besteht auch Begierde. Diese ist ja Streben nach dem Lustvollen«.

Insbesondere die neobehavioristisch orientierte Motivationspsychologie hat in ihrer Theoriebildung auf diesen Lust-Unlust-Mechanismus zurückgegriffen. Das grundlegende Postulat dieses Ansatzes besagt, daß jede zeitlich vorweggenommene Veränderung eines emotionalen Zustandes hin zum Lustvollen positiv motivierende Eigenschaften besitzt (z.B. Hilgard, 1963, S. 265). Affektwandel wurde damit zum eigentlichen motivierenden Sachverhalt. Bereits McClelland (McClelland et al., 1953) hatte in solchen antizipierten Affektwechseln den Anreiz für motiviertes Verhalten gesehen. Gemeint ist, daß bestimmte Ereignisse einen Affektwechsel nach sich ziehen, der dann seinerseits antizipiert werden kann. Die Antizipation eines solchen Affektwechsels stellt den eigentlichen Kern eines Anreizmechanismus dar und kann durch Erwartungsemotionen vom Typ der Hoffnung und vom Typ der Furcht abgebildet werden (Mowrer, 1960, vgl. *Abbildung 1.1*).

Atkinson (1964, S. 241) hat einen solchen Mechanismus für das Leistungsmotiv in exemplarischer Form beschrieben, indem er das Ziel und daran sich angliedernde Affektkonsequenzen spezifiziert als »Stolz über eine erbrachte Leistung zu empfinden ... wenn der Erfolg erreicht ist« (»taking pride in accomplishment ... when success is achieved«). Hier sind die Anreize sowohl im Sinne eines konkreten Ziels als auch der sich daran angliedernden Affektkonsequenzen definiert. Die Anreizwirkung basiert auf deren Antizipation. Wir haben also mit »Anreiz« einen situativen Sachverhalt beschrieben, der durch ein Motiv bewertet wird und dadurch einen subjektiven Wert und eine subjektive Bedeutung erlangt. Seine motivierende Eigenschaft gewinnt er dadurch, daß er dem Organismus Zieloptionen einschließlich der bei Zielerreichung (oder Zielverfehlung) entstehenden Affektkonsequenzen anbietet, um sie zeitlich vorwegzunehmen, sie zu antizipieren. Wie bereits gesagt, stellt sich eine solche Motivation als ein Affektgefälle dar, in dem der antizipierte Affekt eine Verschiebung zum Positiven (für eine aufsuchende Motivation) oder zum Negativen (für eine meidende Motivation) auf der Lust-Unlust-Dimension bedeutet.

Es ist in der Motivationspsychologie lange üblich zu unterscheiden, ob diese relative Verschiebung auf der Lust-Unlust-Dimension dadurch erreicht wird, daß man ein positives Ziel anstrebt oder dadurch, daß ein negatives Ziel vermieden werden soll (Lewin, 1935; N.E. Miller, 1944; Mowrer, 1960). Auf der Ebene motivationspsychologischer Theoriebildungen wird man diesem Sachverhalt gerecht, indem man zwei voneinander unabhängige motivationale Tendenzen, eine »Aufsuchen«- und eine »Meiden«-Tendenz, in Rechnung stellt und hierbei auch wieder dispositionelle Unterschiede in der Motivausstattung, etwa durch die Unterscheidung von »Hoffnung«- und »Furcht«-Motiven, berücksichtigt (Atkinson, 1964; Heckhausen, 1963; McClelland, 1985). Die neuere Motivationsforschung hat diese Differenzierung aufgegriffen und postuliert unterschiedliche Formen der Handlungsregulation für Fälle, in denen es primär um die Erlangung eines positiven Ziels oder Vermeidung eines negativen Ziels geht (Elliot & Church, 1997; Higgins, 1997).

Für die moderne Motivations- und Lernpsychologie wurde dieser Lust-Unlust-Mechanismus insbesondere auch deshalb interessant, weil es gelang, im ZNS Strukturen und Überträgersubstanzen (Neurotransmitter) nachzuweisen, die an der Vermittlung positiver Affekte beteiligt sind. Frühere Untersuchungen von Olds & Milner (1954; Olds, 1969) hatten gezeigt, daß Ratten lernten, sich in bestimmten Regionen des Gehirns selbst zu stimulieren. Diese Selbststimulation war so effektiv und offensichtlich «lustvoll«, daß andere Anreize wie z.B. Futter verschmäht wurden. Folgerichtig wurde diese Region als »Lustzentrum« bezeichnet. Zu den angesprochenen Regionen gehören vor allem das dopaminerge System (vgl. Kap. 2.2. und *Abbildung 2.6*) und insbesondere Zellen im Bereich des lateralen Hypothalamus. Am häufigsten haben Stimulationsuntersuchungen entsprechende Effekte im Bereich des medialen Vorderhirnbündels (MFB) nachweisen können (Wise & Rompre, 1989). Von besonderer motivationspsychologischer Bedeutung ist der Nucleus accumbens (vgl. *Abbildung 2.6*), weil hier eine Schaltstelle liegt, in der zunächst wertneutrale sensorische Information einläuft, die dann durch das dopaminerge Signal markiert und dadurch in eine wertbesetzte, motivational bedeutsame Information übersetzt wird (vgl. Schwarting, 1997). Ein zunächst neutraler Sachverhalt kann so einen Aufforderungscharakter bekommen und durch die Anregung eines Motivs eine Reihe von Verhaltensweisen in Gang setzen (Berridge, 1996).

Viele der hier verwendeten Begriffe (z.B. »Hoffnung« und »Furcht« oder »Antizipation«) könnten zu der irreführenden Ansicht führen, die beschriebenen Sachverhalte seien zwingend an Bewußtheit gebunden. Aufgrund der Kenntnis der beteiligten hirnphysiologischen Mechanismen kann mit Gewißheit festgestellt werden, daß sie nicht an Bewußtheit gebunden sind, völlig ohne diese existieren oder sich der bewußten Wahrnehmung entziehen können (Berridge, 1996; Schwarting, 1997).

Anreizwirkung als Affektwechsel und ihre Antizipation als motivierendes Agens zu konzipieren, ist eine theoretische Konstruktion (wie etwa die »Verstärkung«) und direkt nicht in unserem Erleben gegeben. Würden wir im Alltagsleben auf eine »Warum«- oder »Wozu«-Frage nach den Zielen unserer Handlung nicht den Sachverhalt selber, sondern die sich angliedernden Affektkonsequenzen nennen, würde dies skuril und lächerlich wirken, wie der Cartoon in *Abbildung 1.2* verdeutlicht. Dennoch ist eine solche theoretische Konstruktion als eine sehr allgemeine motivationspsychologische Basis von Vorteil, denn sie gestattet eine Erklärung des Verhaltens unabhängig von den bewußten Erlebnistatbeständen. Sie ist damit universell auch für Verhalten im Humanbereich einsetzbar, das ohne bewußte Steuerung abläuft und auch für tierliches Verhalten, das – soweit wir gegenwärtig vermuten – auch sehr gut gesteuert, allerdings prinzipiell ohne Bewußtheit abläuft. Die Tatsache, daß sich uns Menschen solche Motivationstendenzen auch in Form bewußt erlebbarer Hoffnungen oder Fürchte mitteilen, interpretieren wir nicht im Sinne eines zufälligen und überflüssigen Details; ganz im Gegenteil: Die Tatsache, daß diese Motivationstendenzen auch im Bewußtsein abgebildet werden, befähigt den Menschen dazu, gewisse Dinge zu tun, die er ohne Bewußtheit nicht tun könnte (siehe Kap. 1.6.).

Abbildung 1.2: Begründung einer Handlung aus der Antizipation der postaktionalen Affektkonsequenzen (Copyright: Bulls Pressedienst GmbH, Frankfurt/M.).

1.2.5. Erwartungen in der Handlungssituation als Komponenten der Motivation

Neben den situativen Anreizen steuern wahrgenommene Realisierungschancen das Verhalten. Lebewesen bewerten offensichtlich nicht nur Handlungsziele, sie setzen auch in Rechnung, ob und wie sie diese Ziele erreichen können – sei es aufgrund fördernder oder widriger Umstände in der Umwelt oder aufgrund der eigenen Verhaltensmöglichkeiten. Auch Tiere werden in ihrem Verhalten von solchen Erwartungen geleitet (Bolles, 1972; Tolman, 1932; vgl. Kap. 3.4.). Jeder Hundebesitzer, der zur gewohnten Stunde mit seinem Tier spazieren geht, weiß eine Fülle von Verhaltensindikatoren für die entsprechende Erwartung seines Tieres zu nennen. Laborratten, die zuvor freien Zugang zu ihrer Nahrung hatten und ab einem bestimmten Zeitpunkt nur noch für eine begrenzte Zeit am Tag gefüttert werden, lernen im Verlaufe von zwei bis drei Wochen, ihre Nahrungsaufnahme in dieser Zeit derart zu steigern, daß sie ihr Gewicht halten. Sie nehmen sozusagen die kommende Fastenzeit vorweg und erwarten – und das drückt sich in ihrem Verhalten aus –, daß die nächste Mahlzeit erst in 23 Stunden erfolgt. Es scheint also so zu sein, daß Lebewesen, selbst ganz einfache Organismen, wie Planarien, die nur eine ganz rudimentäre Organisation des Nervensystems aufweisen, den Zusammenhang zwischen zwei Ereignissen bzw. zwischen ihrem Verhalten und dessen Ergebnissen und Folgen erfassen und in ihrem Verhalten berücksichtigen (Dehaene, 1997).

Der Begriff der »Erwartung«, den wir für diesen Sachverhalt verwenden, soll nicht suggerieren, daß es sich hierbei ausschließlich um Bewußtseinstatbestände handelt. Nur unter bestimmten Umständen können diese Wahrscheinlichkeiten sich auch im bewußten Erleben – z.B. in Form subjektiver Erfolgswahrscheinlichkeiten (Atkinson, 1964, vgl. Kap. 10.) – niederschlagen. Allerdings läßt die Genauigkeit, mit der objektive Wahrscheinlichkeiten in subjektive Wahrscheinlichkeiten überführt werden, oftmals sehr zu wünschen übrig (Shafir & Tversky, 1995; Tversky & Kahneman, 1973). Dies liegt darin begründet, daß die Bildung einer subjektiven Erwartung selbst wieder durch motivationale Variablen, beispielsweise durch die Attraktivität eines gewählten Handlungsziels oder die Motive beeinflußt wird. Hoch- und Erfolgsmotivierte neigen dazu, ihre Erfolgschancen zu überschätzen (vgl. Kap. 10.) oder ihnen bei der Ausführung riskantester Sportarten gar keine Beachtung zu schenken (vgl. Kap. 3. und Kap. 6.). Personen, die zwischen mehreren (gleichwertigen) Handlungsalternativen auswählen, sind hierbei eher realistisch; erst wenn sie die gewählte Handlungsalternative auch ausführen, neigen sie dazu, ihre Realisierungschancen optimistisch zu überschätzen. Ein solcher Optimismus ist durchaus funktional, da er die momentane Motivationslage unterstützt und vorzeitiges Aufgeben verhindert (Taylor & Gollwitzer, 1995). Es gibt allerdings auch Personen, bei denen sich dieser Optimismus nicht einstellen mag, die im Gegenteil ihre Chancen ganz realistisch sehen oder gar unterschätzen: chronisch depressive Personen (Alloy & Tabachnik, 1984) und ebenso mißerfolgsängstliche Personen (Puca & Schmalt, 2000).

1.3. Motivation durch Erwartung und Wert

Eine von dem französischen Philosophen Pascal herrührende Denktradition, die Eingang in die Motivationsforschung gefunden hat, verknüpft nun diese beiden Konzepte – nämlich die Konzepte des Wertes und der Erwartung – miteinander. Theoretische Vorstellungen, die sich an diesem Paradigma orientieren, werden der Familie der Erwartung-Wert-Theorien zugeordnet. In dieser Modellklasse geht man von der grundlegenden Annahme aus, daß Verhalten aus einer Interaktion der beiden Größen »Wert« (= individuell gewichteter Anreiz) und »Erwartung« zu erklären ist. Dabei muß nicht angenommen werden, daß die Größen Wert und Erwartung bewußt repräsentiert sind. Häufig wird das nicht der Fall sein, auch nicht im Erleben von Erwachsenen; trotzdem können diese Bewertungen funktional wirksam werden (s.o.). Das Erwartung-Wert-Modell folgt einer einfachen Logik, nämlich daß die Motivation weder allein der Attraktivität eines Ziels noch allein dessen Realisierbarkeit folgt, sondern beides in Rechnung stellt. Viele der Modelle haben auch eine multiplikative Verknüpfung von Erwartungs- und Wertvariablen angenommen (Erwartung x Wert). Hierdurch wird eine Motivationstendenz beschrieben, die das Verhalten so ausrichtet, daß hierdurch der subjektiv erwartete Nutzen maximiert wird (Shafir & Tversky, 1995). »Wünschbarkeit« (Attraktivität) und »Machbarkeit« (Erwartung, Wahrscheinlichkeit) müssen also gewissermaßen einen Kompromiß eingehen (vgl. Schmalt, 1986, S. 142/143).

Kritiker halten diesem Modell entgegen, es sei zu kognitiv und zu rational, indem es Motivation ausschließlich aus der »intellektuellen Dachmansarde« erkläre und damit auch impliziere, daß die Motivationsprozesse, die diesem Modell folgen, stets eine gewisse Rationalität aufweisen müssen (Bischof, 1989; Geen, 1995). Beide Einwände sind ungerechtfertigt. »Erwartung« und »Wert« erklären Motivation auf der Ebene einer psychologischen Theorie. Dies bedeutet nicht, daß diese beiden Variablen im Motivationsprozeß auch bewußt repräsentiert sein müssen. Es gibt offensichtlich funktionale Äquivalente zu den Erwartung und Wert generierenden Systemen, die es gestatten, die jeweils einschlägige Information zu verarbeiten und in einem entsprechenden Algorithmus zu verbinden. So kann man beispielsweise selbst sehr komplexes Sozialverhalten in Tiersozietäten (z.B. Vogelkolonien) mit Hilfe einfacher Erwartung-Wert-Modelle rekonstruieren (vgl. Kap. 3.2.). Da diesem Verhalten häufig genetisch fixierte Programme zugrunde liegen, liegt die Vermutung auf der Hand, daß die Evolution bei der Herausbildung dieser Mechanismen bereits einer Strategie der Kostenminderung und Nutzenmaximierung gefolgt ist. Auch der zweite Einwand, daß der utilitaristische Ansatz dieses Modells ein hohes Niveau an Rationalität und genauer Verarbeitung von Erwartungs- und Wertinformationen verlange, ist unzutreffend. Zwar ist das Modell selbst am Prinzip der Nutzenmaximierung orientiert, was jedoch nicht bedeutet, daß jedes Verhalten, das durch dieses Modell erklärt wird, auch das Prinzip der Nutzenmaximierung realisiert. Das Spielverhalten eines Glücksspielers etwa berücksichtigt kaum Wahrscheinlichkeitsinformationen, wohl aber Wertinformationen (vgl. Kap. 9.). Es ist – obwohl wenig »rational« – dennoch durch ein (erweitertes) Erwartung-Wert-Modell beschreibbar, in dem die beiden Modellkomponenten (E und W) noch einmal gewichtet werden (α und ß) und die spezielle Art der Interaktion dieser beiden Variablen zunächst noch offen gehalten wird.

Man kann also generell die folgende Funktionsgleichung aufstellen:

$$\text{Verhalten (V)} = f(\alpha E, \beta W)$$

Der Einfluß dieser Modellvorstellung war im übrigen so durchdringend, daß nahezu sämtliche modernen einflußreichen Theorien im Bereich der Humanmotivationsforschung dieser Theorie-Familie entstammen (vgl. Heckhausen, 1991; Brehm & Self, 1989; Vroom, 1964) und sie auch für die Erklärung tierlichen Verhaltens zunehmende Bedeutung gewinnt. Die in den siebziger und achtziger Jahren so einflußreichen kognitiven Motivationstheorien, allen voran die Attributionstheorie, spezifiziert im wesentlichen die attributionalen Determinanten von Wert- und Erwartungsvariablen (Weiner, 1985) (vgl. Kap. 3.6.), und die in den achtziger und neunziger Jahren populär gewordenen Zieltheorien der Motivation bauen ihre Verhaltensvorhersagen wesentlich auf den Variablen »Zielattraktivität« und »Zielerreichenswahrscheinlichkeit« auf (vgl. Kap. 1.5.). Die Tatsache, daß auch die spieltheoretische Rekonstruktion von Motivation, wie sie in soziobiologischen Theoriebildungen anzutreffen ist (Maynard Smith, 1982), im wesentlichen auf dem Wert von Ressourcen (z.B. Futter, Geschlechtspartner etc.), gewichtet durch die Chancen, sie auch zu erlangen (evtl. vermindert um die Kosten, die beispielsweise durch einen Kampf um Ressourcen entstehen) aufbaut, zeigt, wie hilfreich eine solche Erwartung-

Wert-Rahmentheorie für die Modellierung menschlichen und tierlichen Verhaltens sein kann.

Historisch gesehen geht diese Modellvorstellung zurück auf den Philosophen Blaise Pascal (s.o.), der aus dem Modell normative Vorschriften ableitete, wie man sich z.B. beim Glücksspiel oder bei der Entscheidung für oder wider den Glauben an Gott verhalten solle. In diesem Sinne ist das Modell dann von der Ökonomie weiterentwickelt und beispielsweise auf den Fall von Kaufentscheidungen angewandt worden. Einen ersten Schritt hin auf die Entwicklung eines deskriptiven Handlungsmodells machte innerhalb dieser Tradition schon der Mathematiker Daniel Bernoulli im 18. Jahrhundert, der den objektiven Wertparameter durch einen subjektiven Nutzenparameter ersetzte. Bei wechselnden Begriffen und gleichbleibender Konstruktion ist diese Modellvorstellung dann von verschiedenen Autoren zur Erklärung menschlichen Handelns und tierlichen Verhaltens herangezogen worden. Um nur die wichtigsten hier zu nennen: von dem behavioristischen Motivationsforscher Tolman (1932, 1952) zur Erklärung des Verhaltens von Ratten in komplexen Lernumwelten, von Lewin und Mitarbeitern (1944) und daran anschließend von Atkinson (1957) zur Erklärung leistungsorientierten Handelns, von Rotter (1954) zur Erklärung von sozialem Handeln allgemein und von Edwards (1954) zur Erklärung von Entscheidungen, deren Ausgänge unsicher sind. In der Theorie der Gelernten Hilflosigkeit werden (generalisierte) Erwartungen, die sich auf stark wertgeschätzte Ereignisse beziehen, für die Entstehung von Hilflosigkeit und Depressionen verantwortlich gemacht (Seligman, 1975) (vgl. Kap. 10.).

1.4. Die Funktion von Motiven

Wie oben bereits erläutert, beschreiben Motive eine dispositionelle Neigung und Voreingenommenheit bei der Bewertung bestimmter Klassen von Anreizen und Zielen. Auf die Frage nach der Entstehung und dem funktionalen Wert dieser Motive und den ihnen zugeordneten Verhaltenszielen läßt sich nur im Rahmen von historischen Wissenschaften, wie der Evolutionsbiologie und der Erforschung der Menschheitsgeschichte, eine Antwort geben. Nach Auskunft der Verhaltens- und Soziobiologie dienen Verhaltenssysteme bzw. die ihnen zugrundeliegenden ZNS-Strukturen der Vergrößerung der »Fitneß«, d.h. der Ermöglichung der Weitergabe des eigenen Erbgutes – sei es auf direktem Wege durch Fortpflanzung oder sei es indirekt durch Fürsorge für die nächsten Verwandten, mit denen das Lebewesen einen Teil des Erbgutes gemeinsam hat (vgl. Kap. 3.1. und 3.2.). Im Laufe der Evolution einzelner Arten des Tierreiches ist es daher zur Ausbildung von morphologischen Merkmalen und auch von Verhaltenssystemen auf genetischer Basis gekommen, weil sie zur Anpassung der Art an ihre Umwelt und damit zur Vergrößerung der Fitneß beitrugen.

Die stammesgeschichtliche Entwicklung dieser Systeme kann also unter dem Gesichtspunkt gesehen werden, welchen Beitrag sie dazu leisten, die Chancen zur Weitergabe des eigenen Erbgutes zu maximieren. Dies wäre in einer Hierarchie von Zielen gewissermaßen das alleroberste, letztgültige, ultimate Ziel, dem sich alle anderen Ziele unterordnen. Die Aufgabe einer evolutionsbiologisch orientierten Motivationspsychologie besteht deswegen im Nachweis solch funktionaler Beziehungen zwischen den verschiedenen Motiven und dem ultimaten Ziel der Fitneßmaximierung. Gelingt eine solch schlüssige funktionale Erklärung, könnte das im Umkehrschluß ein wichtiger Hinweis darauf sein, daß es sich hierbei um ein evoluiertes Verhaltenssystem mit einem starken Anteil genetisch fixierter Verhaltensdeterminanten handelt.

Bei der Sexualmotivation und den Systemen, die das interne Milieu – Hunger und Durst – regulieren, liegt der Anpassungswert auf der Hand – ohne die Existenz dieser Systeme wäre Leben in der uns bekannten Form auf der Entwicklungsstufe der Säuger nicht möglich. Bei anderen Verhaltenssystemen, wie etwa der Neugier, der Angst und der Anschluß- und Machtmotivation, ist dieser Nachweis nicht ganz so überzeugend zu führen, wenngleich auch bei diesen Systemen gute Gründe für eine stammesgeschichtliche Entwicklung zugrundeliegender Mechanismen angegeben werden können: Zur Vergrößerung der Darwinschen Fitneß und damit zum Fortpflanzungserfolg tragen Motivationssysteme, die z.B. für die Exploration der Umwelt verantwortlich sind oder das Lebewesen erkannte Gefahren vermeiden lassen, ebenfalls in hohem Maße bei (Henderson & Dweck, 1993; Schneider, 1996). In ähnlicher Weise ist die Erhaltung und Pflege sozialer Beziehungen für Individuen all jener Arten, die in sozialen Verbänden ihren Aufgaben nachgehen, ebenfalls von größter Bedeutung. Die Tatsache, daß bereits in geschlossenen Tiergesellschaften, in denen ein individualisiertes Erkennen möglich ist, Rang- und Dominanzhierarchien installiert sind, die einen Anpassungsvorteil für die Gruppe darstellen (Wilson, 1975), läßt eine genetische Basis für das Machtmotiv ebenfalls wahrscheinlich werden. Schließlich wird auch der Reproduktionserfolg bei einigen sozial lebenden Säugern in nicht unerheblichem Ausmaß von der Stellung in der Dominanzhierarchie beeinflußt. Dies gilt z.B. sowohl für männliche als auch für weibliche Mitglieder von Primatenverbänden (Harcourt, 1989; Kuester & Paul, 1989). Aus der bekannten Bedeutung enger und befriedigender Sozialbeziehungen bei Primaten (Harlow, 1958; Dunbar, 1988) und bei Kleinkindern (Bowlby, 1969) läßt sich ein analoger Wirkungszusammenhang für das Anschlußmotiv annehmen (z.B. Deci & Ryan, 1991).

Bestimmte Formen feindseliger und impulsiver Aggressionen dürften (bei männlichen Organismen) ebenfalls genetische Vorläufer besitzen (Berkowitz, 1990; Miles & Carey, 1997; Rushton, Fulkes, Neall, Nias & Eysenck, 1986). Beide Aufgaben – Überleben in der Gruppe und den eigenen Fortpflanzungserfolg zu sichern – werden erleichtert, wenn es gelingt, fremde Artgenossen von der Gruppe und vor allem von möglichen Reproduktionspartnern fernzuhalten (Archer, 1996). Die Annahme einer biologischen Basis für territoriale Aggression scheint deswegen ebenfalls auf der Hand zu liegen. Konkurrenzeliminierung und Ressourcensicherung sind die beiden wichtigsten Ziele bei der Entstehung territorialer Aggression. Auch hier scheint der Reproduktionserfolg das eigentliche Ziel, denn je mehr die ausschließliche Nutzung eines Territoriums für den Reproduktionserfolg maßgeblich ist, desto entschiedener wird es auch verteidigt (Voland, 1993, S. 96).

Dieses von der Evolutionsbiologie beschriebene ultimate Ziel der Fitneßmaximierung ist nicht zu verwechseln mit den aktuellen Zielen und damit den unmittelbar wirksamen, proximaten Ursachen menschlichen und tierlichen Verhaltens. Schon gar nicht sollten die ultimaten Ziele mit den bewußten Beweggründen menschlichen Handelns verwechselt werden. Dazu ein Beispiel: Nach Auskunft der Völkerkunde ist bei vielen »primitiven« Kulturen das Wissen um die Bedeutung der sexuellen Verhaltensweisen für die Fortpflanzung mangelhaft (vgl. Mead, 1961). Trotzdem pflanzen sich diese Gruppen fort. Der Anreiz für das sexuelle Verhalten muß also in anderen Konsequenzen des Verhaltens liegen und nicht im Ziel der Fortpflanzung selbst. Gleiches gilt sicherlich in der Regel auch für Kulturen wie der unsrigen, in denen dieses Wissen um die Bedeutung sexueller Verhaltensweisen für die Fortpflanzung verbreitet ist. Der wichtigste Anreiz und damit die entscheidende motivationale Ursache für sexuelle Verhaltensweisen dürfte bei Unwissenden und Wissenden gleichermaßen die antizipierte sexuelle Befriedigung und nicht der antizipierte Fortpflanzungserfolg sein.

1.5. Motive, Ziele und Motivation

Ein Motiv, so hatten wir bereits gesehen, ist ein »ausgedachtes« theoretisches Konstrukt. Bei der Definition von Motiven wird ein nicht unbeträchtliches Abstraktionsniveau bevorzugt (»Leistung«, »Macht« etc.). Die Wahl eines solchen Abstraktionsniveaus bringt den Vorteil mit sich, die schier unüberschaubare Anzahl denkbarer Ziele in eine überschaubare Anzahl äquivalenter, d.h. zu dem gleichen Motiv gehöriger Ziele zu überführen. Äquivalent ist, was für einen Organismus »äquifinal« ist, d.h. was ihm die gleichen begehrenswerten Handlungsfolgen verheißt oder die gleichen bedrohlichen Handlungsfolgen befürchten läßt (Schmalt & Heckhausen, 1994). Die antizipierten Affekte stellen also die unmittelbare (proximate) Grundlage für ein entferntes (distales) Zielereignis dar, ohne daß Einsicht in diese Zusammenhänge oder gar eine bewußte Repräsentation notwendig wäre (Buck, 1999; Schneider & Dittrich, 1990; Plutchik, 1991).

In verschiedenen zeitgenössischen Theorien taucht der Zielbegriff mit unterschiedlicher Generalisierungsbreite auf. Der biologisch orientierte Ansatz betont nur ein einziges Ziel: das der Fitneßmaximierung (s.o.), persönlichkeitstheoretisch orientierte Motivationstheorien definieren Ziele auf mittelhohem Abstraktionsniveau (z.B. »angenehme Beziehungen zu anderen Personen aufzubauen bzw. aufrechtzuerhalten«) (McClelland, 1985, 1995) und situationistische berücksichtigen ganz konkrete Intentionen und Ziele (z.B.: »Um 10.00 Uhr in den Gottesdienst gehen!«) (z.B. Locke & Latham, 1990). Solche Ziele stehen häufig vor der Realisierung der entsprechenden Handlung im Bewußtsein und werden deswegen auch häufig als die »Veranlasser« der Handlung betrachtet. Theorien dieser Art erreichen oft eine – allerdings nicht verwunderliche – Präzision bei der Verhaltensvorhersage, aber über den motivationalen Gesamtzusammenhang, in dem eine Intention oder ein Ziel steht, weiß man häufig nur wenig (Cervone, 1993; Gollwitzer, 1994). Wir bevorzugen deswegen einen Ansatz, in dem Ziele und Intentionen in einen motivationspsychologischen Gesamtzusammenhang, die Motive eingeschlossen, eingebunden sind. Natürlich läßt sich modelltheoretisch zwischen einem sehr allgemein gehaltenen Motivziel und konkreten Handlungszielen eine ganze Übergangsreihe von jeweils über- und untergeordneten Zielen vorstellen, wie es etwa in den sog. Kontrolltheorien konzipiert wird (vgl. *Abbildung 3.8*). Diese Überlegungen sollen allerdings nicht zu der Vermutung führen, daß sich die eher abstrakten Motivziele ganz reibungslos und automatisch in gleichthematische, spezifische Handlungsziele überführen lassen, denn die Beziehungen zwischen Motiven und Zielen sind eher schwach ausgeprägt. Die genauen Regeln, nach denen sich Motive in Zielen konkretisieren, sind z.Zt. noch wenig bekannt.

Die in den letzten Jahren entstandenen Zieltheorien sind ein spezielles Feld für die Humanmotivationsforschung und deswegen häufig auch an eine bewußte Repräsentationsform (Brunstein & Maier, 1996) und an einen Willensakt gebunden (vgl. Kap. 1.6.). Es gibt aber auch eine Unzahl alltäglicher Anlässe, bei denen es gewohnheitsmäßig mehr oder weniger automatisch zum Handeln kommt. Das gilt zumindest dann, wenn die Handlungsausführung nicht auf unvorhergesehene Schwierigkeiten stößt oder in Konflikt mit anderen Motivationstendenzen gerät. Auf diesem Grundgedanken einer direkten, automatischen Verhaltenskontrolle durch die Umwelt ohne Vermittlung einer bewußten Wahl oder Intentionsbildung bauen die neoassoziationistischen Positionen von Bargh (1990; Bargh & Gollwitzer, 1994) und Berkowitz (1990) auf, in denen ein – möglicherweise biologisch vorbereiteter – Assoziationsverbund zwischen Wahrnehmung, Motiv, Ziel und dazugehörigem Verhalten unter Umgehung jedweder bewußten Darstellung oder Vermittlung hergestellt wird. Diese Automatismus-Hypothese wird vor allem durch Untersuchungen gestützt, in denen ein Motiv unbemerkt angeregt wird und anschließend motivabhängige Verhaltenseffekte aufgezeigt werden. So arbeiten Personen schneller und effizienter, wenn bei ihnen (durch Einstreuen leistungsbezogener Wörter in einen Text) das Leistungsmotiv (unbemerkt) angeregt wurde. Personen, bei denen das Machtmotiv unbemerkt angeregt wurde, neigen dazu, anderen Personen eher ins Wort zu fallen und sie zu unterbrechen. In diesen Fällen kann sich das Motivziel automatisch und ohne bewußte Kontrolle in Handlung umsetzen (Bargh & Gollwitzer, 1994).

Kann sich ein solches Ziel nicht automatisch im Verhalten durchsetzen, muß die Zielrealisierung kontrolliert und gegebenenfalls gegen konkurrierende Ziele und aktualisierte Motivationen abgeschirmt werden. Insgesamt werden Ziele umso eher in Handlungen umgesetzt,

- je genauer die Ziele hinsichtlich Ort und Zeit der notwendigen Handlung spezifiziert sind,
- je wichtiger die Ziele sind,
- je größer das Vertrauen in die eigene Wirksamkeit ist und
- wenn die Ziele selbstbestimmt (vs. fremdbestimmt) sind (vgl. Kleinbeck & Schmidt, 1996).

1.6. Wille und Bewußtheit

Wir sind in unseren bisherigen Darstellungen von der Vorstellung ausgegangen, daß Motivation durch ein angeregtes Motiv entsteht und daß sich diese Motivation dann auch im Verhalten und Erleben zeigt. Dieses Modell dürfte sicherlich für die Darstellung von Motivationsvorgängen im tierlichen und z.T. auch im menschlichen Bereich für die allermeisten Fälle zutreffend sein, aber es gibt Fälle – wir vermuten ausschließlich im Bereich menschlicher Motivation – wo es versagt. Dann nämlich, wenn eine solche Motivation angeregt und auch dominant ist, ihr aber dennoch nicht – sei es aufgrund kultureller Normvorschriften oder aufgrund »besserer« Einsicht – gefolgt werden kann. So könnte unser Schüler B, den wir schon zu Anfang des Kapitels beschrieben haben, sich spät abends immer noch mit der Vorbereitung auf die Klausur beschäftigen, *obwohl* ihn seine Freundin eingeladen hat und er dieser Einladung nur zu gerne gefolgt wäre. Am nächsten Morgen fährt er zu seinem Mathematiktest, *obwohl* er von erheblicher Prüfungsangst gepeinigt wird und am liebsten im Bett geblieben wäre.

Es gibt also Fälle, in denen entgegen oder trotz einer angeregten Motivation gehandelt werden muß. Solche motivationalen Vorgänge werden mit »Wille« oder neuerdings »Volition« bezeichnet (vgl. Kap. 3.7.). Der Wille bezeichnet ein motivationales Geschehen, das sich gleichermaßen auf die Generierung eines Ziels als auch auf die Handlungsausführung bezieht; darüber hinaus an Bewußtheit gebunden ist und damit ein besonderes Problem der Humanmotivation betrifft (Metcalfe & Mischel, 1999).

Es bedarf des Willens nicht, wenn ein Ziel gebildet und in Handlung umgesetzt wird, das durch ein angeregtes Motiv nahegelegt wird. Willentliche Prozesse setzen ein, wenn Entschlüsse gefaßt werden müssen, Ziele gebildet und verfolgt werden müssen, die nicht auf angeregten Motiven aufbauen, ihnen zuwiderlaufen oder eine z.Zt. nicht dominante Motivation betreffen. Ein Willensvorgang stellt sich also nicht »überflüssigerweise« ein, sondern nur dann, wenn »der Mensch Widerstände innerer oder äußerer Art, Hemmungen, Schwierigkeiten, ein Motivationsdefizit oder dergleichen zu überwinden hat, die sich seinem Handeln entgegenstellen. Diese Schwierigkeiten müssen ihm in irgendeiner Art zum Bewußtsein kommen« (Ach, 1935, S. 196). Lindworsky beschreibt, daß sich der Wille auf eben diese zwei Gebiete bezieht, nämlich die Entschlußfassung und die Durchführung des in dem Entschluß vorgestellten Ziels (Lindworsky, 1932, S. 55). In ähnlicher Weise äußert sich Lewin, indem er eine deutliche Trennung zwischen »Vornahmehandlung« und »beherrschter Handlung« zieht (Lewin, 1926, S. 377). Während eine Vornahmehandlung in Motiven fundiert und ihre Realisierung insbesondere durch diesen Umstand gesichert ist, fehlt es der beherrschten Handlung (Willenshandlung) an dieser motivationalen Unterstützung.

Damit ein solches Ziel, das nicht durch ein angeregtes Motiv gestützt ist, tatsächlich in die Tat umgesetzt wird, kann man verschiedene Hilfskonstruktionen vornehmen. So kann man etwa auf gegenwärtig nicht aktualisierte Motive zurückgreifen, d.h. sie vergegenwärtigen – hierzu gehört die »Emotionsaufschaukelung« (Kuhl, 1983) bzw. auch die Simulation einer nicht vorhanden Motivationslage (»Antriebssimulation«; Bischof, 1989).

Zur Sicherstellung einer effizienten willentlich gesteuerten Handlungsausführung muß also auf Teile von Motivationsprozessen – allerdings bewußt kontrolliert – zurückgegriffen werden, indem sie im Bewußtsein simuliert werden. Für die Ausführung der Handlung ist es wichtig, die intendierte Handlung selbst möglichst »konkurrenzlos« (James, 1890, S. 527) über einen längeren Zeitraum im Bewußtsein zu halten und bei auftretenden Schwierigkeiten die handlungsförderlichen Emotions- und Motivationslagen zu simulieren – bei gleichzeitiger Unterdrückung anderer störender Emotions- und Motivationslagen. Dies beruht auf einer besonderen Eigenschaft des Bewußtseins: seiner Enge. Die Bewußtheit *eines* Inhalts schließt für den Zeitraum seiner Repräsentation das Auftreten anderer Inhalte aus. Die hier angesprochene Funktion des Bewußtseins zeigt, daß das Gehirn den Zustand des Bewußtseins als Kennzeichnung benutzen kann, um Willensprozesse von anderen – etwa automatisch ablaufenden – zu unterscheiden (Roth & Menzel, 1996). Die hier interessierenden Vorgänge der Handlungskontrolle stellen den Kern einer volitionalen Steuerungslage dar, die auf dem Umstand unzureichender motivationaler Unterstützung einer Handlungstendenz oder auf einem Motivationsdefizit beruht (vgl. *Tabelle 1.1*). Besonders deutlich wird das motivationale Defizit dadurch, daß diese Handlungen keinen Spaß bereiten und daß sich bei ihnen – relativ zur tatsächlich investierten Anstrengung – ein intensives Anstrengungserlebnis einstellt (Sokolowski, 1993). Handlungen, die durch Motive direkt oder indirekt gestützt werden, sind auf der Erlebnisebene häufig durch Spaß an der Tätigkeit, Flowerleben und schneller voranschreitendem Zeiterleben (Csikszentmihalyi, 1975; Csikszentmihalyi & Rathunde, 1993) gekennzeichnet. Deci (1975; Deci & Ryan, 1991) bezeichnet einen solchen Zustand auch als »Intrinsische Motivation« (vgl. Schneider & Rheinberg, 1996; Rheinberg, 1996, 2000).

Die Fähigkeit, gegen aktuell angeregte Motivation zu handeln, indem nicht aktuelle Antriebslagen simuliert werden, ist eine exklusiv dem Menschen gegebene Fähigkeit (Bischof, 1989). »Die Menschen unterscheiden sich von den Tieren vor allem dadurch, daß sie den Ablauf von Instinkten durch Willensimpulse zu unterdrücken vermögen, was bei Säugetieren und Vögeln nur in geringem Maße zu erkennen ist« (Rensch, 1988, S. 30). Triebaufschub und Triebverzicht sind nach Freud (1930) die Voraussetzungen, an die die Entwicklung der menschlichen Kultur gebunden ist.

Tabelle 1.1: Überblick über einige Bestimmungsstücke motivationaler und volitionaler Steuerungslagen (nach Sokolowski, 1993).

Problem	**Motivationale Steuerungslage**	**Volitionale Steuerungslage**
Zielgenerierung	durch Motive und Anreize	durch Ziel- und Tätigkeitsvorstellungen
Steuerung (Aufmerksamkeitslenkung)	unwillkürlich, kaum ablenkbar	kontrolliert, ablenkbar
Energetisierung	unwillkürlich	kontrolliert
Emotion (Gefühle) u. Kognition (Gedanken)	förderlich, zielleitend, »macht Spaß«	störend, ablenkend, »macht keinen Spaß«
Anstrengungserleben	niedrig	hoch
bei Hindernissen oder Ablenkungen	unwillkürliche Anstrengungsadjustierung	zusätzliche Kontrollvorgänge
Zeiterleben	schnell (»wie im Fluge«)	langsam (»kriecht«)

1.7. Auf ein Wort ...

Motivation ist ein prozeßhaftes Geschehen, in dem Handlungsziele herausgebildet und das Verhalten und Erleben auf diese Ziele ausgerichtet werden. Eine solche Motivation entsteht durch das Zusammenwirken von situativen Anreizen und Motiven. Umweltgegebenheiten, die eine motivationale Bedeutung haben, werden durch die Motive hinsichtlich ihrer Bedeutung bewertet, sie gewinnen dadurch einen Aufforderungscharakter, der zum Handeln motiviert. Die motivationale Bedeutung dieses Prozesses teilt sich dem Organismus durch einen Affektwechsel mit. Es wird ein bei Zielerreichung (oder -verfehlung) zu erwartender Affektwechsel antizipiert, der gegenüber der momentanen Affektlage eine relative Positivierung oder Negativierung der Lust-Unlust-Bilanz verspricht. Diese Antizipation eines Affektwechsels stellt den Kern einer Motivierung vom Typ des Aufsuchens oder Meidens dar. Gleichzeitig werden durch diese Motivanregung andere Funktionen – wie Wahrnehmung, Kognition und Gedächtnis – zur Erleichterung der Zielerreichung selektiv auf solche Sachverhalte eingestellt, die zu der momentanen Motivation »passen« (Motivkongruenz).

Die Herausbildung von Motivationstendenzen wird durch ein – zunächst nicht näher spezifiziertes – Zusammenwirken von Wert (das ist ein durch das Motiv bewerteter Anreiz) und Erwartung der Zielerreichung modelliert. Beide Größen werden als theoretische Konstrukte, nicht als Bewußtseinsinhalte, verstanden. Auch Tiere verfügen über ein Informationsverarbeitungssystem, das es erlaubt, Wert- und Erwartungsinformationen bzw. deren funktionale Äquivalente zu verarbeiten und das Verhalten auf Nutzenmaximierung einzustellen. Das hier beschriebene Rahmenkonzept der Motivation ist deshalb gleichermaßen auf Menschen und (eine Reihe von) Tieren anzuwenden. Das gilt mit einer Ausnahme: dem Willen. Die Betätigung des Willens ist ausdrücklich an das Bewußtsein gebunden und damit ein Spezialfall von Motivation, der ausschließlich im Humanbereich Gültigkeit besitzt. Wenn es allerdings im Bereich der tierexperimentellen Forschung zwingende Belege für ein tierliches Bewußtsein geben sollte (vgl. Povinelli, 1993), muß diese Feststellung vielleicht revidiert werden.

2. Methoden der Motivationspsychologie

2.1. Der experimentell-psychologische Ansatz

Die Motivationsforschung ist aus der alltäglichen Suche nach den Ursachen des Verhaltens von Menschen und von Tieren erwachsen. Auch die Alltagspsychologie benutzt das Motivkonzept, häufig in der Form überdauernder statischer Eigenschaften, und benutzt auch Begriffe, die die Anreize in der Situation kennzeichnen, um Verhalten zu erklären. Die wissenschaftliche Motivationsforschung ist auf diesem Weg fortgeschritten, wobei sie ihre Motivationstheorien und Modelle systematisch anhand von kontrollierten Verhaltens- und Erlebnisstichproben überprüft. Aus den vorangegangenen Erörterungen ergibt sich die Notwendigkeit, in motivationspsychologischen Experimenten sowohl die Anreize in der Situation einschließlich ihrer organismischen Bedingungsfaktoren als auch die Motive zu kontrollieren und nach Möglichkeit zu messen. Darüber hinaus müssen auch die vermittelnden kognitiven und emotionalen Variablen (z.B. Erwartungen, Affekte, antizipierte Affektwechsel) erfaßt werden. Das ist leichter gesagt als getan; tatsächlich ist dies für einige der hier dargestellten Verhaltenssysteme noch nicht völlig befriedigend gelungen. So wissen wir beispielsweise im Bereich der Aggressionsforschung bereits sehr viel über die auslösenden Situationsfaktoren, aber kaum etwas über die Rolle der möglicherweise beteiligten Motive. Die Leistungsmotivationsforschung auf der anderen Seite ist zum großen Teil eine Motivationspsychologie von Motivunterschieden. Durch den Einsatz moderner neurophysiologischer Methoden ist in den letzten Jahren insbesondere unser Wissen über die beteiligten emotionalen Prozesse sehr viel detaillierter geworden.

Neben dem *Experiment* als dem Königsweg zur Überprüfung von Theorien und Modellen nutzen Motivationsforscher, wie andere Verhaltenswissenschaftler auch, die Verhaltensbeobachtung entweder ausschließlich, wenn Verhalten unter »natürlichen« Bedingungen analysiert werden soll, oder als Bestandteil von experimentellen Untersuchungen. Bei Untersuchungen am Menschen werden häufig auch Befragungsmethoden eingesetzt. Weder die Beobachtung noch die Befragung allein erlauben eine schlüssige Überprüfung von Aussagen, die Kausalzusammenhänge betreffen, so daß die Mehrzahl der nachfolgend dargestellten Theorien einer experimentellen Überprüfung unterzogen worden sind. Nur experimentelle

Anordnungen, in denen bestimmte Bedingungen willkürlich hergestellt oder ausgeblendet werden, erlauben einen Rückschluß auf vermutete Kausalzusammenhänge. Nach Wundt (1907) sind die Kennzeichen des Experiments (1) die Willkür in der Herstellung der Bedingungen, (2) die Wiederholbarkeit und (3) die Variierbarkeit der Bedingungen. Davon scheint das letzte Kriterium das wichtigste zu sein: Das entscheidende Merkmal des Experiments liegt in der planmäßigen Variation und Kontrolle eines oder mehrerer Bedingungsfaktoren, sogenannter unabhängiger Variablen, und der Beobachtung der zugehörigen Veränderungen in den abhängigen Variablen, den Verhaltens- und Erlebnisphänomenen also, die erklärt werden sollen.

Dabei scheint gerade für die Motivationsforschung ein besonderes Problem darin zu liegen, daß die interessierenden Verhaltens- und Erlebnisphänomene in der experimentellen Situation nicht ohne weiteres hergestellt werden können. Während z.B. durch Darbietung einer entsprechenden Reizvorlage unschwer das Erlebnis »rote Gegenstandsfarbe« hergestellt werden kann, ist es häufig nicht möglich oder verbietet es sich aus ethischen Gründen, motivational-emotionale Phänomene, wie z.B. eine starke Furcht oder eine starke Aggressionsmotivation, im psychologischen Labor durch Variation und Kontrolle von unabhängigen Variablen herzustellen. Wegen dieser Schwierigkeit verstoßen ältere motivationspsychologische Experimente daher zuweilen gegen die von Ach (1935) aufgestellte erste Bedingung des Experimentierens in der Psychologie: Sie stellen keine »sachliche Identifikation des Untersuchungsgegenstandes« sicher. Unter der sachlichen Identifikation versteht Ach »die Übereinstimmung des in der Wirklichkeit gegebenen Sachverhaltes mit dem Gegenstand, der untersucht werden soll und der zur Darstellung gelangt« (1935, S. 6). Zutreffenderweise werden deshalb im Labor schwächere Varianten von alltäglichen Motivations-/Emotionszuständen zum Gegenstand gemacht. Kontrollierte motivationspsychologische Experimente im psychologischen Labor sollten daher durch Studien in der natürlichen Umwelt, durch sogenannte Feldstudien, ergänzt werden. Für die Mehrzahl der in diesem Buch zusammengestellten Motivthematiken, selbst für solch »schwierige« Themen wie Sexualität und Aggression, hat die Forschung allerdings unterdessen laborexperimentelle Anordnungen gefunden, die eine verläßliche Untersuchung der jeweiligen Motivationsphänomene gestatten und deswegen der Forderung nach der sachlichen Identifikation des Untersuchungsgegenstandes entsprechen.

Als Bedingungsfaktoren von intra- und interindividuellen Verhaltensunterschieden hinsichtlich der Richtung, Intensität und Dauer von Verhalten hatten wir Situationsfaktoren (an erster Stelle Anreize) sowie Personfaktoren (Motive, aber auch innerorganismische Faktoren) angesehen. Will der Motivationsforscher Hypothesen über die Wirksamkeit dieser Bedingungsfaktoren überprüfen, muß er im Experiment (1) einen oder mehrere dieser Faktoren als unabhängige Variable kontrollieren und planmäßig variieren und (2) durch die Anordnung und Organisation des Experiments ausschließen können, daß die beobachteten Effekte im Verhalten und Erleben auf andere, hier nicht berücksichtigte Bedingungsfaktoren zurückgehen. Hierzu bietet das bislang erarbeitete Methodeninstrumentarium eine Reihe von Techniken an, von denen die wichtigsten sind, weitere nicht berücksichtigte äußere Faktoren möglichst im Experiment konstant zu halten und die Versuchspersonen auf die einzelnen Bedingungen eines Experiments zufällig oder parallel aufzuteilen.

Grundsätzlich gesehen gibt es in der experimentell-psychologischen Behandlung von Person- und Situationsfaktoren zumindest einen gravierenden Unterschied: Situative Anreize im psychologischen Experiment können mit den bereits genannten Einschränkungen fast beliebig hergestellt werden. So könnte man z.B. in einem Experiment zur Aggressionsmotivation eine Gruppe von Versuchspersonen heftig frustrieren (z.B. dadurch, daß man eine bereits zugesagte Belohnung nicht auszahlt; Experimentalgruppe 1), und eine zweite Gruppe von Versuchspersonen könnte in milderer Form frustriert werden (z.B. dadurch, daß die zugesagte Auszahlung lediglich verschoben wird; Experimentalgruppe 2). Eine dritte Gruppe von Versuchspersonen, die sog. Kontrollgruppe, bleibt unbehandelt. Man sieht, daß die verschiedenen Anreize zu aggressivem Verhalten willkürlich hergestellt werden können. Man spricht deshalb auch von einer »Manipulation«.

Natürlich lassen sich die Motive nicht ebenso behandeln. Es handelt sich ja hierbei um eine Dispositionsvariable, die kurzfristig nicht verändert werden kann. Man muß deshalb zu einer anderen Methode greifen, nämlich der Selektion. Man geht hier so vor, daß man das interessierende Motiv – hier etwa das Aggressionsmotiv – mißt und die Verteilung der Meßwerte dann teilt, so daß zwei (oder mehrere) gleich große Gruppen entstehen; im einfachsten Fall also Personen mit hohem und niedrigem Aggressionsmotiv getrennt werden können. In unserem Falle würde dann ein sog. 2x3-Versuchsplan (siehe *Tabelle 2.1*) entstehen, mit dem gleichzeitig Motiv- und Anreizeffekte untersucht werden können. Die Auswertung eines solchen Versuchsplans erfolgt zumeist über die Varianzanalyse. Ein Nachteil dieser Vorgehensweise ist, daß viele Informationen, die in den Motivkennwerten enthalten sind, bei einer Reduktion auf zwei Gruppen verloren gehen. Neuere Analysetechniken, wie etwa die Pfadanalyse, bauen statt dessen auf korrelationsstatistischen Methoden auf, in denen die gesamte Variabilität der Meßwerte erhalten bleibt. Solche Techniken können vor allem dort mit Vorteil eingesetzt werden, wo nicht nur – wie in unserem fiktiven Fall – die Auswirkungen unabhängiger (Motiv- und Anreiz-)Variablen auf die abhängige Variable (die Aggression), sondern auch noch dazwischen liegende, vermittelnde Variablen (z.B. hier: Ärgeremotionen, Frustrationserlebnisse etc.) berücksichtigt werden. Es lassen sich dann Kausalpfade rekonstruieren, die das Zusammenhang- und Verursachungsmuster mehrerer Variablen gleichzeitig beschreiben (vgl. z.B. *Abbildung 10.7*).

Tabelle 2.1: Ein fiktiver Versuchsplan zur Analyse von Motiv- und Anreizeinflüssen auf aggressives Verhalten.

	Anreiz		
Motiv	Frustration stark	Frustration schwach	Kontroll-gruppe
Aggressions-motiv hoch			
Aggressions-motiv niedrig			

2.2. Kontrolle und Variation der Anreize

Die wahrgenommenen Anreize menschlichen Handelns sind emotional positiv oder negativ bewertete Situationsaspekte. Menschen können wir bitten, solche Beurteilungen vorzunehmen, uns etwa mitzuteilen, wie sehr sie sich freuen, wenn sie ein bestimmtes Handlungsziel erreichen oder einen befürchteten Ausgang vermeiden. Wir können, um diese Beurteilungen abzubilden, geeignete Skalen vorlegen oder aber alle Ziele und Handlungsergebnisse im Paarvergleich bewerten oder zumindest in eine Rangreihe bringen lassen.

Die gleiche Information kann man grundsätzlich auch aus dem Verhalten selbst erschließen. Bei Tieren und kleinen Kindern ist man sogar auf diese Methode angewiesen. Bietet man Tieren und Kleinkindern die Wahl zwischen zwei verschiedenen Verhaltensmöglichkeiten, etwa Nahrungsstoffen, dann läßt sich aus dem Wahlverhalten, dem Ausmaß, in dem ein Nahrungsstoff gegenüber dem anderen bevorzugt wird, etwas über den Anreiz dieser Nahrung im Vergleich mit der anderen ausmachen. So bot Young (1947) Ratten die Möglichkeit, zwischen Zucker und Casein, zwischen Weizenmehl und Casein und zwischen Zucker und Weizenmehl zu wählen. Als Ausdruck der Präferenz bildete er einen prozentualen Präferenzwert, indem er die Menge eines der beiden Nahrungsstoffe zur Gesamtmenge aufgenommener Nahrung in Beziehung setzte. Die Ergebnisse in *Abbildung 2.1* zeigen, daß Zucker (Sukrose) und Weizenmehl zunehmend stärker gegenüber dem Casein präferiert werden – Sukrose noch etwas mehr als Weizenmehl. Damit übereinstimmend wird Sukrose etwas dem Weizenmehl vorgezogen. Präferenzen, die sich im Verhalten zeigen, dürften bei Tieren und Kleinkindern unmittelbar die unterschiedliche Wertschätzung von Speisen und anderen Gütern widerspiegeln.

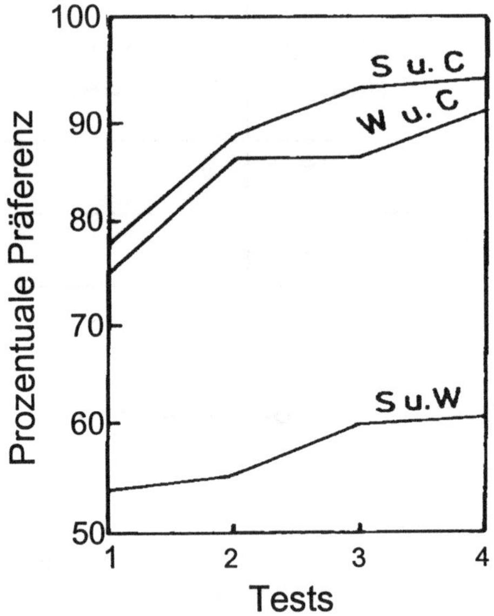

Abbildung 2.1: Prozentuale Bevorzugung von Sukrose (S) gegen Casein (C) und Weizenmehl (W) sowie von Weizenmehl (W) gegen Casein (C) bei Ratten in vier aufeinanderfolgenden Tests (modifiziert nach P.T. Young, 1961, S. 167).

Im Rahmen der Erforschung eines anderen Motivationssystems, der Leistungsmotivation, ließ Cooper (1983) Versuchspersonen die Attraktivität eines möglichen Erfolgs sowie die Unattraktivität eines möglichen Mißerfolgs bei drei unterschiedlich schweren Problemlöseaufgaben beurteilen. Die Aufgaben waren so dargestellt worden, daß sie als leicht (mittlere Erfolgswahrscheinlichkeit 90 %), mittel (50 %) und schwer (10 %) angesehen werden mußten. Wie vom Modell der Leistungsmotivation (s. Kap. 10.) vorhergesagt, stieg die Wertschätzung des Erfolgs linear mit zunehmender Schwierigkeit der Aufgabe (abnehmende Erfolgswahrscheinlichkeit) an. Das gilt in gleicher Weise für die drei hier unterschiedenen Gruppen von Versuchspersonen mit unterschiedlich hohem resultierendem Leistungsmotiv (RLM). Personen mit einem hohen und einem mittleren Leistungsmotiv zeigen bei der Wertschätzung des Erfolgs mit zunehmender Schwierigkeit einen steileren Anstieg als Personen mit einem niedrigen Leistungsmotiv. Auch wurde die zunehmende Unwertschätzung des Mißerfolgs mit zunehmender Leichtigkeit der Aufgabe (hohe Erfolgswahrscheinlichkeit) vorhergesagt. Hier findet sich allerdings nur ein allgemeiner Effekt des Leistungsmotivs: Personen mit mittlerem und hohem Leistungsmotiv stufen die Aversivität des Mißerfolgs bei allen drei Schwierigkeitsstufen höher ein als solche mit einem niedrigen Leistungsmotiv (vgl. *Abbildung 2.2).*

2.3. Kontrolle der organismischen Bedingungsfaktoren

Einige Motive entsprechen organismischen Bedürfnissen. Sie entstehen durch bestimmte Defizitzustände im Organismus und erlöschen bei deren Aufhebung – ein Umstand, der in der Regel durch positive Emotionen angezeigt wird. Die Kontrolle der organismischen Bedingungsfaktoren setzt voraus, daß die organismischen Veränderungen, die mit dem Auftreten und der Befriedigung der Bedürfnisse einhergehen, manipuliert und/oder kontrolliert werden. Das kann bei Hunger und Durst durch die Manipulation der Deprivationszeit erfolgen. Auch für andere Motivsysteme, denen keine organismischen Bedürfnisse entsprechen, wie etwa dem Sexualmotiv oder dem Aggressionsmotiv, können organismische Bedingungsfaktoren (z.B. des Hormonsystems oder bestimmte Mechanismen des Zentralen und/oder Peripheren Nervensystems (ZNS u. PNS)) kontrolliert und manipuliert werden. Wie geht man dabei vor? Generell kann man drei Gruppen von Methoden unterscheiden: Zunächst solche, die in bestimmte Strukturen des ZNS eindringen, um dort kontrollierte Veränderungen vorzunehmen. Solche invasiven Methoden führen in der Regel zu bleibenden Veränderungen (Schäden) und werden ausschließlich im Tierversuch eingesetzt. Die zwei-

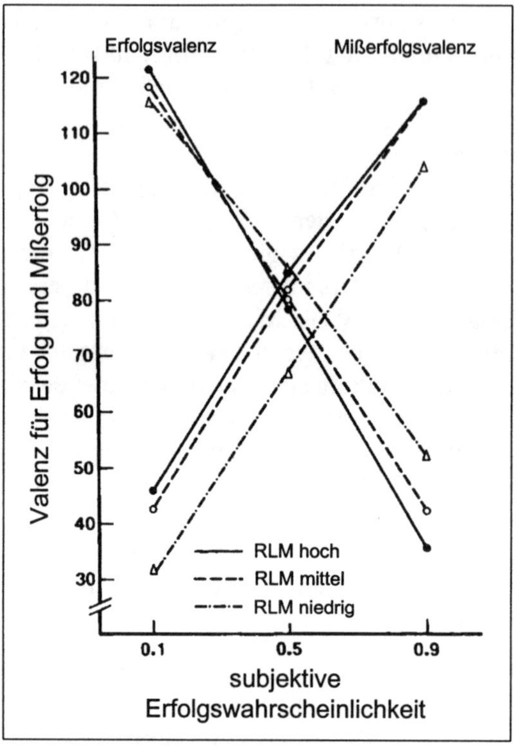

Abbildung 2.2: Eingestufte Attraktivität eines möglichen Erfolgs (»Erfolgsvalenz«) und Unattraktivität eines möglichen Mißerfolgs (»Mißerfolgsvalenz«) bei Problemlöseaufgaben unterschiedlicher Schwierigkeit. Die Schwierigkeit der Aufgaben wird durch die subjektive Erfolgswahrscheinlichkeit repräsentiert (Abszisse). Dargestellt sind die mittleren Werte von Personen mit hohem, mittlerem und niedrigem resultierendem Leistungsmotiv (RLM; modifiziert nach Cooper, 1983, S. 851).

te Gruppe von Methoden versucht, die Aktivität ganz bestimmter neuronaler Strukturen anhand von peripheren oder humoralen Indikatoren festzumachen. Diese Methoden sind sowohl im Human- als auch im Tierversuch einsetzbar. Die dritte Gruppe von Methoden schließlich versucht, die Aktivität dieser zentralnervösen Strukturen direkt mit Hilfe moderner bildgebender Verfahren sichtbar zu machen. Da diese Methoden fast völlig ohne Nebenwirkungen, z.Zt. aber noch sehr kostspielig sind, werden sie vornehmlich bei Humanversuchen eingesetzt. Außerdem scheinen die

Stärken dieser Verfahren momentan eher bei der Analyse kognitiver Funktionen (Wahrnehmung, Lernen, Gedächtnis) als bei der Analyse von Motivation zu liegen (Roth & Menzel, 1996; Daum & Markowitsch, 1998).

Im einzelnen kommen die folgenden Methoden bei der Variation und Kontrolle organismischer Bedingungsfaktoren des Verhaltens zum Einsatz (vgl. Gahr, 1996):

1. die Zerstörung von Geweben, z.B. im Zentralen Nervensystem (ZNS), die Durchtrennung peripherer Nerven und das Studium der korrelierenden Ausfallerscheinungen,
2. elektrische oder chemische Stimulation von Strukturen des ZNS und PNS,
3. die Ableitung elektrischer Potentialänderungen (z.B. Elektroenzephalographie (EEG), evozierte Potentiale, multiple Zellableitung, Einzelzellableitung),
4. die Erfassung peripherer physiologischer Veränderungen, wie etwa Veränderungen der Atemfrequenz oder des Hautwiderstandes,
5. die Erfassung neuroendokrinologischer Variablen (Hormone, Neurotransmitter) sowie deren Abbauprodukte,
6. die systematische Verabreichung von chemischen Substanzen (Pharmaka, Hormone, Nährstoffe) und die Erfassung von Funktionsveränderungen im ZNS und PNS,
7. die Messung der regionalen Hirndurchblutung (rCBF) mittels radioaktivem Xenon-133,
8. die Positronenemissionstomographie (PET), mit der sich die Stoffwechselaktivität (vornehmlich Sauerstoff- und Zuckerverbrauch) in bestimmten Regionen des Gehirns darstellen läßt.

Häufig ist zu beobachten, daß die Zusammenhänge zwischen einzelnen Indikatoren (z.B. lokale Hirndurchblutung, lokale neuronale Aktivität) aufgrund kurvilinearer Zusammenhänge mit der untersuchten psychischen Funktion nicht perfekt sind. Es ist deshalb empfehlenswert, mehrere Methoden in Kombination einzusetzen (Roth & Menzel, 1996).

Werden invasive Techniken eingesetzt, so müssen zur Verifikation der verschiedenen Manipulationen am ZNS eine Reihe von neuroanatomischen Techniken eingesetzt werden, die dem Forscher die Bestimmung des Ausmaßes einer Zerstörung oder des genauen Reizortes erlauben. Manipulationen am ZNS wurden schon im 18. Jahrhundert vorgenommen; für die Motivationsforschung wurden diese Techniken aber erst nach Erfindung der sogenannten stereotaktischen Methode bedeutungsvoll, die einen gezielten Eingriff in die Tiefe des Gehirns, dort, wo die motivationalen Mechanismen vermutet werden, erlaubt. Mit Hilfe einer Drahtelektrode können hierbei z.B. kleine Areale im Gehirn durch Gleichstrom oder durch

Hochfrequenzstrom zerstört oder auch durch Wechselströme bzw. Rechteckströme stimuliert werden. *Abbildung 2.3* zeigt eine Ratte in einem solchen stereotaktischen Gerät.

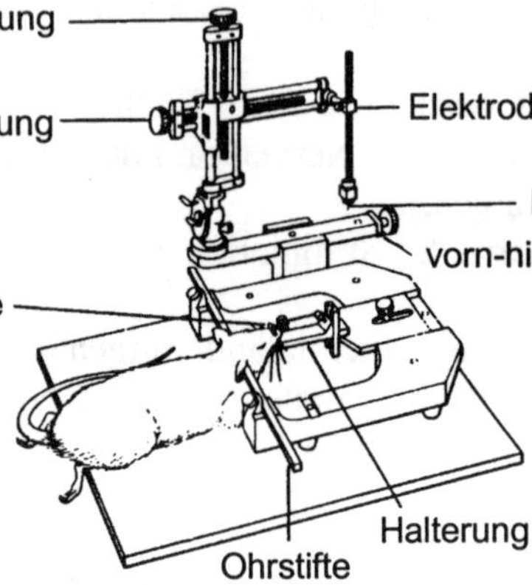

Abbildung 2.3: Ratte im stereotaktischen Gerät. Der Kopf des anästhesierten Tieres wird durch die Ohrstifte, den Schneidezähnehaken und die Nasenklemme ruhiggestellt. Die Elektrode kann in alle drei Richtungen des Raumes bewegt werden (modifiziert nach Schneider & Tarshis, 1975, S. 26).

Die Koordinaten für die Lokalisation der Elektrodenspitzen in den drei Dimensionen des Raumes können aus sogenannten stereotaktischen Atlanten entnommen werden, indem für jede frontale Schnittebene die vertikalen und horizontalen Koordinaten abgelesen werden können. Die Orientierung erfolgt dabei an den Knochennähten des Schädels und/oder der Mittellinie der äußeren Gehörgänge.

Das Verständnis der Ergebnisse biopsychologischer Forschung ist ohne einige neuroanatomische und neurovegetative Grundkenntnisse nicht möglich. Die für die Motivationsforschung interessanten Areale des Gehirns sind die phylo- und ontogenetisch alten Anteile, insbesondere das Zwischenhirn, aber auch das darunterliegende Mittelhirn und die älteren Areale des Endhirns (vgl. *Abbildung 2.4*). Die Schaltzentrale für vegetative und motivationale Steuerungsmechanismen findet sich im Zwischenhirn, genauer gesagt im Hypothalamus. Die phylogenetisch älteren Anteile des Endhirns, die für motivationale Vorgänge von Bedeutung sind, sind im Riechhirn auf der medialen Oberfläche des Schläfenlappens, in der Tiefe des Schläfenlappens (Amygdala) sowie im Septum lokalisiert. Die Lage der hypothalamischen Areale im menschlichen Gehirn ist in *Abbildung 2.5* wiedergegeben.

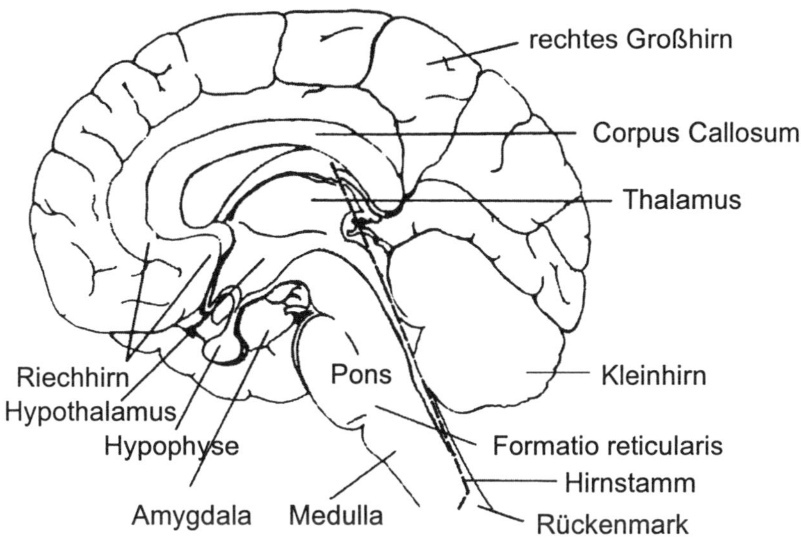

Abbildung 2.4: Ansicht auf die rechte menschliche Endhirnhemisphäre nebst Hirnstamm (Zwischenhirn, Mittelhirn und Nachhirn oder Medulla) von der Mittellinie. Die für die motivational-emotionalen Vorgänge besonders bedeutungsvollen Areale sind benannt.

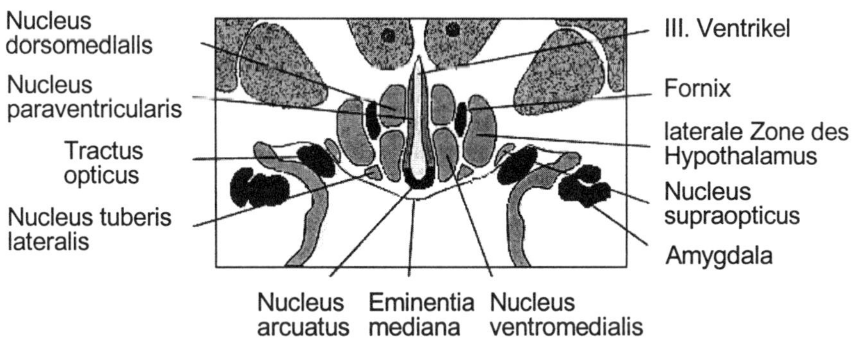

Abbildung. 2.5: Frontalschnitt durch das menschliche Hirn zur Darstellung der hypothalamischen Kerne (modifiziert nach Thompson, 1993, S. 191).

Alle hypothalamischen Kerne sind um den III. Ventrikel, einem der mit Hirnflüssigkeit angefüllten Hohlräume des Gehirns, gruppiert. Neben diesen Zellgruppen ziehen eine ganze Reihe von auf- und absteigenden Nervenbahnen durch den Hypothalamus. Die Tatsache, daß die Zentren, die die Motivation kontrollieren, auch Teile von Gesamtschaltkreisen und mit anderen sensorischen und motorischen Zentren verschaltet sind, kann u.U. die Interpretation von Veränderungen (z.B. Ausfallerscheinungen) im Verhalten erschweren, wenn nicht die motivationalen Anteile, sondern lediglich sensorische oder motorische Komponenten eines Gesamtschaltkreises beeinflußt wurden. Es ist deshalb wichtig, neben den beeinflußten Kernen auch das zugehörige Teilsystem im Auge zu behalten.

Organismische Manipulationen lassen sich im Humanversuch nur in beschränktem Ausmaß durchführen, z.B. durch Verabreichung von psychisch wirksamen Pharmaka. Eine Reihe von organismischen, verhaltenswirksamen Größen lassen sich auch durch psychologische Reize oder körperliche Übungen beeinflussen und in ihren Veränderungen durch psychophysiologische Methoden kontrollieren. Diese Methoden erlauben u.a. eine Feststellung der kortikalen Erregung durch das Elektroenzephalogramm (EEG) und eine Feststellung der Aktivierung des autonomen Nervensystems durch die Messung peripherer physiologischer Variablen wie Atemfrequenz, Herzfrequenz, Volumenänderungen von peripheren Geweben (z.B. in den Gliedmaßen), Pupillenweite, Magenmotilität, Körpertemperatur sowie elektrodermale Phänomene (Hautwiderstand, Hautpotential und Hauttemperatur). Alle diese Größen erfahren eine charakteristische Veränderung je nachdem, ob der sympathische oder parasympathische Anteil des autonomen Nervensystems dominiert. Bei einer Erhöhung des Sympathikotonus steigt z.B. die Herzfrequenz und der Hautwiderstand fällt (es steigt die Leitfähigkeit der Haut). Das sogenannte Elektromyogramm, die Messung der elektrischen Aktivität in verschiedenen Muskelgruppen des Körpers, erlaubt schließlich Rückschlüsse auf die Intensität von Bewegungen und rudimentären Handlungsanfängen.

Eine immer größere Bedeutung für die Erforschung der organismischen Bedingungsfaktoren des Verhaltens haben in den letzten Jahren neurochemische Methoden gewonnen. In verschiedenen funktionalen Systemen des ZNS werden unterschiedliche Neurotransmitter als Überträgerstoffe verwandt. Durch Injektionen von solchen Neurotransmittern und ähnlich wirkenden Stoffen oder Stoffen, die als Vorstufen bei der Produktion solcher Transmitter in den Nervenzellen genutzt werden (Agonisten), wie auch durch Injektionen von Stoffen, die die Wirksamkeit der Neurotransmitter blockieren (Antagonisten) oder ganze Neuronensysteme zerstören, läßt sich etwas über die Bedeutung solcher Transmittersysteme für die Verhaltenskontrolle im Rahmen bestimmter Motivationssysteme ausmachen.

Solche Transmitter im Gehirn lassen sich auch durch spezifische Anfärbtechniken darstellen, so daß gezielte Hypothesen über die Verschaltung der Steuerungsmechanismen unterschiedlicher Motivationssysteme überprüft werden können. Transmitter lassen sich sogar im akuten Versuch aus dem ZNS entnehmen und analysieren oder zumindest in regelmäßigen Abständen aufgrund von Bestimmungen ihrer Abbauprodukte im Blut quantitativ bestimmen. Am besten erforscht sind gegenwärtig die klassischen Neurotransmitter Acetylcholin, Noradrenalin, Dopamin und Serotonin. In *Abbildung 2.6* zeigen wir in exemplarischer Form die Hauptfasertrakte der Neurotransmitter Dopamin und Noradrenalin.

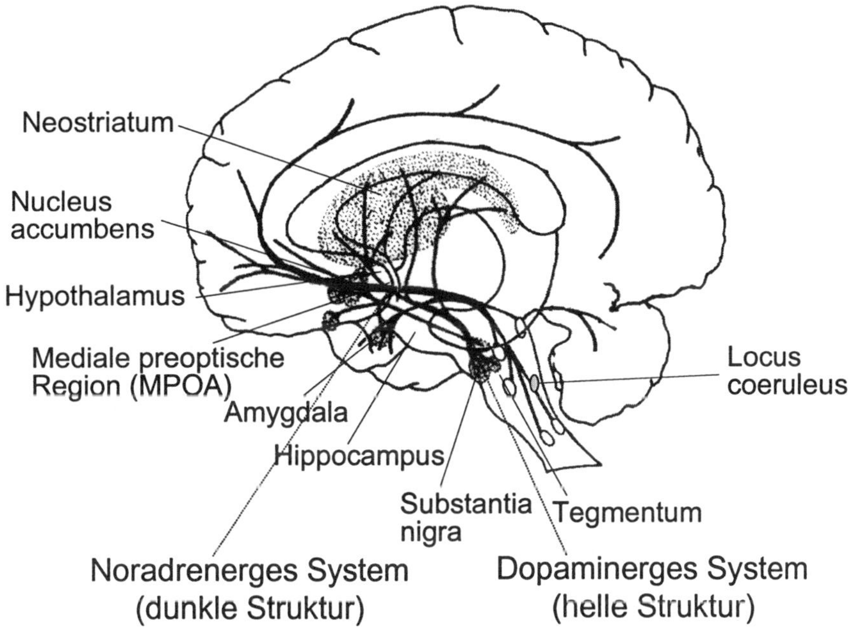

Abbildung 2.6: Hauptfasertrakte für Noradrenalin und Dopamin (nach Klivington, 1992, S. 158).

Es gibt insgesamt drei wichtige dopaminerge Systeme, von denen das erste nur eine lokale Verschaltung im Hypothalamus darstellt. Das zweite nimmt von der Substantia nigra ihren Ausgangspunkt, um sich von dort zu den Basalganglien, zum Hypothalamus und der Amygdala sowie zur

Großhirnrinde und anderen Vorderhirnstrukturen zu erstrecken. Die Substantia nigra weist auch Projektionen zum Nucleus caudatus und zum Putamen (Neostriatum) auf (meso-striatales Projektionssystem). Das dritte System geht vom Tegmentum aus und umfaßt Verbindungen zum limbischen System (speziell der Amygdala) und zu verschiedenen Regionen im präfrontalen Cortex (meso-limbocorticales Projektionssystem). Die Funktion von Dopamin, die unter motivationspsychologischer Perspektive am wichtigsten erscheint, ist, daß die Neurochemie der Belohnung und damit der Lust-Unlust-Mechanismus, der für Anreizwirkungen verantwortlich ist, an das dopaminerge System gebunden ist (vgl. Kap. 1.2.4.). Nahrungsaufnahme und appetitives Anschluß- und Sexualverhalten stehen ebenfalls unter dopaminerger Kontrolle. McClelland, Patel, Stier & Brown (1987) fanden, daß hoch Anschlußmotivierte, bei denen das Anschlußmotiv situativ angeregt wurde, eine erhöhte Dopaminausschüttung aufweisen. Verlust oder Degeneration der Dopamin produzierenden Zwischenhirnregionen (meso-striatales Projektionssystem) und damit ein chronischer Dopaminmangel werden auch für die Parkinson-Krankheit (auffälliges äußeres Kennzeichen: Schüttellähmungen, sich wiederholende Handbewegungen) verantwortlich gemacht. Entsprechend sollten Parkinson-Patienten ein vergleichsweise niedriges Anschlußmotiv aufweisen, eine Vermutung, die sich in einer Untersuchung von Sokolowski, Schmitt, Jörg & Ringendahl (1997) bestätigt fand. Parkinson-Patienten fällt auch die Kontaktaufnahme mit anderen Personen schwer, und sie empfinden den Umgang mit anderen Personen als anstrengend. Vergleichsgruppe waren Patienten mit einer chronischen Rheumaerkrankung. Beide Patientengruppen haben also eine vergleichsweise schwere Störung des Bewegungsapparates, die allerdings nur bei den Parkinson-Patienten mit einem Dopaminmangel einhergeht. Es gilt als wahrscheinlich, daß Störungen in dem dritten – dem mesolimbocorticalen – Projektionssystem für Schizophrenie verantwortlich sind. Die Dopaminhypothese der Schizophrenie besagt, daß dieses System hyperaktiv ist: Es enthält und verarbeitet ein Zuviel an Dopamin.

Das noradrenerge System entspringt einer kleinen Ansammlung von Zellen im Hirnstamm, dem Locus coeruleus, und projiziert zu fast sämtlichen Strukturen im Gehirn, insbesondere dem Kleinhirn, dem Hypothalamus, dem Thalamus, dem Hippocampus, der Amygdala und der Großhirnrinde. Es ist sehr wahrscheinlich die wichtigste Formation für die Regulation des Aktivierungsniveaus.

Das serotonerge System durchzieht den Hirnstamm, den Hypothalamus, und gelangt von dort zu verschiedenen Vorderhirnstrukturen. Das serotonerge System ist deshalb für die Motivation von kaum zu überschätzender Bedeutung, weil es fast sämtliche Phasen eines Motivationsvorganges von der ersten Aufforderung zu einer Handlung bis zu deren Realisierung modulierend beeinflußt. Die Bewertung von Umweltereignissen, das Abwägen von Alternativen, die Herausbildung einer entsprechenden Motivationstendenz, deren Umsetzung in Verhalten sowie die Unterdrückung unangemessener und unpassender Alternativen sind allesamt von einem ausgeglichenen Serotoninhaushalt abhängig. Kernvorgang scheint hierbei der modulierende Eingriff in das bedeutungsgenerierende Motivationssystem zu sein, in dem unwichtige Informationen ausgefiltert und motivationsrelevante Informationen entsprechend hervorgehoben werden. Störungen in diesem Bereich zeigen sich bei serotoninverarmten Laborraten darin, daß sie auf bestimmte Reize extrem schnell reagieren (reduzierte Latenz), auch wenn sie sich hierdurch selber schädigen oder ihnen eine Belohnung entgeht. Für die Tiere bekommt das Zusammenleben mit Artgenossen einen bedrohlichen Charakter und bizarres Sozialverhalten (Hyperaggressivität, Hypersexualität) ist zu beobachten. Eine serotonerge Mitverursachung wird bei verschiedenen psychischen Krankheitsbildern für möglich gehalten: so bei Angststörungen, Depression, Migräne, Schlafstörungen und Substanzmißbrauch (Drogen, Alkohol etc.) (Baumgarten & Grozdanovic, 1995). Der Neurotransmitter Acetylcholin unterstützt normale geistige Aktivität, insbesondere scheint er wichtig für Lern- und Gedächtnisleistungen.

Für die Motivationspsychologie ist ein weiterer »schneller« Transmitter wichtig, die γ-Aminobuttersäure (GABA). GABA ist im gesamten ZNS verbreitet und der wichtigste hemmende (inhibitorische) Transmitter. Die Unmöglichkeit, bestimmte Handlungen zu initiieren und Lernfortschritte zu machen, ist von der GABA-Konzentration abhängig. Durch die Injektion von GABA in die Amygdala können in bestimmten Situationen Angstreaktionen reduziert werden. Versuchstiere, die in einer Experimentalsituation gelernt hatten, gar nichts mehr zu tun (Gelernte Hilflosigkeit, vgl. Kap. 10.6.), wiesen im Vergleich zu Kontrolltieren eine erhöhte GABA-Konzentration auf.

Technisch gesehen geht man bei Untersuchungen zu den Auswirkungen bestimmter Neurotransmitter so vor, daß man sie direkt injiziert oder in deren Aufbau oder Abbau im Körper künstlich eingreift. Einen weniger aufwendigen und für die Motivations- und Emotionsforschung zunehmend genutzten Zugang bieten die quantitativen Bestimmungen von Hormonen und Transmittern und deren Abbauprodukten im Blutserum oder in anderen Körperflüssigkeiten, wie etwa dem Urin oder Speichel. Eine große Bedeutung für die Erforschung zentralnervöser Korrelate psychischer Vorgänge beim Menschen haben die sog. bildgebenden Verfahren (z.B. PET) gewonnen, wenngleich deren Einsatz derzeit noch aufgrund des hohen und kostspieligen apparativen Aufwandes nur im begrenzten Umfang möglich ist. Bei der PET-Technik wird ein Positronen aussendendes Isotop, verbunden mit einer Stoffwechselsubstanz, injiziert. An dem stoffwechselaktiven Ort im Gewebe kollidieren die Positronen mit Elektronen und setzen dabei Gammastrahlung frei, die entsprechend registriert werden kann. Allerdings können aufgrund der geringen Zeitauflösung dieser Methode bislang nur Zustände, die über mehrere Minuten lang andauern, mit der Verteilung stoffwechselaktiver Areale im ZNS korreliert werden.

2.4. Messung von Motiven

Bei psychologischen Experimenten im Humanbereich ist es in der Regel nicht möglich, die Motive kurzfristig zu manipulieren. Man geht deshalb so vor, daß man die Motive mittels geeigneter Meßverfahren erfaßt und Vpn-Gruppen mit unterschiedlich stark ausgeprägten Motiven gegenüberstellt. Im einfachsten Fall werden zwei Gruppen gebildet, eine mit hoher und eine mit niedriger Motivausprägung (vgl. *Tabelle 2.1*).

Informationen über die Stärke von Motiven können aus drei verschiedenen Quellen kommen: Die Vp berichtet selbst (Selbstbeurteilung), andere Personen berichten über die Vp (Fremdbeurteilung) oder das Verhalten der Vp wird direkt beobachtet. Etwa wird in einem Angst-Fragebogen folgendes gefragt: »In welchem Maße wird (oder wurde) Ihre Leistung während eines Einzel-Intelligenztests durch Ihre gefühlsmäßigen Reaktionen gestört?« oder »In welchem Ausmaß fühlen Sie während eines Gruppen-Intelligenztests einen beschleunigten Herzschlag?« (Mandler & Sarason, 1952; Fisch & Schmalt, 1970). Beide Fragen bauen auf der Beobachtung auf, daß hochängstliche Personen in Prüfungssituationen stark erregt sind, was als störend empfunden wird und sich auch in einem beschleunigten Herzschlag bemerkbar macht. Personen, die diesen Fragen in verstärktem Maße zustimmen, werden als hochängstlich bezeichnet. In einem Leistungsmotiv-Fragebogen erscheint die folgende Frage: »Wenn ich mein Ziel nicht erreicht habe und eine Aufgabe nicht zufriedenstellend erledigt habe, dann versuche ich weiterhin mein Bestes, um das Ziel zu erreichen / gebe ich gewöhnlich auf« (Hermans, 1970). Oder »In meiner Freizeit würde ich lieber ein Spiel erlernen, das gleichzeitig meine Fähigkeiten weiterentwickelt, als ein Spiel, bei dem man sich nur erholt« (Mehrabian, 1969). In beiden Fällen indizieren die jeweils ersten Alternativen ein hohes und erfolgsorientiertes Leistungsmotiv.

In der auf McClelland gründenden Tradition der Motivationsforschung war man stets skeptisch gegenüber dem Einsatz von direkt arbeitenden Fragebogenverfahren. So meinte man, daß einer Person die bewußte Einsichtnahme in die Beweggründe des eigenen Handelns verstellt sei; versucht sie dennoch, direkt darüber Auskunft zu geben, kommen in ihren Antworten lediglich kulturell geprägte stereotype Wertungen oder Motive, die auf soziale Anforderungen ansprechen, zum Ausdruck (McClelland et al., 1989). Es wurde deshalb schon frühzeitig auf ein Verfahren zurückgegriffen, das erlauben soll, die dem Verhalten zugrundeliegenden Motive auf indirektem Wege zu erfassen. Diese Tradition der Motivmessung geht zurück auf H. Murray (1942), der mit der Entwicklung des *Thematischen Auffassungs-Tests* (TAT) der Motivationspsychologie bedeutungsvolle Impulse gegeben hat. In diesem Verfahren bekommen die Probanden eine Reihe von Bildern vorgelegt, zu denen sie möglichst originelle Geschichten erzählen sollen. Durch eine entsprechende Inhaltsanalyse dieser Geschichten können dann die Beweggründe, Motive und Handlungstendenzen der untersuchten Personen herauspräpariert werden.

Bei der Entwicklung der TAT-Methode wurde von McClelland schon früh erkannt, daß meßtheoretische und motivationstheoretische Prinzipien in einem gemeinsamen Modell der Motivdiagnostik zusammengeführt werden müssen. Wichtig war hierbei die Überzeugung, daß Motive keine statische Größe darstellen, die man jederzeit zum Gegenstand entsprechender Selbstreflexionen machen kann, wie etwa bei der Messung mit einem Fragebogen, sondern daß man bei der Messung eines Motivs genau das gleiche tun muß wie im Alltagsleben: Man muß es nämlich durch geeignete Anreize anregen. Dies geschieht in der TAT-Motivdiagnostik dadurch, daß die Probanden Bilder angeboten bekommen, die bekannte Anreizeigenschaften für bestimmte Motive, etwa das Leistungs-, Macht- und Anschlußmotiv, besitzen. Ein solches Bild aus einem z.Zt. häufig benutzten Bildersatz (Smith, Feld & Franz, 1992) zeigt *Abbildung 2.7.*

Die Probanden werden nun aufgefordert, zu diesen Bildern möglichst einfallsreiche Geschichten zu erzählen, die dann mit einem geeigneten Inhaltsschlüssel auf das Vorliegen bestimmter Motivthematiken analysiert werden können. Das Leistungsmotiv z.B. wird inhaltsanalytisch verrechnet, wenn in den Geschichten Affekte und Erfolg bei der Auseinandersetzung mit einem Gütemaßstab vorliegen (McClelland et al., 1953, S. 110).

Wir hatten oben bereits die Antizipation der bei Zielerreichung oder Zielverfehlung entstehenden Affekte als Anreizmechanismus beschrieben und diesen als den Kern eines Motivationsvorganges angesehen. Man erkennt an den McClellandschen Formulierungen sehr gut, wie meßtechnische Details völlig in Übereinstimmung mit der allgemeinen Motivationstheorie stehen. Es dürfte in der Psychologie nur sehr wenige Meßverfahren geben, die in so schlüssiger und stringenter Weise aus einer allgemeinen Handlungstheorie herleitbar sind. Ein weiterer Vorteil der TAT-Motivdiagnostik besteht darin, daß die Motive, die gemessen werden sollen, durch geeignetes Bildmaterial angeregt werden – ein Vorgang, der den Vpn in der Regel verborgen bleibt und der deshalb einen ungefilterten und unverfälschten Zugang zu dem zu messenden Motiv ermöglicht. Ganz im Gegensatz zur Motivmessung mittels Fragebogen, die ganz auf bewußter Selbsteinsicht und bereitwilliger Selbstoffenbarung aufbaut. Die Aussagemöglichkeiten einer Motivmessung mittels Fragebogen sind deshalb begrenzt (Schmalt & Sokolowski, 2000).

Abbildung 2.7: Eine für die Motivdiagnostik verwendete TAT-Tafel (leicht verändert).

Trotz der Brauchbarkeit und der in vielen Untersuchungen belegten Gültigkeit des TAT-Verfahrens ist es immer wieder – am entschiedensten von Entwisle (1972) – kritisiert und für unbrauchbar erklärt worden, weil es keine Homogenität und nur geringe Wiederholungszuverlässigkeit aufzuweisen hat. Nach Ansicht der klassischen Testtheorie ist beides jedoch eine unabdingbare Voraussetzung für hohe Gültigkeitserwartungen. Diese Situation führt in ein Dilemma: Einerseits ist die Gültigkeit des Verfahrens in vielen Dutzend von Untersuchungen dokumentiert; andererseits behauptet die klassische Testtheorie, das Verfahren könne überhaupt nicht gültig sein, da hierzu die Voraussetzungen fehlen. Unterdessen ist dieses

Dilemma gelöst. Man hat erkannt, daß die klassische Testtheorie nicht das geeignete Modell ist, um die Güteeigenschaften des TAT abzubilden. Es ist nämlich zu erwarten, daß dann, wenn man Bilder mit ganz unterschiedlichem Anregungsgehalt aneinanderreiht, die Motivkennwerte von Bild zu Bild sehr stark variieren. Der Gesamttest weist dann eine geringe Homogenität auf, dennoch gibt der Testkennwert ein zutreffendes Bild von der individuellen Motivstärke (Atkinson, Bongort & Price, 1977). Auch die geringe Wiederholungszuverlässigkeit wird erklärbar, wenn man bedenkt, daß die Vpn aufgefordert werden, kreativ zu sein und eine einfallsreiche Geschichte zu erzählen. Wer erzählt schon zweimal hintereinander die gleiche – »einfallsreiche« – Geschichte? Winter & Stewart (1977) gaben ihren Vpn bei der zweiten Messung die Instruktion, sich nicht weiter darum zu kümmern, ob die Geschichte von derjenigen, die sie bei der ersten Messung erzählt haben, abweicht oder nicht und erhielten dann Wiederholungszuverlässigkeiten von durchaus befriedigender Höhe. Insgesamt gesehen sind also die Homogenitäts- und Zuverlässigkeitsdesiderate der klassischen Testtheorie auf ein Verfahren wie den TAT nicht anwendbar, nicht zwingend notwendig oder ihnen kann bei geeigneten Instruktionen durchaus entsprochen werden (Smith, 1992).

Ein Nachteil der inhaltsanalytischen Motivmessung mittels TAT bleibt aber dennoch bestehen: das Verfahren ist umständlich, zeitaufwendig und setzt bei dem Testauswerter ein hohes Maß an Expertentum voraus. Schmalt (1976, 1999) hat deswegen ein Verfahren entwickelt, das versucht, die Vorteile des TAT-Verfahrens mit der handlichen Praktikabilität von Fragebogenverfahren zu kombinieren. Das Ergebnis ist ein Verfahren, die sog. Gitter-Technik, bei dem das Prinzip der bildsituativen Motivanregung, wie beim TAT, erhalten bleibt, die Vpn aber dann aus einer Liste von Aussagen die zutreffenden angeben sollen, was eher Fragebogentechniken entspricht. Es sind dies z.B. leistungsthematische Aussagen, wie sie auch im Inhaltsschlüssel des TAT enthalten sind (Heckhausen et al., 1985, S. 239). Die Antworten der Vpn lassen sich in einer Matrix anordnen (»Gitter«), die durch die Dimensionen »Situationen« und »Aussagen« gekennzeichnet ist. Da der spezifische Konstruktcharakter der in den Aussagen erfaßten Erlebnis- und Verhaltensweisen bekannt ist, lassen sich entsprechende Kennwertberechnungen durchführen. Durch diese Vorgehensweise wird einerseits gewährleistet, daß durch die dargestellten Situationen mit ihren motivspezifischen Anreizen Motive auch tatsächlich angeregt werden, andererseits wird durch die Standardisierung der Antwortalternativen eine Überprüfung der psychometrischen Güteeigenschaften mittels der klassischen Testtheorie möglich. Das Gitter verfügt denn auch über psychometrische Güteeigenschaften, wie sie von Fragebogenverfahren her bekannt sind. Viele der theorietestenden Untersuchungen im deutschsprachigen Raum zum Thema Leistung wurden mit diesem Verfahren durchgeführt (vgl. Heckhausen et al., 1985) und belegen somit auch die Validität dieses Verfahrens. Unterdessen gibt es auch Varianten dieses Verfahrens für das Anschlußmotiv (Sokolowski 1992), das Machtmotiv (Schmalt, 1979b) und das Aggressionsmotiv (Burkhardt et al., 1987; Zumkley, 1987a) und neuerdings auch ein kurzes Kompaktverfahren, das Anschluß-, Macht- und Leistungsmotiv gleichzeitig mißt; vergleichbar dem neuen TAT-Verfahren von Winter (1991). In diesem sog. Multi-Motiv-Gitter (MMG; Schmalt, Sokolowski & Langens, 2000; Sokolowski, Schmalt, Langens & Puca, 2000) sind unterschiedliche Typen von Bildsituationen enthalten; solche, die nur ein einziges Motiv anregen, solche, die zumindest zwei der drei gemessenen Motive oder alle drei Motive anregen. *Abbildung 2.8* zeigt zwei dieser mehrfach anregenden Bilder aus dem MMG. Inzwischen gibt es auch computergestützte Versionen des MMG in einem weit verbreiteten Testsystem und eine weitere Variante speziell für Selektionsentscheidungen im Personalbereich (ELIGO).

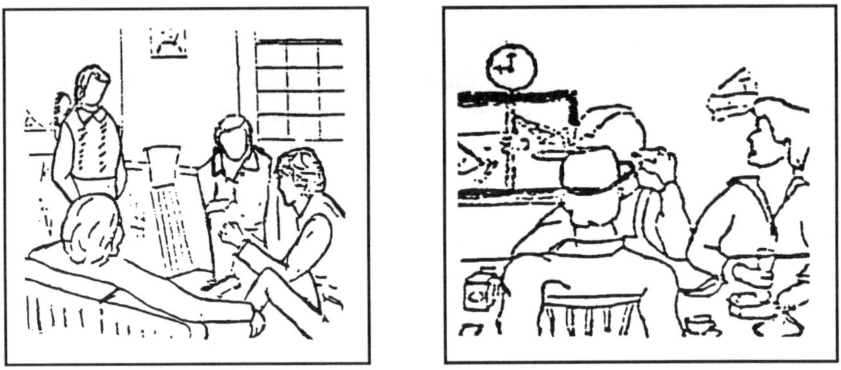

Abbildung 2.8: Zwei Bilder aus dem MMG (modifiziert nach Schmalt, Sokolowski & Langens, 2000).

Die beschriebenen Verfahrenstypen (Fragebogen, MMG, TAT) sind in den verschiedenen Motivbereichen in unterschiedlichem Ausmaß eingesetzt worden. So hat man Angst nahezu ausschließlich mit Fragebogen erfaßt, während die Forschung zum Machtmotiv ausschließlich mit TAT und Gitter-Technik durchgeführt wurde. Im Bereich leistungsmotivierten Verhaltens sind bereits alle drei Verfahrenstypen eingesetzt worden. Bei der

Erforschung aggressiven und neugiermotivierten Verhaltens sind bislang Motive nur in wenigen Fällen berücksichtigt worden. Ganz offensichtlich ist die Forschung zum Thema Aggression eine Motivationspsychologie ohne Motive. Man erwartet bei der Aufklärung der Bedingungsfaktoren für aggressives Verhalten eher einen Beitrag von den situativen Anreizfaktoren als von Unterschieden in dispositionellen Faktoren.

2.5. Verhaltensgenetische Methoden

In dem Maße, in dem angenommen werden kann, daß Motivsysteme evoluierte Systeme in der Phylogenese einer Art darstellen, weil sie einen Anpassungswert aufweisen, muß auch angenommen werden, daß grundlegende Komponenten dieser Systeme eine genetische Basis besitzen. Man kann davon ausgehen, daß bei solchen komplexen Merkmalen nicht nur eine phänotypische Variabilität vorhanden ist, sondern auch die sie konstituierenden genetischen Grundlagen, die als multifaktoriell oder polygen angenommen werden müssen, variieren. Daher ist es berechtigt zu prüfen, inwieweit die vorhandene Variation zwischen Personen in solchen erschlossenen Motivdispositionen auf eine genetische Variabilität zurückgeht. Die molekulare Aufklärung der genetischen Basis für die hier vorgestellten Motivsysteme ist noch in keinem Fall gelungen, allenfalls konnte durch verhaltensgenetische Methoden sicher gemacht werden, daß eine bestimmte Disposition teilweise auf genetischer Basis beruht.

Um Hinweise für die genetischen Grundlagen einer Verhaltensdisposition zu gewinnen, bietet sich im Tierexperiment die Züchtung von Inzuchtstämmen an, wobei aus den Geschwistern eines Wurfes jeweils die Individuen zur Weiterzucht ausgewählt werden, die ein bestimmtes Merkmal, z.B. Aggressivität, in überdurchschnittlicher Weise zeigen oder gerade nicht zeigen. Nach einigen Generationen können dann auf diesem Wege Inzuchtstämme getrennt werden, die sich in dem phänotypischen Merkmal kaum noch überlappen. Für den Nachweis genetischer Komponenten im menschlichen Handeln stehen nur korrelative Methoden im Rahmen von Zwillings- und Adoptionsstudien zur Verfügung, die nur Schätzungen der Bedeutung der genetischen Komponente für die Variation eines Merkmals in einer Population zulassen, für den Einzelfall aber keine Aussage ermöglichen.

2.6. Auf ein Wort ...

Die Motivationspsychologie setzt zur Sicherung ihrer Erkenntnisse und zur Überprüfung ihrer Theorien vor allem experimentelle Methoden ein. Es gibt allerdings motivationspsychologische Tatbestände, die laborexperimentell herzustellen unstatthaft oder unmöglich ist. In diesen Fällen müssen andere Methoden, etwa feldexperimentelle Methoden, eingesetzt werden.

Aus der Vielzahl von Methodenproblemen haben wir drei Bereiche herausgegriffen, die spezifisch motivationspsychologische Sachverhalte betreffen: die Kontrolle von Anreizen, die Kontrolle innerorganismischer Bedingungsfaktoren und die Messung von Motiven. Zu den Anreizwirkungen haben wir zwei Beispiele aus den Bereichen Hunger und Leistungsmotivation näher dargestellt. Viele der Arbeiten zu den »angeborenen Auslösemechanismen« (vgl. Kap. 3.1.), zu Bevorzugungen bei der Partnerwahl (vgl. Kap. 3.2. und 5.2.3.) und zu den situativen Auslösern von Aggression (vgl. Kap. 8.3.) sind reine Anreizstudien.

Bei den organismischen Bedingungsfaktoren haben wir einige der bedeutsamen Strukturen im ZNS näher beschrieben (vor allem die Amygdala und den Hypothalamus) und einige Methoden aufgezeigt, die helfen, deren Rolle in Motivationsprozessen näher zu analysieren.

Von immer größerer Bedeutung für die Motivationspsychologie wird das Studium neuroendokrinologischer Faktoren. Wir haben hier die Neurotransmitter Acetylcholin, Noradrenalin, Dopamin, Serotonin und GABA sowie einige Methoden, mit denen ihre Verteilung im Gehirn analysiert werden kann, näher dargestellt.

Bei der Motivmessung schließlich sind wir näher auf den TAT und die Gitter-Technik eingegangen. Beide Verfahren regen Motive bildsituativ an und dürften deswegen für die Motivmessung besondere Eignung besitzen.

3. Forschungsansätze der Motivationspsychologie

Auf dem hier zur Verfügung stehenden Raum kann die Forschungs- und Problemgeschichte der Motivationsforschung nur in groben Umrissen dargestellt werden. Wir haben uns deshalb – vor allem bei der Darstellung der Geschichte der Motivationspsychologie in der ersten Hälfte des 20. Jahrhunderts – auf das Notwendigste zu beschränken versucht. Die Auseinandersetzung mit den geschichtlichen Entwicklungen erscheint deswegen so interessant, weil sich die Motivationspsychologie nicht in allen ihren Bereichen kontinuierlich und in breiter Front fortentwickelt, sondern eher in vertikalen Spiralbewegungen, wobei immer wieder auf ältere Konzepte und Modellvorstellungen zurückgegriffen wird, die dann mit neuen Methoden untersucht werden können. Das letzte Jahrzehnt ist vor allem durch drei Entwicklungen gekennzeichnet: erstens durch die zunehmende Bereitschaft, in den Modellbildungen neben den sozialen auch biologische Einflußfaktoren zu berücksichtigen, zweitens durch die zunehmende Bereitschaft, auch unbewußte Einflüsse im Motivationsprozeß theoretisch in Rechnung zu stellen und mit geeigneten Analysemethoden zu untersuchen und schließlich drittens die Bedeutung von Zielen und Zielbindungen sowie Intentionen im Motivationsprozeß in den Modellbildungen darzustellen. Alle drei genannten Forschungsansätze der letzten Jahre stellen fundamental nichts Neues dar. Sie waren bereits vor Jahrzehnten Gegenstand psychologischer Theorienbildungen. Wir werden versuchen, diese Entwicklung von Zusammenhängen in der Problemgeschichte der Motivationspsychologie in sieben Ansätzen darzustellen.

3.1. Der instinkttheoretische und ethologische Ansatz

Das Instinktkonzept hatte bereits eine große Vergangenheit in der abendländischen Philosophiegeschichte – von Aristoteles über Thomas von Aquin bis zu Descartes –, ehe es in der zweiten Hälfte des 19. Jahrhunderts zunächst von der Biologie und später auch von der Psychologie aufgegriffen wurde. Das Instinktkonzept sollte eine Erklärung liefern für die Zweckmäßigkeit und Zielgerichtetheit tierlichen Verhaltens, ohne dem

Tier Einsicht in die Funktion einzelner Verhaltensweisen zusprechen zu müssen. Nachdrücklich sollte die Zielgerichtetheit und offensichtliche Zweckrationalität tierlichen Verhaltens von der Rationalität menschlichen Handelns abgesetzt werden. Darwins Schrift »Über die Entstehung der Arten« im Jahre 1859 hob die zuvor als notwendig erachtete absolute Unterscheidung in der Erklärung menschlichen und tierlichen Verhaltens auf und machte eine Vergleichende Psychologie erst möglich. Genau wie morphologische Merkmale durch die »Natürliche Zuchtwahl«, d.h. aufgrund ihres Anpassungswertes, ausgewählt werden und sich in bestimmten Populationen durchsetzen können, so können sich auch erblich bedingte Verhaltensdispositionen – die »Instinkte« – in einer Population ausbreiten, wenn sie unter den gegebenen Umständen einen Anpassungsvorteil mit sich bringen. In Übereinstimmung mit anderen Autoren seiner Zeit verstand Darwin unter einer instinktiven Handlung folgenden Sachverhalt: »Wenn eine Handlung, zu deren Vollziehung selbst von unserer Seite Erfahrung vorausgesetzt wird, von seiten eines Tieres und besonders eines sehr jungen Tieres noch ohne alle Erfahrung ausgeführt wird, und wenn sie auf gleiche Weise bei vielen Tieren erfolgt, ohne daß diese ihren Zweck kennen, so wird sie gewöhnlich eine instinktive Handlung genannt« (Darwin, 1871). Wir haben hier eine auch heute noch brauchbare Kennzeichnung der Instinkthandlung vorliegen, die die Basis für die tierexperimentelle Forschung abgegeben hat. Nach wie vor ist die Aufzucht unter Ausschluß spezifischer Erfahrungsmöglichkeiten (Kaspar-Hauser-Versuch) der Königsweg zum Nachweis angeborener Verhaltensdispositionen beim Tier. Wir kommen darauf zurück.

Dem Geist der Zeit entsprechend und durchdrungen von der auch heute gültigen Annahme, daß auch beim Menschen genetisch fundierte, im Laufe seiner Stammesgeschichte entstandene Verhaltensdispositionen anzunehmen sind, ist das Instinktkonzept auch für die Humanpsychologie nutzbar gemacht worden. Es sollen hier nur zwei für die Entwicklung der Psychologie sehr wichtige Autoren genannt werden: William James und William McDougall. James (1890) und McDougall (1908) nahmen auch beim Menschen genetisch fundierte Instinkte an. So definiert McDougall einen Instinkt als eine »ererbte oder angeborene psychophysische Disposition, welche ihren Besitzer befähigt, bestimmte Gegenstände wahrzunehmen und ihnen Aufmerksamkeit zu schenken, durch die Wahrnehmung eines solchen Gegenstandes eine emotionale Erregung von ganz bestimmter Qualität zu erleben und daraufhin in einer bestimmten Weise zu handeln oder wenigstens den Impuls zu solch einer Handlung zu erleben« (McDougall, 1928, S. 24). Beide Autoren stellten unterschiedlich lange Listen von Instinkten auf, die später mit Recht als willkürlich kritisiert wurden. So finden sich bei McDougall unter seinen zwölf, später achtzehn

Instinkten neben Flucht- und Neugierinstinkt auch der Instinkt der Selbsterniedrigung und der Erwerbsinstinkt. Ganz offensichtlich hat der Autor hier verschiedenen Verhaltensweisen, die er bei sich und seinen Zeitgenossen beobachten konnte, einen Instinkt zugesprochen, wobei er in der Art eines Zirkelschlusses von beobachtetem Verhalten auf den Instinkt zurückschloß und mit dem so erschlossenen Instinkt wiederum das beobachtete Verhalten erklärte.

Die Zirkularität dieser Vorgehensweise hat in der behavioristisch orientierten experimentellen Tierpsychologie dazu geführt, das Instinktkonzept ganz zu verwerfen und Antriebe des Verhaltens einzig und allein an objektiv feststellbare Bedürfnisse des Organismus anzubinden, wie die Bedürfnisse nach Nahrung, Flüssigkeit und die Vermeidung von Schmerz (Dashiell, 1928; Dunlap, 1922). Hier hat man allerdings das Kind mit dem Bade ausgeschüttet; in den 50er Jahren hatte die angloamerikanische Motivationspsychologie dann auch große Mühe, sich aus dieser selbst verordneten konzeptionellen Einengung zu befreien: Zur Daseinsbewältigung gehört nämlich mehr als die Stillung organismischer Bedürfnisse – notwendig sind auch ein gewisses Maß an Informiertheit über die Umwelt, Pflege für die Nachkommen und bei vielen Lebewesen auch eine Einbindung in den sozialen Verbund von Artgenossen, um nur einige Bedürfnisse zu nennen, die nicht auf organismischen Defiziten beruhen, aber dennoch überlebenswirksam sind und zur Arterhaltung ihren Beitrag leisten.

In der europäischen Vergleichenden Verhaltensforschung erwies sich das Instinktkonzept nach einer Präzisierung, die Lorenz (1937) im Anschluß an Darwin vornahm, als überaus fruchtbar. Hilfreich erwies sich die Beschränkung auf die beobachtbare Instinkthandlung und dabei vor allem auf die starr ablaufenden, arttypischen Handlungselemente, die *»Endhandlung«,* die häufig den Abschluß von zielsuchenden Verhaltenssequenzen bildet. Lorenz sprach im Hinblick auf diese starren Verhaltensanteile von Erbkoordinationen, um dadurch die genetische Determination dieser Verhaltensanteile hervorzuheben. Dieser Endhandlung geht das *»Appetenzverhalten«* voraus, das sich auch bei niederen Arten als im starken Maße durch Erfahrung modifizierbar erweist.

Vor und während des Appetenzverhaltens sowie am Ende der eigentlichen Instinkthandlung treten häufig Emotionen auf. Ganz in Anlehnung an McDougall (1928) wird davon ausgegangen, daß spezifische Emotionen und Affekte je einem Instinkt entsprechen – im Sinne einer Handlungsbereitschaft (Lorenz, 1950, S. 480) bzw. einer aktivierten, aber noch nicht ausagierten Antriebsthematik (Bischof, 1989, S. 198). Aber auch die instinktmäßige Reaktion selbst ist durch spezifische Korrelate in Form qualitativ unterscheidbarer Emotionen gekennzeichnet. Diese gefühlsmäßigen Begleiterscheinungen der Instinkthandlung stellen den unmittelbaren

Zweck des Appetenzverhaltens dar. Dies entspricht einer anreiztheoretischen Fassung des Motivierungsgeschehens (vgl. Kap. 1.2.4. und 3.5.). Man kann also bei Lorenz von einer »doppelten Motivierung des Appetenzverhaltens« (1937, S. 295) sprechen, wobei der Organismus zum Ablaufenlassen einer Bewegungskoordination »getrieben und gelockt« wird. Beide Zustände teilen sich dem Organismus in Form bestimmter Emotionen mit.

Diese Emotionen scheinen auch die stammesgeschichtlich beständigsten Teile von Instinkthandlungen zu sein. Die Verhaltensweisen selbst können sich im Laufe der Stammesgeschichte – in Abhängigkeit von den geistigen Fähigkeiten des Organismus – ihrer instinktmäßig angelegten Motorik entledigen und sich auf das stets instinktmäßige Ende einer Handlungskette – nämlich die Emotionen – zurückziehen (Rudimentierung) (Lorenz, 1937, S. 315, 318). Dies bedeutet, daß von einer Instinkthandlung im Laufe der stammesgeschichtlichen Entwicklung zum Menschen hin nichts weiter übrig geblieben ist als die erfahrene Emotion. Die bei Lorenz vorhandene Anknüpfung behavioraler Konzepte an erlebnismäßige wurde später in der Ethologie aufgegeben, weil solche Sachverhalte in der Tat im tierlichen Verhalten nur per Analogieschluß vermutet werden können.

Erbkoordinationen haben eine nachweisbare genetische Basis; sie unterliegen damit den gleichen Prinzipien der Evolution wie morphologische Merkmale auch und können wie diese mit Erfolg zu taxonomischen Einordnungen von Arten und Unterarten herangezogen werden. Die wichtigste Methode zum Nachweis einer genetischen Fundierung von Erbkoordinationen ist die Aufzucht unter Vorenthaltung der relevanten Erfahrung. Hierbei wird das Lebewesen daran gehindert, die interessierenden Verhaltensweisen selbst auszuprobieren und/oder bei Artgenossen zu beobachten. So zog z.B. Grohmann (1939) Tauben in engen Röhren auf, so daß sie ihre Flügel nicht betätigen konnten. Als ihre Geschwister fliegen konnten, ließ er sie frei; die unter Erfahrungsentzug aufgezogenen Tiere konnten gleichermaßen gut fliegen. Diese Beobachtung begründet die Annahme, daß die entsprechende Verhaltensweise ausschließlich durch genetisch weitergegebene Informationen zustande kommt – sie ist in dem Beobachtungszeitraum ausgereift.

Neben solchen angeborenen motorischen Verhaltensmustern haben die Ethologen ihr Hauptaugenmerk auf die Analyse derjenigen Reize in der Umwelt gerichtet, die solche Instinkthandlungen auslösen. Man spricht hier von Schlüsselreizen oder Auslösern. Solche Schlüsselreize können entweder Einzelmerkmale oder Merkmalskombinationen sein; welchen Merkmalen diese Funktion zukommt, läßt sich in sogenannten Attrappenversuchen feststellen. *Abbildung 3.1* zeigt die hinreichenden Merkmale einer Elterntier-Attrappe, die von Amseljungen angesperrt wird. Die Elterntier-Attrappe wird dann maximal beantwortet, wenn das Kopf-Rumpf-Verhältnis der Attrappe 1 : 3 beträgt.

Abbildung 3.1: Sperrende Amseljungen vor einer Elterntier-Attrappe (modifiziert nach Tinbergen & Kuenen, 1939, aus Eibl-Eibesfeldt, 1978, S. 131).

Schlüsselreize lösen Verhalten nicht in der beinahe mechanischen Form aus, in der ein Reflex durch den zugehörigen unbedingten Reiz ausgelöst wird. Sie setzen voraus, daß das Lebewesen sich in einer entsprechenden Motivation, aufgebaut etwa durch innerorganismische Faktoren, in einer bestimmten »Stimmung« befindet. Bei einem weiblichen Tier, das nicht in Brunft ist, bleiben die von einem männlichen Tier dargebotenen Auslöser wirkungslos. Als innere Bedingungsfaktoren, die Lebewesen in solche Bereitschaft oder Stimmung versetzen, nahm Lorenz eine endogene Triebproduktion an. Jede Instinkthandlung entspringt sozusagen einer eigenen Triebquelle. Der Drang, die Handlung auszuführen, wächst mit zunehmender Zeit seit der letzten Ausführung der Instinkthandlung (Lorenz, 1937). Dem Schlüsselreiz entspricht ein sensorischer Mechanismus, der *»Angeborene Auslösemechanismus«* (AAM) (Tinbergen, 1951). Die Wirksamkeit solcher Reize ist ebenfalls unabhängig von Lernerfahrungen. Man schließt daraus, daß der Mechanismus stammesgeschichtlich angepaßt ist, d.h. unter natürlichen Bedingungen zum Überleben des Organismus beiträgt. Die Auslösemechanismen bei den höher organisierten Säugern werden zunehmend komplexer und auch durch Lernerfahrungen beeinflußbar. Man spricht dann von »durch Erfahrung modifizierte angeborene Auslösemechanismen« (EAAM) oder dann, wenn sie ausschließlich auf Lernerfahrungen aufbauen, von »erlernten Auslösemechanismen« (EAM) (Franck, 1985; Ewert, 1976).

Das Zusammenwirken dieser verschiedenen Mechanismen kann man sich nach Tinbergen als ein hierarchisch organisiertes Zusammenwirken von Verhaltensbereitschaften oder Stimmungen vorstellen, die auf inneren Reizen (Stoffwechselreizen, hormonellen Veränderungen), angeborenen Auslösemechanismen und motorischen Mechanismen (bereitliegende Bewegungsprogramme) beruhen (Tinbergen, 1951). Die unterste sinnvolle Verhaltensebene stellen in sich geschlossene Verhaltensformen dar, z.B. arttypische angeborene Endhandlungen. Sie haben ihre eigenen Antriebszentren, die die Energie für die Instinkthandlungen produzieren, und ihre eigenen angeborenen Auslösemechanismen. Ihnen übergeordnet sind Instinkttätigkeiten höherer Ordnung, die verschiedene Verhaltensweisen, die zu einem Funktionskreis zusammengehören, umfassen. Auch sie haben ihre eigenen Antriebszentren. *Abbildung 3.2* illustriert dieses Verhaltensmodell.

Unter einem Instinkt versteht Tinbergen dann folgerichtig »einen hierarchisch organisierten nervösen Mechanismus, der auf bestimmte vorwarnende, auslösende und richtende Impulse, sowohl innere wie äußere, anspricht und sie mit wohlkoordinierten, lebens- und arterhaltenden Bewegungen beantwortet« (Tinbergen, 1952, S. 104). Wie dem Lorenzschen Modell so fehlt auch Tinbergens Modell eine ausdrückliche Rückmeldefunktion, in der die Folgen des Verhaltens an das System zurückgemeldet werden (vgl. Kap. 3.6.).

So fruchtbar sich diese konzeptuellen Präzisierungen für die Vergleichende Verhaltensforschung bei Tieren erwies, für die Humanmotivationsforschung wurden Instinkte und Instinkthandlungen damit noch nicht zu brauchbaren Konzepten. Von wenigen Endhandlungen bei der Nahrungsaufnahme, dem Flucht-, Kampf- und Sexualverhalten abgesehen, sind die Handlungen, mit denen Menschen positiv bewertete Ziele verfolgen und negative vermeiden, variabel, d.h. abhängig von der individuellen Lerngeschichte und damit in hohem Maße vom sozialen und kulturellen Kontext geprägt. Menschen drücken z.B. feindselige Handlungsimpulse nicht in arttypischen, formstarren Bewegungsmustern (Erbkoordinationen) aus, sondern benutzen hierzu kulturabhängige und von Person zu Person variierende Verhaltensweisen – angefangen vom körperlichen Angriff bis zu sehr subtilen Formen verbaler Aggression. Auch die auslösenden Bedingungen für bestimmte Verhaltensweisen dürften in vielfältiger Weise von

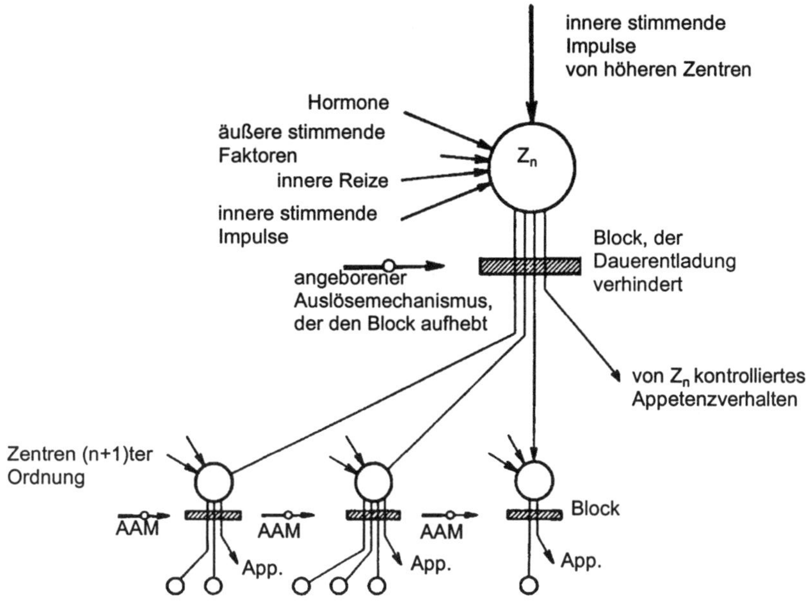

Abbildung 3.2: Wirkmechanismen der Verursachungen von End-(Instinkt-) und Appetenzhandlungen (App.). Sowohl das übergeordnete Instinktzentrum (Z_n) als auch die untergeordneten Zentren, die die Energien für Teiltätigkeiten liefern, werden normalerweise gehemmt (Blöcke). Durch zugehörige Auslösereize werden diese Blöcke über die Wirkung eines angeborenen Auslösemechanismus (AAM) aufgehoben (modifiziert nach Tinbergen, 1952, S. 117).

sozialen und kulturellen Faktoren mit beeinflußt sein (s.o.). Trotz der größeren Variabilität menschlichen Verhaltens, die den Gültigkeitsbereich des ethologischen Ansatzes für die Humanforschung einschränkt, sollte die Bedeutung dieses Ansatzes jedoch auch nicht unterschätzt werden. Diese Ansicht gründet sich darauf, daß die zentralnervösen Strukturen, die im Verlaufe der Stammesgeschichte bestimmte Verhaltensweisen kontrolliert haben, auch beim Menschen noch vorhanden und im gleichen funktionalen Zusammenhang aktiv sind. Sie werden in der evolutionären Entwicklung also nicht ersetzt (»vergessen«), sondern allenfalls überlagert (Derryberry & Tucker, 1991). Es wäre unter dem Anspruch einer umfassenden Aufklärung der menschlichen Motivation töricht, ihren potentiellen Einfluß leugnen zu wollen. Ebenso unangemessen ist aber auch eine unmodifizierte Übertragung dieses Ansatzes in den Humanbereich.

Insbesondere im deutschsprachigen Bereich ist eine gewisse Zurückhaltung bei der Integration biologischer, speziell ethologischer Konzepte in die Humanpsychologie zu beobachten, ganz im Gegensatz etwa zu motivations- und emotionspsychologischen Darstellungen im angloamerikanischen Raum (Buck, 1999; LeDoux, 1996; Reeve, 1992).

Ein interessanter Integrationsversuch sozial und biologisch determinierter Motivationsformen stammt von McClelland (1987, 1995; McClelland, Koestner & Weinberger, 1989), der zwei getrennt arbeitende Motivationssysteme annimmt. Eines – das implizite (nicht bewußte) – basiert auf biologischen Motiven und AAMs, das andere – das explizite (bewußte) – basiert auf Selbstkonzepten und sozialen Appellen als Auslöser. Ein Vorschlag, der sicherlich in den nächsten Jahren noch viel Forschungsinteresse auf sich ziehen wird.

3.2. Evolutionsbiologische und soziobiologische Ansätze

Der klassische ethologische Ansatz wird in der neuen Soziobiologie fortgeführt, die die Frage nach der Funktion und damit dem Anpassungswert eines Verhaltenssystems in den Vordergrund stellt, und zwar für tierliches und menschliches Verhalten in gleicher Weise (Voland, 1993). Ausgangspunkt war auch der evolutionstheoretische Ansatz Darwins, der, um den Grundgedanken der Soziobiologie verstehen zu können, hier etwas näher dargestellt werden muß. Darwins Evolutionstheorie ersetzte den in der Schöpfungsgeschichte enthaltenen Grundgedanken einer zielgeleiteten Entwicklung, an deren Ende der Mensch steht, durch ein im wesentlichen mechanistisches Prinzip, das sich auf fünf Tatsachen und drei Schlußfolgerungen reduzieren läßt (Mayr, 1994; vgl. *Abbildung 3.3*).

Im Mittelpunkt der Überlegungen Darwins steht das Konzept der natürlichen Auslese und der Anpassung. Er gründet dieses Konzept auf der Beobachtung, daß jede Population über ein erhebliches Wachstumspotential verfügt, also von Generation zu Generation größere Populationen erzeugt werden können (Tatsache 1). Tatsächlich aber bleiben Populationen über große Zeiträume relativ stabil (Tatsache 2), da die Ressourcen (z.B. Futter) begrenzt sind (Tatsache 3). Aus diesen drei Tatsachen leitete Darwin seine erste Schlußfolgerung ab, daß exponentielles Bevölkerungswachstum bei begrenzten Ressourcen zu einem Kampf ums Dasein führen müßte. Der Gedanke des Kampfs ums Dasein wird in evolutionärer Perspektive erst dann bedeutungsvoll, wenn zwei weitere Tatsachen hinzugezogen werden:

daß nämlich jedes Individuum einzigartig ist (Tatsache 4) und damit die Mitglieder einer Population ganz unterschiedlich sind und daß diese Unterschiede auf genetischen Faktoren beruhen (Tatsache 5). All dieses führte zu der zentralen Schlußfolgerung der natürlichen Auslese, in dem Individuen mit einer Erbausstattung von hohem Anpassungswert überleben. Variation in den Genen und Selektion der Tüchtigsten sind demnach die Motoren der Evolution. Die genetischen Dispositionen für die körperlichen und psychologischen Voraussetzungen für eine effiziente Lebensbewältigung sind so auf optimale reproduktive Effizienz, also auf größtmöglichen Fortpflanzungserfolg herangezüchtet worden. Anpassung bezieht sich auf ein Merkmal eines Individuums, das durch natürliche Selektion entstanden ist, weil es im Verlaufe der Evolution direkt oder indirekt den Fortpflanzungserfolg erhöht hat (Buss et al., 1998, S. 535; Tooby & Cosmides, 1992). Im Verlaufe der Entwicklung Darwinistischer Positionen wird zunehmend das einzelne Individuum als Zielobjekt der Selektion betrachtet (Mayr, 1994, S. 187).

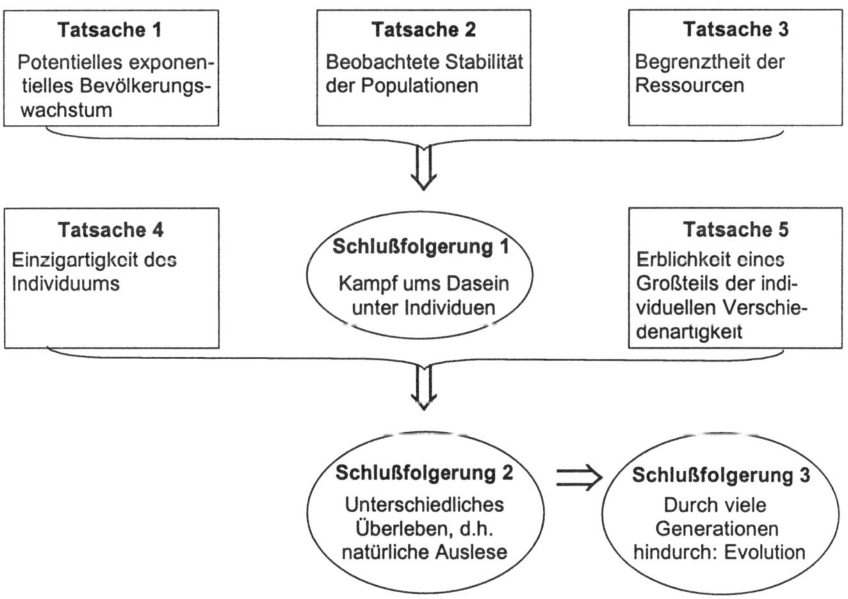

Abbildung 3.3: Darwins Erklärungsmodell der Evolution durch natürliche Auslese (modifiziert nach Mayr, 1994, S. 101).

Die Entwicklung der Soziobiologie erhielt ihren entscheidenden Impuls durch die Annahme, daß die Selektion zwar an der Variabilität der Individuen einer Population ansetzt, daß die Zielobjekte der Selektion aber die Gene sind. Sie sind der eigentlich wichtige Träger der stammesgeschichtlich erworbenen Informationen. Die einzelnen Individuen sind völlig uninteressant; sie sind nur das kurzlebige Medium für die Möglichkeit der Genreplikation (Dawkins, 1976). Die Perspektive der Soziobiologie wird für die Motivationspsychologie deswegen so interessant, weil sie versucht, menschliches Sozialverhalten unter dem Blickwinkel seiner Funktionalität für das angenommene genzentrierte Fortpflanzungsinteresse hin zu analysieren (Buss et al., 1998; Simpson & Kenrick, 1997; Wilson, 1975).

Entscheidend war, daß auch die reproduktive Effizienz als Maß für die Fitneß (Angepaßtheit) neu konzipiert wurde. Hamilton (1964) schlug vor, daß eine Eigenschaft dem Selektionsmechanismus auch dann unterliegt, wenn nicht das Individuum selbst, das diese Eigenschaft besitzt, sein Erbgut weitergibt, sondern nahe Verwandte, z.B. Bruder oder Schwester, die 50 % des Erbgutes mit dem Individuum teilen. Es kann sich also unter bestimmten Bedingungen »lohnen«, auf eigenen Fortpflanzungserfolg zu verzichten und nahe Verwandte bei der Aufzucht und Sorge um die Nachkommenschaft zu unterstützen. Auch das erhöht die Fitneß, allerdings die »inklusive Fitneß« (Gesamtfitneß), die sich aus »direkter Fitneß«, auch Darwin-Fitneß genannt, und der »indirekten Fitneß«, die sich durch Verwandtenunterstützung ergibt, zusammensetzt. Dieses Prinzip kann sehr schön an der Tatsache demonstriert werden, daß viele Wirbeltiere und einige tropische Vögel vorübergehend auf eigene Fortpflanzung verzichten und anderen Artgenossen (häufig den eigenen Eltern) bei der Aufzucht der Jungen helfen. Reyer (1985, 1990) hat solche »Helfer-am-Nest«-Gesellschaften beschrieben. Er beobachtete an ostafrikanischen Seen Graufischer und fand, daß einige unverpaarte Männchen sich Brutpaaren anschließen und helfen, deren Junge zu versorgen. Einige werden von Anfang an geduldet (»primäre Helfer«), andere erst dann, wenn die Jungen geschlüpft sind (»sekundäre Helfer«). Die primären Helfer sind fast immer Söhne beider oder zumindest eines Elternteils, so daß ihre Hilfe Voll- und Halbgeschwistern zugute kommt. Sekundäre Helfer sind mit dem Brutpaar nicht verwandt. Sekundäre Helfer erscheinen häufig im zweiten Jahr am selben Brutplatz und übernehmen oftmals das Weibchen, dem sie im Vorjahr geholfen haben. Der Fitneßgewinn der primären Helfer kommt über einen Zweijahreszeitraum überwiegend durch die indirekte Fitneß zustande (vgl. *Tabelle 3.1*), während der Fitneßgewinn der sekundären Helfer durch einen direkten Fitneßgewinn im zweiten Jahr zustande kommt. Am geringsten ist der Fitneßgewinn, wenn Männchen weder brüten noch helfen. Wichtig ist an diesem Beispiel, daß das Helfer-am-Nest-Phänomen ohne das Konzept der inklusiven Fitneß schwer verständlich ist. Wenn selber brüten nicht möglich ist, ist es nach diesem Verständnis immer noch vorteilhafter, sich als primärer Helfer zur Verfügung zu stellen oder, wenn auch das nicht möglich ist, die Position eines sekundären Helfers einzunehmen. Ähnliche Zusammenhänge konnte Wright (1997) bei arabischen Drosselvögeln nachweisen.

Tabelle 3.1: Direkte, indirekte und inklusive Fitneßerträge* für primäre und sekundäre Helfer (nach Reyer, 1990, S. 543).

Status	**Jahr**	**direkt**	**indirekt**	**inklusive**
Brüter	1 2	0,96 0,80	0 0	0,96 0,80
	Σ	**1,76**	**0**	**1,76**
primärer Helfer	1 2	0 0,42	0,45 0,20	0,45 0,62
	Σ	**0,42**	**0,65**	**1,07**
sekundärer Helfer	1 2	0 0,87	0,04 0,01	0,04 0,87
	Σ	**0,87**	**0,05**	**0,91**
weder Helfer noch Brüter	1 2	0 0,30	0 0	0 0,30
	Σ	**0,30**	**0**	**0,30**

* Die Kalkulation dieser Fitneßerträge beruht auf drei Faktoren: der Wahrscheinlichkeit, einen bestimmten Status zu erreichen, der Anzahl der durch den Beitrag (z.B. als Helfer) erzielten Nachkommen und der genetischen Verwandtschaft zwischen Eltern und Helfern.

Soziobiologen betrachten die Tiere geradezu als »Entscheidungsträger«, die versuchen, unter gegebenen Umständen den Nettonutzen zu maximieren. Die Modelle, die herangezogen werden, tierliches Verhalten vorauszusagen, gehen davon aus, daß das Tier »Entscheidungen« trifft, die die günstigste Kosten-Nutzen-Relation in bezug auf Optimierung der inklusiven Fitneß entstehen läßt. So sinnvoll diese Verhaltensweisen aus funktionaler

Perspektive auch sein mögen, auf welche Weise Tiere die Entscheidungen fällen, ist gänzlich unbekannt. Sicherlich können sie keine genetischen Verwandtschaftsgrade kalkulieren, wahrscheinlich dürfte sein, daß sie Informationen verwenden, die ihnen ständig zur Verfügung stehen und die mit der Gesamtfitneß korreliert sind, wie der Energieaufwand und die körperliche Verfassung (Reyer, 1985). Auch im Bereich menschlicher Sozialsysteme sind Analogien zu den tierlichen »Helfer-am-Nest«-Gesellschaften beschrieben worden (vgl. Voland, 1993).

Ein weiteres interessantes Forschungsfeld für die Soziobiologie ist auch, Strategien der Partnerwahl unter dem Aspekt der genzentrierten Reproduktionsmaximierung zu sehen. Auch hier werden viele Strategien und Vorlieben erst verständlich, wenn man sie unter dem Gesichtswinkel sieht, daß es darum geht, ein möglichst günstiges Kosten-Nutzen-Verhältnis herzustellen, also möglichst viele gesunde Nachkommen bei vergleichsweise geringem Elternaufwand zu erzeugen. Da die Eigenschaften, die dies gewährleisten, nicht direkt sichtbar sind, sind männliche und weibliche Individuen bei der Partnerwahl auf verläßliche indirekte Indikatoren angewiesen. Ein wichtiger Indikator, der bei männlichen Individuen Reproduktionserfolg sicherstellt, ist die Stellung in der Dominanzhierarchie. Der Reproduktionserfolg bei einigen sozial lebenden Säugern wird in nicht unerheblichem Ausmaß von der Stellung in der Dominanzhierarchie beeinflußt (Harcourt, 1987; Kuester & Paul, 1989). Männer mit hohem Ressourcenpotential werden bevorzugt Ziel weiblichen Wahlverhaltens, weil bei ihnen ein erhöhtes väterliches Engagement und damit ein überdurchschnittlicher Reproduktionserfolg zu erwarten ist (Voland, 1993; Buss & Schmitt, 1993) (vgl. hierzu auch Kap. 5.2.3.).

Bei Frauen ist der zu erwartende Reproduktionserfolg auch nicht unmittelbar ersichtlich und muß aus indirekten Hinweisreizen erschlossen werden. Soziobiologen sind der Ansicht, daß die eingeschätzte körperliche Attraktivität, dargestellt durch den Quotienten aus Taillen- und Hüftgröße (WHR; Waist-to-Hip Ratio), einen solchen indirekten Hinweis geben könnte. Es gibt eine ganze Reihe von Belegen dafür, daß die WHR ein verläßlicher körperlicher Indikator für das Fortpflanzungspotential darstellt. Singh (1993) hat seinen männlichen Vpn Silhouettenzeichnungen von weiblichen Personen, bei denen die WHR planmäßig variiert wurde (vgl. *Abbildung 3.4*), vorgeführt. Sein Hauptbefund ist, daß unabhängig vom Gewicht ein WHR von 0,7 am attraktivsten beurteilt und mit dem größten Fortpflanzungspotential ausgestattet wurde.

Der gradlinige Funktionalismus, der in jedem evoluierten Merkmal das Ergebnis eines gelungenen Anpassungsprozesses sieht, muß jedoch auch kritisch betrachtet werden; denn die Evolution hat neben den durch eine Erhöhung des Reproduktionserfolgs erzielten Anpassungen auch Neben-

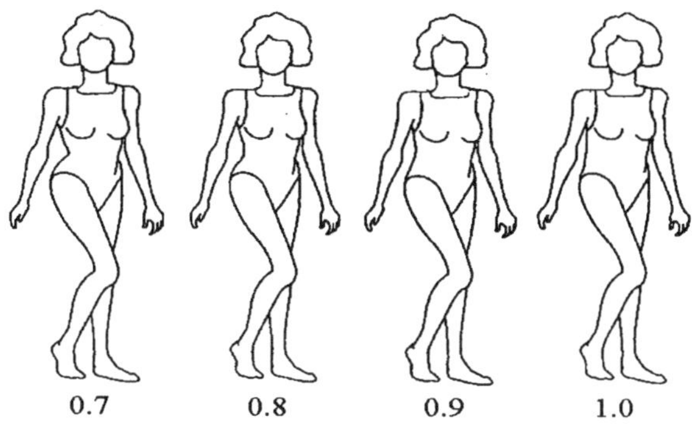

Abbildung 3.4: Silhouettenzeichnungen von Frauen mit unterschiedlichen Quotienten aus Taillen- und Hüftgröße (WHR) (nach Singh, 1993, S. 298).

produkte solcher Anpassungen und reine Zufallsergebnisse (»Rauschen«) hervorgebracht. So sind sich viele Evolutionsbiologen darin einig, daß die Entwicklung des Federkleides bei Vögeln hin zu funktionsfähigen Flugapparaten auf einem Zufall beruht. Das Federkleid hatte wohl ursprünglich die Funktion der Temperaturregulation, bevor die Evolution »entdeckte«, daß es auch für die Erfüllung anderer Aufgaben sehr nützlich und funktional sein kann. Ein anderes interessantes und kontroverses Thema bezieht sich auf den Versuch, eine entsprechende Funktionalität für die Entwicklung der menschlichen Sprache nachzuweisen. Viele Autoren sehen hier einen klaren Beitrag zur Fitneßmaximierung, weil Sprache die Kommunikation in groß und unübersichtlich gewordenen Sozialverbänden erleichtert. Andere Autoren behaupten hingegen, daß diese plausible Annahme unhaltbar ist und daß die Sprachentwicklung lediglich ein zufälliges Nebenprodukt der Großhirnentwicklung sei (Gould, 1991; Buss et al., 1992).

Letztlich muß auch noch einmal darauf hingewiesen werden, daß ein Ansatz, der ausschließlich auf der biologischen Evolution aufbaut und kulturelle Einflußfaktoren weitgehend unberücksichtigt läßt, zwar einige intellektuell herausfordernde Einsichten und Erklärungsansätze anbieten kann, aber dennoch zu einseitigen und deswegen unvollständigen Erklärungsansätzen tendiert. Wir hatten oben in bezug auf die Entstehung von Werthaltungen und Motiven eine koevolutionäre Perspektive des Ineinandergreifens biologischer und sozio-kultureller Faktoren eingenommen (vgl. Kap. 1.2.1.). Wie biologisch vorbereitete funktionale Zusammenhänge durch moderne kulturelle Entwicklungen auch völlig abgebogen werden können, zeigt folgendes Beispiel: In vielen Gesellschaften ist der Fortpflanzungserfolg männlicher Individuen vom Sozialstatus abhängig. Das gilt jedoch nicht mehr in heutigen westlichen Kulturen. Hier scheint es eher eine negative Beziehung zwischen Fortpflanzungserfolg und Sozialstatus zu geben (Vining, 1986). Allein lebende Männer mit hohem Sozialstatus haben zwar mehr Geschlechtspartnerinnen und verkehren mit ihnen auch bevorzugt zu deren fruchtbaren Zeiten, aber der tatsächliche Fortpflanzungserfolg ist nicht mit dem Sozialstatus korreliert (Pérusse, 1993). Dies wird dadurch erklärbar, daß Männer mit hohem Sozialstatus zwar einen *potentiell* höheren Fortpflanzungserfolg aufweisen, diesen aber durch den Einsatz entsprechender Verhütungsstrategien oder anderweitig verhindern (vgl. Asendorpf, 1996).

3.3. Der psychoanalytische Ansatz

Von allergrößter Bedeutung für die Theorieentwicklung wie auch für die Entwicklung von motivationspsychologischen Methoden waren die allgemeinpsychologischen Schriften Sigmund Freuds, die das theoretische Fundament der Psychoanalyse bilden. Ausgehend von der Deutung neurotischer Krankheitssymptome stellte Freud um die Jahrhundertwende auch eine Deutungslehre für normalpsychologische Phänomene, wie Träume (Freud, 1900) und sogenannte Fehlleistungen im Alltag (Freud, 1904), vor. In Träumen und Fehlleistungen drücken sich nach Freuds Auffassung unbefriedigte und verdrängte Wünsche aus – häufig solche sexueller Art –, die im bewußt kontrollierten, den gesellschaftlichen Konventionen gehorchenden Leben keinen Ausdruck finden konnten. War es bei den Instinkttheoretikern die Zielgerichtetheit tierlichen Verhaltens, die den Anstoß zur Aufstellung von Motivationstheorien gab, so war es bei Freud die versteckte Bedeutungshaftigkeit scheinbar zufälliger Erlebnis- und Verhaltensweisen, wie den neurotischen Krankheitssymptomen, den Trauminhalten und Fehlleistungen.

Im Jahre 1915 legte Freud in seinem Aufsatz »Triebe und Triebschicksale« eine theoretische Konzeption für die menschliche Motivation vor, die für mehr als ein halbes Jahrhundert den Rahmen für einen gewichtigen Teil der Motivationsforschung abgab, insbesondere der im angloamerikanischen Raum so einflußreichen Triebtheorie Hulls (1943), der sich großzügig an Freudsche Konzeptionen »anlehnte«. Nach Freuds Auffassung ist das Triebkonzept ein psychophysisches Konzept, »ein Grenzbegriff zwischen Seelischem und Somatischem« (Körperlichem). Der Trieb hat eine organische Erregungsquelle; der Reiz, der von einer solchen Quelle ausgeht, stellt das somatische Bedürfnis dar. Die Repräsentation dieses Bedürfnisses im Bewußtsein ist der Trieb. Jeder Trieb hat ein Ziel, nämlich die Befriedigung, die durch Aufhebung des Reizzustandes an der Triebquelle erreicht wird, und ein Objekt, nämlich dasjenige, wodurch der Trieb sein Ziel erreichen kann. Charakteristisch für Triebe ist außerdem das Moment des »Drängenden«: »Der Charakter des Drängenden ist eine allgemeine Eigenschaft der Triebe, ja das Wesen derselben« (Freud, 1915a, S. 214).

Ziel des Triebes und damit des durch den Trieb motivierten Verhaltens ist es also, einen inneren Reizzustand aufzuheben – eine Auffassung, die uns in der behavioristischen Motivationsforschung als Triebreduktionshypothese wiederbegegnen wird. Vom evolutionsbiologischen Standpunkt aus ist diese Triebreduktionshypothese allerdings nicht haltbar. Von außen oder von innen ins ZNS gelangende Reize bedeuten auch Informationsgewinn, sei es über die Umwelt, sei es über Zustände im Organismus. Sie schaffen damit Strukturen höherer Ordnung. Menschen und Tiere suchen daher neue Reize und Informationen, und zwar gerade dann, wenn Hunger und Durst gestillt sind. Eine Reihe von Beobachtungen belegen eindeutig, daß Lebewesen Information aktiv suchen und damit im Gegensatz zu unbelebten Systemen Zustände höherer Ordnung anstreben, d.h. eine Tendenz zur Verringerung von »Entropie« (Unordnung) zeigen (Streben nach »Negentropie«; von Bertalanffy, 1968; Schrödinger, 1945). Diese Kritik vom heutigen Standpunkt aus kann und soll die Bedeutung Freuds für die Entwicklung der Motivationsforschung nicht mindern. Freud betrat Neuland; er war sich der Vorläufigkeit seiner Begriffsbildung und theoretischen Annahmen durchaus bewußt. So schreibt er in dem zitierten Aufsatz von diesen Grundbegriffen: »Sie müssen zunächst ein gewisses Maß von Unbestimmtheit an sich tragen; von einer klaren Umzeichnung ihres Inhaltes kann keine Rede sein... Erst nach gründlicher Erforschung des betreffenden Erscheinungsgebietes kann man auch dessen wissenschaftliche Grundbegriffe schärfer erfassen und sie fortschreitend so abändern, daß sie in großem Umfange brauchbar und dabei durchaus widerspruchsfrei werden« (Freud, 1915a, S. 210f.).

Die als Triebbefriedigung beschriebene Aufhebung eines inneren Reizzustandes ist in der Regel mit einem positiven Affektzustand (Lust) verbunden: »Die Triebbefriedigung ist immer lustvoll« (Freud, 1915b, S. 248). Mit dieser Konzeption von Trieb und Affekt – von Motivation und Emotion – wird eine Auffassung vertreten, wie sie auch in instinkttheoretischen, behavioristisch-lerntheoretischen, anreiztheoretischen und neueren handlungstheoretischen Ansätzen wieder auftritt. In ihnen werden diese postaktionalen Affekte unter lerntheoretischer Perspektive als »Bekräftigung«, unter motivationstheoretischer Perspektive als Befriedigung oder Enttäuschung und deren Vorwegnahme als »Anreize« konzipiert (vgl. Kap. 1. und 3.3. bis 3.6.).

Diese enge Verbindung zwischen Motivation und Emotion wird auch noch durch eine andere Betrachtungsweise deutlich. Beide, die Triebe und die Affekte, besitzen jeweils zwei Repräsentationsformen: die Vorstellungsrepräsentanz (das ist die erlebnismäßige Seite von Trieb und Affekt) und die Repräsentanz von Erregungsgrößen. Letzteres betrifft den ökonomischen Aspekt des Triebes, die Triebenergie bzw. den entsprechenden Affektbetrag. Dieser Affektbetrag stellt gewissermaßen das quantitative Substrat (Erregungssumme) des erlebten Affekts dar und wird an anderer Stelle – speziell im Hinblick auf den Sexualtrieb – auch als Libido bezeichnet. Mit dem Konzept des Affektbetrages wird dem Moment des »Drängens des Triebes«, also seinen motivierenden Eigenschaften, Rechnung getragen. Dieser Konzeption werden wir in der Motivations-Emotions-Debatte wiederbegegnen (vgl. Kap. 3.4. und 3.5.). Wir haben also hier eine motivationspsychologische Konzeption vorliegen, in der das eigentliche motivationale Moment – also das Drängen des Triebes – unter Zuhilfenahme emotionspsychologischer Konzepte – hier insbesondere den Energetisierungsaspekt betreffend – aufgeklärt werden soll.

Bereits diese wenigen Bemerkungen zu den motivationspsychologischen Beiträgen Freuds lassen erkennen, wie ungemein anregend und befruchtend seine Vorstellungen auf fast sämtliche motivationspsychologischen Schulen des 20. Jahrhunderts gewesen sind (vgl. Erdelyi, 1984; Natsoulas, 1995). Auch die Annahme einer überragenden Rolle sexueller Motivation, wie sie in den neueren soziobiologischen Ansätzen betont wird (vgl. Kap. 3.2. und 5.) und ebenso die Annahme, daß sich viele Motivationsverläufe unserem Bewußtsein völlig entziehen, also unbewußt bleiben (vgl. Kap. 3.5., 3.6. und 3.7.), unterstreichen die Aktualität Freudscher Positionen.

Unzweifelhaft ist allerdings auch, daß einige der Freudschen Vorgehensweisen zu Recht mit Skepsis betrachtet werden müssen. So schrieb Freud 1898: »Wenn man den vorliegenden Fall von neurasthenischer Neurose sicher diagnostiziert und dessen Symptome richtig gruppiert hat, so darf man sich die Symptomatik in die Ätiologie (Entstehungsgeschichte) umsetzen und dann von den Kranken dreist die Bekräftigung seiner Vermutung verlangen. Anfänglicher Widerspruch darf einen nicht irremachen; man bestehe fest auf dem, was man erschlossen hat, und besiegt endlich jeden Widerstand dadurch, daß man die Unerschütterlichkeit seiner Überzeugung betont« (Freud, 1898, S. 498). Die unter dem Druck des behandelnden Therapeuten zustande gekommene Bestätigung des Patienten für die Deutung kann bei dieser Vorgehensweise natürlich keine Verifikation für die Deutung sein. Erkenntnistheoretisch ist es recht schwierig, aus der Tatsache, daß ein bestimmter Sachverhalt *nicht* auftritt (der Patient widersetzt sich der Deutung), einen schlüssigen Beweis für die Richtigkeit einer theoretischen Annahme abzuleiten, da zuvor alle nur denkbaren Alternativerklärungen (z.B. andere Deutungsmöglichkeiten oder einfach: der Patient widersetzt sich der Deutung zu Recht) ausgeschlossen werden müssen.

3.4. Behavioristische Ansätze

Zunächst noch unbeeinflußt durch Freuds Schriften entwickelte sich innerhalb der amerikanischen behavioristisch orientierten Psychologie ein Triebkonzept, das sich an der Kraftmaschine der damaligen Zeit orientierte. In Analogie zur Unterscheidung von Mechanismen der Kraftübertragung und dem Motor unterschied er zwischen Mechanismen oder Funktionen im menschlichen Organismus und dem Trieb, der diese Mechanismen mit Energie versieht. Außerdem führte die Unzufriedenheit mit einer bloßen Instinktbenennung in den 20er Jahren dazu, daß der Vorschlag einiger Motivationspsychologen (Dashiell, 1928; Dunlap, 1922), Triebe nur noch an objektiv nachweisbare organismische Bedürfnisse anzuknüpfen, allgemein akzeptiert wurde. Die anatomisch-physiologische Basis der Bedürfnisse nach Nahrung, Flüssigkeit und Sexualverhalten schien bekannt, zumindest glaubte man sie bald aufklären zu können – ein Trugschluß, wie sich später herausstellte. Bei eingehender Analyse erwies sich nämlich die anatomisch-physiologische Basis dieser Bedürfnisse als ein komplexes Bedingungsgefüge von inneren und äußeren Reizen, zugehörigen Rezeptoren, Informationsübertragungssystemen und zentralen Verarbeitungsmechanismen, von endogenen Rhythmen und adaptiven Anpassungen an spezielle Umweltbedingungen. Wie oben schon angedeutet, mußte darüber hinaus das Bedürfnis nach Aufnahme und Abgabe von Information, nach »Informationswechsel«, als ein eigenständiges Bedürfnis von Lebewesen anerkannt werden, das nicht auf Stoffwechselveränderungen zurückgeführt werden kann. Organismisch fundierte Bedürfnisse können ihren Ursprung in der Peripherie des Körpers, in den Eingeweiden als auch im Zentralen Nervensystem (ZNS) haben. Auch dann können sie eine genetische Basis und damit eine Stammesgeschichte haben, weil sie in der Entwicklung zum Menschen einen Anpassungsvorteil aufwiesen.

Eine Weiterentwicklung dieser Konzepte basierte auf der Erkenntnis, daß auch im ureigensten behavioristischen Anwendungsgebiet, nämlich der Erklärung stoffwechselabhängiger Motivationen, die Vorstellung, daß Verhalten durch ein organismisches Bedürfnis ausgelöst wird und zu Ende kommt, sobald das Bedürfnis gestillt ist, nicht ausreichte, um eine Reihe von Beobachtungen verständlich zu machen. Diese sogenannte homöostatische Modellvorstellung (vgl. Cannon, 1915) hatte sich zunächst als ein außerordentlich fruchtbares Schema für die Analyse innerorganismischer Steuerungs- und Regelungsvorgänge erwiesen. Tier und Mensch sind aber in der Lage, zukünftige Bedürfnisse vorwegzunehmen und ein entsprechendes Verhalten schon zu einem Zeitpunkt zu zeigen, zu dem das Bedürfnis noch nicht oder zumindest nicht in dem Ausmaß des gezeigten Verhaltens entstanden ist (vgl. Kap. 1.2.3.). Da es offensichtlich war, daß mit den wenigen auf organismischen Bedürfnissen beruhenden sogenannten »primären« Motiven die Phänomenvielfalt motivierten Verhaltens bei Tier und Mensch nicht erklärt werden konnte, versuchten behavioristisch orientierte Forscher, die Grundannahme durch das Postulat »sekundärer« Triebe und »sekundärer« Bekräftigungen zu retten. Die Grundannahme hierbei war die, daß bestimmte Sachverhalte auch aufgrund von Lernerfahrungen, die der Organismus macht, die Eigenart eines Triebes bzw. einer Bekräftigung erlangen können. So soll z.B. der Anblick der Mutter für das Kleinkind bekräftigend sein, weil die Mutter das Kind ernährt hat. Erworbene Triebe basieren auf Emotionen – insbesondere der Furcht –, die in bestimmten Situationen erworben (konditioniert) werden. Diese konditionierte Furcht erhält nun motivationale Qualitäten im Sinne eines Triebes dadurch, daß ihre Reduktion (Triebreduktion) bekräftigend wirkt. Es läßt sich experimentell zeigen, daß auch neues instrumentelles Verhalten erlernt wird, das durch Furchtreduktion bekräftigt wird (Brown, 1961; Miller, 1948).

Den Höhepunkt der behavioristisch orientierten Motivationsforschung stellen ohne Zweifel die theoretischen und experimentellen Analysen Hulls (1943, 1952) und seiner Mitarbeiter dar. In diesem Modell tragen alle Bedürfnisse zu einem einheitlichen Trieb bei, der alle Reaktionsweisen gleichermaßen energetisiert, und zwar in dem Maße, wie diese Reaktionen aufgrund unterschiedlicher Gewohnheitsstärken bereitstehen. Ziel des Verhaltens ist auch hier, wie bei Freud, die Reduktion des Triebes. Nur solche Verhaltensweisen werden in ähnlichen Situationen wiederholt, die zu einer Triebreduktion geführt haben. Triebreduktion wird damit zur Voraussetzung allen Lernens. Der Trieb energetisiert, und die Richtung des Verhaltens wird primär durch Gewohnheiten, durch frühere Erfahrung also, festgelegt. Die Entstehung von Gewohnheiten, der Niederschlag der Erfahrung ist wiederum nur möglich, wenn durch ein bestimmtes Verhalten der Trieb reduziert wird.

Eine Reihe von Befunden, so der schnelle Übergang von einem Leistungsniveau auf ein höheres oder niedrigeres bei Erhöhung oder Erniedrigung der Belohnung in der Lernphase (Crespi, 1942; Zeaman, 1949), hat dann Hull später zu einer Revision seines Modells veranlaßt (Hull, 1952). Belohnungen, die Verhalten verstärken, d.h. seine Auftretenswahrscheinlichkeit unter vergleichbaren inneren und äußeren Bedingungen erhöhen, wirken auch als Anreize des Verhaltens, d.h. als situative Bedingungsfaktoren. Je nachdem, ob es sich um einen positiven oder negativen Reiz handelt, erhöhen sie Aufsuchen- oder Meidenverhalten. Ein bestimmtes Ereignis kann unter Berücksichtigung der Lerngeschichte eines Organismus als »Bekräftigung«, unter Berücksichtigung der momentanen und zukünftigen Situation als »Anreiz« konzipiert werden. Es kommt hier einzig und allein auf die Länge des Segmentes aus dem kontinuierlichen Verhaltensfluß und die Richtung der Segmentierung an, die der Forscher seiner Analyse zugrunde legt. Betrachtet er Veränderungen im Verhalten von einem Lerndurchgang zum nächsten, hat er Anlaß, Verstärkungseffekte festzustellen; betrachtet er eine momentane Verhaltenssituation, kann er die Effektivität verschiedener Anreize feststellen. Beide Betrachtungsweisen – eine bekräftigungstheoretische und eine anreiztheoretische – ergänzen sich und stellen nicht, wie häufig behauptet wird, gegensätzliche oder gar sich gegenseitig ausschließende Forschungsansätze in der Verhaltensanalyse dar.

Neben dem Trieb (D, drive) und den Gewohnheiten (H, habit) wurden in dem revidierten Modell (Hull, 1952) also auch die Anreize (I, incentive) als verhaltenssteuernd und aktivierend erkannt. Veränderungen in der Quantität und Qualität der Anreize während eines Lernversuchs führen, wie gesagt, zu sehr plötzlichen Veränderungen im Leistungsniveau, die nicht über die nur allmählich vonstatten gehenden Gewohnheitsänderungen erklärt werden können. Diese drei hypothetischen Determinanten des Verhaltens werden multiplikativ miteinander verknüpft; alle drei bestimmen das Reaktions- oder exzitatorische Potential (E), das den motivationalen Aspekten des Verhaltens (Richtung, Intensität, Ausdauer) zugrunde liegt:

$$E = D \times H \times I$$

Die Hullsche Theorie besticht durch konzeptuelle Klarheit und einen, vielleicht verfrühten, hohen Formalisierungsgrad. Das zugrunde gelegte Datenmaterial beruhte fast ausschließlich auf dem Verhalten von weißen Ratten bei verschiedenen künstlichen Lernaufgaben. Diese empirische Basis war weitaus zu schmal, um dem Anspruch zu genügen, ein allgemeingültiges Verhaltensmodell zu erstellen. In den 60er Jahren brach dann das

Hullsche Theoriegebäude unter dem Ansturm neuer Beobachtungen und experimenteller Befunde zusammen (vgl. Bolles, 1975).

Die Gründe dafür sind zum Teil schon genannt worden. Zu unübersehbar war die Tatsache, daß Lebewesen über die Befriedigung ihrer primären Bedürfnisse hinaus zielstrebige Verhaltensweisen an den Tag legen, z.B. im Explorationsverhalten (vgl. Kap. 6.) und auch im Streben nach Nähe und Kontakt zu Artgenossen (vgl. Harlow, 1958, 1962). Außerdem mehrten sich Beobachtungen, die zeigten, daß auch bei Ratten nicht nur Bedürfnisreduktionen verhaltensverstärkende Wirkungen haben. Auch bloße sensorische Ereignisse ohne Bedürfnisreduktion, wie die Aufnahme einer nährstofffreien Saccharinlösung oder die bloße Intromission des Penis in ein Weibchen ohne nachfolgende Ejakulation, wirken verstärkend (Sheffield & Roby, 1950). Schließlich dokumentierte auch die bereits beschriebene Entdeckung von Olds und Milner (1954), daß im ZNS Strukturen existieren, deren Reizung offensichtlich einen hohen Bekräftigungswert hat (vgl. Kap. 1.2.4., 2.2. und 3.5.), daß es sensorische und neuronale Ereignisse gibt, die im Sinne einer Bekräftigung wirken, aber gar nicht mit Triebreduktion in Verbindung zu bringen sind.

Eine weitere Annahme im Hullschen Theoriesystem, die sich als nicht haltbar erwies, war die einschränkende Festlegung von Verhaltensgewohnheiten auf gelernte Reiz-Reaktions-Verbindungen. McFarlane (1930) ließ Ratten ein Labyrinth laufend erlernen; später mußten die Tiere das Labyrinth durchschwimmen, wodurch ganz andere Reaktionen erforderlich werden. Den Vorstellungen Hulls folgend hätte nun ganz neues »Lernen« mit der Herausbildung entsprechender Gewohnheiten (Reiz-Reaktions-Verbindungen) erfolgen müssen. Dieses fand offensichtlich nicht statt, denn die Tiere zeigten in der neuen Situation nur eine geringfügige Leistungsverschlechterung. Diese und andere Befunde bewegten Tolman (1932), auch bei Ratten und anderen niederen Lebewesen das funktionale Äquivalent von Erwartungen und kognitiven Repräsentationen der Umwelt (»kognitive Landkarten«) anzunehmen. Damit war auch innerhalb der tierexperimentellen, behavioristisch orientierten Motivationsforschung ein kognitiv orientierter Forschungsansatz möglich geworden. In diesem Ansatz wird auch bei niederen Lebewesen der Erwerb von Repräsentationen der Umwelt angenommen, der den Lebewesen Orientierung in Raum und Zeit und zielaufsuchendes Verhalten ermöglicht (Gallistel, 1989; Olton, 1979).

Einen anderen Ausweg aus diesem Dilemma hat Hebb (1955) gewiesen. Organismisch fundierte Bedürfnisse tragen nach seiner Auffassung zur Steigerung der zentralnervösen Aktivierung bei, gesteuert durch den Aktivierungstonus der sogenannten Formatio reticularis (vgl. *Abbildung 2.4*). Die Anhebung der zentralnervösen Aktivierung hat zunächst einen positiven Effekt auf die kortikalen Funktionen: Sie wirkt als Verstärkung des Verhaltens. Eine weitere Aktivierung über den optimalen mittleren Bereich hinaus wirkt dagegen negativ und bestrafend. Damit wird die Haupterklärungslast für die Vorhersage von Verhaltensunterschieden auf kortikale Prozesse abgestellt, während den sogenannten primären Trieben nur eine allgemein aktivierende Funktion zukommt (vgl. Kap. 2.2.).

Diese Entwicklung und vor allem das Aufkommen emotions- und kognitionspsychologischer Modelle haben schließlich zum Untergang behavioristisch orientierter Modellvorstellungen geführt. Allerdings erleben sie in jüngster Zeit eine gewisse Renaissance. Bestimmte Handlungen treten auch im menschlichen Verhalten so schnell und mit großer Intensität auf, daß ein vorheriger Abwägungs- oder Entscheidungsprozeß, in dem bewußte kognitive Prozesse eingebunden sind, eher unwahrscheinlich ist. Das Verhalten erfolgt eher »automatisch« und dürfte auf möglicherweise biologisch vorbereitetem Lernen beruhen, das durch die Theorie Hulls gut erklärt werden kann (vgl. Bargh & Gollwitzer, 1994; Berkowitz, 1990).

3.5. Emotionspsychologische Ansätze

Diese einseitige Beschränkung auf Konditionierungsvorgänge, behaviorale Erklärungsansätze und tierexperimentelle Paradigmen, die ihre Begründung in den rein methodischen Vorgaben einer nach Objektivität strebenden Verhaltenswissenschaft hatte, begann zunehmend gegen die behavioristische Position zu wirken: Es wurde nämlich deutlich, daß dieses Vorgehen zum Ausschluß bestimmter Phänomenbereiche, insbesondere der erlebnismäßigen Repräsentation kognitiver und emotionaler Prozesse und Sachverhalte führte, was mit eben diesem Anspruch nach unvoreingenommener Objektivität nun gar nicht vereinbar war (vgl. Pribram, 1985). So kam es zu neuen theoretischen Konzeptionen, die man als anreiztheoretisch bezeichnen kann. Die Grundannahme anreiztheoretischer Konzeptionen besteht darin, daß Organismen in der Lage sind, die Konsequenzen ihres Verhaltens (z.B. einen positiven Affekt) vorwegzunehmen und daß diese Antizipation für die Zielausrichtung des Verhaltens verantwortlich ist (vgl. Kap. 1.2.4. und 3.4.).

Autoren wie Brown (1961) und Spence (1956) versuchten zunächst, Grundzüge triebtheoretischer Konzeptionen zu erhalten, indem sie die Antizipation von Verstärkern als gelernte Triebquellen ansahen. Sie faßten den Anreiz entweder als eine der Determinanten der Triebstärke auf und subsumierten ihn unter den Trieb (D) oder sie konzipierten Anreize und

Triebe als voneinander unabhängige Determinanten der Motivationsstärke. Mowrer (1960) hat sich am konsequentesten von triebtheoretischen Vorstellungen gelöst und die Motivation ausschließlich vom Anreiz abhängig gemacht (vgl. Bolles, 1975).

Die theoretische Rekonstruktion von Motivation mit Hilfe von Zielantizipationen führte zu Theoriebildungen, in die auch solche Konstrukte aufgenommen wurden, die vormals dem methodischen Rigorismus des Behaviorismus zum Opfer gefallen waren. Hierzu gehören insbesondere die Konstrukte »Emotion« und »Kognition«. Daß Emotionen etwas mit der Motivation des Handelns zu tun haben könnten, war nun gewiß nicht neu und bereits in der Antike in der Position des Hedonismus formuliert worden. Fechners und Freuds »Lustprinzip« baut auf diesen Grundgedanken auf (vgl. Kap. 1.2.4.).

Duffy (1962, S. 11) hat Emotion und Motivation auf dem Hintergrund aktivationstheoretischer Modellvorstellungen erklärt. Aktivation bezeichnet eine neurophysiologische Variable und sollte zunächst das ältere und weniger präzise, häufig unter dem Emotionskonzept subsumierte Konzept des Energielieferanten (energy mobilization, Duffy, 1962, S. 4) ersetzen. Das konkrete Aktivationsniveau wird als das »Ausmaß potentieller Energieabgabe« (S. 17) gesehen. Der Einfluß des Aktivationsniveaus auf Emotionen, sensorische Funktionen wie auch auf das Verhalten soll kurvilinear in Form einer umgekehrten U-Funktion verlaufen. Relativ niedrige und relativ hohe Aktivationsniveaus sollen mit negativen, unlustvollen emotionalen Zuständen, niedriger sensorischer Empfindlichkeit und niedriger Effektivität des Verhaltens (hinsichtlich Geschwindigkeit, Intensität und Koordination) verbunden sein, während ein mittelhohes Aktivationsniveau eher mit positiven, angenehmen emotionalen Zuständen, einer förderlichen Einwirkung auf sensorische Funktionen sowie höherer Effektivität des Verhaltens verbunden ist. Dieses Modell ist gewissermaßen ein historischer Vorläufer der Theorie des Flowerlebens von Czikszentmihalyi (vgl. *Abbildung 3.7*), in der zwischen Angst und Langeweile (= hohe und niedrige Aktivationsniveaus) ein mittlerer angenehmer Zustand einer »Intrinsischen Motivation« angenommen wird (vgl. Kap. 3.6.).

Die Verbindung zur Emotionspsychologie besteht in dem Modell von Duffy darin, daß eine Reihe von vegetativen und zentralnervösen Veränderungen, die gemeinhin mit dem Emotionserleben verbunden sind (Atmung, Herzschlag, elektrodermale Aktivität etc.), auch ebenso zur Charakterisierung eines bestimmten Aktivationszustandes des Organismus herangezogen werden können. Es war also möglich, unter Umgehung des Emotionsbegriffs dennoch mit emotionspsychologischen Sachverhalten zu handeln – nun in aktivationstheoretischer Begrifflichkeit. Darüber hinaus war es auch möglich, dem Bekräftigungs- bzw. Anreizkonzept eine emotions-aktivations-theoretische Bedeutung zu unterlegen: Wenn ein Organismus sich auf niedrigem Aktivationsniveau befindet, ist eine Erhöhung der Aktivation ein bekräftigendes Ereignis bzw. ein positiver Anreiz; befindet sich der Organismus auf sehr hohem Aktivationsniveau, ist eine Absenkung der Aktivation ein bekräftigendes Ereignis bzw. ein positiver Anreiz (Berlyne, 1967; Hebb, 1955) (vgl. Kap. 6.).

Wenngleich auch die Erwartungen an dieses Aktivationskonzept weit gesteckt waren, so muß aus heutiger Perspektive gesagt werden, daß sowohl das Emotions- wie auch das Motivationskonzept in recht grober Form abgehandelt wurden. Die Vielfalt von Emotionen wurde hauptsächlich auf der Aktivierungsdimension (indirekt auch auf der Lust/Unlust-Dimension) und die Variabilität von Motivationen allein auf der Richtungsdimension (Aufsuchen – Meiden) behandelt. Jede weitere Differenzierung sollte nach damaliger Sicht auf das Einwirken spezifischer Reizgegebenheiten zurückzuführen sein, deren systematischer Analyse man sich allerdings erst später zuwandte (vgl. Kap. 6.).

Wir haben bisher gesehen, daß in den verschiedenen hier behandelten Ansätzen den Emotionen eine z.T. sehr unterschiedliche Entstehungsgeschichte und Funktion zugewiesen wird. Alle Theorien sind jedoch mit der grundsätzlichen Aussage vereinbar, daß es sich bei den Emotionen um Ereignisse handelt, die als Ergebnisse von Bewertungsvorgängen darstellbar sind, in denen bestimmte innere oder äußere Reize hinsichtlich ihrer Bedeutung für den handelnden Organismus bewertet werden. Diese Bewertungsmechanismen können angeboren oder erworben, bewußt oder unbewußt und in unterschiedlichem Ausmaß von kognitiven Verarbeitungsprozessen abhängig sein (vgl. Kap. 3.5.).

Sehr verschiedenartig sind die Theorien allerdings bei der Festlegung der funktionalen Bedeutung, die sie den Emotionen für den Prozeß der Handlungsregulation zuschreiben. Die instinkttheoretischen und aktivationstheoretischen Modellvorstellungen, die den Energetisierungsaspekt für Verhalten besonders betonen, sehen die motivationspsychologische Bedeutung von Emotionen vor allem in den Anfangs- und Endphasen einer geordneten Verhaltenssequenz, also ob überhaupt gehandelt wird oder nicht und welche Richtung das Verhalten – ob Aufsuchen oder Meiden – nehmen soll. Die Emotionen stellen durch ihre Lust/Unlust-Tönung die unmittelbaren Veranlasser von Handlungen dar. Emotionen können aber auch als rudimentierte Instinkthandlung den Endpunkt einer Verhaltenssequenz markieren (vgl. Kap. 3.1.).

Anreiztheorien, die im Gefolge behavioristischer Theoriebildungen oder auf dem Hintergrund von Erwartung-Wert-Theorien entstanden sind, versuchen vor allem eine theoretische Überbrückung des momentanen zu einem zukünftig zu erreichenden Zustand zu schaffen. Sie tun dies mit der

Annahme von antizipierten Ergebnissen und Folgen. Mit Hilfe solcher Modellannahmen gelingt insbesondere eine befriedigende Erklärung der Zielausrichtung und Zielgerichtetheit des Verhaltens. Ist eine Handlung eingeleitet, so geben Emotionen eine wertende Stellungnahme in bezug auf den Grad der Zielannäherung bzw. möglicher Zielabweichungen. Sie stellen eine schnelle, summarische Reaktion auf die Diskrepanz zwischen angestrebtem und gegenwärtig erreichtem Zustand dar. Jeder kennt das sprichwörtlich »gute Gefühl«, wenn man sich dem angestrebten Handlungsziel annähert, oftmals ohne dies analytisch und bewußt begründen zu können. Andererseits können auch die Motive selbst in die Regulierung der handlungsleitenden Emotionen eingreifen. So unterhalten beispielsweise gerade Erfolgsmotivierte während der Handlungsausführung eine freundlich optimistische Emotionslage, die der Zielerreichung eher förderlich ist (Puca & Schmalt, 1999).

Für die Erklärung des Motivierungsgeschehens im Humanbereich sind die emotionalen Bewertungsvorgänge auch nach Abschluß einer Handlung bedeutungsvoll, wenn ein vorliegendes Handlungsergebnis mit dem anvisierten Handlungsziel verglichen und Diskrepanzen bewertet werden. Je nach dem Ergebnis dieser Bewertung dürfte sich bestimmen, ob das Handlungsziel erreicht ist oder ob man sich bei geeigneter Gelegenheit erneut um Realisierung dieses Zieles bemühen muß und ob aus diesen Ereignissen bestimmte Selbstbewertungskonsequenzen gezogen werden müssen. Diese postaktionalen Bewertungsemotionen sind es denn auch, die im Erleben zeitlich vorweggenommen werden können und im Sinne eines Anreizes für den Beginn eines neuen Motivierungsgeschehens verantwortlich sind (Heckhausen, 1991) (vgl. Kap. 1.2.4.).

Eine solche funktionale Betrachtungsweise von Emotionen betont ihre Bedeutung für die Handlungsregulation. Emotionen sind das Ergebnis eines Bewertungsvorgangs, der innere und äußere Reizereignisse unter dem Aspekt ihrer motivationalen Bedeutung für den handelnden Organismus prüft. Empirisch gestützt wird diese Modellvorstellung durch das erstmals von Klüver und Bucy (1937) beschriebene Phänomen der »seelischen Blindheit«. Sie beobachteten, daß Rhesus-Affen, bei denen der Schläfenlappen zerstört worden war, eine Reihe von bizarren Verhaltensweisen zeigten: Sie offenbarten keinerlei Furchtreaktionen angesichts von Objekten, die sie vormals gefürchtet hatten, versuchten Kopulation bei anderen Species und fraßen ihre Fäkalien. Diese Veränderungen, die offensichtlich Ausdruck von Defiziten in der emotionalen Bewertung von Sachverhalten sind, gehen zurück auf die Zerstörungen der im Schläfenlappen lokalisierten Kerne der Amygdala (Weiskrantz, 1956). Einzelne Neurone der Amygdala sind offensichtlich weniger empfänglich für die übermittelten physikalischen Reizeigenschaften von Objekten als für ihren affektiven

Bedeutungsgehalt (Nishijo et al., 1988). Sie ändern ihre Ansprechbarkeit beispielsweise auch dann, wenn durch klassische Konditionierung – also durch einen Lernvorgang – ein zunächst neutraler Reiz eine negative emotionale Bedeutung erlangt (Rolls, 1981). Die Amygdala wird durch afferente Nervenbahnen der visuellen (sehen) und auditorischen (hören) Areale des Kortex auf kurzem Wege (monosynaptisch) vom Thalamus erreicht und erhält Afferenzen von gustatorischen (schmecken) Kernen im Mittel- und Hinterhirn sowie von olfaktorischen (riechen) Arealen des Kortex (vgl. *Abbildung 3.5)* (LeDoux, 1989, 1995).

Solche Bewertungsprozesse sind besonders herausgehoben bei der Initiierung einer Handlung und nach Abschluß der Handlung. Aber auch während der Ausführung einer Handlung haben Emotionen die wichtige Funktion, für die Aufrechterhaltung der jeweils ablaufenden Handlung und damit für deren Zielführung zu sorgen (Leventhal & Scherer, 1986; Schmalt & Heckhausen, 1994; Schneider, 1994). Die in einer Handlung zeitlich früher stattfindenden Bewertungen benötigen keine oder nur geringfügige kognitive Verarbeitung, während die später stattfindenden Bewertungen an ein größeres Ausmaß kognitiver Verarbeitung gebunden sind. Insgesamt fünf solcher Bewertungsepisoden können unterschieden werden:

1. Bewertung der Neuartigkeit eines Reizes. Motivationspsychologisch liegt diesem Bewertungsvorgang ein Diskrepanzmodell zugrunde. Diskrepanzen bzw. Inkongruenzen zwischen Reizeinstrom und internalen Repräsentationen in Form von Erwartungen, Schemata und verschiedenen Adaptationsniveaus führen zu Emotionen, die Schreck- und Orientierungsreaktionen auslösen können. Je nach dem Ausmaß der Diskrepanz zwischen Erwartetem und Wahrgenommenem können positive oder negative Emotionen entstehen, die verschiedene Formen des Neugierverhaltens determinieren (Berlyne, 1960; vgl. Kap. 6.). Extreme Neuartigkeit bzw. Inkongruenz führt zu Furcht und Fluchtverhalten (Hebb, 1955).

2. Bewertung der intrinsischen Lust/Unlust-Tönung des Reizes. Hier entstehen rudimentäre Motivierungsimpulse vom Typ des Aufsuchens bzw. Meidens. Emotionen, die zwischen Reiz und Reaktion auftreten, geben dem Verhalten seine prinzipielle Ausrichtung. Dies gilt sowohl für Verhalten, für das eine genetische Basis angenommen werden muß, als auch für gelerntes Verhalten. In diesem Fall sorgen die auftretenden Emotionen für eine Entkoppelung von starren Reiz-Reaktions-Verbindungen zugunsten größerer Plastizität im Verhalten (vgl. Schneider & Dittrich, 1990). Ist aufgrund dieses primären Bewertungsvorganges über die Verhaltensausrichtung entschieden, können jeweils unterschiedliche Anreizwerte der Objekte sowie die spezifischen Motivationszustände des Organismus und bestimmte Motivationsformen einer gegebenen Thematik entstehen. Die bereits beschriebenen Willenshandlungen (vgl. Kap. 1.6.) verlangen hier eine besondere Betrachtung, weil sie ja gerade dadurch gekennzeichnet sind, daß trotz der auftretenden Unlustemotionen zielgerichtet gehandelt werden muß. Die Ausführung solcher Handlungen macht in der Regel keinen Spaß, und sie wird als anstrengend erlebt. Es müssen besondere Vorkehrungen der Handlungskontrolle getroffen werden, um die Zielführung sicherzustellen, was in der Regel dadurch geschieht, daß Emotionen oder auch eine Motivationslage simuliert werden, die trotz der momentan angeregten negativen Emotion eine Zielführung erlauben. Hierzu bedarf es allerdings einer Betätigung des Willens (vgl. Kap. 3.7.).

3. Bewertung der Motiv- bzw. Zielrelevanz eines Reizes. Hier wird bewertet, ob bestimmte Gegebenheiten für die Verfolgung eines Motivziels relevant sind und ob sie der Zielerreichung eher hinderlich oder eher förderlich sind. Motivationspsychologisch betrachtet handelt es sich hierbei um den Eingriff und die gegebenenfalls notwendige Neueinstellung bestehender Erwartungen. Je nachdem, ob bestehende Erwartungen in bezug auf das angestrebte Ergebnis sich bestätigen oder revidiert werden müssen, können Furcht, Frustration, Ärger, Zufriedenheit oder Freude entstehen. An dieser Stelle dürften auch die ersten ergebnisabhängigen Affekte (Weiner, 1986) (vgl. Kap. 3.6. und 10.) bzw. auch affektive Reaktionen auf unangenehme Ereignisse (Berkowitz, 1990) (vgl. Kap. 3.6. und 8.) entstehen.

4. Bewertung der persönlichen Bewältigungsmöglichkeiten. An dieser Stelle setzen Ursachenanalysen für auftretende Ereignisse ein. Dies betrifft insbesondere das wahrgenommene Stärkeverhältnis von eigener Fähigkeit zur Schwierigkeit einer Aufgabe. Hier dürften die attributionsabhängigen Affekttypen Zuversicht, Deprimiertheit und Hilflosigkeit entstehen, die mit darüber entscheiden, ob eine Handlung eingestellt, ein Ziel aufgegeben oder beibehalten und weiterverfolgt wird (Lazarus, 1982, 1991b; Weiner, 1986) (vgl. Kap. 3.6., 7. und 10.).

5. Bewertung von Handlungsergebnissen sowie deren Folgen unter dem Aspekt der Verträglichkeit mit internalisierten Standards bzw. sozialen Normen. Motivationspsychologisch betrachtet handelt es sich hierbei um postaktionale Selbstbewertungskonsequenzen in bezug auf erreichte bzw. verfehlte Handlungsziele (Heckhausen, 1991). Die auftretenden Emotionen sind als Scham, Schuld, Stolz etc. zu klassifizieren. Solche Emotionen entscheiden mit darüber, ob nicht ganz neue Ziele gebildet und entsprechende Handlungen geplant werden müssen. Hier sind besonders auch solche Fälle zu bedenken, wenn aus hoch generalisierten Wissensstrukturen (»Vernunft«, »Moral«) Ziele abgeleitet werden, die der Handelnde mangels Einsatz von Anstrengung oder dadurch, daß er anderweitigen Verlockungen erlegen ist, verfehlt. Da die hier relevanten Ziele nicht durch die Motive selbst, sondern von außen – etwa durch moralische und ethische Standards

– aufgebaut werden und zudem sehr wahrscheinlich an bewußte Informationsverarbeitung gebunden sind, dürfte es sich um eine speziell für den Menschen geltende Form der Emotionsentstehung handeln.

Ein Organismus, der handelt und das Handeln durch fortlaufende Bewertungen kontrolliert, muß auch über ein System verfügen können, das ihm veridikale Informationen über seine Umwelt liefert. Dieses leistet das Kognitionssystem. Kognitionen beziehen sich auf Prozesse und Ergebnisse der Informationsverarbeitung im ZNS. Sie beziehen sich auf den sensorischen Einstrom, auf dessen Transformation, Verdichtung, Ausarbeitung und (möglicherweise) Bewußtwerdung (Neisser, 1967, S. 4).

Was das Verhältnis von Emotion und Kognition anbelangt, so hat es nicht an Versuchen gefehlt, beide Konzepte zu differenzieren; in alle Richtungen zu überzeugen vermochte allerdings keiner dieser Ansätze (z.B. Lazarus, 1982, 1991a; Zajonc, 1980, 1984). Ein für die Motivationspsychologie brauchbarer Ansatz zur Unterscheidung beider Konzepte besteht darin, Kognitionen auf deklaratives (beschreibendes) Weltwissen und Emotionen auf dessen Bewertung zu beziehen, sofern ein momentaner Motivationsprozeß darauf gerichtet ist (Schmalt, 1996; Schneider & Dittrich, 1990; Sokolowski, 1993). Aber auch dieser Versuch führt in ein Dilemma, denn der Prozeß und das Ergebnis einer motivgebundenen Bewertung selbst können wieder zur Information in einem System deklarativen Weltwissens werden und zu wichtigen Erkenntnissen führen (Schwarz, 1990). Emotion wird dann zur Kognition (Bischof, 1989; Dörner & Stäudel, 1990). Man kann deswegen auf Trennungsversuche gänzlich verzichten oder, was sinnvoller erscheint, versuchen, beide Konzepte anhand ihrer neuroanatomischen Substrate und deren Vernetzungen zu differenzieren (LeDoux, 1989, 1995).

Neuroanatomische Befunde sprechen dafür, daß es sich bei Kognition und Emotion um qualitativ unterschiedliche und zunächst voneinander unabhängige Komponenten des psychischen Geschehens handelt, da die Verarbeitung aus jeweils eigenen Informationsspeichern in unterschiedlichen Arealen stattfindet. Während das Emotionssystem vor allem in der Amygdala sowie thalamischen Zentren lokalisierbar ist, basiert das Kognitionssystem eher auf neocorticalen und hippocampalen Strukturen. Zentrale Schaltstelle in diesem System ist die Amygdala (vgl. *Abbildung 3.5*). Sie vermittelt zwischen den sensorischen und motorischen Anteilen des Systems. Sie kann vom sensorischen Einstrom sowohl direkt über den Thalamus (1, *Abbildung 3.5*), aber auch über die entsprechenden Assoziationsfelder des Kortex unter Umgehung des Hippocampus (2, *Abbildung 3.5*) als auch über den Hippocampus (3, *Abbildung 3.5*) erreicht werden. Der Weg vom Thalamus zur Amygdala ist monosynaptisch und deshalb besonders schnell, allerdings erfolgt hierbei nur eine recht grobe Einstufung der eingehenden Information in wenige aber vital bedeutsame Klassen. Die Möglichkeit einer schnellen wenngleich groben Bewertung (»quick and dirty«) sich ändernder Situationsbedingungen besitzt zweifellos einen hohen Überlebenswert (Buck, 1999; Ekman, 1992; LeDoux, 1995). Der thalamisch-kortikale Weg zur Amygdala (2, *Abbildung 3.5*) ist länger, allerdings sind auch die Übertragungsmöglichkeiten wesentlich verfeinert. Subtile und genaue Informationsanalysen werden darüber hinaus im Hippocampus geleistet, der ebenfalls Projektionen in die Amygdala aufweist (3, *Abbildung 3.5*). Die Amygdala wird also von Informationen aus drei unterschiedlichen Quellen erreicht, denen sie jeweils emotionale Bedeutungsgehalte verleiht (LeDoux, 1995, S. 214),

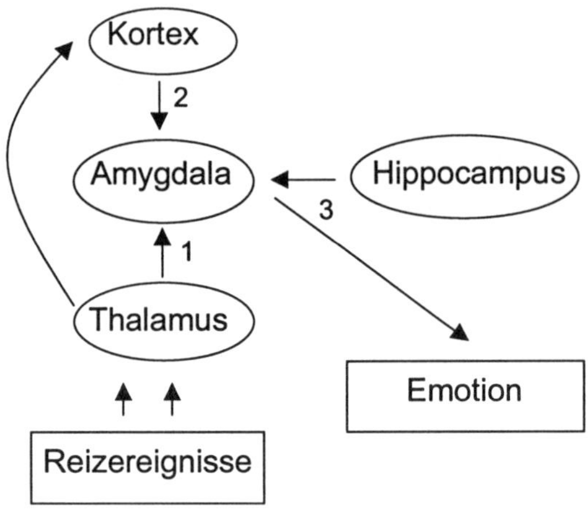

Abbildung 3.5: Schematische Darstellung hirnanatomischer Strukturen, die an der Emotionsentstehung beteiligt sind (ohne rückwärtige Projektionen).

um dann diese nunmehr emotional »bewertete« Information in den Motivationsprozeß einzuschleusen. Die Amygdala kann deswegen als eine Art »Schaltstation« gelten, in der Informationen aus verschiedenen Arealen neokortikaler Strukturen in tiefere subkortikale weitergeleitet werden und umgekehrt (Emrich, 1990; Scherer, 1993). Die Amygdala weist auch rückwärts gerichtete Projektionen in den (sensorischen) Kortex und in den Hippocampus auf. Dies erlaubt eine bewertende Einflußnahme auf die Wahrnehmung von Umweltereignissen, insbesondere etwa beim Aufspüren von Gefahrensignalen und deren gedächtnismäßiger Ablage (vgl. *Abbildung 7.3* und *7.9*).

Es liegt an dieser Schaltstellenposition der Amygdala, daß sich die Möglichkeit zur Unterscheidung von zumindest drei Funktionskreisen emotionaler Bewertung ergibt:

- die thalamisch vermittelten Emotionen, die eine rasche Handlungsbereitschaft zu Lasten einer präzisen Informiertheit des Organismus sicherstellen. Es handelt sich hier auch um das »älteste« Bewertungssystem. Schreck- und Orientierungsreaktionen ebenso wie rudimentäre Verhaltensimpulse vom Typ des Aufsuchens und Meidens (Flucht) dürften auf diese Art und Weise entstehen. Schnelle motivierte Reaktionen sind demnach durchaus möglich, ohne daß der Organismus genau über die Umstände, die motiviertes Handeln notwendig machen, informiert wäre und ohne daß dem Handelnden dies bewußt wäre.
- die thalamisch-kortikal vermittelten Emotionen, die an elaborierte kortikale Verarbeitung gebunden sind. Hierbei handelt es sich um Bewertungen der für die Zielerreichung förderlichen und hinderlichen Umweltgegebenheiten sowie der persönlichen Bewältigungsmöglichkeiten.
- die thalamisch-kortikal-hippocampal vermittelten Emotionen, die auf einer expliziten Situations- und Handlungsanalyse beruhen, die die attributionsabhängigen postaktionalen Bewertungsemotionen freisetzen. Aufgrund der besonderen Rolle, die der Hippocampus in bezug auf das explizite Gedächtnis spielt (Squire, 1992; Eichenbaum, 1992), können auf dieser Ebene auch emotionale Reaktionen aufgrund bewußter, expliziter Erinnerungen entstehen (LeDoux, 1995, S. 224).

3.6. Kognitive Ansätze

Die Verwendung des Begriffs »kognitiv« ist wenig einheitlich, er kann in zumindest zwei Bedeutungsvarianten gebraucht werden (Neumann & Prinz, 1987). Darüber hinaus ist auch die Abgrenzung gegenüber dem Emotionsbegriff unscharf geworden (Dörner & Stäudel, 1990; Epstein,

1983; Lazarus, 1991a). Die mit diesem letzten Problem in Zusammenhang stehenden Fragen haben wir im vorangehenden Kapitel erörtert.

Die erste Art der Verwendung des Kognitionsbegriffs geht auf Neisser (1967) zurück und bezeichnet die funktionalen Eigenschaften der Informationsverarbeitung, wie nämlich ein sensorischer Einstrom transformiert, verdichtet, elaboriert, bewußt und schließlich verwertet wird. Daneben wird der Kognitionsbegriff aber auch in phänomendeskriptiver Weise verwendet und betont die erlebnismäßige Seite mentalen Geschehens. Wir wollen hier insbesondere diese zweite Form des Kognitionsbegriffs erörtern.

Diese im Erleben auftretenden Sachverhalte, die wir hier mit »Kognition« bezeichnen, basieren auf den beiden in Kapitel 3.5. beschriebenen Verarbeitungsprozessen und beinhalten zu einem zunächst nicht näher bekannten Anteil solche Elemente, die eher deklarativer (beschreibender) Natur und solche, die eher bewertender, also emotionaler Natur sind. Abelson (1963) hat vorgeschlagen, zur Unterscheidung der Herkunft solcher Kognitionen von »kalten« (deklarativen) und »heißen« (evaluativen) Kognitionen zu sprechen (vgl. Zajonc, 1980; Metcalfe & Mischel, 1999). Im Erleben dürften jedoch diese beiden Bestandteile häufig kaum zu trennen sein.

Ein zentrales Konzept vieler kognitiver Theorien ist die *Erwartung* (Feather, 1982). Erwartungen beziehen sich auf (nicht unbedingt bewußt) wahrgenommene Zusammenhänge zwischen Sachverhalten, also beispielsweise dem eigenen Verhalten und bestimmten Verhaltenskonsequenzen oder auch zwischen Reizereignissen untereinander. Solche Erwartungen – zumindest funktionale Äquivalente dazu – müssen auch bereits sehr einfache Lebewesen ausbilden können, sonst wäre beispielsweise ein Lernvorgang gar nicht vorstellbar (vgl. Bolles, 1972; Rescorla, 1988). Das Erwartungskonzept ist auch das Kernkonzept in einer Reihe verwandter Theorien, die man in einer Klasse von *Erwartung-Wert-Modellen* zusammenfassen kann. Diese Modelle basieren auf der Vorstellung der Gewichtung von subjektiven Werten oder Valenzen mit der Erwartung, daß man diese Werte verwirklichen oder – bei negativen Werten – ihrer Verwirklichung aus dem Wege gehen könne (vgl. Kap. 1.3.).

In den letzten Jahren ist die Bedeutung weiterer Situationsbeurteilungen, also kognitiver handlungssteuernder Elemente, erkannt und in die Analyse motivierten Handelns einbezogen worden (vgl. Schmalt, 1996). Neben Erwartungen und den positiven bzw. negativen Anreizen von möglichen Handlungsausgängen haben z.B. auch die Beurteilungen des Zustandekommens von Handlungsausgängen, die sog. Kausalattribuierungen (Heider, 1958), selbstbezogenen Schemata und Kognitionen (Schwarzer, 1986) oder auch das Flowerleben (Csikszentmihalyi, 1975) eine inzwischen vielfach nachgewiesene Bedeutung für die Handlungssteuerung.

Das gegenwärtig wohl differenzierteste, weitreichendste und in vielen Bereichen empirisch getestete kognitive Motivationsmodell hat Weiner (1985a, 1986) vorgestellt. In diesem Modell spielen Ursachenzuschreibungen für positive und negative Handlungsergebnisse eine zentrale Rolle. Sie determinieren die in einer gegebenen Situation entstehenden Erwartungen und Affekte, die dann Einfluß auf das Verhalten nehmen (vgl. *Abbildung 3.6)*. Art und Richtung des Einflusses von Ursachenzuschreibungen hängen allerdings von deren Zugehörigkeit zu bestimmten Kausaldimensionen ab. Jede einzelne Ursachenzuschreibung kann nämlich noch hinsichtlich ihrer dimensionalen Zugehörigkeit klassifiziert werden. Die Kausaldimensionen der Lokation (internal – external) und Kontrollierbarkeit bzw. Intentionalität nehmen Einfluß auf die entstehenden Affekte, während die Dimensionen der Stabilität und Globalität die Erwartungen bzw. Erwartungsänderungen determinieren. Weiner nimmt an, daß das Ausmaß typischer Erwartungsänderungen (Anheben nach einem positiven Resultat, Senken nach einem negativen Resultat) besonders ausgeprägt ist, wenn die Handlungsergebnisse mit stabilen Ursachenelementen erklärt werden, und daß sie gering sind, wenn variable (d. h. in der Zeit veränderliche) Ursachenelemente herangezogen werden (vgl. Kap. 10.4.).

Die Beziehungen der übrigen Dimensionen zu den Affekten werden noch näher spezifiziert durch die jeweils vorherrschende Motivationsthematik. Für die Entstehung von Affekten in einem leistungsthematischen Kontext ist die Lokationsdimension von besonderer Bedeutung, weil leistungsbezogene Affekte insbesondere bei internaler Ursachenzuschreibung entstehen (vgl. Kap. 10.). In den Bereichen der pro- und antisozialen Motivation (Hilfeleistung, Anschluß und Intimität, Aggression) sind eher die Dimensionen der Kontrollierbarkeit (bei Weiner, 1996: Verantwortlichkeit) und Intentionalität von Bedeutung. Sie beeinflussen Affekte wie Ärger, Dankbarkeit, Schuld, Scham und Bedauern, von denen dann die unterschiedlichen Formen sozialen Verhaltens abhängen.

Im Bereich aggressiven Verhaltens zeigte sich, daß eine Frustration, die als intentional gegen die eigene Person gerichtet wahrgenommen wird, mit besonders intensiven Ärgeraffekten und deutlich ausgeprägten Vergeltungsaggressionen beantwortet wird (vgl. Kap. 8.). Im Bereich des Hilfehandelns hat sich als entscheidend erwiesen, inwieweit eine Notlage, in die eine Person geraten ist, als selbstverschuldet – also durch kontrollierbare Faktoren herbeigeführt – wahrgenommen wird. Wahrgenommene kontrollierbare Ursachen für die Notlage einer fremden Person führen zu Ekel, Ärger und zur Unterlassung von Hilfeleistung. Wird die Notlage als durch unkontrollierbare Faktoren (z.B. »Schicksal«, »Krankheit«) herbeigeführt

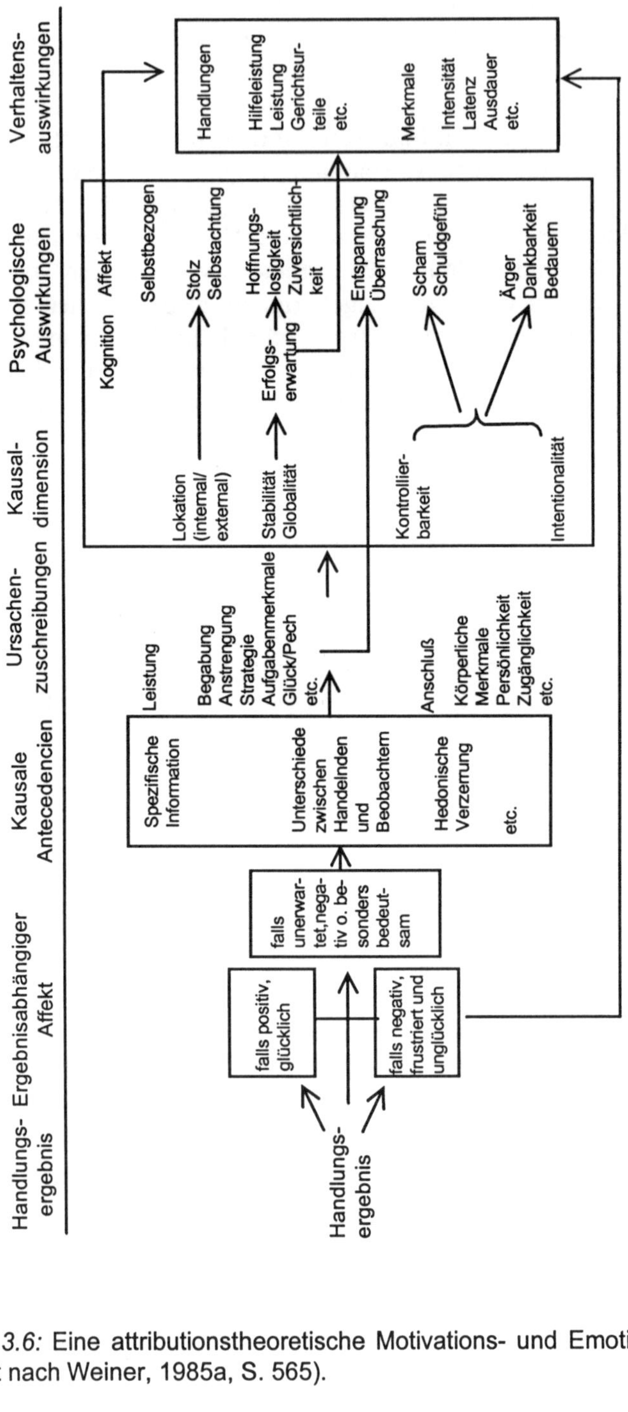

Abbildung 3.6: Eine attributionstheoretische Motivations- und Emotionstheorie (modifiziert nach Weiner, 1985a, S. 565).

wahrgenommen, führt dies zu Sympathie und Hilfeleistung (Reisenzein, 1986; Weiner, 1980). Insgesamt besehen hat die Einbringung attributionstheoretischer Konzepte in die Motivationsforschung zu einer ungeheuren Forschungsprosperität und zu vielen aufschlußreichen Erkenntnissen geführt und stellt auch heute noch eine der einflußreichsten Theorien der Sozialpsychologie dar (zusf.: Darley & Cooper, 1998; Ybarra & Stephan, 1999).

Dennoch gibt es auch Beobachtungen, die mit Aussagen der Attributionstheorie nicht übereinstimmen. Insbesondere ist es bislang nicht gelungen, das Modell in seiner Gesamtheit empirisch zu bestätigen, also Zusammenhänge zwischen den gleichzeitig erfaßten Ursachenzuschreibungen, Affekten, Erwartungen und Verhalten aufzuzeigen. Dies hat zu der Frage geführt, wann denn überhaupt im Erleben solche Ursachenzuschreibungen auftreten und unter welchen Umständen sie Auswirkungen auf Erwartungen, Affekte und Verhalten haben können. Ganz offensichtlich treten Ursachenzuschreibungen vornehmlich dann spontan im Erleben auf, wenn eine Handlung droht, vom Zielkurs abzuweichen – etwa bei Unterbrechungen oder dem Auftreten unerwarteter Ereignisse – oder wenn sie mit einem Mißerfolg endet (Weiner, 1985b; Wong & Weiner, 1981).

Des weiteren ist die implizite Annahme dieser Theorie, daß nämlich die erlebens- und verhaltensdeterminierenden Ursachenzuschreibungen auch mit Deutlichkeit im Bewußtsein stehen und sogar einem sprachlichen Zugriff zugänglich sind, oftmals unzutreffend. Es gibt Belege, die zeigen, daß verhaltensdeterminierende und erlebnismäßig repräsentierte Ursachenzuschreibungen nicht identisch sein müssen. Wilson und Linville (1982) veränderten die Ursachenzuschreibungen ihrer Vpn und erfaßten sie zugleich auf sprachlichem Niveau, zusätzlich erfaßten sie ihre Auswirkungen auf der Verhaltensebene. Sie fanden einen Zusammenhang zwischen manipulierten Ursachenzuschreibungen und dem Verhalten, nicht aber zwischen verbalen Berichten der Vpn über die von ihnen vorgenommenen Ursachenzuschreibungen und dem Verhalten. Dieser Befund zeigt sehr deutlich, daß sich Änderungen in den Ursachenzuschreibungen im Verhalten niederschlagen können, ohne daß diese Änderungen der handelnden Person bewußt werden müßten. Man geht deswegen davon aus, daß Personen sich nicht permanent mit einer bewußten Kausalanalyse ihrer Umgebung beschäftigen. Sie besitzen offensichtlich aber implizite (nicht bewußte) Kausaltheorien, die es ihnen gestatten, unmittelbar ihr eigenes Verhalten und das ihrer Mitmenschen zu interpretieren. Zum großen Teil sind diese Kausaltheorien kulturunabhängig (Morris & Peng, 1994).

Eine weitere Schwierigkeit dieses Ansatzes rührt daher, daß die hier als »Kognition« bezeichneten Ursachenzuschreibungen als Ergebnis gemeinsamen Prozessierens des deklarativen und evaluativen Systems im Erleben auftreten. So gibt es eine Reihe von Befunden, die zeigen, daß die von den Vpn berichteten Ursachenzuschreibungen recht genau einem vorgegebenen Informationsmuster entsprechen (deklaratives System), während andere Befunde zeigen, daß die Ursachenzuschreibungen in Abweichung davon so vorgenommen werden, daß sie möglichst das Selbstbild der attribuierenden Person nicht belasten (evaluatives System). Man spricht darum von einer »hedonistischen Verzerrung« (»hedonistic bias«) oder auch von einem »motivierten Attribuierungsfehler« (vgl. Hewstone, 1989; Kelley & Michela, 1980; Sedikides et al., 1998).

In einer Reihe kognitiver Motivationstheorien wird auch die Aufmerksamkeitsausrichtung mit besonderer Bedeutung insofern versehen, als den angenommenen kognitiven Prozessen erst dann eine verhaltensdeterminierende Funktion zuerkannt wird, wenn sich die Aufmerksamkeit auf sie richtet. Befinden sich z.B. im Zustand erhöhter Selbstaufmerksamkeit (Wicklund, 1982) verbindliche Standards und Handlungsziele im Fokus der Aufmerksamkeit, führt das in der Regel zu Prozessen der Handlungsregulation, die das Handeln auf Zielkurs halten und damit eine wichtige Steuerungsfunktion für das Verhalten haben (Bandura, 1989). Unter der Bedingung hoher Selbstaufmerksamkeit kann man sich auch besser von unerreichbar gewordenen Zielen lösen und neue Handlungsziele bilden (Carver & Scheier, 1986).

Als beeinträchtigend und dysfunktional für eine optimale Handlungsregulation erweisen sich insbesondere Kognitionen mit bedrohlicher negativer Selbstbewertungsthematik, die im Aufmerksamkeitsfokus stehen. Dies führt zu den häufig berichteten Befunden, daß eine Handlung erst gar nicht in Gang kommt oder nur sehr beschwerlich initiiert werden kann, wie etwa bei depressiven Personen, oder daß eine Handlung, wenn sie auftritt, mit nur geringer Effizienz abläuft, wie man es bei den hoch Ängstlichen beobachten kann. Gelingt es, die Aufmerksamkeit von den selbstbezogenen Kognitionen abzuziehen und auf andere Dinge zu richten – etwa auf die Handlungsausführung selbst – verschwinden auch die beeinträchtigenden Effekte (Schmalt, 1994) (vgl. Kap. 7. und 10.). Es gibt aber auch Prozesse, die die Aufmerksamkeit wie gebannt auf solche selbstwertbelastenden Aspekte des Erlebens richten und sie von dort nicht loslassen, so daß in endlosen Ruminationsschleifen immer wieder die gleichen Thematiken im Erleben auftauchen, das ist natürlich für eine affektive Handlungsgestaltung wenig förderlich (Trapnell & Campbell, 1999).

Die meisten der kognitiven Mediatoren, die in den verschiedenen Theorien beschrieben werden, sind von beeinträchtigender Wirkung. Sie verhindern, daß Handlungen überhaupt initiiert werden, blockieren eine effiziente Handlungsausführung oder versuchen, die Handlung vom Zielkurs abzulenken. Hiervon gibt es allerdings eine wichtige Ausnahme: das Erlebnis »Spaß an der Tätigkeit« zu haben. Es gibt zumindest zwei wichtige Theorien, die »Spaß an der Tätigkeit« zu ihrem zentralen Sachverhalt gemachten haben: die Theorie des Flowerlebens (Csikszentmihalyi, 1975; Csikszentmihalyi & Rathunde, 1993) und die Theorie der intrinsischen Motivation (Deci & Ryan, 1991). Der Ansatz von Csikszentmihalyi beruht auf der Idee, daß intrinsisch motivierte Aktivitäten optimale Herausforderungen darstellen und daß eine Person dann ein Flowerlebnis hat, wenn sie völlig in einer Aufgabe aufgeht, Zeit und eigene Beanspruchung völlig vergißt. Klar definierte Ziele, Rückmeldung von Resultaten eigenen Handelns und eine optimale Balance zwischen situativen Herausforderungen und den Möglichkeiten der Person sind Umstände, unter denen Flowerlebnis und Spaß an der Tätigkeit entstehen (vgl. *Abbildung 3.7*).

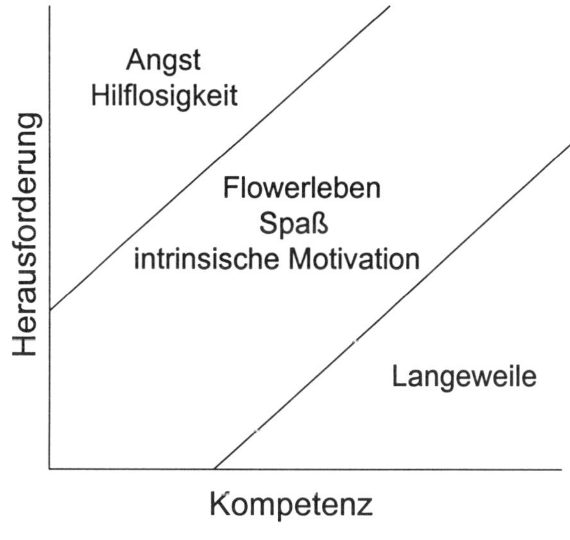

Abbildung 3.7: Verschiedene Motivationsformen in Abhängigkeit von Kompetenzen und situativen Herausforderungen (unter Verwendung eines Schemas von Csikszentmihalyi & Rathunde, 1993, S. 75).

Nach der Konzeption von Deci und Ryan ist Spaß an der Tätigkeit charakteristisch für einen Zustand der intrinsischen Motivation, der seinerseits auf angeborenen Bedürfnissen, wie dem Kompetenz- und dem Autonomiebedürfnis, beruht. Intrinsische Motivation entsteht, wenn Personen Rückmeldung über ihre eigene Tüchtigkeit bekommen und wenn Personen in Übereinstimmung mit ihrem Kompetenz- und Autonomiebedürfnis handeln können. Ebenso entsteht Spaß und Flowerleben, wenn Personen in Übereinstimmung mit der angeregten Leistungs-, Macht- und Anschluß-motivation handeln können (Sokolowski, 1993). Es wird auch aus dieser Perspektive erklärlich, warum die in Kapitel 1.6. und 3.7. beschriebenen Willenshandlungen, die einem Motiv oder einer aktuell angeregten Motivation zuwiderlaufen, keinen Spaß bereiten und durch ein hohes subjektives Anstrengungserleben gekennzeichnet sind (vgl. Metcalfe & Mischel, 1999; Schneider, 1996; Schneider & Rheinberg, 1996).

Abbildung 3.7 verdeutlicht diese Zusammenhänge noch einmal. Ein ausgeglichenes Verhältnis von Kompetenzen und Herausforderungen gestattet dem Individuum, in Übereinstimmung mit der jeweils angeregten Motivation zu handeln. Das macht Spaß und läßt Flowerleben entstehen. Ist das Individuum unterfordert, entsteht Langeweile, und der Organismus geht auf die Suche nach Herausforderungen (vgl. Kap. 6.). Ist er überfordert, entstehen Angst und Hilflosigkeit; hier kann man nur unter Zuhilfenahme willentlicher Kontrolle noch zu Handlungen befähigt sein (vgl. Kap. 7. und 10.).

3.7. Handlungstheoretische Ansätze

Mit Motivation Verhalten zu erklären, ist oftmals leichter gesagt als getan, da häufig unklar ist, welche Verhaltenseinheit denn näher analysiert werden soll. Üblicherweise geht die Motivationspsychologie so vor, daß aus dem Verhaltensstrom eine bestimmte Episode herausgelöst wird, die einen definierten Anfang und ein definiertes Ende hat und in aller Regel in einem systematischen thematischen Zusammenhang mit den untersuchten Determinanten dieses Verhaltens steht. Es kann sich aber auch als sinnvoll herausstellen, eine solche untersuchte Episode noch einmal zu zergliedern, weil man Grund hat anzunehmen, daß verschiedene Teile einer solchen Episode unterschiedlichen motivationspsychologischen Gesetzmäßigkeiten gehorchen. Wir werden hier exemplarisch zwei wichtige zeitgenössische Theorien und deren historische Wurzeln darstellen, die einmal eine horizontale Zergliederung vornehmen und deshalb *phasische* oder *sequentielle Modelle* genannt werden; oder zum anderen eine vertikale Zergliederung vornehmen und deshalb *hierarchische Modelle* heißen.

Sequentielle Modelle. Die ersten experimentalpsychologischen Arbeiten zur Motivationsforschung im engeren Sinne entstanden im Rahmen der sog. Würzburger Schule der Denkpsychologie und wurden damals als Beiträge zur Willenspsychologie verstanden. Narziß Ach (1905, 1910,

1935) hat einige grundlegende Methoden der Willenspsychologie entwickelt und als einer der ersten eine empirisch überprüfbare (und geprüfte) Willenstheorie vorgestellt. Zentraler Gegenstand der älteren Willenspsychologie ist der *Willensakt;* ihm geht der Prozeß der Motivation voraus, der den Willensakt determiniert; ihm folgt die Willenshandlung. Demgemäß umfaßt die vollständige Willensbetätigung drei Phasen, nämlich die Motivation, den Willensakt und die Willenshandlung. Der Willensakt kann vorbereitet werden durch eine automatische Anpassung an situative Erfordernisse, wie etwa im »Schwierigkeitsgesetz der Motivation«, aber auch durch Motivationsprozesse, die den Charakter einer Wahlentscheidung haben (Ach, 1935; Lindworsky, 1923; Michotte & Prüm, 1910). Wahlentscheidungen werden dadurch herbeigeführt, daß die antizipierten Werte untereinander in Konkurrenz treten. Der Willensakt wird eingeleitet, wenn eine der Wertvorstellungen schließlich obsiegt hat. Man würde dies heute als angeregte Motivation bezeichnen und mit der einfachen Annahme verbinden, daß sich die stärkste dieser Motivationen dann in einem Willsakt fortsetzt.

Achs Arbeitsgruppe versuchte mittels Introspektion, die erlebnismäßigen Besonderheiten des Willensaktes aufzuzeigen und begrifflich zu fassen. Dazu wurden Versuchspersonen in die Lage versetzt, gegen einen zunächst im Experiment geschaffenen Widerstand einen Willensakt vorzunehmen, um dabei eine bestimmte Vornahme in Handlung umzusetzen. Versuchspersonen lernten z.B. eine Liste von sinnlosen Silben (Trigrammen) unterschiedlich gut. Dabei kommt es zur Ausbildung von Assoziationen zwischen benachbarten Trigrammen, so daß das Aussprechen eines Trigramms eine Reproduktionstendenz zum Aussprechen des nächsten wachrufen soll. Gegen diese experimentell erzeugte Reproduktionstendenz wird die Vornahme zu einer damit nicht zu vereinbarenden Handlung gesetzt, z.B. die Buchstaben umzustellen oder zu reimen. Dabei kommt es in Abhängigkeit von der Stärke der Reproduktionstendenz zu dem charakteristischen Erlebnis eines Willensaktes, der die Durchführung der Vornahme gegen diesen Widerstand, der durch die Reproduktionstendenz hervorgerufen wird, ermöglichen soll.

Der Willensakt ist durch folgende Momente charakterisiert (Ach, 1935, S. 201):

1. »das gegenständliche Moment des Vorsatzes mit dem Inhalt der Aufgabe«, das also, was die Person tun will, die Zielvorstellung und die Bezugsvorstellung, mit welchen Mitteln der gewollte Zweck erreicht werden soll;
2. »das aktuelle Moment, das in dem Erlebnisteil „ich will wirklich" seinen Ausdruck findet und durch das Hervortreten der Ichseite des seelischen Geschehens besonders charakterisiert ist«;

3. »das anschauliche Moment«, das in motorischen Spannungsempfindungen seinen Ausdruck findet und
4. »das zuständliche Moment«, die Bewußtseinslage der Anstrengung.

An diesen Willensakt schließt sich die eigentliche Willenshandlung an, die die Verwirklichung des antizipierten Inhalts des Willensaktes darstellt. Sie wird in der Regel eingeleitet durch das Gegenwärtigsein der Bezugsvorstellung. Die Wirkung des Willensaktes auf die Willenshandlung im Sinne der Verwirklichung der Zielvorstellung wird von Ach als »Determination« bezeichnet. Sie regelt den Vorstellungsverlauf im Sinne der Absicht.

Nach dem Kriege wurde der Achsche Ansatz im deutschsprachigen Raum von seinen Schülern und Mitarbeitern aufgegriffen und fortgeführt (Tent, 1988); allerdings gelang es lange Zeit nicht, das Willenskonzept in die Hauptströmungen der Motivationspsychologie zu integrieren. Erst die neuere Motivationspsychologie mußte erkennen, daß mit der Ausgliederung des Willensbegriffs ganze Abschnitte im Handlungsverlauf bzw. auch ein ganz bestimmter Typus motivierten Verhaltens unbeachtet geblieben und schließlich abhanden gekommen sind.

Ein Grund dafür, daß das Achsche Erbe für die Psychologie für lange Zeit verlorenging, liegt wohl in der einflußreichen Schrift Lewins (1926) über »Vorsatz, Wille und Bedürfnis«, in der er den grundlegenden Unterschied zwischen »Bedürfnis« (Motiv) und »Vorsatz« aufhob, indem er von der »Parallelität zwischen der Wirkung eines echten Bedürfnisses und der Nachwirkung einer Vornahme« ausging. Diese Annahme erschien ihm gerechtfertigt, weil beide, ein Bedürfnis ebenso wie ein Vorsatz, die jeweiligen situativen Gegebenheiten mit bestimmten Aufforderungscharakteren zu belegen vermögen und damit unterschiedliche Handlungen in Gang setzen können (Lewin, 1926, S. 355). Das eigentliche Achsche Anliegen, jene Prozesse zu beschreiben, die bei der Herausbildung und Verwirklichung eines Vorsatzes, einer Absicht, maßgeblich sind, wurde zurückgeführt auf das Problem des Zusammenspiels eines Bedürfnisses mit den situativen Aufforderungscharakteren, wie es beispielsweise bei der Auswahl einer geeigneten Handlung vorliegt. Dieses zunächst elegant erscheinende Vorgehen führte jedoch dazu, daß die gesamte Problematik der Umsetzung einer Motivationstendenz oder einer Intention in konkrete Handlungen als eigenständiges Problemfeld aus der Motivationspsychologie verschwand und erst in jüngster Vergangenheit wiederentdeckt wurde.

Die wiederentdeckte Willenspsychologie, die jetzt als »Volitionspsychologie« bezeichnet wird, geht etwas vereinfacht von einem dreigeteilten Motivationszyklus aus, in dem der Akt der Intentionsbildung herausgehoben ist und prä- und postintentionale Phasen im Motivationsverlauf unterschieden werden (Beckmann, 1996; Heckhausen, 1991; Heckhausen,

Gollwitzer & Weinert, 1987). In der ersten Phase, der präintentionalen, ist das Motivationsgeschehen primär auf eine realitätsgerechte Bearbeitung von Erwartungs- und Anreizparametern gerichtet. Aus ihnen entstehen dann, im Zusammenhang mit den Motiven, motivationale Tendenzen, von denen schließlich eine die Oberhand gewinnt, die, nunmehr dominant, das weitere Motivationsgeschehen bestimmt. Eine Motivationstendenz wird zur Handlungstendenz. In vielen Fällen geschieht das dadurch, daß eine Intention (Absicht) gebildet wird, ein ganz bestimmtes Ziel zu erreichen, und zusätzlich dadurch, daß sich der Handelnde auch an diese Intention bindet im Sinne einer persönlichen Verpflichtung.

Ist es hierzu gekommen, so äußert sich dieses in einer Veränderung der beteiligten motivationalen und informationsverarbeitenden Prozesse. Während in der ersten Phase vornehmlich Informationen aufgenommen und verarbeitet werden, die sich auf Erwartungs- und Anreizparameter beziehen, geht es nach Bildung einer dominanten Motivationstendenz darum, durch die Aufnahme und Verarbeitung handlungsbezogener Informationen die ablaufende Handlung so zu steuern, daß sie auf Zielkurs bleibt und das intendierte Handlungsziel erreicht wird. Da es in der präintentionalen Phase um die Herausbildung von Motivationstendenzen und vor allem um die Auswahl geeigneter Handlungsziele geht, in der postintentionalen Phase um deren handlungsmäßige Umsetzung, ist es gerechtfertigt, erstere als »Selektionsmotivation«, letztere als »Realisationsmotivation« zu bezeichnen.

Der Übergang vom selektions- in den realisationsorientierten Motivationszustand wird durch den Akt der Intentionsbildung markiert. Die Intentionsbildung kann am Ende eines langen Prozesses des Abwägens verschiedener Ziele – evtl. unter Einbezug der zur Zielerreichung notwendigen Handlungen – stehen, aber auch automatisiert sein und gar nicht mehr ins Bewußtsein treten (Bargh & Gollwitzer, 1994). So zeigen beispielsweise eine Reihe von experimentellen Beobachtungen, daß bestimmte Wahlreaktionen so schnell auftreten, daß die entsprechenden Hirnprozesse, an die die bewußte Informationsverarbeitung gebunden ist, noch gar nicht abgeschlossen sein können, geschweige denn die beschriebenen Vorgänge der Intentionsbildung. Die Initiatoren dieser Modellvorstellungen haben ihr Modell als »Rubikon-Modell« bezeichnet (Heckhausen et al., 1987), um damit den Gedanken auszudrücken, daß sich mit der Bildung einer Intention oder eines Vorsatzes auch die Motivationslage schlagartig und unumkehrbar verändert – ganz so wie im Rom Caesars (49 v. Chr.) das (bewaffnete) Überschreiten des Rubikons (ein kleines Flüßchen in der Nähe von Rom) einen friedlichen Zustand schlagartig und unwiderruflich beendete und zum Bürgerkrieg führte.

Auch wenn eine Absicht gebildet ist, so kann dennoch der Umstand eintreten, daß in einer Situation andersartige Verlockungen auftreten, die die Realisierung der ursprünglichen Absicht zu behindern versuchen. Unter solchen Verhältnissen muß die Absicht gegen starke konkurrierende Handlungstendenzen abgeschirmt werden. Es setzen dann volitionale Prozesse zur Handlungskontrolle ein. Kuhl (1983, S. 305) hat insgesamt sechs solcher Prozesse beschrieben:

1. *Aufmerksamkeitssteuerung*: Die Aufmerksamkeit wendet sich selektiv den für die Aufrechterhaltung und Abschirmung der Absicht wichtigen Bereichen zu.
2. *Sparsamkeit der Informationsverarbeitung:* erhält Kapazitäten für die Aufgabenbearbeitung.
3. *Emotionskontrolle:* Sie sorgt für ein emotionales Klima, das der Ausführung einer Absicht dienlich ist.
4. *Motivationsaufschaukelung (Anreizaufschaukelung):* Die Bedeutung derjenigen Anreize, die die jeweils aktuelle Absicht tragen, wird angehoben.
5. *Enkodierungskontrolle:* Neue Informationen werden vornehmlich nach solchen Kategorien geordnet, die in einer Beziehung zu der jeweils aktuellen Absicht stehen.
6. *Umweltkontrolle: Es* werden bestimmte Maßnahmen getroffen, die die Ausführung der jeweils aktuellen Absicht erleichtern.

Die Ablaufsteuerung der Handlung im Sinne der Absicht ist normalerweise dann gewährleistet, wenn sich die Aufmerksamkeit gleichermaßen auf alle Absichtselemente bezieht. Kuhl (1983) hat einen solchen Zustand als »Handlungsorientierung« bezeichnet. Die Realisierung von Absichten ist gefährdet oder gar unmöglich, wenn sich die Aufmerksamkeit übermäßig auf eines der Elemente bezieht oder wenn eines der Absichtselemente gänzlich fehlt. Ein solcher Zustand wird als »Lageorientierung« bezeichnet. Er führt in der Regel zu gehäuftem Auftreten von Kognitionen, die dysfunktional für die Absichtsrealisation sind. Verschiedene Befunde zeigen, daß Handlungsorientierung mit relativ effizienterem Handeln verbunden ist, insbesondere dann, wenn eine Handlung trotz langandauernden Mißerfolgs auf Zielkurs gehalten werden muß (Brunstein, 1990; Kuhl, 1996).

Die jeweiligen motivationalen Zustände – selektionsbezogen und realisationsbezogen – sollten auch die Aufnahme, Verarbeitung und Verwertung von Informationen so beeinflussen, daß sie den Aufgabenanforderungen in den beiden Phasen, nämlich die Herausbildung eines verbindlichen Handlungsziels bzw. dessen Realisierung, jeweils gerecht werden. Dies wird dadurch gewährleistet, daß die Aufmerksamkeit in einem selektionsbezogenen Zustand eher breit ausgelegt ist und sich auf verschiedene Zieloptionen sowie deren Anreiz- und Erwartungsrepräsentanten bezieht (Heckhausen & Gollwitzer, 1987; Schmalt, 1989, 1990). In einem selektionsbezogenen Motivationszustand ist auch die Kurzzeitgedächtnisspanne vergrößert. Außerdem sind die gebildeten Erwartungen realistischer, während in einem realisationsbezogenen Motivationszustand die Erwartungen eher optimistisch überhöht sind (Taylor & Gollwitzer, 1995) und sich vornehmlich auf die gewählten Zieloptionen beziehen (Beckmann & Gollwitzer, 1987; Gollwitzer & Kinney, 1989). In einem realisationsbezogenen Motivationszustand ist ferner das spontane Erleben auf die Handlungsausführung bezogen (Heckhausen & Gollwitzer, 1987), außerdem herrschen im Bewußtsein die Erlebnisse von Anspannung, Anstrengung und Aufmerksamkeit vor (Schmalt, 1989, 1990), ganz wie es Ach im »zuständlichen Moment« beschrieben hat.

Hierarchische Modelle. Hierarchische Modelle betonen die Ausrichtung an übergeordneten Zielen und damit die hierarchische Gliederung von Handlungssequenzen, die sich über lange Zeiträume erstrecken und die die verschiedensten Teilhandlungen umfassen können.

Neben dem hierarchischen Aufbau von Tätigkeiten ist die Kontroll- oder Rückmeldeannahme ein wichtiger Bestandteil hierarchischer Modelle. Jedes untergeordnete Element wird solange ausgeführt, bis das vom übergeordneten Ziel bestimmte Teilziel erreicht ist. Miller et al. (1960) beschreiben diesen Sachverhalt mit dem *Test-Operate-Test-Exit(TOTE)-Schema.* Es besagt, daß eine Handlung sich aus einzelnen Ausführungs- und Prüfphasen zusammensetzt. Der Effekt einer Teilhandlung wird überprüft (Test), indem er mit dem angestrebten Ziel verglichen wird; je nachdem ob das Ziel als erreicht gelten kann oder nicht, wird die Teilhandlung wiederholt (Operate) oder die Person geht zum nächsten Schritt, zur nächsten Teilhandlung, über (Exit). Das Schema von Miller et al. (1960) ist orientiert an den Blockschaltbildern der Steuerungs- und Regeltechnik. Es wird eine »geschlossene Wirkungskette« von der Ausführung der Handlung über die Prüfung bis zur erneuten Ausführung vorausgesetzt, wobei eine Rückmeldung nach dem Prinzip der negativen Rückkopplung angenommen wird. Der erzielte Wert (Ist-Wert) wird mit dem angezielten Wert (Soll-Wert) verglichen, bei einer Abweichung kommt es zu entsprechender Veränderung im Regler, wodurch die Abweichung nach oben oder unten durch die Veranlassung ganz bestimmter Verhaltensweisen korrigiert wird.

Der Gedanke, daß solche Regelkreissysteme hierarchisch organisiert sind, ist bereits von Miller et al. (1960) angesprochen und insbesondere von Powers (1973) elaboriert worden. Carver und Scheier (1981) und Hyland (1988) haben diesen Gedanken für die Modellierung komplexer menschlicher Motivationssysteme genutzt. In solchen Modellen soll dargestellt werden, wie sich abstrakte Motivziele (z.B. angenehme Beziehungen zu anderen Personen aufzubauen; vgl. Kap. 1.5.) in konkrete Handlungen umsetzen können. Der Grundgedanke solch hierarchisch aufgebauter Regelkreissysteme besteht darin, daß zunächst eigenständige Regelungsprozesse auf den einzelnen Stufen vorgesehen sind, gleichzeitig aber ein untergeordnetes System durch das jeweils höhere System überwacht wird, in dem das Ergebnis als Eingangssignal für das System der nächst höheren Stufe gilt und mit dessen Sollwert verglichen wird.

Wir hatten bereits oben (Kap. 1.) festgestellt, daß bei der Definition von Motiven und den jeweils zugeordneten Anreizen ein nicht unbeträchtliches Abstraktionsniveau unterstellt wird. Beides, Motive und Anreize, sind hoch generalisierte Konstrukte. Ein solches Vorgehen bringt einen beträchtlichen theoretischen Vorteil mit sich, da es es erlaubt, in vielen verschiedenen Situationen, sofern sie nur dasselbe Motivationsthema darstellen, mit einer einzigen Theorie Vorhersagen zu tätigen. Aus der Perspektive der Ziele wird dadurch die große Zahl möglicher Handlungsziele in einer überschaubaren Zahl äquivalenter Ziele zusammengeführt. Dieses Vorgehen hat dennoch einen Nachteil, auf den in den letzten Jahren insbesondere die sog. Zieltheorien der Motivation hingewiesen haben. Die »theoretische Distanz« zwischen einem hoch generalisierten Motiv und dem situationsspezifischen Verhalten ist oftmals sehr groß, so daß es nicht verwunderlich ist, wenn man häufig nur mäßige Zusammenhänge zwischen einem Motiv und situationsspezifischem Verhalten findet. Deswegen werden in neueren Zieltheorien die situationsspezifischen Konkretisierungen stärker in den Vordergrund gerückt, in denen der selbständige theoretische Status von momentanen Anliegen (Klinger, 1987), persönlichen Strebungen (Emmons, 1992), Intentionen und Zielen (Brunstein & Maier, 1996) betont wird.

Unter dieser Perspektive kann Motivation verstanden werden als ein hierarchisch strukturiertes System, das von den Motiven und den daraus ableitbaren Motivzielen, also den am höchsten generalisierten Konstrukten, dominiert wird. Motive und jeweils zugeordnete Anreize bilden ein Handlungsthema, und Anliegen, Strebungen und Ziele stellen die konkrete Form dar, in der sich die hoch generalisierten Motive äußern können (Elliot, 1997; Klinger, 1987). Strebungen und Anliegen stellen motivationale Konstruktionen »mittlerer Reichweite« (Emmons, 1989, 1992) dar, wohingegen Ziele und Intentionen, wie wir sie hier verstehen, sehr konkret und situationsspezifisch sind. Allerdings ist der Zielbegriff in der Literatur hinsichtlich der Generalitäts-Spezifitäts-Dimension eher schillernd. Er wird sowohl auf dem gleichen Abstraktionsniveau wie etwa bei den Motiven, Anliegen und Strebungen als auch sehr viel situationsspezifischer gefaßt (vgl. Brunstein & Maier, 1996; Cervone, 1993).

Ziele und Intentionen können in unterschiedlichem Ausmaße mit dem Gesamtsystem harmonisieren. Ein harmonisiertes System liegt dann vor, wenn vom jeweils angeregten Motiv bis zum konkreten Ziel thematische Kongruenz besteht. Wir haben oben (Kap. 1.) ein Motiv als ein theoretisches Konstrukt beschrieben, das für Zielgenerierung, Zielausrichtung des Verhaltens und effiziente Zielverfolgung funktionale Systemkonfiguration herstellt. Ein in diesem Sinne harmonisiertes (thematisch kongruentes) Motivationssystem wird den Regelfall darstellen und auch psychisches Wohlbefinden im Gefolge haben.

Erste Untersuchungen zeigen thematische Kongruenz zwischen persönlichen Strebungen und Zielen einerseits und den Motiven andererseits. Emmons und McAdams (1991), Brunstein, Lautenschlager, Nawroth, Pöhlmann und Schultheiss (1995), Schmalt und Langens (in Vorb.) und Langens (1996) berichten Korrelationen zwischen den Motiven für Macht, Leistung und Intimität und den Themen der aktuell verfolgten Strebungen oder Ziele. Die Harmonisierung des Motiv-Ziel-Systems dürfte auch ein für das emotionale Wohlbefinden und die Gesundheit mit entscheidender Faktor sein (McClelland et al., 1989; Polivy, 1990). So berichten Brunstein et al. (1995) und Langens (1996) einen positiven Zusammenhang zwischen dem Ausmaß der Kongruenz von Motiven und den verfolgten Zielen mit dem emotionalen Wohlbefinden. Brunstein, Schultheiss und Grässmann (1998) berichten, daß eine zunehmende Erreichbarkeit von motivkongruenten Zielen auch von einem gesteigerten Wohlbefinden begleitet wird.

Quintessenz. Sequentielle und hierarchische Modelle sind horizontal oder vertikal um den Zielbegriff herum aufgebaut, so daß es sich anbietet, beide Modelle in einer Generellen Umfassenden Theorie (GUT) zu integrieren. Diese Theorie ist in *Abbildung 3.8* skizziert. GUT berücksichtigt, daß Motive über den selektionsbezogenen Motivationszustand für die Auswahl und Bildung von Zielen verantwortlich sind und daß diese Ziele über den realisationsbezogenen Motivationszustand das Verhalten steuern. Was die hierarchische Orientierung betrifft, so greift GUT eine Analyseeinheit heraus, die für motivationspsychologische Analysen, so wie wir sie hier darstellen wollen, vorteilhaft ist. Die Theorie läßt sich noch »nach unten« durch Berücksichtigung spezifischer Verhaltenseinheiten und ebenso »nach oben« durch die Berücksichtigung ultimater Ziele und Motivformen – letztlich die Fitneßmaximierung (vgl. Kap. 1.5.) – erweitern und ergänzen.

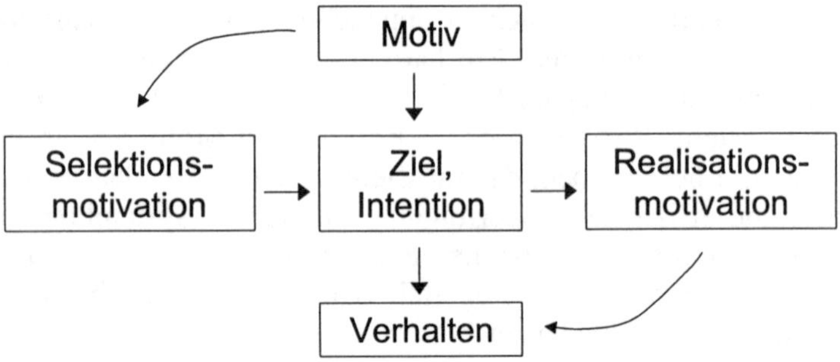

Abbildung 3.8: Generelle Umfassende Theorie (GUT). Eine Integration hierarchischer und sequentieller Modelle.

3.8. Auf ein Wort ...

In Kapitel 3. wird eine Übersicht über die Geschichte und den aktuellen Erkenntnisstand in einigen der wichtigsten Forschungsfelder der Motivationspsychologie gegeben. Alle Ansätze wollen intra- und interindividuelle Verhaltensunterschiede im tierlichen und/oder menschlichen Verhalten erklären und gelangen dabei in der Regel zur Annahme von Determinanten im Organismus bzw. in der Person (Instinkte, Triebe, Motive, Bedürfnisse, Tendenzen, Intentionen, Ziele, Anliegen, Strebungen, Wille) und in der Situation (Reize, Auslöser, Anreize, Aufforderungscharakter). Psychologische Theorien sind allerdings noch dadurch gekennzeichnet, daß sie dazwischen noch eine Reihe von vermittelnden Prozessen annehmen (Aktivierung, Emotion, Kognition, Attribuierung, Erwartung, Volition). Letztlich werden in die psychologische Theorienbildung noch Annahmen über Mechanismen, Prinzipien und Funktionsweisen des psychischen Geschehens eingebaut (z.B. Triebreduktion, Anreizaufschaukelung, determinierende Tendenzen, Kongruenz), wieder andere Theorien drücken solche Prinzipien eher bildhaft aus (z.B. das Rubikonmodell). Da in den verschiedenen Strängen der Motivationsforschung ganz unterschiedliches Beobachtungsmaterial den Ausgangspunkt der theoretischen Analyse darstellte, kann es nicht verwundern, daß bei der gegebenen Mannigfaltigkeit der Ursachen von Verhaltensunterschieden auch recht unterschiedliche Erklärungsansätze zustande kamen. Allerdings dienen diese Konzepte alle dem gleichen Zweck – nämlich die Energetisierung und Zielausrichtung des Verhaltens zu erklären. Prinzipielle Unterschiede zwischen den Theorien ergeben sich insbesondere durch den jeweils bevorzugten Erklärungsanspruch. Während behavioristisch orientierte Theorien und auch einige willenspsychologische Ansätze primär auf ganz konkrete Verhaltenseinheiten abzielen, betonen Erwartung-Wert-Theorien und ihre handlungstheoretischen Abkömmlinge primär die Zweck- und Zielgerichtetheit des Verhaltens, wobei in der Analyse die konkrete Form des Verhaltens häufig von untergeordneter Bedeutung ist. Dementsprechend unterschiedlich sind auch die theoretischen Umsetzungen. Ist der Erklärungsanspruch primär auf spezifische Verhaltensweisen gerichtet, geschieht die theoretische Rekonstruktion mittels Reiz-Reaktions-Einheiten – etwa in Form von Gewohnheiten. Zielt der Erklärungsanspruch hingegen eher auf die Ziel- und Zweckgerichtetheit, geschieht die theoretische Rekonstruktion eher mit Erwartungsvariablen sowie den damit verbundenen kognitiven und affektiven Bestimmungsstücken.

Seitdem es der Psychologie – insbesondere auch im angloamerikanischen Bereich – gelungen ist, sich aus den einseitigen Restriktionen der behavioristischen Denktradition zu lösen, hat sich die Analyse von kognitiven und affektiven Zwischenprozessen in motivierten Handlungsvollzügen als sehr befruchtend auf die Theorienentwicklung und die experimentellen Analysen von Motivationsprozessen ausgewirkt. Sie können das Problem der Zielausrichtung des Verhaltens sowie auch der ausdauernden Zielverfolgung befriedigender erklären als Theorien, die nur mit Motiv-(Trieb-) und Anreizvariablen arbeiten. Die neuen handlungspsychologischen Konzeptionen lösen die isolierte Betrachtung einzelner Verhaltensepisoden auf und betrachten einzelne ausgezeichnete Phasen im Handlungsverlauf und die Ausrichtung des Verhaltens unter dem Aspekt hierarchisch geordneter Zielsysteme. Bringt man dies mit der Vorstellung unterschiedlicher durch die Ziel- bzw. Intentionsbildung getrennter Motivationslagen zusammen, so ergibt sich eine Theorie, die zumindest einige der gegenwärtig wichtigsten Modellvorstellungen zusammenfaßt. Insgesamt gesehen immer noch eine bunte Theorienvielfalt, die in dem einen oder anderen Leser den Wunsch nach einer »großen vereinheitlichten Theorie« aufkommen läßt, in der sämtliche motivationalen Kräfte mit Hilfe einer einzigen Verhaltensformel beschrieben werden können. Eine solche Theorie ist in der Psychologie nicht in Sicht. Dieses Schicksal, für bestimmte Gegenstandsbereiche jeweils spezifische Theorien anzubieten und auf eine vereinheitlichende Theorie verzichten zu müssen, teilt sich die Psychologie allerdings mit anderen Wissenschaften. So wartet auch die moderne Physik gegenwärtig auf die »große vereinheitlichende Theorie«, in der die vier Elementarkräfte der Natur – die schwache und die starke Kernkraft sowie die elektromagnetische und die Gravitationskraft – auf einem einheitlichen theoretischen Hintergrund dargestellt werden können.

4. Hunger

4.1. Phänomene und Funktion

Nur selten werden Menschen in unserer Region mit dem Phänomen des Hungers konfrontiert. In der Regel nehmen wir aus Gewohnheit und regionalen Sitten folgend unsere Mahlzeiten ein, bevor sich Hunger deutlich spürbar machen kann. So gesehen scheint Hunger für die menschliche Motivation keine bedeutsame Rolle zu spielen. Allerdings zeigen Berichte über extreme menschliche Lebenssituationen, z.B. ethnologische Berichte über das Verhalten von Gruppen in Gebieten mit Nahrungsmangel (Frank, 1923) oder Berichte über die Erlebnisse und Verhaltensweisen von hungernden Menschen in Gefangenen- und Konzentrationslagern (Kogon, 1947), daß bei lang andauerndem Nahrungsmangel Hunger und fehlende Nahrung alles Denken und Streben der Menschen beherrscht.

Daher nimmt der Hunger in allen Aufstellungen menschlicher und tierlicher Motive eine hervorragende Stellung ein (Katz, 1932). Der Anpassungswert, die Funktionalität dieses Motivsystems ist ganz offensichtlich. Alle Lebewesen sind schließlich gezwungen, zur Aufrechterhaltung ihres Stoffwechsels und zum Aufbau körpereigener Substanzen Energie in der Form von Nahrung und weitere lebensnotwendige Stoffe zu sich zu nehmen. Offensichtlich haben die verschiedenen Arten im Laufe ihrer stammesgeschichtlichen Entwicklung dieses Problem nicht nur durch die Ausbildung von Organen zur Nahrungsaufnahme und -verarbeitung gelöst – und das auf unterschiedliche Weise, wie es Pflanzen- und Fleischfresser demonstrieren –, sondern auch durch die Ausbildung eines genetisch fundierten Motivsystems »Hunger« mit den zugehörigen Verhaltensweisen der Nahrungssuche und -aufnahme. Den Kern dieses Verhaltenssystems vermuten wir in einem emotionalen Bewertungsmechanismus nahrungsbezogener Anreize, der an organismische Zustände angekoppelt ist.

Die Frage nach den letzten Gründen für die Existenz des Motivsystems »Hunger« und dessen spezifische Konkretisierung muß die Evolutionsbiologie beantworten. Damit sind aber die motivationspsychologischen Fragen im engeren Sinne, die Fragen nach den unmittelbaren oder proximaten Ursachen, noch gar nicht gestellt. Hier fragen wir, welches die unmittelbaren organismischen und psychischen (emotionalen und kognitiven) Faktoren sind, die die Verhaltensweisen der Nahrungssuche und -aufnahme sowie der Abstinenz, beim Menschen auch die Erlebnisse von Hunger, Lust am

Essen oder an bestimmten Speisen (Appetit) und von Sättigung bewirken. In einer an deutschen Verbrauchern durchgeführten Untersuchung zeigte sich, daß das Wort »essen« spontan mit »Lust« assoziiert wurde (Westenhoefer & Pudel, 1993).

Die Beantwortung dieser Fragen ist nicht nur von grundlagenwissenschaftlicher Bedeutung, sondern auch von eminent praktischem Wert. Nach dem Jahresbericht der Deutschen Gesellschaft für Ernährung (DGE) 1996 hat jeder dritte Bundesbürger Übergewicht und setzt damit seine Gesundheit aufs Spiel. 20 % der erwachsenen Bundesbürger weisen ein gesundheitsgefährdendes Übergewicht auf. Seit Kriegsende ist die Aufnahme von Nahrungsfetten auf bis zu 40–45 % an der Gesamtmenge zugeführter Energie angestiegen. Nach medizinischer Auskunft ist die Ursache der »Fettsucht« auch ein Energiebilanzproblem: Fettsüchtige nehmen in der akuten Phase der Gewichtszunahme mehr Energie auf, als sie durch den Stoffwechsel verbrauchen. Die Verhaltenswissenschaften sind daher aufgerufen, ihren Beitrag zur Bekämpfung dieses Verhaltensproblems und der damit verbundenen Gesundheitsrisiken zu leisten. Was Menschen essen, wie sie es zubereiten, wann und wie oft sie essen, ist durch individuelle Voreingenommenheiten, aber auch durch den kulturellen Rahmen, in dem sie leben, bestimmt. Auch in ein und demselben Kulturkreis gibt es Unterschiede in der Nahrungsaufnahme in Abhängigkeit von der Zugehörigkeit zu bestimmten Bevölkerungsgruppen oder Schichten (Rozin, 1996). Man kann sich das so vorstellen, daß im Organismus ein bestimmter Mangelzustand entsteht (z.B. durch Energieverbrauch), der sich, je nach individuellen Voreingenommenheiten und sozialen Bewertungsnormen, in ein aktuelles Nahrungsbedürfnis (»Hunger«) umsetzt.

Entsprechend unserem allgemeinen Erklärungsschema wollen wir auch das Nahrungsaufnahmeverhalten erklären als Folge des Zusammenwirkens von emotional bewerteten äußeren Anreizen und weiteren Bewertungen der Situation, z.B. der antizipierten gesundheitlichen Folgen (»Risiken«) des Verhaltens, dem Motiv und weiterer innerer (organismischer) Bedingungsfaktoren. Die primären Anreize der Nahrungsaufnahme sind Qualitäts- und Quantitätsmerkmale der Nahrung, deren Bewertung angeboren oder erworben sein kann. Zu den weiterreichenden Folgen lassen sich neben den Auswirkungen der Ernährung für das Wohlbefinden und die Gesundheit auch negative Beurteilungen der sozialen Umwelt bei Abweichungen vom jeweiligen Idealgewicht zählen. Innere Bedingungsfaktoren sind hier das organismisch fundierte Bedürfnis, der Hunger, für den sich zunächst eine einfache operationale Definition in der Länge der vorangegangenen Fastenperiode anbietet. Zusätzlich können wir spezifische Defizite, z.B. an Vitaminen und Mineralien oder an essentiellen Aminosäuren heranziehen, um spezifische Formen des Appetits zu erklären.

Das Zusammenwirken innerer und äußerer Bedingungsfaktoren soll an Hand der Ergebnisse einer Laborstudie illustriert werden: Hill und McCutcheon (1975) beobachteten das Nahrungsaufnahmeverhalten von 14 Vpn bei vier Testmahlzeiten, von denen zwei hoch präferierte und zwei niedrig präferierte Nahrungsmittel enthielten. Die Vpn kamen entweder hungrig (18stündige Nahrungsdeprivation) oder gesättigt (einstündige Nahrungsdeprivation) zu den Testmahlzeiten. In Abhängigkeit sowohl vom so definierten Hunger als auch vom Ausmaß der Bevorzugung der Nahrung essen die Vpn unterschiedliche Mengen und benötigen unterschiedliche Zeit für das Kauen und Schlucken eines jeden Bissens. Bei größerem Hunger und hoch präferierten Nahrungsmitteln steigen sowohl die Menge aufgenommener Nahrung als auch die Anzahl der Bisse. Die Menge an Nahrung, die pro Biß aufgenommen wird, variiert weniger deutlich als Folge dieser inneren und äußeren Bedingungsfaktoren der Nahrungsaufnahme *(Abbildung 4.1).* Allerdings ist ersichtlich, daß bei starkem Hunger und hoch präferierten Nahrungsmitteln die Zeit für die Nahrungsaufnahme (Zeit pro Biß) abnimmt. Die Nahrung wird also eher »heruntergeschlungen«. Eine höhere Nahrungsmotivation entsteht also durch den größeren Hunger und durch den größeren Anreiz der Nahrung; beides bewirkt eine stärkere Nahrungsaufnahme und eine größere Geschwindigkeit beim Kauen.

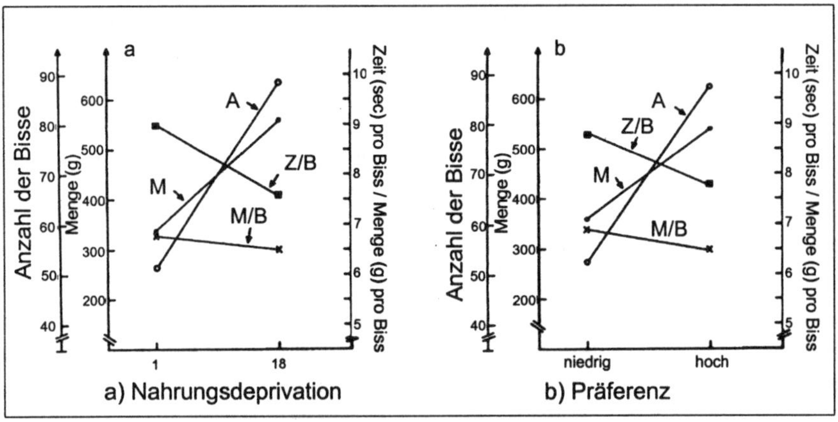

Abbildung 4.1: Nahrungsaufnahme (Menge und Geschwindigkeit) von menschlichen Vpn in Abhängigkeit von der Nahrungsdeprivation (*Abbildung 4.1*a) und der Wertschätzung oder Präferenz (*Abbildung 4.1*b) der Nahrung. Erfaßt wurden die Menge aufgenommener Nahrung (M), die Anzahl der Bisse (A) und die benötigte Zeit für die Nahrungsaufnahme (Zeit pro Biß (Z/B)) und Menge pro Biß (M/B) (modifiziert nach Hill & McCutcheon, 1975, S. 398).

Eine Erklärung dieses Sachverhaltes können wir auch wiederum innerhalb unseres allgemeinen motivationspsychologischen Modells (vgl. *Abbildung 1.1*) vornehmen. In Anlehnung daran können wir vermuten, daß die Motivation zur Nahrungsaufnahme eine Funktion des Anreizes der Nahrung und des organismisch fundierten Bedürfnisses, des Hungers, ist, wobei, wie oben gezeigt wurde, Hunger von internen Mangelzuständen und deren Bewertung durch individuelle und soziale Voreingenommenheiten und Normen abhängt.

Allerdings ist der erlebte Anreiz der Nahrung nicht unabhängig vom Bedürfnis. Der Anreiz einer Sukroselösung wird generell positiv eingeschätzt, aber mit zunehmender Sättigung wird der positive Anreiz zunehmend geringer beurteilt, d.h. eine normalerweise bestehende Anreizwirkung verliert sich bei fortschreitender Sättigung (Cabanac, 1979). Der Volksmund weiß: »Wenn die Mäuse satt sind, schmeckt das Mehl bitter«. Experimente mit Ratten zeigen darüber hinaus, daß zwar der Anreiz von Nährstofflösungen unterschiedlichen Nährwertes vom Deprivationszustand der Tiere abhängt, nicht aber der rein hedonische, d.h. der nur durch nicht-kalorische Geschmacksqualitäten bedingte Anreiz (z.B. Saccharin: s. Fedorchak & Bolles, 1987). Die Einnahme einer spezifischen Nahrung führt in der Regel dazu, daß sie an positivem Anreiz verliert und daß ihr Geschmack, ihr bloßer Anblick und ihre stoffliche Beschaffenheit als weniger angenehm eingestuft werden, ein Phänomen, das man als spezifische Sättigung (sensory-specific satiety) (Rolls, 1986; Hetherington & Rolls, 1996) bezeichnet. Der Anreiz einer Nahrung hängt aber nicht nur von dem aktuellen Sättigungszustand des Organismus ab, sondern auch von stabilen Merkmalen des Organismus, von denen man vermutet, daß sie eine genetische Basis haben. Menschen unterscheiden sich deutlich in ihrer Fähigkeit, bittere Stoffe in Nahrungsmitteln zu entdecken. Substanzen, die dem Organismus schaden, haben häufig einen bitteren Geschmack. Es könnte also einen Anpassungsvorteil bedeuten, wenn man einen bitteren Geschmack schon bei ganz geringen Konzentrationen entdeckt (Drewnowski & Rock, 1995; Tepper, 1998) (vgl. Kap. 4.2.1.). Es handelt sich hierbei um stabile Geschmackspräferenzen – oder allgemeiner gesagt Bewertungsvoreingenommenheiten – die den funktionalen Status von Motiven haben.

Ein weiteres Problem stellt sich, wenn man die Aufhebung der Motivation an die Stillung des Bedürfnisses knüpft. Das Bedürfnis ist definiert durch den Verlust (Mangel) von Nährstoffen an den Orten des Stoffwechsels. Alle Lebewesen beenden aber ihre Mahlzeiten in der Regel, bevor das Energiereservoir wieder aufgefüllt und das Bedürfnis damit gestillt ist. Von der Aufnahme der Nahrung bis zur vollständigen Verdauung vergehen Stunden; unsere Mahlzeiten beenden wir dagegen in der Regel in weniger als einer Stunde. Selbst wenn also der Anstoß zum Nahrungsaufnahmeverhalten durch das organismisch fundierte Bedürfnis im Zusammenwirken mit äußeren Anreizen zustandekommt, müssen für die Beendigung der Nahrungsaufnahme, die Sättigung, schneller wirkende Mechanismen als die Stillung dieses Bedürfnisses angenommen werden.

Neben dem Phänomen der vorgezogenen Sättigung sprechen auch andere Beobachtungen für die Wirksamkeit nicht-regulatorischer Momente im Nahrungsaufnahmeverhalten. Da ist zunächst einmal die Tatsache eines circadianen (tageszeitlichen) und bei vielen Arten auch circanuellen (jahreszeitlichen) Rhythmus in der Nahrungsaufnahme. Ratten und andere nachtaktive Tiere nehmen, wenn sie freien Zugang zur Nahrung haben, in der aktiven Dunkelzeit doppelt soviel Nahrung zu sich wie am Tage. Wie Oatley (1971) beobachtet hat, gehen Ratten in der Nacht etwa doppelt so häufig zum Futtertrog als am Tag. Nachts benötigen sie aber auch mehr Energie (vgl. LeMagnen, 1985), und zwar nicht nur für die zusätzliche Aktivität, sondern auch für das Anlegen von Glykogenvorräten (Glykogen ist die tierliche Speicherform von Kohlehydraten).

Lebewesen mit circanuellem Rhythmus in der Nahrungsaufnahme, z.B. Tiere, die Winterschlaf oder Winterruhe halten, fressen sich in der zweiten Hälfte der Aktivitätsperiode Fettpolster an, wobei besonders auch Depots des sogenannten braunen Fetts angelegt werden, das eine wichtige Funktion bei der Aufrechterhaltung der Körpertemperatur hat. Dieses sog. braune Fettgewebe gestattet es, ohne willkürliche oder unwillkürliche (»Kältezittern«) Betätigung des Muskelapparates die notwendige Körpertemperatur aufrechtzuerhalten.

Das Steuerungssystem der Nahrungsaufnahme arbeitet beeindruckend präzise. Trotz wechselnden Energiebedarfs und von Tag zu Tag schwankender Nahrungsaufnahme halten Lebewesen ihr Körpergewicht stabil. Das gilt ungeachtet der Häufigkeit von Übergewicht in unserer Gesellschaft auch für den Menschen (vgl. Bray & Campfield, 1975): Zwischen dem 20. und 50. Lebensjahr steigt bei Männern im Mittel das Körpergewicht von 65–72 kg (je nach Stichprobe) auf nur 72–77 kg. Dabei muß in diesem Zeitraum von 30 Jahren mehr als 99 % der aufgenommenen Energie wieder verbraucht werden, wenn das Gewicht derart stabil gehalten werden soll. Diese hochgradige Konstanz beruht auf der Tatsache, daß die jeweilige Energiebilanz in einem Rückkoppelungssystem im wesentlichen unter Einbezug des Hypothalamus und peripherer Größen der jeweiligen Energiebilanz (Nahrungsaufnahme, Energieabgabe, Glukose- und Fettmetaboliten) kontrolliert wird. Der Hypothalamus mißt den jeweils aktuellen nahrungsmäßigen Zustand und moduliert dann die Nahrungsaufnahme und Energieabgabe (Friedman & Halaas, 1998).

Die Steuerung der Nahrungsaufnahme und die Anpassung an die organismischen Bedürfnisse kann innerhalb einer Mahlzeit oder am selben Tag von einer Mahlzeit zur anderen (ultra-kurzzeitige Steuerung), von Tag zu Tag (kurzzeitige Steuerung) und in längeren Zeitperioden (langzeitige Steuerung) erfolgen. Zumindest die letzte muß auch beim Menschen funktionieren. Das zeigen neben der Tatsache der Gewichtskonstanz über längere Perioden auch Studien, in denen freiwillige Vpn sich ein Übergewicht anaßen. Diese Vpn hatten nicht nur große Schwierigkeiten, sich das Übergewicht anzuessen, sondern auch, es zu halten. So muß die Hälfte der normalen Nahrungsaufnahme zusätzlich zugeführt werden, um ein zuvor absichtlich angegessenes Übergewicht von 15–25 % aufrechtzuerhalten (Sims, 1974). Der Körper reagiert offensichtlich auf die erhöhte Nahrungszufuhr mit einem erhöhten Energieverbrauch (Pudel & Westenhöfer, 1991).

Beim Menschen findet allerdings eine kurzzeitige Anpassung der Energieaufnahme an den Energieverlust des gleichen Tages oder vorangegangener Tage in der Regel nicht statt; erst über den Verlauf mehrerer Tage stehen Aufnahme und Abgabe im Gleichgewicht (Edholm et al., 1970). Ratten und viele andere Lebewesen steuern dagegen ihre Nahrungsaufnahme auch von Tag zu Tag, ja von Mahlzeit zu Mahlzeit. Die Zeit, die nach einer Mahlzeit vergeht, bis eine Ratte wieder frißt, ist abhängig von der Nahrungsmenge bei der vorangegangenen Mahlzeit (LeMagnen, 1971). Der metabolische Status des Organismus muß also in diesem Zwischenraum festgestellt und für die Verhaltenssteuerung genutzt werden. Neben der Nahrungsmenge und den zugeführten Kalorien hat auch das Volumen einer Mahlzeit Einfluß auf die Nahrungsaufnahme (ca. 4 Stunden später).

Wie schaffen es nun Lebewesen, von Mahlzeit zu Mahlzeit, von Tag zu Tag oder zumindest von Woche zu Woche Energieaufnahme und -abgabe ins Gleichgewicht zu bringen? Die empirische Forschung hat durch tierexperimentelle Versuche einige Kenntnisse über die organismischen Grundlagen der ultrakurzen und kurzzeitigen Steuerung des Nahrungsaufnahmeverhaltens zutage gefördert. Was die langzeitige Steuerung anbelangt, ist die Forschung über das Stadium von Vermutungen bislang nicht hinausgekommen.

Eine Hypothese, die jüngst viel Forschungsaktivität angeregt hat, ist die, daß in dem bereits beschriebenen Rückkoppelungssystem, in dem der Hypothalamus Nahrungsaufnahme und Energieabgabe moduliert, das Hormon Leptin eine besondere Rolle spielen könnte. Leptin wird vom Fettgewebe abgesondert und koordiniert die Nahrungsaufnahme im Verhältnis zur abgegebenen Energie. Die empirischen Belege für dieses Modell sind aber noch widersprüchlich. Es gibt einige positive Belege für die Leptinwirkung bei Nagetieren. Roberts et al. (1997) fanden allerdings beim Menschen keine Zusammenhänge zwischen der Leptinkonzentration und der Energieabgabe.

4.2. Organismische Bedingungsfaktoren des Nahrungsaufnahmeverhaltens

Nach welchen Faktoren muß man suchen? Wir müssen zunächst die äußeren Anreize des Nahrungsaufnahmeverhaltens und die arttypischen Verhaltensweisen der Nahrungssuche und -aufnahme analysieren. Hierzu hat die ethologische Forschung eine Vielzahl von Beobachtungen geliefert (DeRuiter, 1967; Galef, 1996). Auch im Humanbereich wurden Beobachtungsstudien zum Eßverhalten in Cafeterien und Restaurants durchgeführt. Dabei traten keine stabilen Unterschiede im Eßverhalten zwischen normal- und übergewichtigen Personen zutage (vgl. Israel et al., 1985; Spitzer & Rodin, 1981).

Was die Analyse der inneren organismischen Bedingungsfaktoren anbelangt, kann man sich folgende Fragen stellen:

1. Wo entstehen Hunger- und Sättigungssignale im Organismus? Welche Substanzen stellen die physikalische Basis (Reize) für diese Signale dar, und was sind die zugehörigen Rezeptoren?
2. Auf welchem Wege wird die Information von den Rezeptoren zu den zentralen integrierenden Mechanismen ins ZNS geleitet?
3. Wo sind diese integrierenden Mechanismen lokalisiert, und wie funktionieren sie? Wie werden innere Hungerreize und angeborene und/oder erlernte Bevorzugungen und Aversionen zusammengebracht?
4. Auf welchem Wege werden Verhaltensanweisungen an die effektorischen Organe (Muskeln) übermittelt?
5. Was sind die ausführenden Organe, und wie arbeiten sie?

Bei ihrer Suche nach den Entstehungsorten der Signale für Hunger und Sättigung lassen sich die Motivationsforscher vom Weg der Nahrung leiten. *Abbildung 4.2* verdeutlicht die Orte, an denen Informationsquellen vermutet wurden. Die Nahrung gelangt zunächst, nachdem sie mit den Fernsinnen wahrgenommen wurde, in den Mund, von dort in die weiterführenden Abschnitte des Verdauungskanals (gastrointestinale Faktoren), von dort in die Leber und den Blutkreislauf und schließlich zu allen Körperzellen – auch, und das ist in diesem Zusammenhang von besonderer Bedeutung, zum Gehirn (postresorptive Faktoren). Die meisten der nachfolgend behandelten Forschungsbeiträge versuchen, Erklärungsansätze auf einem bestimmten Niveau zu formulieren; eine erschöpfende und vollständige Erklärung des Nahrungsverhaltens gelingt jedoch nur, wenn man von einem hierarchisch organisierten Kontrollsystem ausgeht und Wirkvariablen auf mehreren Niveaus und an mehreren Orten ansiedelt (Rowland, Hi & Morien, 1996).

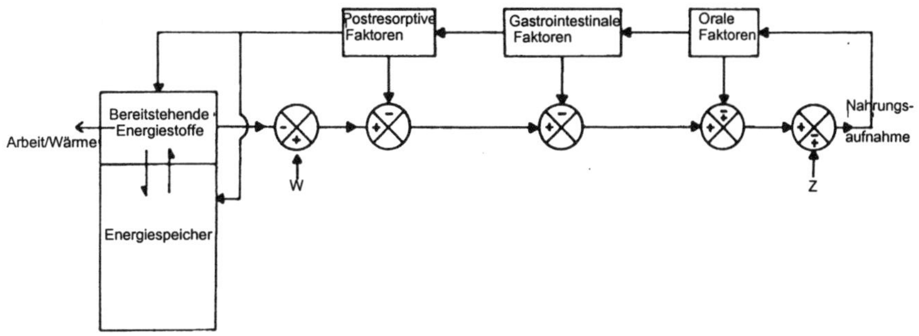

Abbildung 4.2: Systemtheoretisches Schema zur Erklärung der Nahrungsaufnahme. Der Sollwert für das energetische Gleichgewicht wird durch w symbolisiert, z symbolisiert Sollwerte für hedonistische Faktoren (modifiziert nach Mogenson, 1977, S. 89).

Will man feststellen, ob an einem dieser Orte Hunger- und Sättigungssignale entstehen, kann man entweder vorgeordnete Orte ausschalten, z.B. die Geschmacksrezeptoren, indem man die Nahrung mit einem Katheter direkt in den Magen einführt, oder man kann nachgeordnete Orte ausschalten, indem man die Nahrung vor Erreichen dieses Ortes, des Magens etwa, durch eine Fistel wieder aus dem Körper austreten läßt.

4.2.1. Periphere Faktoren

Orale Faktoren. Der erste Ort, den die Nahrung passieren muß, ist die Mundhöhle. Dort wird sie geschmeckt, gerochen, getastet und ihre Temperatur festgestellt. Bereits unmittelbar nach der Geburt bevorzugen Jungtiere fast aller untersuchten Arten, auch der Mensch (Preyer, 1882; Steiner, 1979), süß schmeckende Stoffe und stoßen bittere wieder aus.

Eine Reihe von Beobachtungen spricht dafür, daß es sich hierbei um eine angeborene Nahrungspräferenz und Aversion handelt: (1) Die Präferenz süßer und die Vermeidung bitterer Stoffe tritt zu einem Zeitpunkt auf, in dem Jungtiere und auch Säuglinge bislang nur mit dem Fruchtwasser und der Muttermilch Bekanntschaft gemacht haben. (2) Zuchtexperimente mit Ratten zeigen, daß sich Stämme mit einer besonderen Bevorzugung süßer Stoffe züchten lassen (Badia-Elder, Kiefer & Dess, 1996). Zumindest für Pflanzen- und Allesfresser läßt sich der Anpassungswert dieser Verhaltensweisen unschwer nachweisen: Süß schmeckende Pflanzenteile, wie

Früchte, sind reich an Kohlehydraten; viele pflanzliche Giftstoffe (Alkaloide) schmecken bitter.

Experimentelle Studien zeigen, daß die Bevorzugung von Stoffen mit zunehmender Süße nicht monoton ansteigt, sondern eine maximale Bevorzugung bei einer bestimmten Konzentration erreicht und dann wieder abfällt. Die bevorzugte Konzentration ist häufig die isotone Lösung, eine Lösung also, deren osmotischer Wert dem der Körperflüssigkeit entspricht. Bei einigen Stoffen, etwa bei einer Saccharinlösung, fällt die Bevorzugung aber schon lange vor dem Erreichen der isotonen Konzentration ab. Höhere Konzentrationen schmecken dann für uns Menschen widerlich süß. In einer Pionierstudie aus dem Jahre 1928 hat Engel die hedonische Bewertung unterschiedlicher Konzentrationen von Lösungen mit süßem, bitterem, saurem und salzigem Geschmack ermittelt. Diese und viele Nachfolgeuntersuchungen zeigen eine deutliche Kurvilinearität der Hedonik der beurteilten Geschmäcker. Ein Optimum wird schon bei relativ geringen Konzentrationen erreicht, zunehmende Konzentrationen werden deutlich als unangenehm eingestuft.

Die Geschmackswerte der Nahrung dienen sowohl der Identifikation der Nahrung als auch, durch ihre affektiven oder hedonischen Wirkungen, der unmittelbaren und langfristigen Kontrolle der Nahrungsaufnahme. Süße und fettangereicherte Stoffe werden zwar aufgenommen, obwohl das Bedürfnis gestillt ist und obwohl sie, wie im Beispiel der Saccharinlösung, ohne Nährwert sind. Man muß jedoch annehmen, daß Geschmackswerte auch dazu beitragen, Energieaufnahme und -abgabe in einem Gleichgewicht zu halten, weil sie mit zu- oder abnehmendem Nahrungsbedürfnis eine Veränderung ihrer Wertigkeit erfahren. Schließlich sind diese Mechanismen zu einer Zeit in der Entwicklung der Säuger entstanden, in der die natürliche Umwelt weder süße Stoffe noch fette Nahrung im Überfluß anzubieten hatte. Das galt in der Vergangenheit auch für den Menschen und gilt auch heute noch in vielen Regionen der Erde.

In einem Experiment Cabanacs (Cabanac & Duclaux, 1970a) mußten Vpn den affektiven Wert von sechs Konzentrationen einer Sukrose- und einer Kochsalzlösung beurteilen, und zwar eine Stunde nachdem sie entweder eine 25 %ige Glukoselösung oder eine 7,5 %ige Kochsalzlösung zu sich genommen hatten. Die Ergebnisse zeigen, daß die jeweilige spezifische Sättigung die verschiedenen Konzentrationen negativer erleben läßt – besonders deutlich bei der ansonst positiv beurteilten Sukroselösung. Sowohl die positive affektive Bewertung der Sukrose als auch die insgesamt negative Beurteilung der Kochsalzlösung werden bei vorangegangener Zufuhr von Sukrose bzw. Kochsalz zum negativen Ende verschoben *(Abbildung 4.3)*.

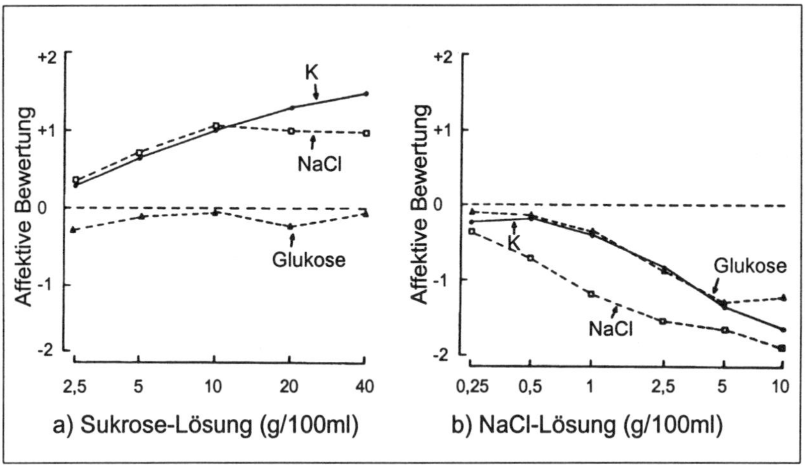

Abbildung 4.3: Beurteilung des Wohlgeschmacks (Affektive Bewertung) von Sukroselösung (*Abbildung 4.3a*) und Kochsalzlösung (*Abbildung 4.3b*) unterschiedlicher Konzentrationen. Dieser Beurteilung war in zwei Experimentalbedingungen die Einnahme von 200 ml einer 25 %-Glukoselösung (Glukose) oder einer 7,5 %-Kochsalzlösung (NaCl) vorausgegangen. In der Kontrollbedingung (K) erhielten die Vpn nichts (modifiziert nach Cabanac & Duclaux, 1970a, S. 966).

Wir nehmen also an, daß die durch den Geschmack bestimmte Lust/Unlust-Empfindung die Akzeptanz oder Verweigerung von Nahrung motiviert. Durch die Anbindung an innerorganismische Zustände – Defizite und Überschüsse – wird im Sinne unseres allgemeinen Motivationsmodells und der Rolle, die darin den Emotionen zugesprochen worden ist (vgl. Kap. 1.2.4), gewährleistet, daß Lebewesen auch ohne Einsicht in die Notwendigkeit, bestimmte Stoffe aufzunehmen oder andere Stoffe tunlichst zu vermeiden, hinreichende und bekömmliche Nahrung zu sich nehmen.

Dieser primär humanpsychologische Erklärungsansatz läßt sich auch auf das Verhalten von Säugetieren allgemein anwenden. So zeigen z.B. auch Ratten durch ihre Mimik Akzeptanz und Aversion von Geschmäcken an (Grill & Norgren, 1978). Bei einem bitteren Geschmack zeigen sie Verhaltensweisen des Abstoßens und Vermeidens, sie öffnen die Lippen, reiben den Kopf am Boden usw.; bei einem süßen Geschmack zeigen sie dagegen Verhaltensweisen des Schmeckens, die ein ausgedehnteres Verweilen der Geschmacksstoffe auf der Rezeptoroberfläche ermöglichen.

Cabanac (1990) konnte demonstrieren, daß Ratten in ihrem mimischen Verhalten auf einen süßen Testreiz (0,05 ml Sukroselösung direkt in den Mund) unterschiedlich reagierten, je nachdem ob ihnen zuvor Wasser oder aber eine Glukoselösung in den Magen eingegeben worden war. *Abbildung 4.4* zeigt die durch mimisches Verhalten einer Ratte angezeigte hedonische Bewertung von Sukrose-Testreizen in Abhängigkeit von dieser Vorbehandlung und der Zeit, die seit der Behandlung vergangen ist. Es wird hier deutlich, daß Wasser die positive Beurteilung der Sukroselösung nicht verändert. Erhalten die Tiere vorab jedoch Glukose, wird die Sukroselösung sogar negativ (maximal nach ca. 20 Min.) beurteilt, erst nach ca. einer Stunde erreicht die hedonische Bewertung wieder das (positive) Ausgangsniveau.

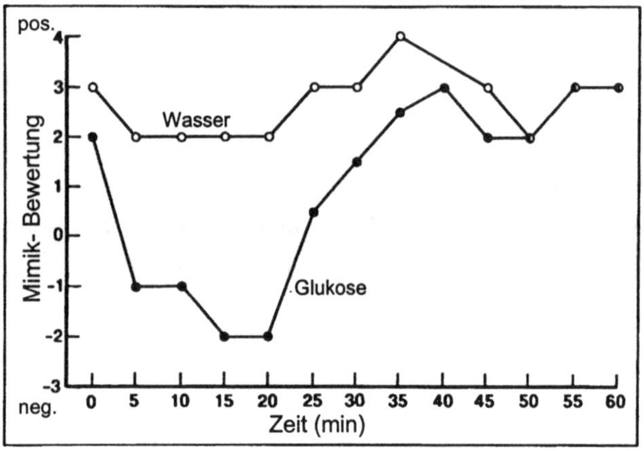

Abbildung 4.4: Bewertung der mimischen Reaktion einer Ratte auf Sukroselösungen, die wiederholt auf die Mundschleimhaut gebracht wurden. In einer Bedingung wurde dem Tier zum Beginn der Testreihe (Zeit 0) 5 ml einer 20 %igen Glukoselösung, in einer anderen 5 ml Wasser direkt in den Magen eingeführt (modifiziert nach Cabanac, 1990, S. 30).

Trotz der Abhängigkeit der Geschmacksbewertung von organismischen Zuständen ist dieser Mechanismus nur von beschränktem Wert für die Sicherstellung einer konstanten Ernährung. Dies mag insbesondere in ihrer jeweils nur kurzfristigen Einflußnahme begründet sein. Langfristig dürften aber die hedonischen Qualitäten einflußreicher sein.

Zumindest dann, wenn Tiere und Menschen freien und unlimitierten Zugang zu Nahrungsmitteln mit hohem hedonischen Wert haben, läßt sich, wie bereits dargestellt, der Vorteil der Steuerung der Nahrungsaufnahme durch Geschmacksfaktoren auch ins Gegenteil kehren. Ratten überfressen sich an fettangereicherter Nahrung, die sie sehr schätzen: Tiere, die normal 300–400 g wiegen, werden dabei 1 kg schwer (Kennedy, 1950). Eine fettangereicherte Nahrung, die nur am Tage angeboten wird, stimuliert Ratten auch, von ihren üblichen Verhaltensweisen abzuweichen und am Tage mehr zu fressen als in der Nacht (Panksepp & Krost, 1975). Die besten Mast-Ergebnisse bei Ratten erzielte man im übrigen mit Diäten, die sowohl fett als auch süß waren (vgl. Drewnowski, 1990). Wenn Nahrung im Überfluß vorhanden ist, nehmen auch Menschen mehr fettreiche und mehr süße Nahrung zu sich, als es zur Sicherstellung des Bedarfs und zur Vermeidung von Übergewicht angebracht wäre (Deutsche Gesellschaft für Ernährung (DGE), 1996).

Über anekdotische Berichte hinaus konnte auch die experimentelle Forschung in den letzten Jahren zeigen, daß Geschmacksfaktoren bzw. die dadurch bedingten affektiven Erfahrungen auch in der Entstehung des Übergewichtes bei Menschen eine Rolle spielen könnten. Im Vergleich zu normalgewichtigen Personen ließen sich Übergewichtige in ihrer Nahrungsaufnahme stärker von der zuvor beurteilten Schmackhaftigkeit der Nahrung leiten (Nisbett, 1968a; Prize & Grinker, 1973). Auch fanden Cabanac und Duclaux (1970b) bei der oben dargestellten Versuchsanordnung, daß übergewichtige Personen nach Einnahme von 50 g Glukose ihre positive Beurteilung verschiedener Sukroselösungen nicht so deutlich herabsetzten wie normalgewichtige. Unklar bleibt, ob diese stärkere Beeindruckbarkeit durch positive Geschmacksfaktoren Ursache oder Folge des Übergewichts ist. Die von Schachter (1971) ursprünglich aufgestellte Hypothese einer generell größeren »Externalität« übergewichtiger Personen, d.h. einer stärkeren Außenleitung und geringeren Nutzung interner Signale, konnte die nachfolgende Forschung nicht bestätigen (Rodin, 1981). Auch fand sich kein genereller Zusammenhang zwischen Übergewicht und der Bevorzugung süßer Speisen (vgl. Drewnowski, 1990).

Für diese hedonischen Geschmackspräferenzen gibt es offensichtlich auch stabile interindividuelle Unterschiede, die funktional Motivunterschieden vergleichbar sind und sehr wahrscheinlich auf angeborenen Bewertungsvoreingenommenheiten beruhen. Eine solche genetische Determination kann durch Züchtung von Rattenstämmen mit unterschiedlich ausgeprägten Nahrungspräferenzen belegt werden. Die genaue Lokalisation der Steuerungsmechanismen, beispielsweise für Saccharinpräferenzen, wird in dem emotionsverarbeitenden System »oberhalb des Hirnstamms« vermutet (Badia-Elder, Kiefer & Dess, 1996).

Auch beim Menschen gibt es stabile Persönlichkeitsunterschiede in bezug auf die hedonische Bewertung der Süßigkeit von Nahrungsmitteln. Looy & Weingarten (1992) haben hierzu ein Experiment durchgeführt, indem sie ihre Vpn baten, die Intensität und Schmackhaftigkeit verschiedener Sukrosekonzentrationen zu beurteilen. Bei der Beurteilung der höchsten Konzentration wurden Videoaufzeichnungen des Gesichtsausdrucks der Vpn gemacht. Der Gesichtsausdruck stellt eine sehr direkte, nicht durch kulturelle Wertvorstellungen oder kognitive Überzeugungen verfälschte Bewertung der hedonischen Qualität von Geschmacksreizen dar und ist schon bei Ratten aufweisbar (s.o.). Eine Gruppe von unabhängigen Beobachtern beurteilten nun den Gesichtsausdruck daraufhin, ob die Person, die sie sahen, den Geschmack eher liebte oder nicht. Aufgrund dieser Beurteilung wurden die Vpn in solche mit einer positiven Vorliebe für Süßes (süss+) und solche mit einer Abneigung gegenüber Süßem (süss-) eingeteilt. *Abbildung 4.5* zeigt die Einschätzung der Intensität und der Schmackhaftigkeit (hedonische Bewertung) der verschiedenen Sukrosekonzentrationen. Sie zeigt, daß es stabile interindividuelle Unterschiede in der Geschmackspräferenz für Süßes gibt.

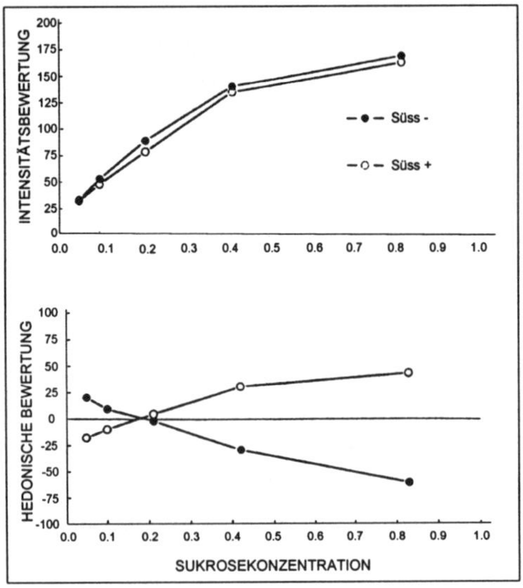

Abbildung 4.5: Einschätzung der Intensität (oben) und der Schmackhaftigkeit (unten) für Personen mit einer Vorliebe für Süßes (süss+) bzw. einer Abneigung gegenüber Süßem (süss-) (nach Looy & Weingarten, 1992, S. 77).

Im Bereich der Geschmacksaversionen ist die Einschätzung des bitteren Geschmacks (von 6-n-Prophylthiouracil, PROP) eine wichtige Markiervariable für unterschiedliche Geschmacksaversionen, für die ebenfalls genetische Unterschiede angenommen werden (Whissell-Buechy, 1990). Beide Systeme, das Detektionssystem von bitteren Geschmäckern und den Vorlieben für Süßes, hängen ganz offensichtlich zusammen, wie die Untersuchung von Looy und Weingarten (1992) deutlich macht. Personen mit einer Abneigung gegenüber Süßem sind auch sensibler gegenüber dem bitteren Geschmack von PROP. Aber auch die Entdeckung von unterschiedlichen Fettgehalten in der Nahrung wird von der PROP-Sensibilität beeinflußt. Tepper und Nurse (1998) haben ihre Vpn gebeten, den Fettgehalt eines hoch fetthaltigen (40 %) und niedrig fetthaltigen (10 %) Salatdressings anzugeben. Nur die hoch PROP-Sensiblen bemerkten den Unterschied, die anderen Gruppen fanden keinen Unterschied. Eine Vermutung, die die Autoren auch untersuchten, daß nämlich die PROP-Sensiblen auch ein geringeres Körpergewicht aufweisen müßten, fand allerdings nur eine tendenzielle Bestätigung und auch nur bei Männern.

Gastrointestinale Faktoren. Die Nahrung verbleibt einige Zeit im Magen, wird in kleineren Portionen in den Darm abgegeben, wird verdaut und resorbiert. Der gesamte Prozeß dauert einige Stunden. Verschiedene Stimuli treten im zeitlichen Verlauf dieses Prozesses auf – angefangen von der Dehnung des Magens durch die Speise, die als Sättigungs- und Hungersignale fungieren können. Nachweislich tritt Hunger um so schneller wieder auf bzw. wird Nahrung um so schneller wieder aufgenommen, je kürzer der Gesamtprozeß ist. Eine Verzögerung der Magenentleerung beim Menschen, z.B. durch eine Verringerung der kalorischen Dichte der Nahrung (z.B. durch zusätzliches Trinken) oder bei der Ratte durch Übergang von kohlehydratreicher auf proteinreiche und von fettreicher auf kohlehydratreiche Nahrung (Scharrer et al., 1967; Scharrer & Zucker, 1967), verringert die Nahrungsaufnahme. Im einzelnen muß man Dehnungsreize im Magen und spezifische Reize im Darm, für die spezielle Rezeptoren zu existieren scheinen, als bedeutungsvoll vermuten. Rolls et al. (1998) konnte zeigen, daß das Volumen eines Milchdrinks, den Vpn zu sich genommen hatten, Einfluß auf die nachfolgende Nahrungsaufnahme (ca. 4 Stunden später) hatte und auch das subjektive Sättigungsgefühl beeinflußte. Das Volumen von verzehrten Nahrungsmitteln ist, unabhängig von der Kalorienmenge, ein wichtiger Einflußfaktor für die Nahrungsaufnahme.

In einer Reihe von Studien an Hunden konnten Janowitz und Grossman (zusf.: Janowitz, 1967) zeigen, daß eine Füllung des Magens mittels eines Katheters unmittelbar vor der Mahlzeit das Fressen reduziert. Dabei scheint nicht der Energiegehalt der Nahrung, sondern der Druck auf die Magenwände der entscheidende Reiz zu sein: Ein im Magen aufgeblasener Ballon erbringt nämlich den gleichen Effekt. Auf den Energiewert der Nahrung, wie er sich nach der Resorption der Nahrung darstellt, reagieren Hunde zunächst nicht. Wird diese Füllung 4 Stunden vorher verabreicht, bleibt sie ohne Effekt. Erst in Versuchsreihen, die sich über viele Wochen hinzogen, lernten Hunde, ihre spontane Nahrungsaufnahme an den kalorischen Gehalt von direkt dem Magen zugeführter Nahrung anzupassen. Diese Information aus dem Magen gelangt über parasympathische und sympathische Nerven zum ZNS. Eine Verarbeitung erfolgt u.a. auch im Zwischenhirn. So wird durch künstlich erzeugte Dehnungsreize im Magen die elektrische Aktivität im Ventromedialen Hypothalamus (vgl. *Abbildung 4.6*), einem Teil des Zwischenhirns, den man für die Verarbeitung von Sättigungssignalen verantwortlich gemacht hat (s.u.), verändert (Sharma et al., 1961).

Neben nervösen Sättigungssignalen aus dem oberen Magen-Darm-Trakt muß auch die Existenz von unmittelbar wirksam werdenden hormonalen Signalen angenommen werden (Gibbs & Smith, 1985; Silver & Morley, 1991). So zeigt sich beispielsweise, daß das Gastrointestinalhormon Cholezystokinin (CCK) bei externer Zufuhr Sättigung bewirkt. Dieses Hormon wird unter natürlichen Bedingungen zusammen mit anderen Hormonen beim Eintritt der Nahrung in den Zwölffingerdarm abgegeben. Andere gastrale Hormone wie Bombesin und Somatostatin zeigen ebenfalls Sättigungseffekte. Bei diesen Hormonen handelt es sich um Peptide, so auch bei dem von der Bauchspeicheldrüse produzierten Glukagon, das ebenfalls einen Sättigungseffekt hat. Ihre Wirkung könnte einmal indirekt, durch Veränderung der Verdauungsvorgänge (z.B. Magenentleerung, Glykolyse), erfolgen oder aber durch eine direkte Wirkung auf das Nervensystem, in dem diese Peptide ebenfalls vorgefunden werden. Hier hat die Forschung noch keine eindeutigen Ergebnisse erarbeiten können; außerdem bestehen offensichtlich in dieser Hinsicht Unterschiede zwischen verschiedenen untersuchten Arten. So scheint z.B. das CCK bei einigen Arten am peripheren Nervus vagus wirksam zu werden, der diese Information dann zum ZNS weiterleitet, bei anderen Arten aber direkt im Nervensystem, nach Übertritt durch die Blut-Liquor-Schranke, seine Wirkung zu entfalten (Silver & Morley, 1991).

Neuere Untersuchungen haben zur Differenzierung von CCK_A und CCK_B Rezeptoren geführt. CCK_A Rezeptoren sind hauptsächlich in der Peripherie angeordnet und für die Hemmung der Nahrungsaufnahme verantwortlich, während die Aktivierung der CCK_B Rezeptoren Angst auslöst. Die Analyse von CCK-Agonisten auf das Freßverhalten von Ratten zeigt jedoch insgesamt wenig konsistente Befunde. Die Ergebnisse hängen von den eingesetzten Methoden, dem Geschlecht und dem Alter der Tiere ab. Insgesamt ist die Literatur hierzu »überreich an Inkonsistenzen und Widersprüchen« (Fink et al., 1998, S. 77). Auf methodische Probleme weisen Baldwin, Parrott und Ebenezer (1998) hin. Von außen zugeführtes CCK und körpereigen produziertes CCK haben oftmals ganz unterschiedliche Wirkungen. Das als Neurotransmitter bekannte Serotonin (vgl. Kap. 2) hat im übrigen einen dem CCK vergleichbaren Effekt. Verabreichung von Serotonin unterdrückt die Nahrungsaufnahme. In vielen Fällen interagieren CCK und Serotonin in der Herstellung eines Sättigungszustandes (Rowland et al., 1996).

Postresorptive Faktoren. Lange Zeit galt der Blutglukosegehalt als entscheidend unter den Faktoren, die nach der Resorption der Nahrung wirksam werden. Glukose ist unter normalen Umständen die einzige Nahrung für die Hirnzellen; der Blutzuckergehalt wird außerdem in relativ engen Grenzen konstant gehalten. Experimentelle Befunde waren allerdings enttäuschend: Direkte Glukoseinfusionen in den Blutkreislauf bewirken bei Tieren und Menschen in der Regel keine deutlichen Sättigungseffekte. Eine erste einflußreiche Hypothese, die darauf Rücksicht nimmt, hat Mayer (1955) vorgeschlagen. Danach ist das Ausmaß, in dem Glukose von den Körperzellen, speziell den Hirnzellen, genutzt wird, die entscheidende Variable. Ist die Glukosenutzung in den Hirnzellen groß, was sich in einer großen Differenz zwischen dem Glukosegehalt in den Arterien und dem Gehalt in den Venen ausdrückt, resultiert Sättigung. Ist das Ausmaß der Glukosenutzung gering, resultiert Hunger. Nachfolgende Studien demonstrierten zwar die Existenz von Glukoserezeptoren sowohl im Hypothalamus (Oomura, 1976) als auch im Hirnstamm (Ritter et al., 1981), eine Reihe von Verhaltensstudien macht es dennoch unwahrscheinlich, daß diese zentralen Mechanismen eine erstrangige Bedeutung für den Beginn und die Beendigung von Mahlzeiten haben. So konnte z.B. Epstein (1960) keine Veränderung der Nahrungsaufnahme bei Ratten nach einer direkten Injektion von Glukose in den Hypothalamus beobachten.

Statt der zentralen Rezeptoren haben einige Forschergruppen spezifische Mechanismen in der Leber angenommen, an dem Ort, an den die Nahrung, mit Ausnahme der Fette, nach der Resorption zunächst gelangt. Belege hierfür sind (vgl. Novin, 1983; Novin & VanderWeele, 1977):

- Eine Adrenalininjektion, die eine Ausschüttung von Glukose in den Blutkreislauf bewirkt, löst Nahrungsabstinenz (Anorexie) aus, und das besonders, wenn das Adrenalin in das Pfortadersystem, in eines der Gefäße also, die vom Magen-Darm-Trakt zur Leber führen, gegeben wird.
- Glukose, die direkt durch das Pfortadersystem der Leber zugeführt wird, hat ebenfalls eine anorektische Wirkung. Allerdings konnte dieser Befund mehrfach nicht repliziert werden; nur bei Vorhandensein bestimmter Ausgangsbedingungen scheint Glukose in physiologischen Konzentrationen einen Sättigungseffekt in der Leber zu erzeugen.

Neben diesen Effekten von Glukose ist auch der allgemeine Energiegehalt der Nahrung als ein entscheidender postresorptiver Faktor für Sättigung und Hunger in Betracht gezogen worden. Wir haben schon gesehen, daß Ratten gute Kalorienanpasser sind. Sie reagieren sofort, wenn ihr Energiebedarf durch äußere Umstände verändert wird, und halten damit ihr Gewicht konstant. So setzen sie ihre Nahrungsaufnahme herab, wenn sie bei warmer Umgebungstemperatur gehalten werden, und steigern sie, wenn sie in kalter Umgebung gehalten werden. Werden Ratten gezwungen, sich mehr zu bewegen als sie es spontan tun, steigern sie ebenfalls ihre Nahrungsaufnahme. Diese Beobachtungen führten zu einem Modell, nach dem bei Ratten sowohl der Hunger und damit der Beginn einer Nahrungsaufnahme als auch die Sättigung und damit das Ende eines Mahles durch die Entleerung und Auffüllung des energetischen Reservoires bedingt sind, wobei die entscheidende Variable der kalorische Fluß durch die Leber sein soll (Booth et al., 1976). In dem von Booth vorgeschlagenen formalisierten Modell wird weiter angenommen, daß der Energiefluß durch die Leber in relativ engen Grenzen reguliert wird. Erreicht der Energiefluß durch die Resorption eine obere Schwelle, resultiert Sättigung, fällt er unter eine untere Schwelle, resultiert Hunger. Obwohl der Energiefluß nach einer Mahlzeit relativ schnell den angenommenen oberen Schwellenwert erreicht (nach 10–15 Minuten), geschieht das immer noch nicht schnell genug, um die Kürze von Mahlzeiten bei Ratten (3–4 Minuten) zu erklären. Die zeitliche Vorverlagerung der Sättigung – die Tiere hören auf zu fressen, bevor die Nahrung resorbiert ist – wird daher als Folge eines Pawlowschen Konditionierungsvorganges interpretiert, in dem ein früherer Zustand als der der kompletten Sättigung an die Beendigung der Nahrungsaufnahme gebunden wird.

Die Nutzung organismischer Hunger- und Sättigungssignale beim Menschen wird dadurch noch kompliziert, daß er auch über das, was er zu sich nimmt, nachdenkt und bei seinen Nahrungspräferenzen und -aversionen vielerlei Informationen nutzt. Werden z.B. Hinweise auf den kalorischen Gehalt der Nahrung gegeben, etwa durch eine Aufschrift auf der Packung oder durch eine Veränderung des geschmacklichen Eindrucks der Nahrhaftigkeit durch Veränderung der Sämigkeit einer flüssigen Nahrung, so haben diese Faktoren, besser vielleicht die dadurch angeregten Annahmen und Vermutungen der Personen, einen deutlichen Effekt auf die Nahrungsaufnahme und auch auf das erlebte Hungergefühl.

4.2.2. Zentrale Faktoren

Die Integration der verschiedenen organismischen und äußeren Signale und die direkte Steuerung des Verhaltens muß an einem zentralen Ort im Gehirn vor sich gehen. Neurologische Beobachtungen haben bereits um die Jahrhundertwende auf die Bedeutung des Zwischenhirns hingewiesen. Hier haben sich an erster Stelle die verschiedenen Areale des Hypothalamus für die Nahrungsaufnahme als wichtig herausgestellt.

Erste experimentelle Befunde schienen zu belegen, daß in dem zur Mittellinie in unmittelbarer Nachbarschaft zum 3. Ventrikel gelegenen ventromedialen Kern (VMH) des Hypothalamus ein »Sättigungszentrum« lokalisiert ist und daß in den seitlichen Arealen des Hypothalamus, im lateralen Hypothalamus (LH), das »Hunger- und Freßzentrum« liegt. Eine beidseitige Zerstörung des VMH bewirkt nämlich bei Ratten und vielen anderen untersuchten Arten ein sofort nach der Operation gesteigertes Fressen – eine Zerstörung des LH bewirkt das genaue Gegenteil. Die Tiere fressen zunächst überhaupt nicht (Aphagie), müssen künstlich ernährt werden, um am Leben erhalten zu werden, und zeigen auch später noch ein reduziertes Freßverhalten (Hypophagie; vgl. *Abbildung 4.6*) und permanente Defizite in der Steuerung des Nahrungs- und Flüssigkeitsaufnahmeverhaltens.

Zwar erholt sich nach Läsion des LH das spontane Nahrungsaufnahmeverhalten in einem Zeitraum, der zwischen einigen Tagen und Monaten dauern kann, doch bleiben auch nach der Wiederkehr der spontanen Aufnahme fester Nahrung einige permanente Defizite, die die Bedeutung von Zellen oder durchziehenden Nervenfasern im LH für die Steuerung der Nahrungs- und Flüssigkeitsaufnahme belegen.

Solche und ähnliche Ergebnisse haben zur Annahme eines dualen hypothalamischen Mechanismus für die Steuerung der Nahrungsaufnahme geführt (Stellar, 1954). Danach wird das Nahrungsaufnahmeverhalten durch ein aktives Freßzentrum im LH in Gang gesetzt; im Zustand der Sättigung hemmt dann das aktivierte Sättigungszentrum im VMH dieses Freßzentrum im LH, so daß das Lebewesen aufhört, Nahrung zu suchen und aufzunehmen. Obwohl dieses Modell auch durch Ableitungs- und Stimulationsstudien gestützt wurde, machen eine Reihe von experimentellen Befunden der letzten Jahre deutlich, daß diese Vorstellung eine Vereinfachung darstellt. Für die Steuerung der Nahrungs- und Flüssigkeitsaufnahme scheinen nicht ausschließlich Zellen in diesen hypothalamischen Arealen verantwortlich zu sein, sondern in stärkerem Maße die sie durchziehenden Nervenbahnen (Le Magnen, 1992).

Genauere Einblicke in das Gesamtsystem liefert eine neuere Studie, in der bei hungrigen und gesättigten Personen die jeweils aktiven Areale im

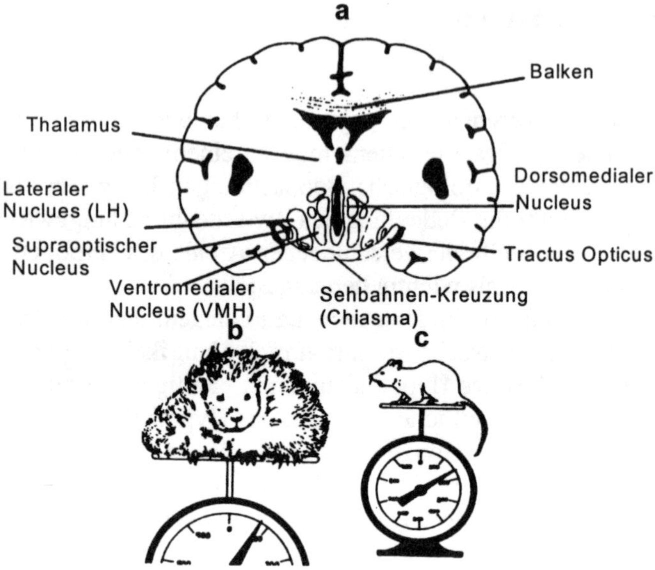

Abbildung 4.6: Kerne des Hypothalamus im Gehirn der Ratte, die für die Steuerung der Nahrungsaufnahme von Bedeutung sind (a), 1. ventromedialer Kern (VMH), seine Zerstörung führt zu gesteigertem Freßverhalten (b), 2. lateraler Hypothalamus (LH): Läsionen in diesem Gebiet führen zu Aphagie und später Hypophagie (c) (modifiziert nach Schneider & Tarshis, 1975, S. 278).

Gehirn mittels PET sichtbar gemacht wurden (Tataranni et al., 1999). Die regionale cerebrale Durchblutung (rCBF) wurde als Marker für die neuronale Aktivität in verschiedenen Regionen des Gehirns verwendet. Hunger war mit einer erhöhten Aktivität im ganzen Umfeld des Hypothalamus sowie weiterer Areale des Limbischen Systems verbunden. Sättigung war assoziiert mit einer erhöhten Aktivität im Bereich des ventromedialen präfrontalen Kortex sowie weiterer kortikaler und extrakortikaler Bereiche.

Insgesamt berichten die Autoren über ein unerwartet weit verzweigtes neuronales System für die Verarbeitung von Hunger- und Sättigungsinformationen, in dem allerdings, insbesondere was den Hunger betrifft, der Hypothalamus eine entscheidende Größe darstellt. Dies stellt zumindest eine Gemeinsamkeit mit den alten aus der tierexperimentellen Forschung gewonnenen Erkenntnissen dar (Tataranni et al., 1999, S. 4572). Interessant ist die Beteiligung des präfrontalen Kortex an der Verarbeitung von Sättigungsinformationen, das sind solche Informationen, die zu einer willentlichen Beendigung der Nahrungsaufnahme führen. Die Autoren vermuten, daß diese Region, die für eine willentliche Unterdrückung unangemessener Verhaltensweisen bekannt ist, eine inhibitorische Wirkung auf die hypothalamischen Regionen ausüben, die auf Hungersignale ansprechen.

Die Zerstörung des LH zieht auch eine Reihe von afferenten Bahnen, z.B. das zentrale noradrenerge Bündel, in Mitleidenschaft und bewirkt dann ein Syndrom von motivationalen, motorischen und auch sensorischen Defiziten (Marshall & Teitelbaum, 1974), die für die Nahrungsaufnahme, aber auch für andere Verhaltensweisen von Bedeutung sind. LH-Läsionen rufen ein weites Spektrum von Störungen hervor, vor allem eine verringerte Reaktionsbereitschaft auf sensorische Reize. Die reduzierte Ansprechbarkeit auf Nahrungsreize und die beobachtete Hypophagie sind also nur spezifische Auswirkungen eines in seiner Ansprechbarkeit reduzierten Anreizmechanismus. Auch im VMH scheint nicht einfach ein Sättigungszentrum lokalisiert zu sein. Zunächst einmal tritt das gesteigerte Freßverhalten nicht so sehr bei Zerstörungen des Nucleus selbst auf, sondern bei Durchtrennung von Bahnen, die den Nucleus ventral und lateral verlassen bzw. in ihn eintreten. Außerdem haben Läsionen im VMH eine Reihe von Veränderungen des Stoffwechsels zur Folge. So wird nach Läsionen im VMH weniger Fett abgebaut und weniger Fett verbraucht als bei normalen Tieren. Diese Verschiebung im Stoffwechsel und die dadurch bewirkte Anreicherung des Fettgehaltes im Organismus muß demnach nicht ausschließlich Folge des gesteigerten Freßverhaltens sein.

In den letzten beiden Jahrzehnten haben chemische Stimulations- und Blockierungseingriffe im ZNS die Bedeutung einer weiteren hypothalamischen Struktur, des Nucleus paraventricularis, erwiesen. Der Ncl. paraventricularis liegt oberhalb des VMH, beidseitig des dritten Ventrikels (vgl. *Abbildung 2.5*). Bei einer Hemmung der Aktivität im Ncl. paraventricularis durch Noradrenalin wird Nahrungsaufnahmeverhalten ausgelöst, bei einer Stimulation durch Serotonin resultiert Sättigung: Die Versuchstiere verkürzen ihre Mahlzeiten und fressen mit geringerer Geschwindigkeit (Leibowitz & Shor-Posner, 1986). Mikroinjektionen von Noradrenalin, GABA und verschiedener Peptide in den Ncl. paraventricularis erhöhen die Nahrungsaufnahme (Leibowitz, 1992) in dem Umfang der zugeführten Nahrung, nicht aber etwa in der Anzahl der Mahlzeiten. Offensichtlich hat also der Ncl. paraventricularis die Funktion eines Sättigungszentrums und spielt damit die Rolle, die man früher ausschließlich dem VHM zugesprochen hat.

Extrahypothalamische Areale. Da wir nicht von »dem« Hunger- und Sättigungszentrum sprechen können, sondern weitverzweigte Systeme im ZNS annehmen müssen, die der Steuerung dieses Verhaltens dienen, liegt es auf der Hand, daß auch andere dem Zwischenhirn nach- oder vorgeschaltete Areale, wie das Mittelhirn und Strukturen im Endhirn, in die Steuerung dieser Verhaltensweisen einbezogen sein müssen (Rowland et al., 1996). Sowohl von den Geschmacksrezeptoren als auch von den Rezeptoren im Gastrointestinaltrakt und der Leber gelangen Informationen zum afferenten Kern des Nervus vagus im Hirnstamm, zum Nucleus tractus solitarius. Dort sind diese Informationen noch topographisch getrennt, beim weiteren Aufstieg zum Vorderhirn konvergieren sie im Nucleus parabrachialis auf der Höhe der Pons. Vom Ncl. parabrachialis zieht eine Bahn über den Thalamus zum sensorischen Kortex, eine andere zum Hypothalamus und zum Limbischen System. Informationen auf diesem Weg erhält im Hypothalamus an erster Stelle der Ncl. paraventricularis, was auch die anatomische Einbindung dieser Zellgruppe in das Hunger-Sättigungs-System belegt. Im Limbischen System sind es insbesondere die Kerne der Amygdala, die in diese Bahn eingeschaltet sind. Von letzteren weiß man schon länger, daß sie bei der Nahrungsaufnahme eine bedeutungsvolle Funktion haben. Hier, wie in anderen Motivationssystemen auch, scheint die Funktion der Amygdala in der emotionalen Bedeutungsanheftung an situative Sachverhalte, besonders an neue Reize, zu liegen (Rolls, 1979) (vgl. Kap. 3.5). Nach morphologischen, stammes- und entwicklungsgeschichtlichen Merkmalen läßt sich die Amygdala in eine stammes- und entwicklungsgeschichtlich ältere kortikomediale Amygdala (CMA) und in eine jüngere basolaterale Amygdala (BLA) einteilen. Die BLA hat einen hemmenden Einfluß, die CMA einen fördernden Einfluß auf das Nahrungsaufnahmeverhalten: Stimulation der BLA unterbricht Nahrungsaufnahme bei Katzen, Hunden und Ratten. Stimulation im Bereich der CMA verstärkt Freßverhalten. Diese Stimulationsbefunde werden auch hier gestützt durch typische Ausfälle im Freßverhalten nach Ausschaltung von Strukturen in diesen beiden Gebieten. Läsionen in der CMA führen bei einer Reihe von Tierarten zu kurzer Aphagie und längerer Hypophagie; Läsionen im Bereich der BLA führen zumindest bei Hunden zu gesteigertem Freßverhalten.

4.3. Kognitive und soziale Bedingungsfaktoren

Kognitive Faktoren. Menschliches Nahrungsaufnahmeverhalten wird offensichtlich in hohem Maße zumindest beim Erwachsenen auch kognitiv und durch Erlerntes gesteuert (Rowland et al., 1996). Welche Faktoren spielen nun hier eine Rolle?

Die Forschung in diesem Bereich wurde durch eine Hypothese des Sozialpsychologen Schachter (1968) außerordentlich angeregt: Danach nehmen Übergewichtige im Unterschied zu Normalgewichtigen interne Hunger- und Sättigungssignale nicht wahr, sie lassen sich vielmehr von äußeren Signalen leiten und verkennen sogar allgemeine Erregungszustände, Ängste und Ärger als Hungergefühle und essen sich dadurch den viel beschworenen Kummerspeck an.

Ein typisches älteres Experiment, in dem diese Hypothese überprüft wurde, soll etwas ausführlicher dargestellt werden, um die Vorgehensweise in diesem Forschungsbereich zu illustrieren: Schachter et al. (1968) baten normal- und übergewichtige Studenten, nüchtern ins Labor zu kommen, um dort an einer Studie zur Beurteilung der geschmacklichen Qualität von Gebäck teilzunehmen. Im Labor angekommen, wurden die Vpn entweder mit Roastbeef-Sandwiches versorgt oder nicht, so daß eine Gruppe das Gebäck mit vollem, eine andere mit leerem Magen beurteilen mußte. Bei dieser Beurteilung war den Vpn freigestellt, soviel Gebäck zu nehmen, wie sie wollten. Die Experimentatoren fanden, daß übergewichtige Personen in beiden Bedingungen etwa gleich viel Gebäck nahmen: Ob sie einen vollen oder leeren Magen hatten, war ohne Einfluß auf ihr Verhalten, während Normalgewichtige deutliche Unterschiede machten. Die Autoren schlußfolgerten, daß Normalgewichtige, nicht aber Übergewichtige, sich in ihrer Nahrungsaufnahme von inneren Signalen leiten lassen. Da in dieser Studie aber innere und äußere Signale nicht getrennt wurden – die Vpn wußten, ob und wieviel sie gegessen hatten und konnten möglicherweise ihre Hunger- und Sättigungsgefühle wahrnehmen –, belegen die Ergebnisse diese Hypothese nicht überzeugend.

In besser kontrollierten Studien zeigt sich einerseits, wie oben schon dargestellt, daß über- und normalgewichtige Personen gleichermaßen ihre Nahrungsaufnahme nur unvollkommen an die unterschiedlichen kalorischen Konzentrationen von Nahrungsflüssigkeiten anpassen, die sich sonst in keinen anderen Merkmalen unterscheiden. Andererseits bestätigt sich, daß Übergewichtige stärker als Normalgewichtige in ihrem Nahrungsaufnahmeverhalten von äußeren Faktoren abhängen. So essen über- und normalgewichtige Personen eher und mehr, wenn man sie glauben läßt, daß es an der Zeit wäre zu essen. Übergewichtige werden jedoch etwas stärker von dieser Information beeinflußt. Personen essen auch insgesamt mehr, wenn die Nahrung gut zu erreichen oder gut sichtbar ist. Auch hier zeigen Übergewichtige eine stärkere Beeinflussung durch diese Faktoren als Normalgewichtige (Nisbett, 1968; Ross, 1974).

Wie kann man diese Unterschiede zwischen Normal- und Übergewichtigen erklären? Man kann vermuten, daß Übergewichtige, denen in unserer Zeit und Gesellschaft Schlankheit als positiver Wert nahegelegt wird, zu einer bewußten Steuerung ihres Nahrungsaufnahmeverhaltens gelangen und sich dazu an äußeren Faktoren orientieren (z.B. es ist noch nicht Zeit zum Essen!). Übergewichtige werden vermutlich häufig zu »gezügelten« Essern (Pudel & Westenhöfer, 1989), wenn sie sich die herrschenden Schönheitsideale zu eigen machen. In der Regel befinden sie sich infolge ihrer ständigen Kontrolle der Nahrungszufuhr in einem Zustand der Depriviertheit. Hungrige Lebewesen richten aber ihre Aufmerksamkeit eher auf nahrungsbezogene Reize als satte und sind daher auch durch solche Manipulationen der äußeren Anreize und Hinweise eher zu beeinflussen. Die stärkere Beeinflussung durch äußere Faktoren bei Übergewichtigen läßt sich so am einfachsten als Folge der physiologischen und sozialen Situation der Übergewichtigen verstehen.

In die gleiche Richtung weisen auch Befunde einer Untersuchung von Heatherton, Herman & Polivy (1991, 1992), die zeigen, daß Sorge und Bekümmernis, die sich aus Bedrohungen des Selbstwertgefühls ergeben, bei übergewichtigen Personen, die versuchen, ihr Gewicht zu reduzieren, zu ungezügeltem Eßverhalten führen. Die Autoren erklären dies mit einem Wechsel des Aufmerksamkeitsfokus. Die Beschäftigung mit diesen unangenehmen Aspekten des Selbst führt zu einer Art kognitiver Flucht aus dem Selbstbezug (»escape from self«) und einer Zentrierung der Aufmerksamkeit auf die Umgebung, in der dann Hinweise auf Essen und Nahrungsmittel besonders hervorstechen. Dies hat den Effekt, daß Hemmungen und Zurückhaltungen, die normalerweise durch entsprechende rationale Vorstellungen (»meaningful thought«) aufrechterhalten werden, zusammenbrechen (Baumeister, 1991). Der Effekt für den Übergewichtigen ist ungezügeltes und unkontrolliertes Essen. Der Versuch, eine überdauernde Personvariable »Externalität« als Ursache des Übergewichts anzunehmen, hat sich empirisch nicht bestätigen lassen (Rodin, 1981). Ganz generell muß man vermuten, daß man für das Problem des Übergewichtes und der stärkeren Adipositas (Fettleibigkeit) keine einheitliche Erklärung finden kann, da bei den Gruppen der übergewichtigen und adipösen Personen Gruppen mit ganz unterschiedlichen Entstehungsgeschichten (Ätiologien) zusammengefaßt werden.

Diese Interpretation unterstreicht die Notwendigkeit, das oben dargestellte systemtheoretische Modell der Kontrolle des Nahrungsaufnahmeverhaltens (vgl. *Abbildung 4.2*) durch eine weitere übergeordnete Rückmeldeschleife zu ergänzen. Alle Personen die mit ihrem Gewicht unzufrieden sind, d.h. sich aus medizinischen oder ästhetischen Gründen für zu dick oder zu dünn ansehen, steuern ihr Nahrungsaufnahmeverhalten willentlich, ausgerichtet an einem von ihnen selbst definierten Sollwert (vgl. Herman & Polivy, 1980). Der Sollwert kann sich auf das mittels Waage bestimmte Körpergewicht oder aber auf die pro Mahlzeit aufgenommene Menge an Speise (anschauliche Menge oder Energiegehalt) beziehen. Über alle internen Rückmeldungen hinweg sollten Personen, die sich einen solchen verbindlichen Sollwert gesetzt haben und genügend motiviert sind, das gesetzte Ziel zu erreichen, sich bemühen, die Nahrungsaufnahme im Vergleich mit dem Angebot zu begrenzen oder aber sich zum Essen zu zwingen. Wie andere Formen der Selbstkontrolle auch, so bricht auch das kontrollierte Essen in Situationen größerer interner oder externer Belastung zusammen: So kann z.B. eine angstauslösende Situation, die normalerweise aufgrund ihrer sympathischen Aktivierung und der dadurch bedingten Freisetzung von Blutzucker anorektisch wirkt, bei kontrollierten oder gezügelten Essern zu einem Zusammenbruch der Selbstkontrolle führen (vgl. Herman & Polivy, 1975). Studentinnen, die entweder auf einen Elektroschock warten (hohe Angst) oder auf eine milde Reizung (niedrige Angst) und in dieser Wartezeit die Schmackhaftigkeit von Eiskrem beurteilen sollen, nehmen dann, wenn sie zur Gruppe der gezügelten Esser zählen, in der Angst-Situation mehr Eiskrem zu sich als in der Kontrollbedingung. Nichtgezügelte Esser verhalten sich entgegengerichtet. Auch dann, wenn gezügelte Esser in eine negative Stimmung versetzt werden, essen sie mehr; ungezügelte Esser verhalten sich auch hier wieder in entgegengesetzter Weise (Ruderman, 1986).

Zur Vorhersage des tatsächlichen Essens unter »normalen« Bedingungen erwies es sich als notwendig, neben der Skala »Gezügeltes Essen« auch eine Skala »Störbarkeit des Essens« als weitere hier relevante Personvariable mit heranzuziehen. Die Störbarkeit wird ebenfalls mittels Fragebogen erfaßt (Pudel & Westenhöfer, 1989). Nur mit beiden Skalen zusammen läßt sich die tatsächliche Nahrungsaufnahme bei einer Gruppe von 45.000 Personen, die an einem Trainingsprogramm zur Gewichtsreduktion teilnahmen, vorhersagen.

Soziale Faktoren. In fast allen menschlichen Gesellschaften wird Nahrung in der sozialen Gemeinschaft zubereitet und auch verzehrt, so daß es nicht verwundert, daß soziale Faktoren, etwa die Anwesenheit anderer Personen, Einfluß auf die Nahrungsaufnahme nehmen (Rozin, 1996). Die Anwesenheit anderer Personen, die ebenfalls essen, begünstigt das Nahrungsaufnahmeverhalten. Nisbett und Storms (1974) demonstrierten, daß normal- und übergewichtige Personen, die ins Labor gebeten wurden, um dort angeblich Gebäck hinsichtlich der Schmackhaftigkeit zu beurteilen, deutlich durch das Verhalten eines Komplizen des Versuchsleiters beeinflußt wurden, der einmal viel, einmal wenig von diesem Gebäck nahm *(Abbildung 4.7)*.

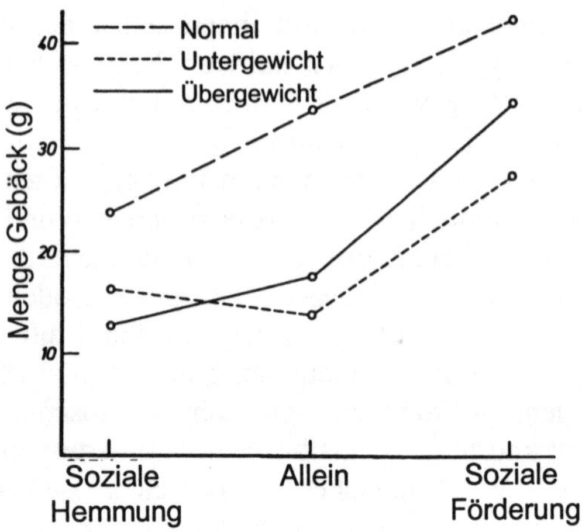

Abbildung 4.7: Menge an Gebäck, die von normal-, unter- und übergewichtigen Personen bei einer Beurteilungsaufgabe gegessen wird, wenn ein Komplize des VI in der gleichen Situation entweder viel (soziale Förderung) oder wenig (soziale Hemmung) ißt oder die Vpn bei der Durchführung dieser Aufgabe allein sind (modifiziert nach Nisbett & Storms, 1974, S. 195).

Schon vor 70 Jahren konnte David Katz zeigen, daß auch das Nahrungsaufnahmeverhalten von Tieren, speziell von Hühnern, sozial angeregt wird (Katz, 1932). Hühner, die bereits zu fressen aufgehört hatten, fingen wieder an, wenn hungrige Hühner dazu gesetzt wurden und ihrerseits fraßen. Eine genauere Analyse dieses Phänomens in nachfolgenden Experimenten zeigte dann, daß es dabei nur auf wenige entscheidende Reize (Schlüsselreize) ankommt. Sowohl eine pickende mechanische Henne als auch ein Bleistift, der vom Experimentator im Rhythmus eines fressenden Tieres auf eine feste Unterlage geklopft wird, animieren Hühner in gleicher Weise (C.W. Tolman, 1967).

Eine konsistente soziale Förderung der Nahrungsaufnahme zeigen in aller Regel nur Vögel, während die Ergebnisse bei Nagetieren, Ratten und Mäusen widersprüchlich sind (Clayton, 1978). Bei Hamstern beobachtete z.B. Forkman (1991), daß hier die soziale Förderung nur bei neuer Nahrung, bei der Hamster wie viele andere Arten gewöhnlich Neophobie zeigen, auftritt – die Tiere verhalten sich also so, als ob sie durch die Beobachtung der Artgenossen Information über die Verträglichkeit dieser Nahrung gewännen.

Beim Menschen sind zu den sozialen Faktoren im Nahrungsaufnahmeverhalten auch die Vielzahl von kulturellen, historisch gewachsenen und sozial vermittelten Verhaltensnormen hinzuzuzählen. So zeigen z.B. medizin-soziologische Studien, daß in westlichen Ländern, in denen Nahrung in aller Regel im Überfluß vorhanden ist, der Anteil der Übergewichtigen mit abnehmendem sozioökonomischen Status zunimmt (Sobal & Stunkard, 1989). *Abbildung 4.8* illustriert diesen Sachverhalt an Hand von Gewichtsdaten von 1660 Probanden einer älteren Studie in New York, der »Midtown-Manhattan«-Studie (Srole et al., 1962). In der alten Bundesrepublik fanden sich ähnliche Beziehungen erst einige Zeit nach dem 2. Weltkrieg, während Anfang der 50er Jahre bei den Männern noch die Zahl der Übergewichtigen mit ansteigender Schicht zunahm (Diehl, 1978). Zur Erklärung wird auf die stärkere Betonung des Schlankheitsideals besonders bei Frauen in den höheren sozioökonomischen Schichten verwiesen (vgl. Diehl, 1978; Pudel, 1978).

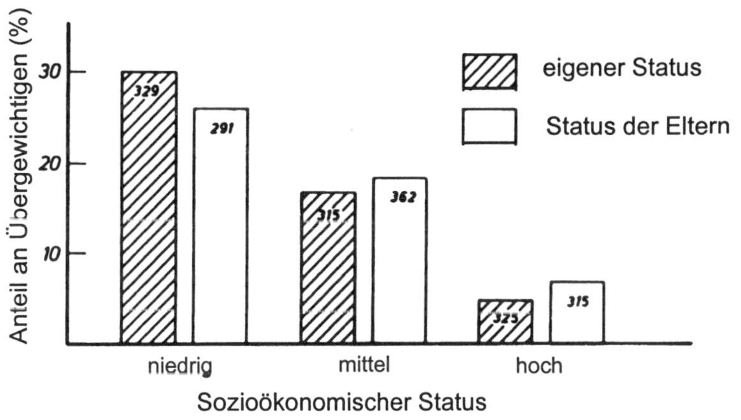

Abbildung 4.8: Zusammenhang zwischen Anteil an Übergewichtigen und dem eigenen sozioökonomischen Status sowie dem Status der Eltern in der »Midtown-Manhattan«-Studie (modifiziert nach Stunkard, 1975a, S. 179).

4.4. Lernfaktoren

Nicht alles, was eßbar aussieht und von den Lebewesen in ihrer Umwelt angetroffen wird, ist bekömmlich und verträglich. Über die wenigen angeborenen Vorlieben und Abneigungen hinaus müssen Lebewesen daher lernen, was genießbar ist. Generell kann man davon ausgehen, daß die auf den Geschmack der Nahrung beruhenden Präferenzen und Aversionen weitgehend genetisch determiniert sind (s.o.), während die anderen Qualitäten von Nahrung (Geruch, Temperatur, Festigkeit und optische Erscheinungsform) über Lernvorgänge ihre Anregungseigenschaften erwerben (Capaldi, 1996). Man nimmt an, daß es speziell bei »Allesfressern« wie etwa auch beim Menschen hierfür speziell bereitstehende Lerndispositionen gibt (Rozin, 1996).

Bei einigen Arten sind die Jungtiere zunächst recht wahllos. Junge Fliegenschnäpper schnappen, nachdem sie das Nest verlassen haben, zunächst häufiger nach ungenießbaren Partikeln in der Luft und auf dem Boden als nach genießbaren. Innerhalb von zwei Wochen reduzieren die Jungvögel das Picken nach Ungenießbarem aber vollständig (Davies, 1976). In Laborexperimenten konnte Hogan (1973) zeigen, daß frisch geschlüpfte Hühnerküken etwa gleich häufig nach Futterkörnern wie nach Sandkörnern picken. Innerhalb von 3 Tagen lernen die Küken zu unterscheiden, aber nur dann – und das spricht für Lernen – wenn sowohl Sand als auch Futterkörner angeboten wurden.

Noch dramatischere Lerneffekte konnten im Bereich gelernter Vermeidungen von Nahrungsstoffen nachgewiesen werden. In Freilandbeobachtungen von Ratten im Zusammenhang mit dem Versuch, Ratten in ländlichen Gebieten zu dezimieren, war aufgefallen, daß diese Tiere eine außerordentlich geschickte Strategie im Umgang mit neuem Futter haben, die es so schwer macht, Ratten zu vergiften. Die Tiere ignorieren zunächst einmal neues Futter, sie verhalten sich neophob. Sie nehmen dann nach einiger Zeit eine kleine Probe und warten mehrere Tage ab, bis sie mehr davon nehmen, wenn es ihnen bekommen ist. Sind sie im Anschluß an den Genuß krank geworden, ignorieren sie dieses Futter. Dieses Phänomen wird als »erlernte Geschmacksaversion« bezeichnet (Garcia et al., 1984).

Da dieses Phänomen zunächst nicht in die tradierten Schemata der Lernpsychologie zu passen schien – konditionierter (hier der Geschmack und der Geruch der Nahrung) und unkonditionierter Reiz (die Krankheit) müssen, wenn Assoziationen geknüpft werden sollen, unmittelbar aufeinander folgen –, wurde es zunächst nicht zur Kenntnis genommen. Andere ungewöhnliche Merkmale dieses Lernvorgangs sind seine – verglichen mit normalen Lernvorgängen – ungewöhnlich rasche Erlernbarkeit (im Extremfall ein einziger Versuch) und seine langandauernde Löschungsresistenz. Inzwischen haben viele Untersucher dieses Phänomen in gut kontrollierten experimentellen Untersuchungen überprüft und bestätigt (Schafe & Bernstein, 1996). Bei einer großen Zahl verschiedener Arten ist gezeigt worden, daß Lebewesen die zeitlich weit auseinanderliegenden Ereignisse »Kontakt mit bestimmten Nahrungsmerkmalen« und »Krankwerden« dennoch miteinander verknüpfen können. Die Merkmale der Nahrung, die hierzu genutzt werden, sind bei Nagetieren der Geschmack, aber auch der Geruch, und bei Vögeln, die ihre Nahrung mit den Augen suchen, das optische Bild der Nahrung. Durch die Konditionierung kommt es zu einer Veränderung der hedonischen Eigenschaften von Geruch und Geschmack, wie Pinnow und Schneider (1994) anhand des mimischen Ausdrucks bei Ratten (Aufsperren der Schnauze, vergleichsweise einer Ekelreaktion) fanden.

Einen in diesem Zusammenhang höchst interessanten Befund berichten Bernstein et al. (1985): Ratten, bei denen experimentell ein Tumor erzeugt worden war, entwickelten eine starke Abneigung gegen eine neue Nahrung, die sie zu sich genommen hatten, während sich der Tumor entwickelte. Sie waren offensichtlich in der Lage, eine Assoziation zwischen dem Geschmack der neuen Nahrung und ihrer entstehenden Krankheit aufzubauen, um daraus die Aversion zu entwickeln. Auch beim Menschen sind solche individuell gelernten Speiseabneigungen bekannt, ihre Entstehung muß man sich nach dem gleichen Schema denken. Ob bei Krebspatienten diese erlernte Geschmacksaversion deren Appetitlosigkeit und deren Gewichtsverlust erklären kann, ist eine noch offene Frage (Schafe & Bernstein, 1996). Man nimmt an, daß es für dieses Lernen eine angeborene Bereitschaft gibt, die verläßlich auch bei nur einmaligem Auftreten Lernen garantiert, weil ein unzuverlässig arbeitender Mechanismus zu hohe Kosten – im Extremfall den Tod – verursachen würde (Rozin, 1996).

Auch positive Effekte, wie die Aufhebung von Krankheitssymptomen, können über eine längere Zeit mit den Merkmalen der zuvor genossenen Nahrung verknüpft werden. Werden Versuchstiere durch eine längere Fütterungsperiode mit einem Mangelfutter, einem Futter, dem z.B. ein Vitamin fehlt, krank gemacht, so nehmen sie nur unwillig von diesem Futter (Rozin, 1996), stürzen sich aber auf jedes neue Futter, das ihnen angeboten wird. Wenn dieses neue Futter ihre Symptome behebt, bleiben sie dabei und rühren das alte nicht mehr an. Auch hier handelt es sich um ein Lernen aufgrund langfristiger, in diesem Fall positiver Konsequenzen (Aufhebung der Krankheitssymptome!). Schmecken können die Tiere die geringe Menge an Vitaminen, die dem Futter fehlt oder beigemischt ist, nicht.

Auch in den menschlichen Sitten und Gebräuchen der Nahrungszubereitung sind die kumulierten Ergebnisse solcher Verhaltenskonsequenzen, erworben nach dem Schema des Erfolgs- und Mißerfolgslernens, aufbewahrt. Was wir Menschen essen bzw. vermeiden, ist nämlich häufig weniger durch die eigene Lernerfahrung als durch unsere Zugehörigkeit zu einer bestimmten Kulturregion bedingt, also durch eine von Generation zu Generation tradierte Lernerfahrung. Bei unterschiedlicher geographischer und klimatischer Ausgangslage sichern die verschiedenen regionalen Küchen doch in aller Regel eine ausreichende Ernährung. Zum Teil sind in überlieferten Bräuchen der Nahrungszubereitung ernährungswissenschaftliche Erkenntnisse enthalten, deren rational-wissenschaftliche Begründung erst der modernen Ernährungswissenschaft gelingt (Rozin, 1996).

Als Beispiel mag hier die Technik der Maiszubereitung mit Kalkwasser herangezogen werden, wie sie im Ursprungsland des Maisanbaues, in Amerika, verwandt wird (Katz et al., 1974). Durch diese Behandlung wird eine günstigere Zusammensetzung der Proteinfraktionen des Mais erreicht, wodurch unter anderem die sonst bei vorwiegender Maisernährung auftretende Vitaminmangelkrankheit Pellagra verhindert wird.

In ernährungswissenschaftlichen Abhandlungen wird die Tatsache, daß unsere Vorfahren ohne moderne ernährungswissenschaftliche Kenntnisse zu einer verträglichen und bekömmlichen Auswahl an Speisen gelangten, häufig als Ausdruck instinktiven Verhaltens beschrieben. Viel wahrscheinlicher ist es, daß unsere Vorfahren durch fortwährendes Probieren und die Erfahrung positiver und negativer Konsequenzen zu diesem praktischen Wissen gelangten. In Sitten und Bräuchen wird dieses Wissen aufbewahrt und an die jeweils nächste Generation weitergegeben. Beim Menschen ergänzt hier die kulturelle Evolution die natürliche.

Diese letzten hier aufgeführten Beispiele zum Einfluß von Lernfaktoren basieren vornehmlich auf den erfahrenen positiven und negativen Konsequenzen des eigenen Verhaltens, aber auch, insbesondere beim Menschen, auf den beobachteten Effekten bei den Mitmenschen (Beobachtungs- oder Modellernen) und der gebündelten Weitergabe in Form von Sitten und Gebräuchen. Die Aneignung von Verhaltensweisen nach diesem Muster bietet den Vorteil, daß auch sehr komplexe Verhaltensweisen durch Beobachtung übernommen werden können, ohne daß jedes einzelne Element einer solchen Verhaltensweise mühsam über den Weg des klassischen oder operanten Konditionierens aufgebaut werden müßte. Interessanterweise sind es vornehmlich Nahrungspräferenzen, nicht die Aversionen, die auf diesem Wege erworben werden können (Galef, 1996; Rozin, 1996). Jugendliche übernehmen häufig die Präferenzen ihrer Altersgenossen oder wichtiger Erwachsener, selbst hinsichtlich sonst eher vermiedener Bitterstoffe wie Kaffee, chininhaltige Getränke oder Suchtstoffe, wie beispielsweise Alkohol (Rozin, 1996). Der Einstieg in den Konsum solcher Suchtstoffe, die sonst eher gemieden werden, wird erleichtert, indem man den Geschmack kaschiert, etwa durch Süßstoffe in Form von gesüßtem Kaffee oder etwa süßer Liköre. Später trägt sich die Sucht selber. Dieses Lernen erfolgt nach dem Muster des klassischen Konditionierens, indem der Kaffee als der konditionierte Stimulus und der Zucker als der unkonditionierte Stimulus angesehen wird. Kontingente Paarung beider Stimuli erhöht die Präferenz für den ansonsten eher gemiedenen bitteren Kaffee (vgl. Rozin, 1996).

4.5. Auf ein Wort ...

Die Hungermotivation ist der angenommene Bedingungsfaktor für die Richtung, Intensität und Ausdauer sowohl spezieller Verhaltensweisen der Nahrungsaufnahme als auch unterschiedlicher instrumenteller Verhaltensweisen, die der Sicherstellung von Nahrung dienen. Wie bei anderen Motivationen, so erklärt sich auch hier die Richtung und die Intensität der dem Verhalten zugrundeliegenden motivationalen Tendenz aus dem Zusammenwirken von äußeren Faktoren (Anreize in der Umwelt), organismischen Faktoren (Hunger- und Sättigungssignale) und entsprechenden Verhaltensdispositionen, denen beim Hunger eine genetische Basis auch beim Menschen nicht abgesprochen werden kann. Als unmittelbare Anreize kommen vor allem die Geschmacksqualitäten der Nahrung und ihre hedonische Bewertung in Frage. Es gibt eine generelle Bevorzugung von süßen und Vermeidung von bitteren Stoffen. Präferenzen und Abneigungen hängen aber auch vom jeweiligen Sättigungszustand des Organismus und von stabilen interindividuellen Unterschieden ab, die den Status von Motiven, im Sinne von Bewertungsvoreingenommenheiten, haben.

Hunger- und Sättigungssignale entstehen an verschiedenen Orten im Organismus; nach Beginn des Essens treten Sättigungssignale auf dem gesamten Wege der Nahrung auf, von der Wahrnehmung der Nahrung im Mund und Rachen und den zugehörigen Kau- und Schluckbewegungen bis zur Nutzung der Nährstoffe in den verschiedenen Zellen des Körpers. Eine Integration dieser Signale findet offensichtlich in einem neuronalen System statt, das im Zwischenhirn, Mittelhirn und in älteren Teilen des Endhirns lokalisiert ist.

Die nachweisliche Wirksamkeit von Lernfaktoren in der Nahrungsaufnahme bei Tier und Mensch und die große Bedeutung kognitiver Faktoren beim Menschen belegen, daß das Nahrungsaufnahmeverhalten beim Menschen, ganz sicherlich auch bei den höheren Säugetieren, in hohem Maße durch kognitive Faktoren, kortikale Funktionen also, gesteuert wird. Damit gewinnen auch soziale und kulturelle Bewertungen einen Zugang zum Steuersystem der Nahrungsaufnahme. Diese Auffassung wird gestützt durch die Analyse der beteiligten zentralen Faktoren mittels PET-Technik, bei der sich ein – im Vergleich zum Infrahumanbereich – erstaunlich weit verzweigtes System unter Einschluß des präfrontalen Kortex als einflußreich herausgestellt hat.

5. Sexualität

5.1. Phänomene und Funktion

Sexuelle Fortpflanzung und die zugehörigen Verhaltensweisen finden sich im gesamten Tierreich. Selbst solche Arten wie Einzeller, die sich vorwiegend asexuell fortpflanzen, gehen in regelmäßigen Abständen zu sexueller Fortpflanzung über. Die primäre biologische Funktion des Sexualverhaltens ist die Weitergabe der eigenen Gene bei gleichzeitiger Erhöhung der genetischen Variation. Der Vorteil der sexuellen Fortpflanzung liegt in der Neukombination von Erbfaktoren. Nur wenn das Genom einer Art eine hohe Variation aufweist, ist es wahrscheinlich, daß bei Veränderung der Umweltbedingungen Varianten darunter sind, die sich unter diesen veränderten Bedingungen als relativ gut angepaßt herausstellen und dann das Überleben der Art sicherstellen.

Immerhin ist der evolutionsbiologische Nutzen oder Anpassungsvorteil dieser Art von Fortpflanzung so groß, daß die nicht zu übersehenden Kosten sexueller Fortpflanzung, wie Mühen und Zeit und mögliche Gefährdungen durch Feinde, aufgehoben werden. Der evolutionsbiologische Nutzen allein erzwingt jedoch noch kein Verhalten. Hierzu sind die Ausbildung entsprechender Steuerungs- und Regulationsmechanismen auf genetischer Basis notwendig, die beim Menschen und anderen Säugern einen Emotionsmechanismus (Libido und sexuelle Befriedigung) einschließen; die antizipierte sexuelle Befriedigung gleicht gewissermaßen die angesprochenen Kosten des sexuellen Fortpflanzungsverhaltens aus und sichert dadurch dessen Auftreten. Wie oben (Kap. 3.5.) ausgeführt, ermöglichen emotionale Reaktionssysteme, die nur die ungefähre Richtung des Verhaltens bestimmen, eine erhebliche Plastizität des Verhaltens bei Aufrechterhaltung seiner Zieldienlichkeit: Emotionale Erlebnisse stellen die proximaten Ursachen dar, der Anpassungsvorteil des Sexualverhaltens die ultimate Ursache (vgl. Kap. 1.5.). Eine Analyse der motivationalen Bedingungen des Sexualverhaltens muß also zunächst von dessen Funktionalität in bezug auf die Sicherung des Fortpflanzungserfolgs ausgehen. Hierzu hat die Evolutions- und Soziobiologie eine Reihe von interessanten Modellvorstellungen entwickelt.

Die Art und Weise, in der Menschen die Befriedigung der Sexualmotivation anstreben, ist allerdings auch durch die individuelle Lernerfahrung und damit auch durch den soziokulturellen Rahmen, in dem Menschen leben und aufwachsen, bestimmt. Die kulturanthropologische Forschung dokumentiert die Vielfalt menschlichen Sexualverhaltens in den verschiedenen Kulturen; die soziologische Forschung weist zwar geringere, aber immer noch erstaunliche Unterschiede in den verschiedenen Schichten und Subkulturen ein und derselben Population nach.

Schließlich unterliegen die äußeren Formen menschlichen Sexualverhaltens auch einem historischen Wandel: Mit der Entwicklung neuer Techniken der Empfängnisverhütung, mit einhergehenden Lockerungen kirchlicher Bindungen kam es gerade in den letzten Jahren in den westlichen Ländern zu tiefgreifenden Veränderungen der sexuellen Verhaltensweisen hinsichtlich Häufigkeit, Variation und durchschnittlichen Beginns.

Neben einer durch Emotionen vermittelten Verhaltenssteuerung muß daher beim Menschen von einer intentionalen, an sozialen Normen orientierten Verhaltenssteuerung gerade im Bereich des Sexualverhaltens ausgegangen werden. Nach Auskunft der Völkerkundler und Historiker gab es und gibt es keine menschliche Gesellschaft, in der Sexualverhalten nicht irgendeiner Normierung unterworfen war und ist (Davenport, 1976). Die Tatsache der gesellschaftlichen, ethisch-religiösen wie auch rechtlichen Normierung des Sexuallebens, zusammen mit der Möglichkeit unerwünschter und weittragender Folgen der Sexualbetätigung, hat offensichtlich beim Menschen in jeder Kultur und jeder Epoche Anlaß zur Ausbildung einer mehr oder weniger stark ausgeprägten Hemmung gegeben. Die kulturvergleichende Forschung hat allerdings auch gezeigt, daß das Ausmaß der gesellschaftlichen Unterdrückung sexueller Verhaltensweisen und damit die Etablierung einer Tendenz, bevorzugt mit Angst- und Schuldgefühlen zu reagieren, in den verschiedenen Kulturen und Epochen der Geschichte in hohem Maße verschieden ist. In westlichen Kulturkreisen sind es seit jeher religiöse Institutionen, wie etwa die Kirche, die restriktive Verhaltensvorschriften, insbesondere für Frauen, formulieren. Eine neuere Studie in 15 Staaten der USA zeigt, daß Frauen, die häufig (z.B. wöchentlich) die Kirche besuchen, zu einem vergleichsweise späteren Zeitpunkt erste sexuelle Erfahrungen machen. Andererseits berichten Frauen ohne kirchliche Bindungen über ungewöhnliche sexuelle Praktiken und eine größere Anzahl von Sexualpartnern (Davidson, Darling & Norton, 1995).

Die sexuelle Form der Fortpflanzung ist bei vielen Tierarten und auch beim Menschen mit einigen weiteren wichtigen Motivationen verbunden, die helfen, den Fortpflanzungserfolg sicherzustellen; so die Motivation zur Auswahl ganz bestimmter Geschlechtspartner, die Motivation, eine langfristige Paarbildung zum Zwecke der Aufzucht der Nachkommen aufrechtzuerhalten oder die Motivation zur Etablierung von Rangordnungen in Gruppen, die festlegen, welche Individuen überhaupt an der Paarbildung und Fortpflanzung teilnehmen.

5.2. Natürliche und sexuelle Selektion

5.2.1. Morphologische Merkmale

Wie in vielen Bereichen des menschlichen Sozialverhaltens so haben auch in bezug auf das Sexualverhalten evolutions- und soziobiologische Erklärungsansätze an Einfluß gewonnen. Darwin selbst hatte neben der natürlichen Selektion, über die wir schon berichtet haben (vgl. Kap. 3.1. und 3.2.), einen Mechanismus der sexuellen Selektion angenommen. Dieser Mechanismus betrifft die jeweils geschlechtsspezifische Herausbildung bestimmter morphologischer oder verhaltensmäßiger Merkmale, wie etwa das aufwendig und farbenfroh gestaltete Gefieder mancher männlicher Vögel oder das großartige Geweih der Hirsche. Diese Merkmale sind so auffallend und oftmals geradezu hinderlich, so daß deren Herausbildung nach Darwins Ansicht nicht der natürlichen Auslese unterliegen kann, da sie die Überlebenschancen des Individuums eher beeinträchtigen als fördern. Die Herausbildung dieser Merkmale muß also einen anderen Nutzen haben, etwa den, daß solche auffälligen Merkmale eine gesunde körperliche Konstitution und einen gut funktionierenden Immunapparat signalisieren, was wiederum einen besonders überlebensfähigen Nachwuchs verspricht. Die Träger dieser Merkmale werden deswegen bei der Wahl eines Fortpflanzungspartners bevorzugt beachtet und weisen deshalb einen erhöhten Fortpflanzungserfolg auf. Darwin selbst war davon überzeugt, daß beide Mechanismen, die natürliche Selektion und die sexuelle Selektion, unabhängig voneinander arbeiten; eine Ansicht, die erst in den letzten Jahren revidiert wurde (Andersson, 1994; Cronin, 1991).

Moderne Theorien behaupten nun, daß diese aufwendigen Merkmalsausprägungen nicht hätten durch sexuelle Selektion entstehen können, wenn ihnen nicht ein noch größerer Nutzen gegenüberstehen würde. Das ist eine evolutionäre Kosten-Nutzen Rechnung. Der Grundgedanke ist, daß es sich phänotypisch und genotypisch gesunde und gut ausgestattete Individuen »leisten« können, diese Merkmale zu entwickeln. Außergewöhnliche Merkmale sind also im Sinne eines Handicaps zu verstehen, das signalisiert, daß sein Träger, der trotz dieses Handicaps überlebt und z.B. seinen Freßfeinden trotz auffallend gestalteten Gefieders entgangen ist, über außergewöhnlich gute Genausstattung, die das Überleben sichert, verfügen muß (vgl. Gangestad & Thornhill, 1997). Aufwendig gestaltete Handicapmerkmale indizieren also genetische Qualität.

Im Humanbereich ist diese Handicap-Hypothese im Zusammenhang mit bestimmten Körperbaumerkmalen des Mannes untersucht worden. Ausgangspunkt ist hier die Beobachtung, daß bei Männern eine besonders ausgeprägte untere Gesichtshälfte (Nasen- und insbesondere die Kinnpartie) als besonders attraktiv gelten (Barber, 1995). Die Ausprägung dieser Gesichtspartien wird durch das männliche Sexualhormon Testosteron kontrolliert, von dem man allerdings auch weiß, daß es die Immunabwehr des Organismus beeinträchtigt. Nur sehr gesunde Männer können sich also das hohe Testosteron-Handicap leisten, das notwendig ist, um die entsprechenden Körperbaumerkmale zu entwickeln (Folstad & Karter, 1992).

Die durch sexuelle Selektion herausgebildeten Merkmale werden in zwei Verhaltenskontexten eingesetzt: zum einen im innergeschlechtlichen Wettbewerb um Fortpflanzungspartner. Männliches Dominanzverhalten und das demonstrative Zur-Schau-Stellen solch auffallender Merkmale soll andere männliche Individuen einschüchtern, vertreiben und schließlich veranlassen, ganz auf eigene Fortpflanzung zu verzichten. Die Merkmale spielen aber auch eine wichtige Rolle beim zwischengeschlechtlichen Wettbewerb. Männliche Individuen, die Dominanzverhalten mit der entsprechenden Zur-Schau-Stellung solcher Merkmale zeigen, werden von weiblichen Individuen als Fortpflanzungspartner bevorzugt. Motivationspsychologisch betrachtet handelt es sich bei dem hier beschriebenen Mechanismus um die genetisch fixierte Herausbildung eines Anreizmechanismus für die Initiierung des Sexualverhaltens mit dem Ziel der Fitneßoptimierung (vgl. Kap. 3.1., 3.2. und 5.2.3.).

Für einen empirischen Nachweis dieser Zusammenhänge bedarf es zunächst eines verläßlichen Markierers für Fitneß und Überlebensfähigkeit. Der verläßlichste Indikator scheint die »Fluktuierende Asymmetrie« (FA) zu sein (Watson & Thornhill, 1994). Der Grundgedanke für die Wahl dieses Indikators ist, daß die angesprochenen Merkmale in aller Regel auf beiden Körperhälften symmetrisch ausgebildet und von den gleichen Genen kontrolliert werden. Symmetrischer Körperaufbau ist deshalb ein Indikator für eine ungestörte und gesunde Entwicklung. Asymmetrische Ausprägung (hohe FA) wird als Ausdruck von Störungen im Entwicklungsverlauf angesehen, wie sie etwa durch starke Homozygotisierung (Verringerung der genetischen Variationsbreite), mangelnde Resistenz gegen Parasiten, Toxine oder genetisch bedingte Störungen auftreten können. In der Tat ist bei einer Reihe von Arten FA negativ mit der Fruchtbarkeit, Wachstumsrate und dem Überleben korreliert (Gangestad & Thornhill, 1997). Die zentrale Hypothese dieser Theorie besagt, daß männliche Individuen, die ihre genetische Stabilität durch niedrige FA zeigen, größeren Fortpflanzungserfolg und stark ausgeprägte Handicapmerkmale aufweisen. In einer Reihe von Untersuchungen konnte gezeigt werden, daß männliche Personen mit symmetrisch gestaltetem Körper (niedrige FA) mit einer größeren Anzahl von Partnern sexuell verkehrten und häufiger sexuelle Beziehungen außerhalb der jeweils aktuellen Paarbeziehung unterhielten.

Diese Personen weisen also einen erhöhten *potentiellen* Reproduktionserfolg auf. Körperliche Attraktivität ist ebenfalls negativ mit FA verbunden und vermittelt wahrscheinlich den (negativen) Zusammenhang zwischen FA und dem potentiellen Reproduktionserfolg (Grammar & Thornhill, 1994; Shackelford & Larsen, 1997). FA bei Männern war in einer weiteren Studie negativ verbunden mit bedeutenden Körperbau- und Verhaltensmerkmalen: mit dem Körpergewicht, der körperlichen Robustheit und der Dominanz. Bei Frauen ergaben sich keine entsprechenden Beziehungen (Gangestad & Thornhill, 1997).

Thornhill, Gangestad und Comer (1995) berichten signifikante negative Beziehungen zwischen der FA bei Männern und der Orgasmusfrequenz ihrer Partnerin während des Geschlechtsverkehrs. Der Befund erklärt von den unmittelbaren Affektkonsequenzen her, warum männliche Personen mit niedriger FA eine erhöhte Chance haben, als Sexualpartner gewählt zu werden und dadurch natürlich ihre Fortpflanzungschancen erhöhen. In die gleiche Richtung weist der Befund, daß männliche Personen mit niedriger FA bevorzugt als außerpaarmäßige Sexualpartner gewählt werden.

Eines der ersten auf diesem theoretischen Hintergrund entworfenen Experimente im Humanbereich haben Simpson, Gangestad, Christensen & Leck (1999) durchgeführt. Dieses Experiment ist insbesondere deswegen aufschlußreich, weil es eine motivationspsychologische Problematik aufwirft und den Strategien und Taktiken von Personen mit niedriger FA nachgeht, die diese Personen einsetzen, um ihren Reproduktionserfolg zu maximieren. In dieser Untersuchung wurden männliche und weibliche Versuchspersonen von einer attraktiven gegengeschlechtlichen Person interviewt, um ein gemeinsames Treffen zu vereinbaren. Jeder Versuchsperson wurde gesagt, daß die interviewende Person entweder den Teilnehmer oder eine andere Person (einen Konkurrenten) auswählen werde. Die Versuchsperson sollte nun in einem zweiten Versuchsabschnitt klarmachen, warum die interviewende Person den Teilnehmer und nicht den Konkurrenten auswählen sollte. Die Antworten wurden aufgezeichnet und von mehreren Auswertern kodiert. Bedeutsame Beziehungen zwischen dem FA-Index und Verhaltensdaten gab es nur bei Männern. Männer mit eher symmetrischem Körperbau verwendeten häufiger direkte Einflußnahmen, um die Interviewerin auf sich aufmerksam zu machen und die Verabredung für sich zu entscheiden (eine Korrelation von -.49 zwischen FA und diesem Verhaltensmaß!). Insbesondere behaupteten sie ihre Überlegenheit über den Konkurrenten (den sie gar nicht kannten), behaupteten weniger, besonders liebenswürdig oder sozial orientiert zu sein, schließlich neigten sie auch dazu, sich eher zu verstellen. Insgesamt beschreibt dies auf dem Hintergrund der sexuellen Selektion eine Verhaltensstrategie, die darauf abzielt, männliche Konkurrenten einzuschüchtern und zu diffamieren, um deren potentiellen Fortpflanzungserfolg zugunsten der Erhöhung eigener Chancen einzuschränken.

5.2.2. Paarbildungen und Partnerschaften

Eine soziobiologische Betrachtungsweise des menschlichen Sexualverhaltens unter der Perspektive der Maximierung des Fortpflanzungserfolgs macht auch eine Reihe von Unterschieden im Sexualverhalten zwischen Männern und Frauen erklärlich. Ausgangspunkt dieser Überlegungen ist der Umstand, daß beim Menschen das elterliche Investment in die Nachkommen recht unterschiedlich bemessen ist. Während es beim Manne im einfachsten Fall auf wenige Augenblicke beschränkt ist, liegt das zeitliche Investment der Frau zunächst einmal bei der Austragungszeit von neun Monaten und häufig darüber hinaus. Im Sinne der Optimierung des Fortpflanzungserfolgs müßten Männer motiviert sein, eine möglichst große Anzahl von Frauen sexuell zu kontrollieren, da sie dadurch ihren Fortpflanzungserfolg erhöhen können. Eine vergleichbare biologisch begründete Motivation wird sich bei Frauen nicht finden lassen, da ihr Fortpflanzungserfolg durch eine Vermehrung der Sexualpartner nicht zu steigern ist. Weibliche Personen sollten im Interesse der Sicherung ihres Fortpflanzungserfolgs bei der Auswahl ihrer Partner allerdings sehr genau hinsehen und sorgfältig auswählen. Trivers (1972) hat zwei solcher Verbindungen zwischen dem elterlichen Investment und der sexuellen Selektion beschrieben: Der Teil, der mehr in Nachkommen investiert, sollte wählerischer sein in bezug auf die Partnerwahl (intersexuelle Attraktion), und der Teil, der weniger investiert, sollte sich entschiedener einsetzen und kämpfen, um sexuellen Zugang zu dem höher investierenden Sexualpartner zu erreichen (intrasexueller Wettbewerb). Diese Prinzipien fand Trivers (1985) bei der Analyse mehrerer hundert Säugetierarten und Buss und Schmitt (1993) in vielen Kulturen auch beim Menschen bestätigt.

Langfristig ist es zur Sicherung des Fortpflanzungserfolgs wichtig, nach der Geburt gemeinsam für die Nachkommen zu sorgen. Um dieses langfristig zu sichern, sind Paarbildungen vorgesehen, eine Form des sozialen Zusammenlebens, das sowohl von biologischen als auch von sozialen Einflußgrößen getragen wird. Sämtliche Gesellschaften, die z.Zt. bekannt sind, kennen formale Heiratsverbindungen zwischen Mann und Frau. Mehr als 90 % aller Menschen in sämtlichen Gesellschaften heiraten zumindest einmal in ihrem Leben (Buss, 1985; Buss & Schmitt, 1993). Paarbildung ist also kein Ziel in sich selbst, sondern lediglich instrumentell zur Erreichung des ultimaten Ziels, der Sicherung des Fortpflanzungserfolgs. Allerdings gibt es proximate emotionale Anreize, die zur Aufrechterhaltung der

Paarbildung beitragen. So berichten Miller und Fishkin (1997) aus einer Längsschnittstudie, daß bei frisch vermählten Paaren die Enge der emotionalen Bindung das spätere erlebte sexuelle Vergnügen vorhersagt – nicht umgekehrt; das gilt für Männer und Frauen gleichermaßen.

Die Rolle des unterschiedlichen geschlechtsspezifischen Interesses an der Aufrechterhaltung der Paarbeziehung wird auch deutlich durch die emotionale Reaktion der Eifersucht, wenn diese Paarbeziehung bedroht ist. Buss, Larsen, Westen und Semmelroth (1992) konfrontierten ihre Versuchspersonen mit dem folgenden Szenario: »Stellen Sie sich vor, Sie entdecken, daß ihr engster Partner an jemand anderem Interesse gefunden hat. Was würde Sie mehr betrüben und aufregen: (A) Wenn Sie sich vorstellen müßten, daß Ihr Partner eine tiefe emotionale Beziehung zu dieser anderen Person aufgebaut hat, oder (B) Wenn Sie sich vorstellen müßten, daß Ihr Partner leidenschaftlichen Sex mit dieser anderen Person hat.«

Die Ergebnisse zeigen, daß 60 % der Männer die sexuelle Untreue als beunruhigender schilderten, während 80 % der Frauen die emotionale Untreue als beunruhigender empfanden, ein Ergebnis, das durch entsprechende Maße für physiologische Erregung (z.B. Beschleunigung des Herzschlags) unterstützt wird. Die emotionale Untreue des Partners ist deswegen so bedrohlich für Frauen, weil die Beendigung der Unterstützung und der Abzug der Ressourcen des Mannes befürchtet werden muß, und die sexuelle Untreue des Partners ist deswegen so bedrohlich für Männer, weil sie Unsicherheit bezüglich der Vaterschaft der betreuten Nachkommenschaft aufkommen läßt. Im Sinne des genzentrierten Fortpflanzungsinteresses wäre es natürlich fatal, Ressourcen und Zeit in die Aufzucht eines Nachkommens, zu dem kein genetisches Verwandtschaftsverhältnis besteht, zu investieren.

Neben diesen langfristigen Strategien, den Fortpflanzungserfolg durch Fürsorge für den gemeinsamen Nachwuchs sicherzustellen, muß immer auch die Möglichkeit zum Aufbau kurzfristiger Strategien gesehen werden, so daß neben den langfristigen Partnerschaften kurzfristige Partnerschaften entstehen, deren Funktion für die Maximierung des Fortpflanzungserfolgs gesondert in Rechnung zu stellen ist (Buss & Schmitt, 1993). Bei männlichen Individuen liegt der Versuch, nicht nur in langfristigen Paarbeziehungen, sondern auch in kurzfristigen Beziehungen Nachkommen zu zeugen, ganz im genzentrierten Fortpflanzungsinteresse. Frauen, wie wir bereits geschildert haben, sind eher »qualitätsbewußt« und sollten durch eine solche außereheliche Verbindung versuchen, die Qualität der Genausstattung des Nachwuchses zu verbessern (»looking for better genes«). Nachgeborene Kinder in langfristig zusammenlebenden Paarbeziehungen weisen deshalb häufiger eine fremde Abstammung auf. Baker (1997) nennt diese weibliche Strategie anschaulich als den »genetischen Einkaufsbummel« der Mutter.

Verschiedene Beobachtungen und konkrete Vaterschaftsanalysen zeigen in verschiedenen Tiersozietäten und auch beim Menschen einen bislang nicht erwarteten Anteil von Nachkommen, die von langfristig zusammenlebenden Paaren aufgezogen werden und biologisch nicht von dem Mann in der Paarbeziehung abstammen. Ganz offensichtlich, so folgert Baker (1997), ist das von der Evolutionsbiologie bislang entworfene Bild der Frau als einer wählerischen aber eher passiven Partnerin unangemessen. Diese »Eigenschaften« sind vielleicht gar nicht evoluiert, sondern erst in der jüngeren Vergangenheit als Anpassung an die Erwartungen einer durch Männerinteressen dominierten Gesellschaft entstanden. Ein zu dem ursprünglichen Bild passender Befund ist allerdings, daß in einer repräsentativen Umfrage in den USA etwa doppelt soviel Männer wie Frauen (22,7 % bzw. 11,6 %) angaben, außerpaarmäßige Sexualpartner gehabt zu haben (Wiedeman, 1997).

Diese Beobachtung verweist auf ein methodisches Problem, das wir am Ende dieser Sektion aufgreifen wollen. Die Mechanismen der Partnerwahl, die wir hier beschrieben haben, dürften in den älteren Eiszeiten, dem Pleistozän, also beginnend etwa vor 600 000 Jahren, entstanden sein, konsequenterweise müßten diese Mechanismen auch beschrieben (und überprüft) werden im Hinblick auf solche Sachverhalte, wie sie in der damaligen Umwelt gegeben waren. In bezug auf die Überprüfung von Hypothesen speziell zur menschlichen Sexualmotivation ist das natürlich kaum mehr möglich. Die kulturelle Entwicklung, insbesondere der Einsatz von Empfängnisverhütungsmitteln oder gentechnischer Analysen zum Vaterschaftsnachweis, verändern die damals vorherrschenden Selektionsdrucke vollständig. Viele der Versuchspersonen sind in Lernumwelten groß geworden, in denen die Ideologie vorherrschte, daß sich die Unterschiede zwischen den Geschlechtern auf einen »kleinen« unbedeutenden Unterschied reduzieren lassen. Insgesamt Bedingungsfaktoren, die keine geschlechtsgebundenen Unterschiede in der Sexualmotivation erwarten lassen. Umso interessanter sind Unterschiede, die dennoch – vor allem kulturübergreifend – auftreten und sich mit einem evolutionären Erklärungsansatz in Verbindungen bringen lassen (Ellis & Symons, 1990).

5.2.3. Situative Bedingungsfaktoren (Anreize)

Wir haben in den beiden vorauslaufenden Kapiteln eine evolutionsbiologische Perspektive verfolgt und dabei eher funktionale Aspekte der Partnerwahl und der Paarbildung betrachtet. Das vorliegende Kapitel wendet sich diesen Sachverhalten erneut zu, diesmal unter der Perspektive, inwieweit hier situative Anreize vorliegen, die die Motivation zur Aufnahme des Sexualverhaltens erklären können.

Bei niederen Tieren sind die Reize des Sexualpartners in der Regel genetisch festgelegte Auslöser, auf die der Partner mit einem angeborenen Auslösemechanismus (AAM) anspricht (vgl. Kap. 3.1.). Bei männlichen Guppys (vgl. Baerends et al., 1955) ist der Anreiz für die Auslösung des Balzverhaltens des Männchens um so größer, je größer das Weibchen ist. Zusammen mit dem angeregten Motivationszustand des Männchens, der an der Färbung des Schuppenkleides abzulesen ist, lösen größere Weibchen auch bei gering ausgeprägtem Motivationszustand das entsprechende Balzverhalten aus (vgl. *Abbildung 5.1*). Die Daten zeigen sehr schön das Zusammenwirken innerer und äußerer Faktoren. Je stärker die innere Anregung des Motivs, desto geringer die notwendige äußere Anregung zur Auslösung des Balzverhaltens. Umgekehrt, ist die innere Anregung des Motivs nur gering, bedarf es schon eines starken äußeren Anreizes (großes Weibchen), um das Balzverhalten auszulösen.

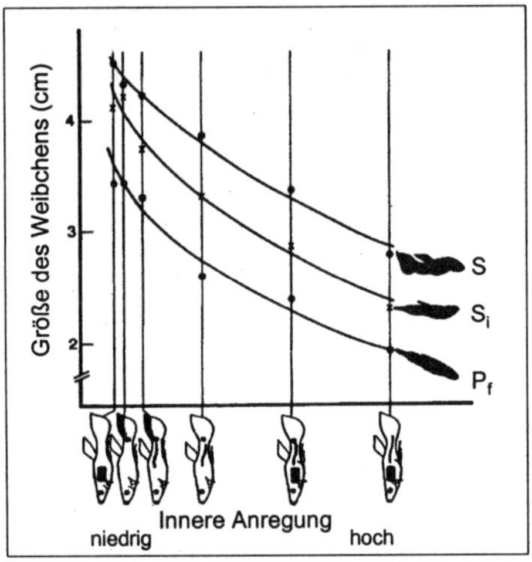

Abbildung 5.1: Das Zusammenwirken innerer und äußerer Faktoren, dargestellt am Balzverhalten des Guppys. Die Stärke des Anreizes wird durch die Größe des Weibchens bestimmt (Ordinate); die innere Anregung des Motivs ist am Muster des Schuppenkleides ablesbar (Abszisse). Die Kurven geben die Kombination von Anreiz und angeregtem Motiv an, bei denen das gleiche Verhalten ausgelöst wird (modifiziert nach Baerends et al., 1955, S. 307).

Der offensichtlich erfolgreiche Einsatz von optischen Anreizen durch die Darstellung des weiblichen und zunehmend auch des männlichen Körpers in der Werbung demonstriert die Bedeutung optischer Reize im menschlichen Sexualverhalten. Körperliche Schönheit ist ohne Zweifel der wichtigste unmittelbare Anreiz zum Sexualverhalten, wenngleich das, was in den einzelnen Kulturen und Epochen der Geschichte als schön angesehen wurde und noch wird, sehr verschieden ist (Davenport, 1976). Körperliche Schönheit ist nicht nur ein bedeutungsvoller Anreiz für die Sexualmotivation, sondern begünstigt ihren Träger in vielerlei sozialen Hinsichten (vgl. Amelang et al., 1991a,b; Berscheid & Walster, 1974a). Körperliche Attraktivität wird zuvorderst an Gesichtsmerkmalen beurteilt. Männer beurteilen Gesichter von Frauen als besonders attraktiv bei relativ kleiner Nase, großen Augen und Pupillen, hohen Augenbrauen, hervorspringenden Wangenknochen und kleinem Kinn (Cunningham, 1986).

Das scheint weitgehend dem »Kindchenschema« der Vergleichenden Verhaltensforschung zu entsprechen. Tatsächlich konnte Jones (1995) zeigen, daß kultur- und populationsunabhängig weibliche Gesichter für umso attraktiver eingeschätzt wurden, je mehr die Gesichtszüge an Neugeborene (»babyface«) erinnerten. Bei Männern ist es eher die ausgeprägte Kinnpartie und die ausgeprägten Wangenknochen, die als attraktiv gelten. Ein anderer Faktor, der die Attraktivität beeinflußt, ist die wahrgenommene Ebenmäßigkeit in diesen Gesichtspartien (geringe FA). Mittlerweile gibt es eine ganze Reihe von Studien, die zeigen, daß Körpersymmetrie, insbesondere die in den sekundären Geschlechtsmerkmalen, mit Attraktivität und der Partnerwahl auch bei vielen Tieren bis hin zu nichtmenschlichen Primaten in Zusammenhang steht (Møller & Thornhill, 1998) (vgl. Kap. 5.2.2.)

Die Einschätzung der (sexuellen) Attraktivität von Männern durch Frauen ist komplex und hängt nur z.T. von (den oben erwähnten) körperlichen Merkmalen ab. Bedeutend einflußreicher sind hier Verhaltensmerkmale. In mehreren Studien sind Sadalla et al. (1987) diesen Fragen nachgegangen. Sie haben in verschiedenen Personenbeschreibungen die Dimensionen Dominanz (machtvoll, aufstrebend vs. antiautoritär, submissiv), Aggression (feindselig, gewalttätig vs. beschwichtigend, freundlich) und Herrschsucht (diktatorisch, arrogant vs. ängstlich, unterwürfig) auf jeweils zwei Stufen variiert und haben die dargestellte Person von jeweils gegengeschlechtlichen Personen auf der Dimension »Sexuelle Attraktivität« einstufen lassen. Die Ergebnisse sind in *Abbildung 5.2* dargestellt.

Zusammenfassend zeigen die Befunde aus der Untersuchung von Sadalla et al. (1987), daß ausschließlich hohe Dominanz die sexuelle und körperliche Attraktivität von männlichen Personen steigert. Dominanz ist die einzige Variable, die auch einen bedeutsamen geschlechtsgebundenen Effekt auf die Attraktivitätsschätzungen bewirkt, sie wirkt nur bei der Attraktivitätsbewertung von Männern durch Frauen. Dieser Befund ist auch sehr gut mit den oben dargestellten soziobiologischen Modellvorstellungen vereinbar, wonach ja Männer in hoher Statusposition als Sexualpartner besonders attraktiv erscheinen. Frauen sind insbesondere bei Statusfragen möglicher Sexualpartner außerordentlich selektiv (Kenrick et al., 1990). Dominanz und hohe Statusposition sind häufig mit dem Besitz materieller Ressourcen verbunden. Es ist deshalb verständlich, wenn Frauen zur Sicherung ihres Fortpflanzungserfolgs diese Attribute (Dominanz und hoher Status) besonders schätzen und (manche) Männer sie besonders gerne zur Schau stellen (Buss & Schmitt, 1993).

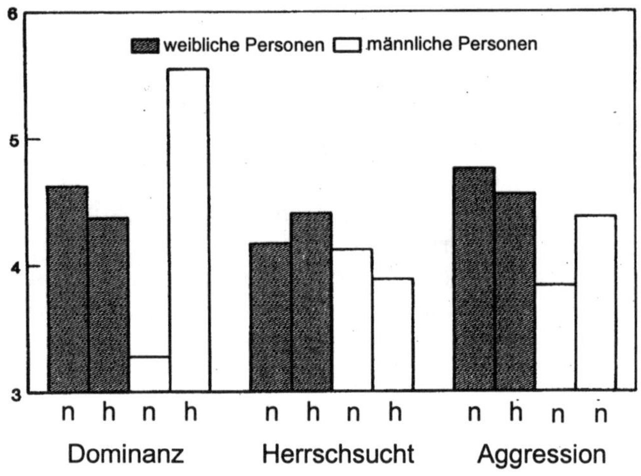

Abbildung 5.2: Mittlere Einschätzungen der sexuellen Attraktivität in Abhängigkeit von verschiedenen Personmerkmalen (n = niedrige, h = hohe Ausprägung) für männliche und weibliche Zielpersonen (modifiziert nach Sadalla et al., 1987, S. 735).

5.3. Sexuelle Erregung

Bei Säugetieren kommen neben den optischen Stimuli besonders den Geruchsstimuli, sog. Pheronomen, eine große Bedeutung im Sexualverhalten zu. Männliche Ratten bevorzugen den Geruch von Urin des Weibchens in der Brunst (LeMagnen, 1952). Auch männliche Primaten reagieren unterschiedlich auf Geruchsstimuli, die von der Vaginalschleimhaut der Weibchen ausgehen (Keverne, 1977). Männliche Rhesusaffen inspizieren häufiger während der Brunst die Genitalregion von Weibchen. Ovarektomierte weibliche Tiere rufen kein Interesse mehr hervor – nach künstlicher Zufuhr von weiblichen Sexualhormonen (Östrogene) wird das Interesse der Männchen wieder hervorgerufen. Der Effekt ist auch nachweisbar, wenn der Vaginalabstrich der so behandelten Tiere auf die Genitalregion von ovarektomierten Tieren ohne Östrogengabe übertragen wird.

Chemische Analysen zeigen, daß es sich bei den verhaltenswirksamen Reizen um Fettsäuren mit kurzen Ketten von C-Atomen handelt (z.B. Essigsäuren, Buttersäure, Capronsäure), die sich auch beim Menschen in den Sekreten der Vagina und der Drüsen in der Achselhöhle finden. Schon bei Rhesusaffen lösen diese Duftreize allerdings kein starres angeborenes Verhalten mehr aus: Die angeregten Verhaltensweisen sind in hohem Maße unterschiedlich. Nicht bei jedem Weibchen rufen aufgetragene Duftstoffe sexuelle Annäherung hervor, nicht jedes Männchen reagiert gleich. Auch variieren die gezeigten Verhaltensweisen von einer sozialen Hautpflege über Masturbation bis zum vollständigen Koitus mit Ejakulation (Keverne, 1977).

Die Suche nach Geschlechtspartnern orientiert sich im Tierreich weitgehend über den Geruchssinn und damit über Hirnstrukturen, die zur »älteren« Ausstattung gehören. Informationen über weibliche Tiere, vor allem Geruchsinformationen, gelangen über das olfaktorische System des Vorderhirns über die Amygdala zur medialen präoptischen Region (MPOA) (vgl. Abb. 2.6), einem Areal im Zwischenhirn, das für die Steuerung des Sexualverhaltens von größter Bedeutung ist (vgl. Kap. 5.4.1. und 5.4.2.). Da die Informationsverarbeitung in diesem System teilweise nicht bewußtseinsfähig ist und das, was wir bewußt wahrnehmen, schlecht verbalisierbar ist, scheint der Eindruck vorzuherrschen, dieses System sei beim Menschen wenig leistungsfähig. Diese Ansicht ist sicher nicht gerechtfertigt, wie das folgende Experiment deutlich macht: Wedekind & Füri (1997) konnten zeigen, daß die Attraktivitätsurteile, die Frauen über Männer abgeben, mit der genetischen Ausstattung beider Partner in Zusammenhang stehen. Sie haben hierzu zwei Frauen und vier Männer gebeten, an fünf Wochenenden jeweils ein T-Shirt für zwei Tage zu tragen. Eine andere Gruppe von Versuchspersonen wurde nun gebeten, an diesen T-Shirts zu schnüffeln und anzugeben, wie angenehm der Geruch ist. Das Hauptinteresse dieser Untersuchung bestand in der Aufdeckung möglicher Zusammenhänge zwischen den »Angenehm«-Urteilen und der Ähnlichkeit in den MHC-Ausstattungen (Major Histocompatibility Complex) der beurteilenden und beurteilten Personen. MHC ist eine immunologisch wichtige Gengruppe für die Abwehr pathogener Einflußfaktoren, und es besteht die Hypothese, daß MHC seine Aufgabe in der Abwehr von Pathogenen umso besser erfüllen kann, wenn er ganz unterschiedliche Anlagen in sich vereint (heterozygot ist). In genau diese Richtung gehen die Befunde von Wedekind und Füri: Männer und Frauen präferieren den Körpergeruch von T-Shirt-Trägern, deren MHC Ausstattung sehr unähnlich zur eigenen MHC Ausstattung ist. Der Geruchssinn leistet also eine vortreffliche Hilfe bei der Auffindung möglicher und geeigneter Geschlechtspartner und hilft die genetische Ausstattung der Nachkommen zu verbessern. Diese Interpretation der Befunde wird gestützt dadurch, daß sich bei Frauen, die zur Empfängnisverhütung die Pille eingenommen hatten, überhaupt keine systematischen Zusammenhänge aufzeigen ließen. Der beschriebene Mechanismus zur Auffindung geeigneter Sexualpartner ist also offensichtlich an die Voraussetzung gekoppelt, daß die Frauen physiologisch empfängnisbereit sind.

Neben solchen realen (visuellen und olfaktorischen) Anreizen kommt im menschlichen Sexualverhalten auch spontanen und reizgebundenen Fantasieinhalten (Vorstellungen) eine nicht zu unterschätzende anregende Wirkung zu. Eine Reihe vorliegender Studien zeigt, daß das Ausmaß sexueller Erregung, die durch erotische Stimuli hervorgerufen wird, sowohl auf der Erlebnisebene als auch auf der körperlichen Ebene bei Männern und Frauen sehr unterschiedlich ist (Christiansen, 1999; Schweiger & Pirke, 1999).

Hinsichtlich der affektiven Bewertung erotischer Reize unterscheiden sich Frauen und Männer deutlich und konsistent: Während der Darbietung erotischer Stimuli berichten Frauen häufiger über negative Emotionen wie Ekel, Ärger und Widerwillen, während Männer häufiger positive Bewertungen und Emotionen wie Neugier, Erregung usw. nennen (zusf.: Griffitt, 1987). Erotische Stimuli (Sexfilme) haben bei Männern einen deutlichen Einfluß auf den Sexualhormonspiegel. Bereits 15 bis 60 Minuten nach Filmbeginn ist ein Anstieg von LH (Luteinisierendes Hormon) zu beobachten, dem mit Verzögerung ein Testosteronanstieg folgt (Christiansen, 1999).

Deutliche Unterschiede findet man auch, wenn man nicht unterschiedliche Reaktionen auf erotische Reize untersucht, sondern selbst-generierte Fantasievorstellungen, wie sie beispielsweise in Tagträumen erscheinen (Klinger, 1990; Ellis & Symons, 1990). Hier findet man eine ganze Reihe von geschlechtsgebundenen Unterschieden in der Art solcher sexueller Fantasien. *Tabelle 5.1* faßt eine Reihe von empirisch nachgewiesenen Unterschieden in spontan auftretenden Sexualfantasien zusammen. Berscheid und Walster (1974b) und Rook und Hammen (1977) haben eine Zwei-Komponenten-Konzeption sexueller Erregung vorgeschlagen, in der diese

Tabelle 5.1: Unterschiede spontan auftretender Sexualfantasien bei männlichen und weiblichen Personen.

Männliche Personen	**Weibliche Personen**
- eher häufig	- eher weniger häufig
- ruft eine körperliche Erregung hervor	- ruft eine emotionale Erregung hervor
- eher aktiver Sex	- eher passiver Sex
- bezieht sich auf fremde oder anonyme Partner	- bezieht sich auf bekannte Partner
- bezieht eher visuelle Vorstellungen ein	- bezieht eher Vorstellungen körperlicher Berührungen ein
- enthält eher explizite sexuelle Inhalte	- enthält eher implizite sexuelle Inhalte
- enthält eher sexuelle Details	- enthält eher Umgebungsfaktoren

von physiologischen und kognitiven Faktoren im Sinne notwendiger Komponenten abhängig gemacht wird. Man kann sich vorstellen, daß insbesondere zu Beginn einer sexualthematischen Handlung, in der die ablaufenden Erregungsprozesse noch recht unspezifisch sind, Fehlattributionen entstehen können, in denen Erregungen fälschlicherweise als sexuelle Erregungen identifiziert werden. Einen solchen Effekt konnten Cantor et al. (1975) feststellen. Sie haben ihre Vpn zunächst an einem Fahrrad-Ergometer arbeiten lassen, um hierdurch eine allgemeine Aktivierung herbeizuführen. Sie haben ihnen dann in drei verschiedenen Experimentalgruppen unmittelbar danach und im zeitlichen Abstand von fünf und von neun Minuten einen sexuell anregenden Film gezeigt und haben dessen Anregungswirksamkeit erfaßt. Unmittelbar nach der körperlichen Betätigung wird der erotische Film als nicht besonders anregend betrachtet. Das Erregungsniveau ist zwar hoch, jedoch wird dessen Ursache auf die körperliche Betätigung zurückgeführt. Nach einem Zeitraum von fünf Minuten wird der Film als sehr anregend eingestuft. Das Erregungsniveau ist noch hoch, jedoch wird es nicht mehr ursächlich mit der körperlichen Betätigung, sondern mit dem Film in Verbindung gebracht. Nach neun Minuten ist das Erregungsniveau niedrig, und entsprechend niedrig sind auch die eingeschätzten Anregungsauswirkungen des Films. Die Autoren schließen daraus, daß Residual-Erregungen von früheren Aktivitäten die nachfolgende emotionale (hier sexuelle) Anregbarkeit steigern, jedoch nur dann, wenn sie nicht mehr ursächlich mit ihrem tatsächlichen Ursprung verbunden – also fehlattribuiert – werden. Kognitive Faktoren, die sich auf die wahrgenommenen Ursachen einer Erregung beziehen, steuern hier also deutlich die sexuelle Anregbarkeit.

Insgesamt zeigen die hier dargestellten Konzepte und Befunde, daß sexuelle Erregung von einer ganzen Reihe von Faktoren abhängig ist. Neben biologischen Faktoren, die funktional sind für die Aufrechterhaltung des Sexualverhaltens, gewichten und bewerten kulturell determinierte Faktoren die »Angemessenheit« des Sexualverhaltens von Männern und Frauen. Darüber hinaus dürften die individuelle Lerngeschichte und aktuell in einer Situation entstehende kognitive Faktoren Einfluß auf die sexuelle Erregung nehmen.

5.4. Organismische Faktoren im Sexualverhalten

Im Unterschied zu Hunger und Durst stellt die Sexualmotivation keine Antwort auf ein vitales Bedürfnis dar. Auch ohne Befriedigung der Sexualmotivation können Lebewesen bei bester Gesundheit alt werden. Die biologische Funktion des Sexualverhaltens liegt primär in der durch die sexuelle Fortpflanzung sichergestellten größeren Variation des Genoms einer Art. Dieser Sachverhalt ist für den Fortbestand einer Art, nicht aber für den Fortbestand einzelner Individuen von größter Bedeutung. Wir können zunächst einmal davon ausgehen, daß die Sexualmotivation grundsätzlich durch äußere und innere Reize angeregt wird. Selbstverständlich müssen für die Verarbeitung und Integration solcher Informationen Mechanismen im ZNS bereitstehen, die genetisch determiniert und durch die individuelle Lerngeschichte in ihrer spezifischen Ausrichtung festgelegt werden. So konnten z.B. Harlow und Mitarbeiter (vgl. Harlow & Harlow, 1965) zeigen, daß Rhesusäffchen, denen in ihrer Entwicklung die Möglichkeit vorenthalten wurde, Erfahrungen im Umgang mit Artgenossen zu machen, im späteren Sexual- wie im mütterlichen Verhalten größte Störungen aufwiesen. Offensichtlich müssen Rhesusaffen im ersten Jahr üben, emotionale Bindungen zu Artgenossen herzustellen und körperliche Berührungen zu tolerieren. Wird das versäumt, so verhalten sich erwachsene Tiere gegenüber möglichen Sexualpartnern feindselig und abweisend.

Die durch Erfahrung modifizierte Bewertungsdisposition im Sexualverhalten hat Whalen (1966) als »Erregbarkeit« bezeichnet und von der aktuellen sexuellen Erregung oder Lust abgegrenzt. In Übereinstimmung mit unserer Nomenklatur wollen wir auch hier von einem Motiv, dem Sexualmotiv, sprechen und darunter die ererbte und durch Erfahrung modifizierte Verhaltens- und Bewertungsdisposition verstehen, auf entsprechende Anreize in der Umwelt, beim Menschen auch in der Vorstellung, mit sexueller Erregung und entsprechenden Verhaltensweisen zu antworten. Umstellungen im Organismus, hormonelle Faktoren, verändern die Ansprechbarkeit dieser Bewertungsdisposition bzw. der ihr zugrundeliegenden ZNS-Mechanismen – ein Faktum, das aus dem tierlichen Verhalten seit den Anfängen der Nutztierhaltung bekannt ist und auch beim Menschen – man erinnere sich nur an entsprechende Verhaltensänderungen in der Pubertät – grundsätzlich gilt.

Experimentell konnte die Beeinflussung zentralnervöser Mechanismen im Sexualverhalten durch Stoffe, die in den Testes entstehen, schon vor etwa 100 Jahren nachgewiesen werden, wobei zu diesem Zeitpunkt die Existenz von Botenstoffen nur aus der Wirkung erschlossen werden konnte. Die Verhaltensendokrinologie hat seit dieser Zeit viel zur Aufklärung der Wirkung von Hormonen auf das Verhalten und auf die Ausbildung des Dimorphismus zwischen Mann und Frau beigetragen. Man unterscheidet hier zwischen organisierenden Effekten der Sexualhormone im perinatalen Zeitraum (unmittelbar vor und nach der Geburt) und den später auftretenden aktivierenden Effekten. Bei verschiedenen Säugern konnte gezeigt werden, daß während einer von Art zu Art etwas unterschiedlichen sensiblen Phase, die an die Ausbildung der primären Sexualorgane gebunden ist, männliche Sexualhormone eine Maskulinisierung des Gehirns bewirken. So reagieren entsprechend behandelte weibliche (später ovarektomierte) Tiere im fortpflanzungsreifen Alter wie männliche Tiere auf die künstliche Verabreichung männlicher Sexualhormone, nämlich mit einer Zunahme männlicher Sexualverhaltensweisen wie Aufreiten und Intromissionsversuchen. Beach, Noble & Orndorff (1969) konnten bei Ratten nachweisen, daß ein genetisches Weibchen, das bei Geburt mit Testosteron behandelt wurde, im weiteren Verlauf des Lebens ein durchgängig männliches Verhaltensmuster zeigte (vgl. Buck, 1999). Wieweit diese an Nagetieren, Hunden und Affen gut dokumentierten Organisationseffekte männlicher Sexualhormone auch für den Menschen gelten, ist noch strittig. Bei den untersuchten Tieren führt die organisierende Wirkung perinataler Sexualhormone im übrigen in den gleichen ZNS-Strukturen des Hypothalamus und des Limbischen Systems zu morphologischen Veränderungen, die später als Zielorgane für die aktivierende Wirkung von Sexualhormonen gelten: an erster Stelle die präoptische Region des Hypothalamus und der Ventromediale Hypothalamus.

Eine Reihe von vorwissenschaftlichen Beobachtungen sprachen bereits dafür, daß die steuernden Mechanismen im ZNS in ihrer Ansprechbarkeit von inneren, organismischen Faktoren beeinflußt werden. Da ist zunächst das bei vielen Tieren – Fischen, Vögeln und auch Säugern – zu beobachtende Phänomen der periodischen Erregbar- oder Ansprechbarkeit, insbesondere der Weibchen, eine Festlegung, die erst bei den Primaten aufgelockert wird. Nur während der Brunst, dem sogenannten Östrus, reagieren weibliche Tiere dieser Arten auf die sexuellen Annäherungen männlicher Tiere. Männliche Säugetiere sind in der Regel das ganze Jahr begattungsbereit, wenn sie auf ein begattungsbereites Weibchen treffen. Ausnahmen hiervon sind aber häufig, z.B. bei unseren heimischen Hirschen und Rehen. Bei ihnen bilden sich außerhalb der Fortpflanzungssaison die Testes zurück, und die Konzentration an männlichen Sexualhormonen im Blut erreicht dann ganz geringe Werte. Der Brunstzyklus, der durch Verhaltensmerkmale wie das der sexuellen Ansprechbarkeit definiert ist, ist an den Ovulationszyklus gekoppelt. Bei vielen Arten geht die Brunst 1/2 bis 1 Tag dem Eisprung voraus. Bei der Ratte, bei der diese Phänomene und ihre organismische Fundierung am besten untersucht sind, findet sich eine Brunst an jedem 4. Tag – erkennbar am sogenannten Lordose-Reflex des Weibchens, dem typischen Strecken des Hinterleibes bei gleichzeitiger Durchbiegung der Wirbelsäule bei taktiler Berührung des Genitals oder der Flanken. Gleichzeitig zeigen die Weibchen an diesem Tag ein Aktivitätsmaximum. Die Ovulation findet bei der Ratte im Schnitt 6,5 bis 10 Stunden nach dem Einsetzen der Brunst statt. Während die Ratte über das gesamte Jahr diesen Brunstzyklus zeigt, ist bei anderen Arten der Brunstzyklus auf bestimmte Jahreszeiten eingeschränkt, wobei manche Arten in der Brunstjahreszeit nur eine einzige Brunst, andere mehrere Zyklen hintereinander aufweisen. Die Beschränkung auf bestimmte Jahreszeiten stellt eine zweckmäßige Anpassung an die Lebensbedingungen vieler Arten in den kälteren Regionen der Erde mit Klimaschwankungen dar: Sie stellt sicher, daß je nach Länge der Austragungszeit Jungtiere zu Beginn der warmen Jahreszeit geboren werden. Schon bei den höheren, nicht-menschlichen Primaten findet sich diese strikte Abhängigkeit von einem endogenen Zyklus nicht mehr. Zwar häufen sich die sexuellen Akte bei den Gorillas und bei den uns Menschen am nächsten stehenden Schimpansen um den Ovulationszeitpunkt, nur um diese Zeit ist das Weibchen für das Männchen deutlich attraktiv – aber auch in der restlichen Zeit findet Sexualverhalten statt.

5.4.1. Hormonelle Bedingungsfaktoren

Die Erregbarkeit der dem Sexualverhalten zugrundeliegenden Mechanismen wird durch die männlichen und weiblichen Sexualhormone beeinflußt. Die Steuerung der Produktion der Sexualhormone durch glandotrope (auf Drüsen einwirkende) Hormone des Hypophysenvorderlappens und die Steuerung der Produktion dieser Hypophysenhormone ihrerseits durch Freisetzungs- oder Releasingfaktoren (RF) des Hypothalamus ist gut dokumentiert (Christiansen, 1999; Schweiger & Pirke, 1999). *Abbildung 5.3* illustriert schematisch die Entstehungs- und Wirkorte der männlichen und weiblichen Sexualhormone und die der zugehörigen glandotropen Hormone des Hypophysenvorderlappens. Im Hypothalamus und zum Teil in der

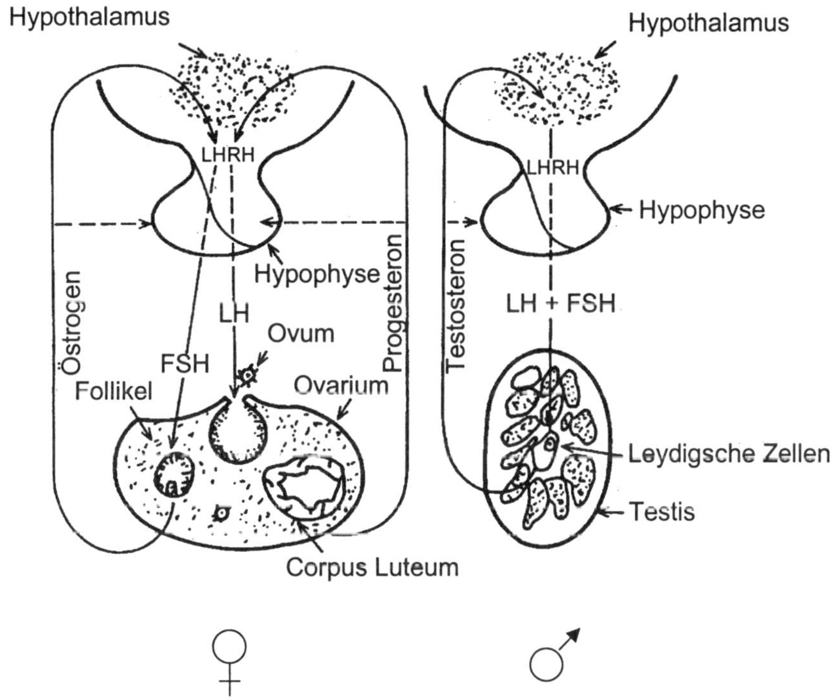

Abbildung 5.3: Regulation der Ausschüttung der Sexualhormone bei der Frau und beim Mann auf der Achse Hypothalamus, Hypophyse, Ovar und Testes. Die Abkürzungen sind im Text erklärt (modifiziert nach Svare & Kinsley, 1987, S. 15).

Hypophyse selbst wird die Konzentration der Sexualhormone gemessen, so daß sich über diese Rückmeldefunktion ein geschlossener Regelkreis mit negativer Rückkoppelung ergibt. Die neurosekretorischen Zellen des Hypothalamus, die das Luteinisierende Hormon Releasing Hormon (LHRH) bilden, stehen unter nervöser Kontrolle und sind damit auch durch Erlebnisfaktoren im weitesten Sinne beeinflußbar.

Die Produktion von männlichen Sexualhormonen, den Androgenen (das wichtigste Hormon dieser Gruppe ist das in den Leydigschen Zellen der Hoden produzierte Testosteron), wird durch das Luteinisierende Hormon (LH) der Hypophyse angeregt. Bei der Frau bewirkt das LH zusammen mit dem Follikelstimulierenden Hormon (FSH) das Wachstum des Follikels und den Follikelsprung. Danach bewirkt LH die Umwandlung des Follikels in den Gelbkörper, das Corpus luteum. Die Brunsthormone, die Östrogene, werden bei der Frau im Follikel produziert, die Trächtigkeitshormone, die Gestagene, darunter das Progesteron als wichtigstes Hormon, im Gelbkörper. Hier werden in der Phase nach dem Eisprung auch Östrogene gebildet. Mit dem Auf- und Abbau des Follikels und der nach dem Eisprung erfolgenden Umwandlung des Follikels in den Gelbkörper steigen und fallen daher die Konzentrationen der entsprechenden Hormone im Blut der Frau. Die Regulation der Konzentration der Sexualhormone bei der Frau ist zyklisch und damit komplexer als die tonische (gleichförmige) Regulation beim Mann.

Die enge zeitliche Koppelung von Brunst und Ovulationszyklus bei weiblichen Organismen legt die Vermutung nahe, daß auch die sexuelle Erregbarkeit durch die Art und die Konzentration der Sexualhormone im Blut bestimmt sei. Eine Entfernung der Eierstöcke, eine Ovarektomie, reduziert die Sexualmotivation von weiblichen Haustieren – das wußte man schon im Altertum. Die gleichfalls seit Jahrhunderten schon bekannte Erfahrung, daß kastrierte männliche Haustiere ihre sexuelle Motivation verlieren und zusätzlich zahm werden, stützt die gleiche Vermutung auch für männliche Tiere. Zur Überprüfung dieser Hypothesen boten sich an: (1) Die Entfernung der Gonaden (Eierstöcke und Hoden) und die nachfolgende Beobachtung der Ausfallserscheinungen. (2) Die künstliche Zufuhr von Sexualhormonen bei ovarektomierten bzw. kastrierten Tieren und die Feststellung quantitativer Beziehungen zwischen zugeführten Hormonen und der Wiederaufnahme des Sexualverhaltens.

Weibliche Säugetiere unter der Stufe der Primaten zeigen eine eindeutige Anbindung der sexuellen Erregbarkeit an das Vorhandensein von Sexualhormonen im Blut. Nach der Entfernung der Ovarien verschwindet bei diesen Tieren die sexuelle Ansprechbarkeit vollständig. Sie kann wiederhergestellt werden durch die experimentelle Zufuhr von Sexualhormonen, an erster Stelle von Östrogenen, bei einigen Arten im Anschluß daran von

Progesteron, dem wichtigsten Gestagen. Diese Folge entspricht der natürlichen Zu- und Abnahme der Konzentrationen von Östrogen und Progesteron im Zyklus. *Abbildung 5.4* zeigt die Beziehung zwischen der Menge täglich zugeführten Östrogens und der Begattungsbereitschaft bei ovarektomierten Rattenweibchen, jeweils 8 Tage nach dem Beginn der Hormonbehandlung. Zumindest dieser Bestandteil des Begattungsverhaltens der weiblichen Ratte weist eine fast lineare Beziehung zur Dosis der Östrogenzufuhr auf. Für das Progesteron gilt das nicht: Je nach Dosis, Höhe und Zeitpunkt der Verabreichung im Zyklus kann Progesteron bei Rattenweibchen sogar eine hemmende Wirkung auf das Sexualverhalten ausüben.

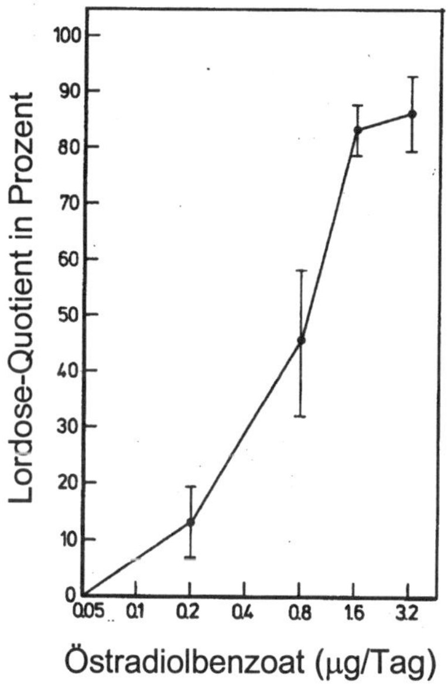

Abbildung 5.4: Beziehung zwischen der Menge täglich zugeführten Östrogens (Östradiolbenzoats) und der Begattungsbereitschaft (Lordose-Quotient: Anzahl der Lordose-Reflexe dividiert durch die Anzahl der Aufreitversuche des Männchens) (modifiziert nach Davidson et al., 1968, S. 228).

Bei männlichen Tieren sind die Zusammenhänge zwischen Sexualmotivation und Testosteron weit lockerer. Nach Kastration verschwindet zwar bei den meisten bisher untersuchten Arten die Sexualmotivation nach einiger Zeit; häufig aber erst nach Monaten und Jahren und darüber hinaus bei einzelnen Tieren überhaupt nicht. Durch künstliche Testosterongabe kann auch hier die Motivation und die ursprüngliche Potenz (Ejakulationsfähigkeit) wieder hergestellt werden.

Abbildung 5.5 zeigt die verbleibende orgasmische Potenz nach Kastration bei verschiedenen Arten. Danach behalten Rüden länger noch als die höherstehenden Rhesus-Affen ihre Begattungsfähigkeit nach einer Kastration. Ein eindeutiger Zusammenhang zwischen der Entwicklungshöhe einer Art und der Lockerung der Anbindung der Begattungsfähigkeit an das Vorhandensein von männlichen Sexualhormonen im Blut besteht also nicht.

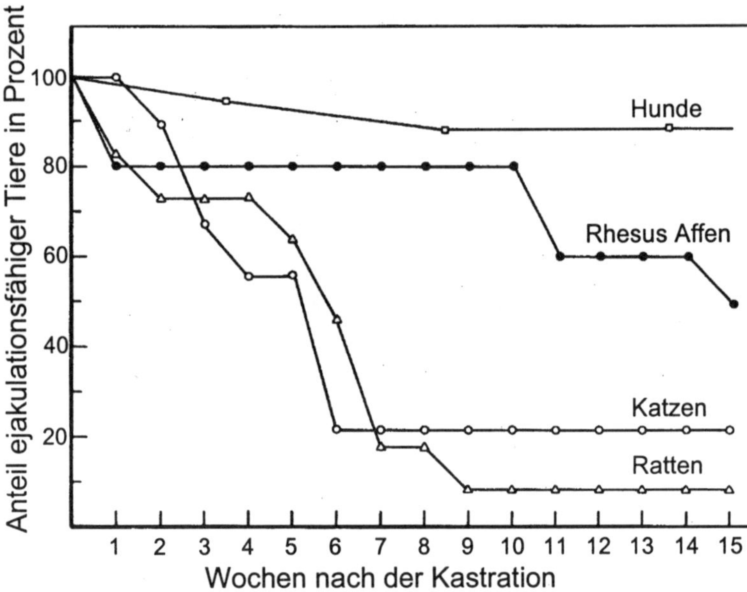

Abbildung 5.5: Erhaltung der Begattungsfähigkeit bei kastrierten männlichen Tieren verschiedener Arten (modifiziert nach Hart, 1974, S. 393).

Beim Menschen sind diese Beziehungen zwischen der Qualität des Sexualverhaltens und der Hormonkonzentration im Blut komplexer und weniger eindeutig. Möglicherweise spielen hier die vielen einbezogenen kognitiven und sozialen Faktoren eine wichtige Rolle. Die organisierenden Hormoneffekte in der Pubertät sind für die Entwicklung eines erwachsenen Sexualverhaltens der Frau unzweifelhaft, die direkte Einflußnahme auf sexuelle Verhaltensweisen ist z.Zt. jedoch noch umstritten. Ein eindeutiger Zusammenhang zwischen sexueller Erregbarkeit und den Konzentrationen der Östrogene und Gestagene im Blut ist nicht nachweisbar. Verschiedene Studien, die mögliche Zusammenhänge zwischen Zyklus-Abschnitten und der sexuellen Ansprechbarkeit und Aktivität bei Frauen untersuchten, erbrachten widersprüchliche Ergebnisse. Wichtiger als die Beeinflussung durch zyklusabhängige hormonelle Faktoren scheinen psychosoziale Faktoren zu sein (vgl. Schweiger & Pirke, 1999). Auch bei Männern sind die Zusammenhänge zwischen der Testosteronkonzentration und Verhaltens- und Erlebnismerkmalen komplex. Bei einer zusammenfassenden Betrachtung gibt es jedoch einige konsistente Zusammenhänge zwischen der Testosteronkonzentration und der Häufigkeit, mit der folgende Verhaltensweisen auftreten: sexuelle Fantasien, sexuelle Erektionen und Ejakulation und sexuelle Aktivitäten mit oder ohne Partnerin (Christiansen, 1999, S. 156–160).

Auch die Auswirkungen einer Kastration im Erwachsenenalter sind außerordentlich unterschiedlich. Die Effekte reichen vom vollständigen Verlust der sexuellen Erregbarkeit bis zum Beibehalten des normalen Sexualverhaltens. Eine Studie an norwegischen Männern, die als Sexualstraftäter nach einem Gerichtsbeschluß kastriert worden waren, zeigt, daß von 157 zuvor sexuell aktiven Männern nur 54 über ein Jahr lang ihr sexuelles Interesse bewahrt hatten, 74 gaben einen völligen Verlust unmittelbar im Anschluß an die Kastration an, 29 weitere gaben den Verlust im Laufe des ersten Jahres an (Bremer, 1959).

Neben den Sexualhormonen haben sich weitere Hormone als bedeutungsvoll für die Aktivierung der verhaltenssteuernden Mechanismen des Sexualverhaltens im ZNS erwiesen. So ist z. B. schon seit langem die periphere Wirkung des im Hypophysenhinterlappen gespeicherten und an den Blutkreislauf abgegebenen Oxytocins bekannt. Auch die periphere Konzentration von Oxytocin steigt bei sexuellen Aktivitäten an. Die neuere Forschung hat gezeigt, daß bei sexueller Betätigung es auch zu einer zentralen Anreicherung dieses Hormons kommt (Hughes et al., 1987). Schließlich befinden sich die hormonproduzierenden Zellen im Hypothalamus, wo das Oxytocin mit den Sexualhormonen in der Beeinflussung zentraler Mechanismen interagiert (Caldwell, 1992; Pedersen et al., 1990).

Es wird vermutet, daß durch die zentrale Freisetzung von Oxytocin die Erregbarkeit von Zellen in der präoptischen Region erhöht wird, was sich verhaltensmäßig in einer größeren Ansprechbarkeit auf sexuelle Stimuli ausdrückt. Folgende Zusammenhänge konnten aufgezeigt werden: Die intraventrikuläre Injektion von Oxytocin erhöht bei weiblichen Ratten die sexuelle Bereitschaft – der Lordose-Reflex nimmt zu und hält auch länger an –, bei männlichen Ratten werden nur die Latenzzeiten zwischen verschiedenen Intromissions- oder Aufreitversuchen verkürzt (Arletti et al., 1992).

5.4.2. Neuronale Bedingungsfaktoren

Die unterste neuronale Ebene, auf der einzelne Komponenten des Sexualverhaltens organisiert sind, ist die Ebene des Rückenmarks. Bei Hunden, Ratten und Katzen ließen sich bei männlichen Tieren nach Durchtrennung des Rückenmarks im Thorax noch eine Reihe von reflexartigen Bestandteilen des natürlichen Sexualverhaltens dieser Tiere, wie Erektion, seltener Ejakulation und Beckenstöße auslösen. Nur bei Hunden läßt sich die Ejakulation auch bei spinalen Tieren sicher auslösen, bei anderen Arten gelingt das nicht. Auch beim Menschen, bei Unfall- oder Kriegsverletzten mit Durchtrennung unterer Abschnitte des Rückenmarks, läßt sich zwar die Erektion, nicht aber die Ejakulation durch eine taktile Stimulation auslösen (Hart & Leedy, 1985).

Diese Befunde zusammen mit einer Reihe ähnlicher Beobachtungen belegen die Annahme, daß bei Säugetieren auf dem Niveau des Rückenmarks Bestandteile des Sexualverhaltens als Reflexe organisiert sind, die durch höher lokalisierte Zentren im ZNS unter normalen Umständen gehemmt werden. Erst durch die von außen durch entsprechende Anreize erregten Sexualzentren im ZNS können diese Reflexe enthemmt werden.

Wo liegen nun diese übergeordneten Zentren im ZNS? Die bisherige Forschung im Humanbereich hat noch kein einheitliches Bild ergeben. Mit Sicherheit darf man sagen, daß die verhaltenssteuernden Mechanismen auf einer Achse angeordnet sind, die vom Vorderhirn über das Zwischenhirn (speziell den Hypothalamus) und die mediale präoptische Region (MPOA) bis zum Mittelhirn reicht. Eine Reihe von unterschiedlichen Effekten bei verschiedenen Arten erschweren aber eine eindeutige Generalisierung.

Zunächst kann es nicht verwundern, daß Läsionen in dem Bereich des Hypothalamus zu Ausfällen im Sexualverhalten führen. Da dabei das Regulations- und Rückmeldesystem der Hormonproduktion der Gonaden, wie es in *Abbildung 5.3* dargestellt ist, an einer entscheidenden Stelle aufgeschnitten wird, kommt es zum Ausfall der geregelten Sexualhormonproduktion und schließlich zur Atrophie (Verkümmerung) der Gonaden. Darüber hinaus wurden im Tierversuch aber auch Areale im Hypothalamus gefunden, in denen Läsionen zum Ausfall im Sexualverhalten führen, ohne daß es zu Ausfällen auf der Achse Hypophyse-Gonaden kommt. So fand man, daß nach mehreren Läsionen in der medialen präoptischen Region (MPOA), an der vorderen Grenze des Hypothalamus also, bei Ratten kein Sexualverhalten mehr ausgelöst werden konnte. Die nachfolgende Forschung konnte diese Beobachtung bestätigen: Läsionen in der MPOA und am vorderen Hypothalamus reduzieren bei männlichen Tieren aller untersuchten Arten das Sexualverhalten, elektrische Stimulation in dieser Region regt es an. Bei Rhesusaffen führt eine elektrische Stimulation der MPOA zur Peniserektion und manchmal zur Ejakulation. Die MPOA scheint also insbesondere das Kopulationsverhalten zu kontrollieren. Obwohl Männchen mit MPOA-Läsionen kein Kopulationsverhalten mehr zeigen, reagieren sie allerdings noch mit sexueller Zuwendung auf rezeptive Weibchen (Gahr, 1996; Hart & Leedy, 1985).

Bei Ratten haben sich neben diesen hypothalamischen Regionen besonders die kortikomediale Amygdala und ihre Efferenzen auf dem Weg der Stria terminalis ins Vorderhirn und hier insbesondere zur MPOA als bedeutsam für das Sexualverhalten herausgestellt. In diesen Abschnitten des Großhirns finden sich bei der Ratte auch die stärksten Anreicherungen von Testosteron. Der bereits beschriebene Neurotransmitter Dopamin ist an der Vermittlung dieser Effekte beteiligt. Dopaminerge Neurone des Hypothalamus projizieren zur MPOA und diese projiziert ins ventrale Tegmentum, einem wichtigen Bestandteil des dopaminergen Systems (vgl. *Abbildung 2.6*). Wie erinnerlich, ist dieses System für die Vermittlung von Lust-Unlust-Affekten verantwortlich. Die enge Anbindung der Sexualität an intensive Lustaffekte erhält so eine neuroanatomische und neuroendokrinologische Basis. Infusionen eines Dopamin-Agonisten in die MPOA führen zu einer Zunahme der Kopulationshäufigkeit. Vergleichbare Auswirkungen haben Testosteron-Infusionen (Gahr, 1996). Interessanterweise ist die MPOA und die Stria terminalis auch an der Kontrolle des Brutpflegeverhaltens (z.B. Nestbau, Aufzucht von Jungtieren) beteiligt. Die MPOA ist also ein wesentlicher Bestandteil eines Systems, das Sexualität und Brutpflegeverhalten kontrolliert.

5.5. Soziale Faktoren

Wir sind in unseren bisherigen Darstellungen davon ausgegangen, daß die mit dem Fortpflanzungsverhalten verbundenen Unterschiede der Geschlechter im Erleben und Verhalten letztlich auf genetischen Einflüssen beruhen, die sich aus den unterschiedlichen biologischen »Aufgaben« herleiten lassen. Biologisch orientierte Theorien wie die von Buss und Schmitt (1993), Kenrick und Keefe (1992), Tooby und Cosmides (1992) und Trivers (1972) führen die vorfindbaren Erlebens- und Verhaltensunterschiede im Rahmen des Fortpflanzungsverhaltens darauf zurück, daß diese geschlechtsspezifischen Verhaltensweisen für die optimale genetische Ausstattung der Nachkommenschaft und (bei Säugern) deren erfolgreiche Aufzucht funktional waren und einen Anpassungsvorteil in den damaligen Umwelten zu Anfang des Pleistozäns besaßen. Wir hatten bereits oben (vgl. Kap. 5.2.2.) darauf hingewiesen, daß es recht schwierig ist, heute unter radikal geänderten Umgebungsbedingungen einen zweifelsfreien empirischen Beleg für diesen Ansatz beizubringen. Allerdings gilt Invarianz über Kulturen als guter Beleg für eine biologische Determination des in Frage stehenden Sachverhalts (Kenrick & Keefe, 1992, S. 76).

Es gibt allerdings auch Theorien, die diesem biologisch orientierten Ansatz grundsätzlich mißtrauen und bestimmte Merkmale des jeweiligen Sozialsystems, so wie sie heute vorfindbar sind, für die Erlebens- und Verhaltensunterschiede verantwortlich machen. Eine solche von Eagly und Wood (1999) formulierte Theorie betrachtet denn auch die vorherrschenden sozialen Einflußgrößen, insbesondere die an Männer und Frauen herangetragenen Rollenerwartungen und Stereotype, als die entscheidenden Einflußfaktoren. Ausgangspunkt dieser Theorie sind zunächst auch biologische Faktoren – nämlich Körperbaumerkmale. Männer besitzen den robusteren Körperbau, Frauen sind eher von fragiler Natur, können aber Kinder gebären. Diese Umstände sollen zu einer typischen Form der Arbeitsteilung zwischen Männern und Frauen geführt haben; und die spezielle Form der Arbeit, die Männer und Frauen verrichten, bestimmt auch deren Stellenwert in der Sozialstruktur. Die Aktivitäten der Männer sind assertiv, auf Dominanz und Unabhängigkeit gerichtet; ihnen wird in der Gesellschaft ein hoher Statuswert zugeschrieben. Die Aktivitäten von Frauen sind eher freundlich, sozial unterstützend und unterordnend; ihnen wird ein eher geringer Statuswert zugeschrieben. Die soziale Rollentheorie nimmt weiterhin an, daß in der sozialen Interaktion aus der Perspektive des Beobachters eine Tendenz festzustellen ist, nämlich daß Personen, die bestimmte Tätigkeiten ausführen, auch die dafür notwendigen Eigenschaften besitzen. Eine Person, die beispielsweise dominantes Verhalten zeigt, »ist« dominant, besitzt die Eigenschaft »Dominanz« (vgl. Jones, 1979). Diese Ansichten über die Eigenschaftsausstattungen von Männern und Frauen werden dann zu Kernen von Stereotypen von Männern und Frauen und werden in das jeweilige Rollenkonzept integriert.

Die Erwartungen der Gesellschaft richten sich nun auf rollenkonformes Verhalten, was dazu führt, daß dieses Verhaltens tatsächlich häufiger auftritt, damit das Stereotyp bestätigt und schließlich das soziale Erwartungssystem stabilisiert. Bringt man das Rollenkonzept mit den oben beschriebenen Präferenzen von Frauen und Männern bei der Partnerwahl in Zusammenhang (vgl. Kap. 5.2.2.), so ist auf dem Hintergrund des Rollenkonzepts einer schwachen und sich unterordnenden Frau verständlich, warum sie einen älteren, dominanten Mann mit hohem Ressourcenpotential für eine möglichst langfristige Paarbeziehung und warum ein starker, dominanter Mann möglichst mehrere, jüngere, attraktive Frauen in mehreren kurzfristigen Paarbeziehungen sucht. Im Endeffekt wird in dieser Theorie eine Kausalkette aufgebaut, die von dem eher zufälligen Unterschied im Körperbau von Männern und Frauen über unterschiedliche Arbeitsteilungen, entsprechende Eigenschaftszuschreibungen und Rollenerwartungen bis hin zum geschlechtstypischen, rollenkonformen Verhalten verläuft.

Da nun in dieser Theorie Wesentliches an den unterschiedlichen Arbeiten, die Männer und Frauen verrichten, hängt, müßten sich, wenn man die Arbeiten, die von Männern und Frauen geleistet werden, angleicht, auch die Präferenzen bei der Partnerwahl angleichen. Dies ist die zentrale Hypothese von Eagly und Wood (1999). Tatsächlich fanden sie in einer Reanalyse der Daten von Buss und Schmitt (1993), daß in dem Maße, wie Gleichheit in den Arbeitsbedingungen entsteht, auch die geschlechtstypischen Präferenzen bei der Partnerwahl (hier: die Altersunterschiede) geringer werden. Die Autorinnen schließen daraus, »daß die Geschlechtsunterschiede bei der Alterspräferenz die geschlechtstypische Arbeitsteilung widerspiegeln« (Eagly & Wood, 1999, S. 419).

5.6. Auf ein Wort ...

Die biologische Funktion des Sexualverhaltens und damit auch der diesem Verhalten zugrundeliegenden Verhaltens- und Erlebensdisposition ist die Weitergabe der eigenen Gene bei gleichzeitiger Erhöhung der Variabilität im Genom einer Art. Über diese biologische Funktion hinaus dient das Sexualverhalten auch schon bei infrahumanen Lebewesen vielfältigen sozialen Zwecken, besonders der kurz- und langfristigen Paarbildung, zum Zweck der Aufzucht des Nachwuchses. Im menschlichen Bereich schließlich ist Sexualverhalten in allen untersuchten Kulturen auch Gegenstand sozialer Normierung und damit durch eine Vielzahl von sozialen Normen und kulturellen Faktoren beeinflußt, die alle einem historischen Wandel unterliegen.

Bei individueller Betrachtungsweise liegen die unmittelbaren Ziele sexuellen Verhaltens in der Herstellung sexueller Befriedigung oder Lust. Gesteuert wird dieses Verhalten durch die Antizipation dieses Lustaffekts. Die Anreize für sexuelles Verhalten liegen in der Umwelt und sind in der Regel an bestimmte Körperbau- und Verhaltensmerkmale potentieller Sexualpartner gebunden. Die soziobiologische Forschung der letzten Jahrzehnte hat viele überzeugende Belege dafür beigebracht, daß diejenigen Merkmale von potentiellen Sexualpartnern, die besonders präferiert werden, nicht beliebig entstehen oder in der Gesellschaft durch bestimmte Vereinbarungen in Form von Rollenerwartungen und Stereotypen entstehen, sondern daß gezielt solche Merkmale von der Evolution »ausgewählt« wurden, die einen gesunden Nachwuchs verheißen und eine möglichst effiziente Fürsorge für den Nachwuchs sicherstellen. Nur so kann das ultimate Ziel sexueller Fortpflanzung, nämlich die Weitergabe des eigenen Genmaterials in die nächste Generation, gesichert werden. Wie kaum eine andere Motivationsform hängt die Sexualmotivation von neurophysiologischen Strukturen und neuroendokrinologischen Prozessen ab.

Als wichtige Areale zur Verarbeitung solcher innerorganismischer Reize haben sich der Hypothalamus, speziell der vordere Hypothalamus und die vorgelagerte MPOA, herausgestellt. Neben dem Zwischenhirn kommt auch dem Limbischen System, an erster Stelle wieder der Amygdala, eine modulierende (hemmende oder fördernde) Wirkung auf das Sexualverhalten zu. Die zentralen verarbeitenden Mechanismen, die das Sexualverhalten steuern, unterliegen bei allen Säugetieren einer Beeinflussung durch die Konzentration männlicher und weiblicher Sexualhormone im Blut. Während bei Lebewesen unterhalb der Stufe der Primaten dieser Einfluß zwingend ist, zeigen Primaten eine mit aufsteigender Entwicklungshöhe zunehmende Unabhängigkeit von diesem Einfluß. Insbesondere beim Menschen zeigte sich eine erstaunliche Variationsbreite des Sexualverhaltens und sexueller Präferenzen, wenn man die endokrinologischen Faktoren konstant hält. Dies verweist auf die große Bedeutung, die im Rahmen des Sexualverhaltens den individuellen Lerngeschichten zukommt.

Die Betonung mal biologischer, mal sozialer und kognitiver Einflüsse im menschlichen Sexualverhalten muß definitiv als *ein sowohl als auch* verstanden werden, wobei die biologischen Einflußgrößen als basal angenommen werden müssen, die in einer gewissen Bandbreite durch soziale Faktoren moduliert und moderiert werden können. Unter gesellschaftspolitischer Perspektive wird es eine wichtige Aufgabe für die zukünftige Forschung sein herauszufinden, welche Bestandteile des Sexualverhaltens unabdingbar sind und welche Bestandteile kulturell definiert werden können, ohne den Fortpflanzungserfolg zu gefährden.

6. Neugier und Exploration

6.1. Phänomene und Funktion

Bei der Beobachtung von Kindern und jungen Tieren fällt auf, mit welcher Zielstrebigkeit, Intensität und Ausdauer sie ihre Umwelt erkunden. Zwei- bis Dreijährige haben das größte Vergnügen daran, in fremden Wohnungen Kisten und Schubladen zu untersuchen und unbekannte Räume zu betreten. Alles Neue reizt das Kleinkind zu Erkundung (Exploration) und nicht endenden Frageserien. Schon Säuglinge manipulieren Objekte und freuen sich an den erzeugten Effekten. Piaget berichtet, wie der zwei Monate alte Laurent eine Klapper, die über seinem Bett angebracht und mit seinem Arm durch eine Schnur verbunden war, zufällig zum Ertönen bringt. Er wiederholt diese Bewegungen mehrfach und immer schneller und »beginnt sich zu krümmen vor Lust und mit Armen und Beinen zu strampeln« (Piaget, 1975, S. 166). Säuglinge schauen auch länger auf eine unbekannte Reizvorlage als auf eine bekannte, wenn ihnen zwei Vorlagen, in der Krippe liegend, vorgehalten werden.

Tiere zeigen Explorationsverhalten zwar auch im Zusammenhang anderer Verhaltenssysteme, etwa der Nahrungs- oder Partnersuche, sie zeigen es aber auch gerade dann, wenn andere Motivationen, wie Hunger und Durst, befriedigt sind. Außerdem lernen Affen und Ratten neue Verhaltensweisen, wenn ihnen als Belohnung nur die Möglichkeit zur Exploration eines Labyrinthes oder zur visuellen Inspektion eines Raumes geboten wird. Eine solche Belohnung kann aber nur wirksam werden, wenn auf seiten des Lebewesens eine entsprechende Bewertungsdisposition vorhanden ist, die eine positive Bewertung der Exploration eines neuen Sachverhaltes ermöglicht.

Neuere evolutionsbiologisch orientierte Ansätze gehen davon aus, daß die Tendenz, die soziale und sachliche Umwelt zu explorieren, zur angeborenen Ausstattung des Menschen und auch vieler anderer Arten gehört und daß die spezielle Qualität des Explorationsverhaltens allerdings von Art zu Art unterschiedlich ist, von dem Entwicklungsstand eines Individuums abhängig ist und schließlich auch durch Situationsfaktoren beeinflußt wird (Keller, Schneider & Henderson, 1994). In einem ersten Schritt können Argumente für die Annahme einer angeborenen Bewertungsdisposition wahrscheinlich gemacht werden, wenn es gelingt, einen entsprechenden Selektionsvorteil aufzuweisen.

Lorenz (1943, 1950), der den Selektionsvorteil des Neugierverhaltens als erster umfassend begründet hat, betont besonders den Vorteil für solche Arten, die nicht auf bestimmte Biotope und Formen des Nahrungserwerbs festgelegt sind. Solche »Spezialisten auf Nichtspezialisiertsein« wie Ratten, Rabenvögel und auch der Mensch zeigen nach Lorenz Neugierverhalten in besonders hohem Maße, da sie ihre Umwelt mit ihren potentiellen Nahrungs- und Gefahrenquellen durch individuelles Lernen erst erfahren und sich auch an wandelnde Angebote anpassen müssen. So haben Ratten, die dem Menschen in alle Regionen der Welt folgten, sich an diese wechselnden Umstände erfolgreich anpassen können.

Daneben steht das Ausmaß des Neugierverhaltens – auch hierauf hat Lorenz schon hingewiesen – in positivem Zusammenhang mit der Entwicklungshöhe kortikaler Funktionen einer Art. Wünschmann (1963) hat das Explorationsverhalten bei Fischen, Vögeln und einer Schimpansin untersucht. Von den Fischen über Wachteln und Dohlen bis zur Schimpansin stieg das Ausmaß der Zuwendung zu neuen Objekten deutlich an. Glickman und Sroges (1966) haben über hundert Arten von Zootieren daraufhin beobachtet, wie und in welchem Ausmaß sich die Tiere verschiedenen neuen Objekten zuwenden, die ihnen in Käfige und Zwinger gelegt wurden. Auch hier finden wir einen Anstieg des Neugierverhaltens von den Reptilien über die primitiven Säuger, Nagetiere und Raubtiere bis zu den Primaten (vgl. *Abbildung 6.1)*.

Neben den Unterschieden zwischen den Klassen und Ordnungen unterschiedlicher Entwicklungshöhe zeigen alle Tiere einen Abfall der Zuwendung mit zunehmender Vertrautheit mit dem neuen Objekt: Sie gewöhnen sich (habituieren) an das Neue, das damit seine neugierinduzierende Wirkkraft verliert. Dieser Habituationsvorgang setzt Erinnerungsvermögen voraus; der sich wiederholende Sachverhalt wird als zunehmend bekannter erfahren.

Folgt man den Thesen der Evolutionstheoretiker (z.B. Mayr, 1974), so muß man annehmen, daß ein evolutiver Trend in der Entwicklung der Säugetiere bis hin zum Menschen die Lebewesen zunehmend frei von geschlossenen (fest verdrahteten) Verhaltensprogrammen machte und sie mit einem hoch entwickelten informationsverarbeitenden System ausrüstete, das eine ontogenetische (jeweils individuelle) Anpassung an wechselnde Umwelten durch Lernen ermöglicht und erfordert (vgl. Kap. 1., 3.1. und 3.2.). Die notwendige Information ist zwar in den Strukturen der unbelebten und belebten Welt vorhanden – wozu beim Menschen auch die von ihm geschaffene Kultur und die sozialen Institutionen zählen –, sie muß jedoch individuell angeeignet werden. Dazu ist Neugierverhalten notwendig. Neugierverhalten dient damit dem Erwerb von mentalen Strukturen (Wissen), die für erfolgreiches Handeln vonnöten sind. Evolutionsbiologen

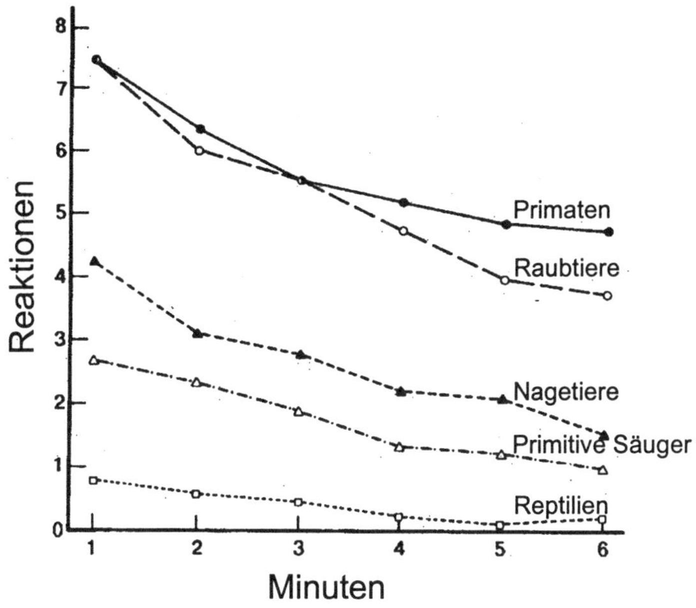

Abbildung 6.1: Anzahl der explorierenden Reaktionen bei verschiedenen Stämmen und Ordnungen von Tieren in Abhängigkeit von der Zeit seit der Darbietung des Objektes (modifiziert nach Glickman & Sroges, 1966, S. 161).

betonen in diesem Zusammenhang, daß ein Individuum, das sich durch erfolgreiches Explorieren seiner Umwelt ein solches Wissen angeeignet hat, letztlich auch seinen Reproduktionserfolg erhöht.

Neben dem Erwerb von Wissen über die dingliche und soziale Umwelt tragen Neugier und das verwandte Spielverhalten in der Ontogenese auch zur Entwicklung des zentralen Nervensystems bei (vgl. Rensch, 1973; Rosenzweig, 1984). Rosenzweig konnte folgendes zeigen: Ratten, die in einer angereicherten Umgebung aufgewachsen sind (je zwölf Ratten zusammen in einem Käfig, der verschiedene Objekte enthält), weisen in einer Reihe von morphologischen und biochemischen Merkmalen eine bessere Gehirnentwicklung auf als Tiere, die allein und in kahlen Käfigen aufgewachsen sind.

Es gibt demnach eine Reihe von Anpassungsvorteilen des Neugierverhaltens, die in der Stammesgeschichte als Selektionsdruck in Richtung auf die Ausbildung eines Motivations- und Verhaltenssystems »Neugier« wirksam gewesen sein müssen. Wir nehmen das Neugiermotiv als ein originäres, biogenes Motivsystem, das in der Ontogenese, wie andere Motivsysteme auch, einer erfahrungsbedingten Modifikation unterliegt.

Doch Lebewesen explorieren nicht ungehemmt. Neue Objekte rufen nicht nur Neugier, sondern auch Furcht und Vermeidungsverhalten hervor. Viele Lebewesen sind neophob. Eibl-Eibesfeldt berichtet, wie ein von ihm aufgezogener Dachs mit großer Ausdauer Schubkästen, Papierkörbe und Töpfe in seinem Arbeitszimmer explorierte, auf ungewöhnliche Ereignisse jedoch mit Furcht reagierte – so, als der Autor mit einem quietschenden Schubkarren Kohle durch die Beobachtungsstation transportierte. »Der Dachs floh sofort, geschreckt durch das quietschende Geräusch des Karrens, in wilder Flucht davon. Er verkroch sich in seinem Bau, kam aber gleich wieder hervor, sicherte zu mir, verschwand beim nächsten verdächtigen Geräusch wieder, kam dann wieder hervor usf. Er wagte sich schließlich immer näher an den Schubkarren, floh auch nicht mehr bis in seinen Bau, und als ich einige Male mit dem Karren durch das Gelände gefahren war, sank auch die Fluchtdistanz auf wenige Schritte. Endlich untersuchte er sogar den ruhenden Karren, und als er seine Duftmarke daraufgesetzt hatte, war er mit ihm vertraut« (Eibl-Eibesfeldt, 1950, S. 352).

Wir finden beim Explorationsverhalten die basalen Tendenzen der Annäherung und der Meidung als Neugier und als Furcht vor Neuem. Es muß in der stammesgeschichtlichen Entwicklung der verschiedenen Arten zusätzlich zum Motivationssystem Neugier als Widerpart ein Motivationssystem Furcht vor Neuem entstanden sein. Lebewesen bringen sich durch die Exploration neuer Räume und Objekte auch in Gefahr. Da beide Verhaltenstendenzen antagonistisch sind und sich nicht gleichzeitig zum Ausdruck bringen können, hemmen sie sich gegenseitig, wobei mal die eine, mal die andere Tendenz für eine gewisse Zeit die Oberhand gewinnen mag.

Dieser Furcht vor Neuem liegt demnach ebenfalls eine angeborene Verhaltensdisposition zugrunde. Ausgelöst wird die Angstreaktion oder Verhaltenshemmung im hier interessierenden Kontext durch neue Objekte, Räume und Personen. Anhand der Ergebnisse einer Studie von Lugt-Tappeser und Schneider (1987) soll die Bedeutung der Ängstlichkeit für das Neugierverhalten beim Menschen illustriert werden. Die Autoren beobachteten Vorschulkinder im Alter zwischen drei und sechs Jahren, die mit einem neuen Objekt, einer Kiste auf Rädern, konfrontiert wurden. Bei dieser Kiste war in den Deckel ein Hebel eingelassen, der, wenn er bewegt wurde, Töne aus der Kiste hervorbrachte oder Lämpchen zum Aufleuchten brachte, die auf dem Deckel eingelassen waren. Die Kinder waren zuvor als ängstlich und nicht ängstlich eingestuft worden. Von den 63 beobachteten Kindern berührten 17 Kinder das neue Objekt überhaupt nicht: 13 dieser Nicht-Berührer (76 %) waren zuvor als ängstlich eingestuft worden.

Die Zeit, die verging, bis die restlichen Kinder das Objekt berührten, war bei den ängstlichen Kindern im Mittel zweimal (Mädchen) bis viermal (Jungen) so lang wie bei den nicht-ängstlichen. Die ängstlichen Kinder, die das Objekt berührten, manipulierten außerdem den Hebel weniger und stellten auch weniger Fragen zum neuen Objekt.

6.2. Klassifikation des Neugierverhaltens

Läßt sich nun eine Ordnung in die Vielfalt der Verhaltensphänomene bringen, die wir bislang nur lose unter der Kategorie des Explorationsverhaltens vorgestellt haben? Wir wollen hierbei neben der perzeptiven Zuwendung die Lokomotion (Zugehen), die Manipulation und das Fragen als spezifisch menschliche Form des Explorationsverhaltens behandeln.

Die einfachste Form ist die perzeptive Zuwendung, die »Orientierungsreaktion« (Sokolov, 1963): Lebewesen richten ihre Sinnesorgane auf neue Reize. Diese Orientierungsreaktion umfaßt neben der Ausrichtung der Sinnesorgane auf den neuen Reiz auch zentrale und vegetative physiologische Veränderungen, eine Anhebung des Muskeltonus und eine Empfindlichkeitsverstellung der Sinnesorgane. Diese Veränderungen haben offensichtlich den Zweck, die Informationsaufnahme zu verbessern und das Lebewesen auf eine mögliche Aktion vorzubereiten. Im Unterschied zu allen anderen Formen des Neugierverhaltens bleibt das Lebewesen hier aber äußerlich inaktiv. Für einige Schläge wird die Herzrate langsamer, um dann erst anzusteigen, wenn das Lebewesen aktiv wird.

Allen diesen Neugier-Verhaltensweisen sieht man allerdings zunächst nicht an, ob sie durch Neugier motiviert sind. Die gleichen Verhaltensweisen stehen häufig auch im Dienste anderer Motivationen, etwa der Nahrungs- oder Partnersuche oder der Errichtung und Kontrolle von Reviergrenzen. Da sich für die Neugiermotivation, anders als beim Hunger und Durst, keine peripheren organismischen Bedingungsfaktoren nachweisen lassen und auch die Motivation selbst noch unzureichend beschrieben ist, bieten sich zur Abgrenzung neugiermotivierter Verhaltensweisen von anders motivierten Verhaltensweisen nur die Anreize des Neugiermotivs, die verhaltensauslösenden Situationsfaktoren sowie der gesamte Verhaltenskontext an.

Eine basale Unterscheidung des Neugierverhaltens in zwei Klassen hat sich dabei als hilfreich erwiesen (Berlyne, 1960):

1. Das *spezifische* oder gerichtete Neugierverhalten; es wird ausgelöst von konkreten Sachverhalten in der Umwelt.

2. Das *diversive* Neugierverhalten, das als Suchverhalten in reizarmen Situationen auftritt, in denen Lebewesen sich langweilen. Menschen suchen in solchen Situationen nicht Information über einen konkreten Sachverhalt, sondern Zerstreuung und Stimulation.

Diese Unterscheidung läßt sich aus Berlynes Aktivationstheorie herleiten. Danach steht das Aktivationsniveau in einer U-förmigen Beziehung zum Reizeinstrom: sehr niedriger Reizeinstrom und sehr hoher Reizeinstrom sind mit höheren Aktivationsniveaus verbunden. Ein hohes Aktivationsniveau ist aber – der allgemeinen triebtheoretischen Doktrin folgend – unangenehm. Folglich ist die Erhöhung eines niedrigen Reizeinstroms und die Verringerung eines hohen Reizeinstroms, jeweils in Richtung auf ein mittleres Niveau also, positiv bekräftigend, da in beiden Fällen das Aktivationsniveau gesenkt wird. Im ersten Fall ist diversives Neugierverhalten (bei niedrigem Reizeinstrom), im zweiten Fall ist spezifisches Neugierverhalten (bei hohem Reizeinstrom) zu beobachten (vgl. *Abbildung 6.2*).

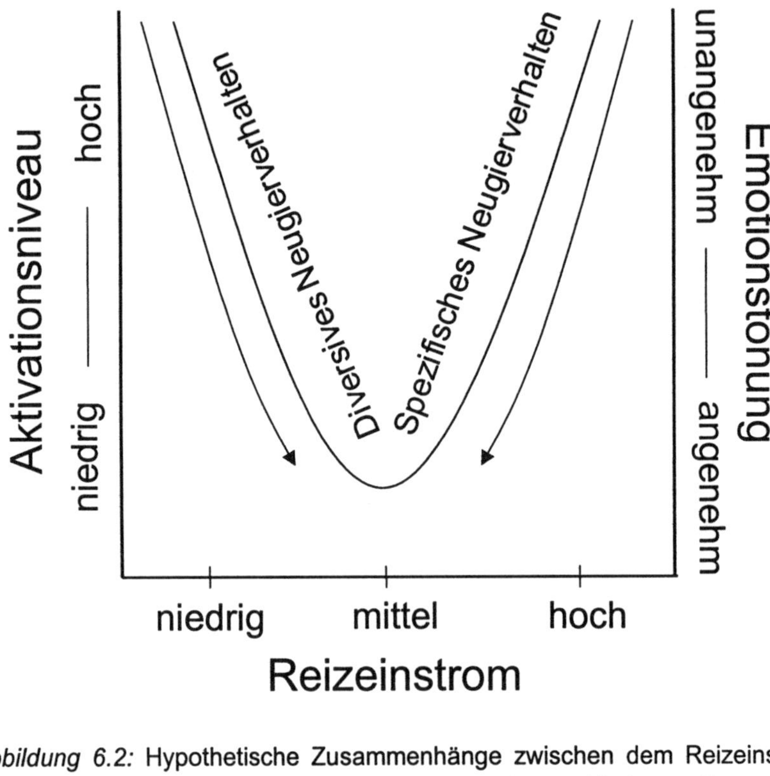

Abbildung 6.2: Hypothetische Zusammenhänge zwischen dem Reizeinstrom, dem Aktivationsniveau, der Emotionstönung und verschiedenen Formen des Neugierverhaltens.

Diese Vorstellungen haben über viele Jahre das Forschungsgeschehen maßgeblich beeinflußt und auch heute noch gültige Einsichten in die situativen Auslöser neugiermotivierten Verhaltens geliefert. Allerdings dürften die theoretischen Erklärungen für die Bevorzugung eines mittelhohen Reizeinstroms nicht zutreffen. Insbesondere die Vorstellung einer allgemeinen zentralnervösen Aktivation ist überholt und zur Erklärung dieser Befunde deswegen unangemessen (Keller et al., 1994). Es scheint angemessener, unsere allgemeinen Modellvorstellungen zweier antagonistisch wirkender Systeme – eines Annäherungssystems und eines Meidensystems – auch auf das Explorationsverhalten zu beziehen. Die Stärke des Annäherungssystems (Neugier) steigt monoton mit dem Reizeinstrom; die Stärke des Meidensystems (Furcht) steigt ebenfalls monoton, setzt aber erst bei mittlerem Reizeinstrom ein und steigt mit größer werdendem Reizeinstrom steiler an. Dies begründet sich dadurch, daß bei großem Reizeinstrom die Anzahl der furchtauslösenden Momente schneller wächst als die Anzahl der neugierauslösenden Momente. Furcht dämpft, wie wir bereits beschrieben haben, das Annäherungssystem. Berücksichtigt man dies und subtrahiert die beiden Tendenzen, so ergibt sich die Stärke für das tatsächlich zu beobachtende Explorationsverhalten, wie in den Berlynschen Untersuchungen bechrieben, mit einem Maximum bei mittelhoher Stimulation bzw. mittelhohem Reizeinstrom (Keller et al., 1994; Schneider, 1996) (vgl. *Abbildung 6.3*).

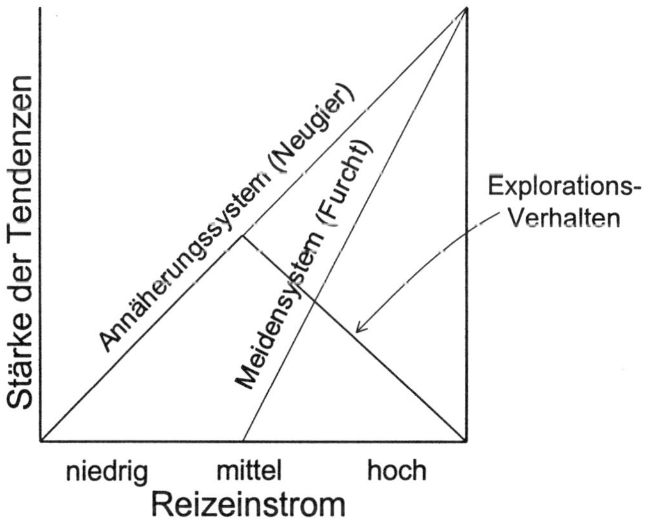

Abbildung 6.3: Hypothetische Neugier- und Furchttendenzen in Abhängigkeit vom Reizeinstrom.

6.2.1. Spezifisches Neugierverhalten

Spezifisches Neugierverhalten wird von Sachverhalten in der Umwelt ausgelöst, die bestimmte Qualitäten aufweisen. Berlyne (1960) nennt diese Qualitäten »kollative« (vergleichende), weil sie nur durch Vergleich verschiedener Sachverhalte, also relativ, und auch nur im Hinblick auf ein einzelnes Individuum bestimmt werden können. Es sind dies die Qualitäten der Neuheit, der Komplexität, der Zweideutigkeit, der objektiven Unsicherheit oder Unvorhersagbarkeit einer räumlichen oder zeitlichen Folge von Ereignissen, die perzeptive Zuwendung, Lokomotion, Manipulation und Fragen auslösen. In die Sprache unseres allgemeinen Motivationsmodells übersetzt, können diese Qualitäten als Anreize bezeichnet werden. Im folgenden werden wir die neugierauslösende Wirkung jeder dieser Anreizfaktoren durch Beispiele aus der Neugierforschung illustrieren und dann die Frage diskutieren, in welcher Weise diese situativen Merkmale einen einheitlichen motivationalen Zustand erzeugen.

Neuheit. In Experimenten wird in der Regel eine relativ größere Neuheit bei einem von mehreren vorgelegten Sachverhalten hergestellt. Eine Studie Berlynes (1958) soll diese Vorgehensweise verdeutlichen. Die Versuchspersonen erhielten jeweils ein Paar von Tierabbildungen zehn Sekunden lang vorgeführt. Eine Abbildung dieses Paares kehrte immer wieder, während die andere Abbildung, die entweder rechts oder links dargeboten wurde, wechselte. Die Versuchspersonen blickten zunehmend länger auf die neue Abbildung und vermieden die bereits bekannte.

Auch als Anreiz für Lokomotion und Manipulation erweist sich die Neuheit als bedeutungsvoller Bedingungsfaktor. Ross et al. (1972) boten einjährigen Kindern die Möglichkeit, aus einem zentralen Raum in einen von zwei Räumen (ein bereits bekannter, ein unbekannter) zu kriechen, deren Türen offenstanden und in denen jeweils ein Spielzeug sichtbar lag. Elf von zwölf Kindern krochen in den Raum, in dem sie zuvor noch nicht waren. Sie verbrachten dort insgesamt viermal soviel Zeit wie in dem Raum mit dem schon bekannten Spielzeug.

Zur Illustration der speziesübergreifenden Bedeutung der Neuheit als Anreiz für das Neugierverhalten soll eine weitere Beobachtung bei einer Art mitgeteilt werden, an die man im Zusammenhang mit der Neugiermotivation nicht an erster Stelle denken wird – dem Hausschwein. Wood-Gush und Vestergaard (1991) gaben jungen Schweinen die Möglichkeit, für fünf Minuten zwei seitliche Laufställe, die vom Haltungsstall erreichbar waren, zu betreten. In den seitlichen Abteilen befanden sich zwei Objekte, die exploriert werden konnten (Fahrradreifen, Fußball usw.). Jeweils ein Objekt blieb gleich, das andere wechselte von Durchgang zu Durchgang. Die Tiere verbrachten vom ersten Durchgang an mehr Zeit mit dem jeweils neuen Objekt (70 %) und wählten vom dritten Durchgang an auch häufiger als erstes den Laufstall, in dem die Objekte wechselten (vgl. *Abbildung 6.4*). Zusätzlich zeigte sich, daß das Explorieren des neuen Objektes in der 5-minütigen Testphase linear abnahm und gleichzeitig das Spielen der Tiere zunahm. Offenbar verliert ein neues Objekt mit zunehmender Beschäftigung seinen Anreizwert für das Explorationsverhalten: Es findet eine Sättigung statt. Erst eine Veränderung des Objektes oder auch die erneute Konfrontation nach einer Pause von 24 Stunden bringt, wie Studien mit Schimpansen und Ratten zeigen, die neugierinduzierende Wirksamkeit zurück.

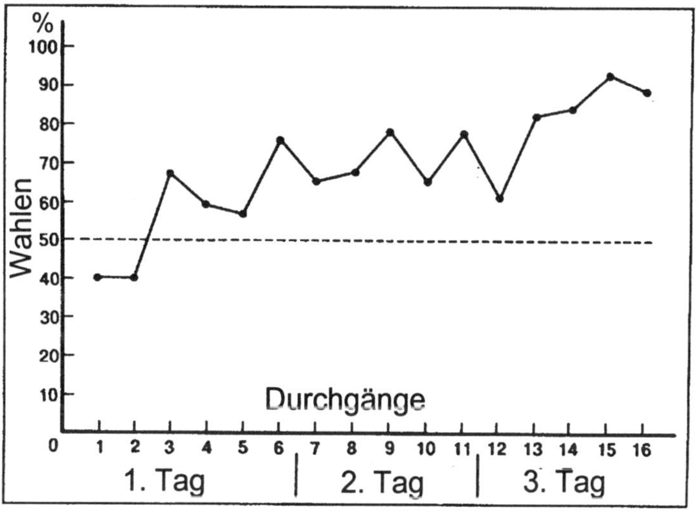

Abbildung 6.4: Prozentuale Bevorzugung desjenigen Ganges mit dem neuen Objekt bei der ersten Auswahl. Versuchstiere waren 47 Frischlinge, 5 Wochen alt (modifiziert nach Wood-Gush und Vestergaard, 1991, S. 602).

Komplexität und Zweideutigkeit. Nach Berlyne (1960) ist die Komplexität eine Funktion der Vielfältigkeit und Verschiedenartigkeit der Teile eines Ganzen. Sachverhalte, die viele unabhängige und unähnliche Elemente enthalten, sind komplexe Sachverhalte. Zweideutige Umweltgegebenheiten sind Sachverhalte mit nichtstimmigen Teilen oder widersprüchlichen Aussagen. *Abbildung 6.5* zeigt eine Serie von Figuren, in der eine ordinale Staffelung der Komplexität durch eine Variation verschiedener Merkmale angestrebt wurde (Teile a–d). Die Teile e und f zeigen zweideutige (inkongruente) Reizvorlagen. Diese Figuren wurden von Berlyne (1960) in einer ganzen Serie von Studien verwandt, in denen die unterschiedlichsten Maße der perzeptiven Zuwendung und der Bevorzugung erhoben wurden. Erwachsene und auch Kinder blickten länger auf die komplexere und die zweideutige Figur, wenn jeweils ein Paar aus diesen Gruppen für eine kurze Zeit (zehn Sekunden oder weniger) vorgeführt wurde.

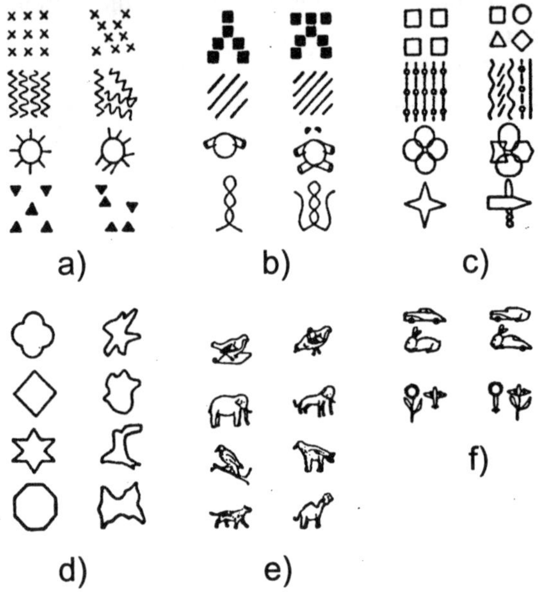

Abbildung 6.5: Von Berlyne und Mitarbeitern verwandte Figuren, in denen jeweils in den Figuren der rechten Seite durch Veränderung verschiedener Merkmale eine größere Komplexität (a bis d) bzw. Zweideutigkeit (e, f) hergestellt wurde (aus Berlyne, 1960, S. 100).

Während die Zweideutigkeit von Reizvorlagen ein generell wirksames Merkmal der Reizvorlage ist, kann die Komplexität nur für das jeweilige wahrnehmende Lebewesen bestimmt werden. Lebewesen sind in den verschiedensten Erfahrungsbereichen an ein bestimmtes Komplexitätsniveau gewöhnt, sie weisen ein bestimmtes habituelles Informationsverarbeitungsniveau auf. Wenn sie selbst wählen können, bevorzugen sie Umweltgegebenheiten, die etwas komplexer sind als diejenigen, an die sie gewöhnt sind. Das konnte für Ratten und Katzen sowie für Kinder im Kindergartenalter gezeigt werden. Unter Berücksichtigung des individuellen Verarbeitungsniveaus von komplexen Umweltgegebenheiten kam man zu dem Schluß, daß der Anreizwert von Umweltgegebenheiten nicht monoton mit zunehmender Komplexität anwächst, sondern nur bis zu einem Punkt, der etwas über dem jeweiligen individuellen Verarbeitungsniveau liegt. Danach fällt die Anreizwirkung wieder ab.

Die Ergebnisse zur Überprüfung des Zusammenhangs von Komplexität und Neugier sind allerdings nicht ganz einheitlich: Nunnally und Mitarbeiter (zusf.: Nunnally, 1971) berichten über einen monotonen Anstieg der perzeptiven Zuwendung mit zunehmender Komplexität und Inkongruenz der dargebotenen Figuren sowohl bei Kindern als auch bei Erwachsenen. Die Komplexität war in diesen Studien bei figürlichen Darstellungen durch die Anzahl der unabhängigen Richtungsänderungen der Kontur der Figuren variiert worden. Nach dem gleichen Prinzip variierten Switzky und Mitarbeiter (Switzky et al., 1974) die Komplexität räumlicher Körper (ausgestopfte Kunststoffkörper). Während bei 7jährigen Kindern das Ausmaß des Explorationsverhaltens (manipulatorische Exploration) monoton mit zunehmender Komplexität anstieg, fand sich bei den Zweijährigen nur ein Anstieg bis zu einer mittleren Komplexität; mit weiterwachsender Komplexität wird der Anreiz bei dieser Altersgruppe dann offensichtlich geringer (vgl. *Abbildung 6.6)*. Anscheinend werden also Kleinkinder durch ein hohes (zu hohes!) Maß an Komplexität räumlicher Gebilde derart überfordert, daß keine oder nur eine geringe Exploration angeregt wird. Diese Schlußfolgerung wird durch eine Reihe weiterer experimenteller Ergebnisse gestützt, in denen perzeptive Zuwendung als Indikator des Explorationsverhaltens erfaßt wurde. Da komplexere Sachverhalte aus mehr unabhängigen oder widersprüchlichen Elementen bestehen, enthalten sie mehr Information und rufen mehr Unsicherheit auf Seiten des Beobachters hervor und verlangen daher längere Zuwendung, um die in ihnen enthaltene Information verarbeiten zu können (Nunnally, 1971).

Nach Greenberg (1977) ist ein Teil der widersprüchlichen Befunde in diesem Forschungsbereich auf den Umstand zurückzuführen, daß in den verschiedenen Studien die abhängigen Variablen unterschiedliche Teilprozesse widerspiegeln. So mag zwar die Fähigkeit, Zuwendung hervorzurufen, monoton mit der Komplexität der Reizvorlage ansteigen, und zwar auch schon bei Kindern unter zwei Monaten. Aber die größte Wirksamkeit, Zuwendung aufrechtzuerhalten, könnte durchaus bei mittleren Komplexitätsgraden liegen. Auch Erwachsene führen das komplexere von zwei Reizmustern nur nach einer kurzen Darbietung von 0,5 Sekunden noch einmal vor, während nach einer Vorführungszeit von vier Sekunden die ausgewogenere Reizvorlage gewählt wird (Berlyne, 1963). Vermutlich manifestieren sich in diesen zeitabhängigen Präferenzen unterschiedliche kognitiv-emotionale Zustände, deren Entstehung unterschiedlich viel Zeit benötigt: Durch komplexe Umweltgegebenheiten wird zunächst einmal subjektive Unsicherheit und dadurch bedingt eine perzeptive Zuwendung ausgelöst und zwar um so stärker, je komplexer die Gegebenheit ist; aufrechterhalten wird diese Zuwendung dann aber eher durch andere (ästhetische) Qualitäten, wie Ausgewogenheit und Gefallen, die, wenn auch von Person zu Person verschieden, eher bei mittleren Komplexitätsgraden anzutreffen sind (vgl. Berlyne, 1971). Kritiker dieses Ansatzes argumentieren, daß in diesen Maßen (Zeit für perzeptive und manipulatorische Exploration) zwei völlig verschiedenartige Sachverhalte miteinander vermengt werden, nämlich Neugier und ästhetische Präferenzen, die jedoch völlig unterschiedliche theoretische Konstruktionen darstellen (Loewenstein, 1994).

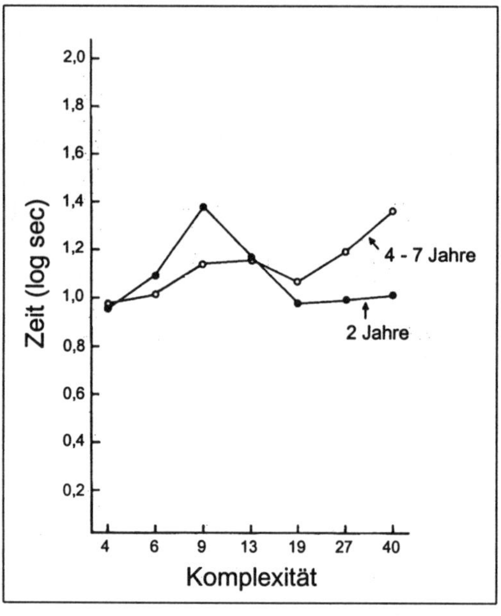

Abbildung 6.6: Länge der Beschäftigung mit unterschiedlich komplexen Kunststoffkörpern in Abhängigkeit vom Alter der Vpn (modifiziert nach Switzky et al., 1974, S. 326f).

Objektive Unsicherheit. Ereignisse, die in der Zukunft liegen, seien sie Folge äußerer Umstände oder des eigenen Handelns, sind in der Regel unsicher (d.h. sie können mit größerer oder geringerer Wahrscheinlichkeit eintreten). Aufgrund ihrer Erfahrung mit sich und der Umwelt bilden Lebewesen Erwartungen über das Eintreten zukünftiger Ereignisse aus. Solche Erwartungen sind häufig geknüpft an das Vorhandensein bestimmter Gegebenheiten oder das Auftreten anderer Ereignisse, die mit zukünftigen Ereignissen objektive Korrelationen aufweisen. Die vergleichende Lernforschung hat gezeigt, daß funktionale Äquivalente von Erwartungen in der Form klassisch konditionierter Reaktionen bereits von sehr primitiven Tieren, etwa Planarien, gebildet werden (Corning & Kelly, 1973) (vgl. Kap. 1.4. und 2.5.). Wird ein Ereignis sicher erwartet oder mit Sicherheit ausgeschlossen, ist die Unsicherheit auf seiten des Lebewesens gering. Ist hingegen völlig ungewiß, ob ein solches Ereignis eintritt oder nicht, ist die Unsicherheit am größten. Beim Münzwurf ist man sich maximal unsicher, da beide Ereignisse – Kopf oder Zahl – mit gleicher Wahrscheinlichkeit auftreten. Verwendet der Spieler eine gezinkte Münze, von der er weiß, daß Kopf in 80 % aller Versuche auftreten wird, ist seine Unsicherheit geringer. Unsicherheit meint hier einen erlebten oder zumindest erlebnisfähigen Zustand. Auf die Bedeutung dieser Variable als handlungssteuernde Größe im Neugierverhalten kommen wir zurück.

Zunächst müssen wir aber von objektiven Merkmalen der Umwelt ausgehen, die Unsicherheit im Lebewesen erzeugen. Shannon und Weaver (1949), zwei Kommunikationswissenschaftler, haben eine Definition der objektiven Unsicherheit (H) einer Informationsquelle vorgeschlagen, die von ähnlichen Plausibilitätsüberlegungen ausging. Bei zwei sich einander ausschließenden und erschöpfenden Ereignissen erreicht die nach Shannon und Weaver definierte Unsicherheit ein Maximum, wenn beide Ereignisse gleich wahrscheinlich sind. Je mehr die Wahrscheinlichkeit eines der beiden Ereignisse auf Kosten des anderen anwächst, um so mehr fällt dann die objektive Unsicherheit ab. Die Unsicherheit wächst ebenfalls mit Zunahme der Anzahl der möglichen Ausgänge an: Bei einem Würfel mit sechs möglichen und gleichwahrscheinlichen Ausgängen (Zahlen) ist die Unsicherheit größer als bei einem Würfel, dessen Flächen rot und grün eingefärbt sind, der also nur zwei mögliche und gleichwahrscheinliche Ausgänge produzieren kann. Das Unsicherheitsmaß »H« haben Berlyne (1960) und andere Autoren benutzt, um die objektive Unsicherheit von zukünftigen Ereignissen zu beschreiben.

So legte Berlyne (1962) seinen Vpn 30 Zitate aus der angloamerikanischen Literatur und Geschichtsschreibung vor. Zu jedem Zitat wurden zwei oder drei Autoren genannt und die relative Anzahl von Geschichts- und Literaturlehrern (von 100), die angeblich auf jeden dieser Autoren getippt hatten (Expertenurteile). Bei den zehn Zitaten mit hoher objektiver Unsicherheit waren die drei Autoren gleich häufig (jeweils etwa 33 %:

H= 1.58) angegeben worden. Bei den zehn Zitaten mit mittlerer objektiver Unsicherheit (H = 1.0) waren entweder nur zwei Autoren gleich häufig genannt worden (ca. 50 %) oder drei Autoren in ungleicher Verteilung (ca. 77 %, 13 % und 10 %). In beiden Fällen ist die nach Shannon-Weaver bestimmte objektive Unsicherheit in etwa gleich. Die zehn Zitate mit niedriger objektiver Unsicherheit (H = 0.47) schließlich zeichneten sich dadurch aus, daß zwei Autoren mit den ungleichen Häufigkeiten von etwa 90 % und 10 % genannt worden waren. Ein Teil der Vpn (Rate-Gruppe) mußte angeben, welcher der genannten Autoren der richtige war (mittlere Zeile, *Tabelle 6.1*). Alle Vpn mußten zwölf Zitate angeben, von denen sie die Auflösung, d.h. den Autor, erfahren wollten, und zwar in der Reihenfolge ihrer Neugier (letzte Zeile, *Tabelle 6.1*). Wie erwartet, wurde die Auflösung dieses Rätsels um so eher gewünscht, je stärker die objektive Unsicherheit des Problems war.

Tabelle 6.1: Expertenurteile über die Autorenschaft von Zitaten (erste Zeile; in %), Einschätzungen einer Rate-Gruppe (mittlere Zeile) sowie die mittleren Neugier-Kennwerte (modifiziert nach Berlyne, 1962, S. 30).

<table>
<tr><th rowspan="2"></th><th colspan="4">Unsicherheit</th></tr>
<tr><th>niedrig</th><th colspan="2">mittel</th><th>hoch</th></tr>
<tr><td>Verteilung der Expertenantworten</td><td>90/10
(H=0.47)</td><td colspan="2">50/50 77/13/10
(H=1.00)</td><td>34/33/33
(H=1.58)</td></tr>
<tr><td>Verteilung der Rate - Antworten</td><td>72/28
(H=0.86)</td><td>54/46
(H=1.00)</td><td>58/18/24
(H=1.39)</td><td>35/35/30
(H=1.58)</td></tr>
<tr><td>mittlere Neugier-Kennwerte</td><td>2.17</td><td>2.29</td><td>3.04</td><td>3.02</td></tr>
</table>

Die Ergebnisse dieser Studie bestätigen im großen und ganzen die Hypothesen, die überprüft werden sollten. Allerdings fand der Autor bei der mittleren objektiven Unsicherheit deutliche Unterschiede in der Neugier, je nachdem, ob den Vpn zwei oder drei Autoren zur Auswahl vorgelegt wurden. Bei drei zur Auswahl stehenden Autoren war die Neugier größer. Abweichend von den Expertenurteilen tendierte allerdings die Rategruppe zu einer Gleichverteilung der Zuordnungen (vgl. Zeile 2 der *Tabelle 6.1*), was als Ausdruck einer größeren Unsicherheit bei drei Autoren aufgefaßt werden kann. Der aus der Verteilung der Antworten ermittelte H-Wert ist entsprechend höher für diese Form der Darstellung als für die Darstellung mit nur zwei Autoren. Ganz offensichtlich ist die erlebte Unsicherheit unter sonst gleichen Umständen größer, je mehr Alternativen zur Verfügung stehen. Dieser Teilbefund macht deutlich, daß es nicht die objektive Unsicherheit einer Handlungssituation, sondern die subjektiv erlebte ist, die das Handeln von Menschen in Neugiersituationen bestimmt.

Auch bei der Lösung intellektueller Probleme fragen Personen um so mehr nach zusätzlicher Information, je stärker die objektive Unsicherheit der Problemstellung ist. Das ist von Lanzetta und Mitarbeitern in einer Vielzahl von Studien demonstriert worden (Lanzetta, 1971). In einem typischen Experiment dieser Forschungsgruppe wurde zunächst die objektive Unsicherheit einer Problemstellung bestimmt, und zwar aus den relativen Häufigkeiten, mit denen alters- und bildungsgleiche Vpn verschiedene Lösungsmöglichkeiten gewählt hatten. Danach wurden diese Problemstellungen einer anderen Gruppe von Vpn vorgelegt, die zusätzliche Informations-Items erfragen konnten, bevor sie zu einer Entscheidung kommen mußten. Die Befunde zeigen, daß mit zunehmender objektiver Unsicherheit die Anzahl der zusätzlich erfragten Informationseinheiten monoton anstieg.

Auch dann, wenn eine Person zunächst keine Unsicherheit erlebt, kann eine solche durch ein nicht erwartetes Ereignis ausgelöst werden. Treten nämlich Ereignisse ein, die von einer Person zu dieser Zeit oder an diesem Ort nicht erwartet wurden, erleben Menschen eine Überraschung. Das nur bei Menschen mitteilbare Überraschungserlebnis hat, wie Ausdrucksanalysen bei Primaten zeigen, sicherlich ein funktionelles Äquivalent bei infrahumanen Lebewesen (Darwin, 1872). Wie die subjektive Unsicherheit ist auch der Überraschungswert eines Ereignisses bestimmt durch die Erwartung des Lebewesens: Ein Ereignis ist um so überraschender, je unerwarteter es war. Ist es dann eingetreten, erzeugt es einen Zustand subjektiver Unsicherheit, den das Individuum durch Explorationsverhalten zu reduzieren versucht. Dies wird eingeleitet durch eine wahrnehmungsmäßige Zuwendung (ähnlich der bereits beschriebenen Orientierungsreaktion), in der die Gründe für das überraschende Ereignis erkundet werden, um abschätzen zu können, ob das Ereignis noch einmal eintreten wird. Um dieses zu gewährleisten, muß natürlich die gerade ablaufende Handlung unterbrochen werden (Schützwohl & Horstmann, 1999). Dieses Geschehen ist allerdings aus der tierexperimentellen Lernforschung längst bekannt. Die Präsentation eines neuen Reizes lenkt das Tier ab und unterbricht den Ablauf eines zuvor konditionierten Verhaltens (Rosen & Shulkin, 1998).

Die Bedeutung der Überraschung für die Auslösung und Aufrechterhaltung des Explorationsverhaltens bei Kindern demonstrierte bereits Charlesworth (1964) in Studien, in denen Murmeln, die die Kinder in einen

Trickbehälter rollen ließen, eine offensichtliche Substanzveränderung erfuhren. Am anderen Ende des Behälters kamen nämlich Murmeln heraus, die sowohl in der Anzahl als auch in der Farbe verschieden waren von denen, die die Kinder in den Behälter gesteckt hatten.

Ähnlich wie bei der Komplexität visueller und haptischer Gebilde so steigt auch bei Reizfolgen, bei denen die objektive Unsicherheit metrisch gestaffelt wurde, das Wohlgefallen bis zu einer mittleren objektiven Unsicherheit an und fällt dann wieder ab. Das Wohlgefallen ist also bei Gebilden von mittelhoher Komplexität am größten. Werden Tonsequenzen unterschiedlich großen Repertoires, festgelegt durch die Variation der Tonhöhe, Lautstärke und Dauer, vorgespielt, so stufen studentische Vpn die Sequenzen um so »komplexer« und »interessanter« ein, je größer das Repertoire ist, aus dem die Töne stammen, d.h. je größer die mittlere Unsicherheit der Sequenz nach der Definition von Shannon und Weaver ist. Diese erlebten Qualitäten steigen also monoton mit der Unsicherheit an. Dagegen werden die evaluativen Qualitäten des »Angenehmen« und »Schönen« in einem mittleren Bereich der Unsicherheit am höchsten bewertet (vgl. *Abbildung 6.7*). Musikstudenten beurteilten dabei, wie man erwarten konnte, Tonsequenzen von noch höherer objektiver Unsicherheit und damit erlebter Komplexität als angenehm und schön. Laien empfanden ein Repertoire von 16 Tönen als höchst angenehm, Musikstudenten eines von 174 Tönen (Crozier, 1974).

Eine neuere Neugiertheorie bezieht sich speziell auf diesen informationstheoretischen Aspekt neugiermotivierten Verhaltens (Loewenstein, 1994). Neugiermotivation soll bei einer Informationslücke (information gap) angeregt werden. Eine solche Lücke entsteht, wenn es einen subjektiv verbindlichen informationalen Referenzpunkt gibt, der oberhalb des momentanen Informationsstands liegt oder, einfacher gesagt, wenn ein Organismus mehr wissen möchte als er augenblicklich weiß.

Ein solcher subjektiver Referenzpunkt kann in unserer allgemeinen Motivationstheorie als ein subjektiv valenziertes Handlungsziel verstanden werden, das bis zur Zielerreichung die Handlungsausführung reguliert. Einige Befunde unterstützen diese Position; so werden insbesondere solche Informationen gesucht, die helfen, eine erkannte Lücke zu schließen (Unsicherheit reduzieren). Außerdem werden solche Informationen bevorzugt, die schlagartig (etwa durch »Einsicht«) eine Informationslücke schließen können. Eine andere interessante, weil kontraintuitive Ableitung aus der Theorie fand ebenfalls Unterstützung: Das Ausmaß der Neugier und Informationssuche wächst an mit dem bereits erreichten Informationsstand. Eine Person, die bereits über ein Problem eine Menge Informationen hat, ist besonders bestrebt, die fehlende Information zu erlangen (diese ist dann besonders wertvoll), während es einer Person, der ohnehin die meiste Information fehlt, auch gleichgültig ist, diese Information zu erlangen oder nicht. Dieser Befund zeigt deutlich, daß es für die Steuerung des Neugierverhaltens nicht auf die objektive Menge fehlender Information ankommt, sondern auf die subjektive Bedeutung (Referenzpunkt, s.o.), die sie in dem epistemologischen System der handelnden Person hat. Die Ausrichtung auf diese relevanten Informationsquellen kann bewußt erfolgen, läuft zumeist jedoch automatisch (unbewußt und unwillentlich) ab.

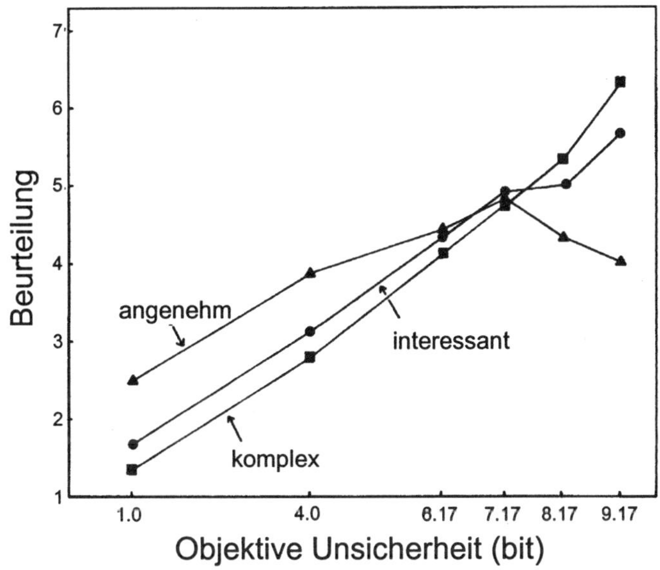

Abbildung 6.7: Mittlere Einstufungen der Qualitäten »komplex«, »interessant« und »angenehm« bei Tonsequenzen aus unterschiedlich großen Repertoires von Tönen und damit unterschiedlich großer objektiver Unsicherheit (modifiziert nach Crozier, 1974, S.39 ff.).

Wirkungsweise der Neugierverhalten anregenden Qualitäten. Haben die verschiedenen bislang vorgestellten Qualitäten von Umweltgegebenheiten – Neuheit, Zweideutigkeit, Komplexität und objektive Unsicherheit – etwas gemeinsam, das ihre Wirksamkeit ausmacht? Wir sind in der vorangegangenen Diskussion immer wieder auf die Bedeutung der subjektiven Unsicherheit gestoßen. Neue, komplexe und inkongruente sowie objektiv unsichere Sachverhalte erzeugen bei dem Lebewesen, das sich diesen Sachverhalten zuwendet, einen Zustand der subjektiven Unsicherheit. Durch Explorationsverhalten in seinen unterschiedlichsten Erscheinungsformen reduzieren Lebewesen ihre Unsicherheit. Sie erfahren dabei etwas über sich selbst und über die Welt, in der sie leben. Reduktion von Unsicherheit bedeutet Informationsgewinn, bedeutet im Sinne Piagets Assimilation von Umweltobjekten in die eigenen kognitiven Strukturen und Akkommodation der vorhandenen Schemata an die objektiven Gegebenheiten der Umwelt (Piaget, 1975). Diese Effekte sind für Lebewesen von großem Wert: Verhaltensweisen, die zu einer Reduktion von Unsicherheit führen, dürften daher verstärkt (im lerntheoretischen Sinne) und die Reduktion von Unsicherheit subjektiv als angenehm erlebt werden (Berlyne, 1978).

Dem positiven Anreiz neuer, komplexer, zweideutiger und unsicherer Sachverhalte wirkt ihre furchtauslösende Qualität entgegen. Neue Räume und Objekte sind potentielle Gefahrenbringer. Stärker noch als durch völlig neue Objekte scheint Furcht durch ungewohnte Zusammenstellungen von neuen und gewohnten Elementen hervorgerufen zu werden. Mehr als auf völlig neue Reize, wie eine Tiermaske oder eine fremde Fistel- oder Brummstimme, reagierten Säuglinge auf die Verfremdung einer ihnen bereits bekannten Person, so z.B., wenn die bekannte Kinderschwester ans Bett trat und mit hoher Fistel- oder Baßstimme sprach oder sich dort eine Maske aufsetzte (Bühler et al., 1928).

Eine ähnliche Beobachtung berichtete bereits Hebb (1955) von Schimpansen. Eine Kombination von bekannten und unbekannten Elementen löste auch bei diesen Tieren die stärkste Furcht aus – so das Modell eines rumpflosen Kopfes, ein Tierpfleger ohne Laborkittel oder ein anästhesierter Artgenosse. Auch bei Ratten rufen neue Objekte in einer bekannten Umwelt eher Vermeidung hervor als in einer neuen Umwelt (Cowan, 1977). Die Abweichung einer Wahrnehmung von der Erwartung und die dadurch ausgelöste Überraschung gehören, wie wir gesehen haben, ebenfalls zu den Erfahrungen, die Explorationsverhalten auslösen. Bei allzu großer Abweichung zwischen Erwartetem und Wahrgenommenem wird aber zunehmend Angst ausgelöst und das Explorationsverhalten wird unterdrückt.

6.2.2. Diversives Neugierverhalten

In monotonen Situationen zeigen Mensch und Tier ein Verlangen nach Abwechslung, Stimulation und Information. Bexton et al. (1954) bezahlten Collegestudenten mit 20 Dollar pro Tag dafür, daß sie einige Tage – nur unterbrochen durch die Mahlzeiten und die Verrichtung der Notdurft – auf einem bequemen Bett in einem geräuschabgeschirmten Raum zubrachten. Der Raum war erleuchtet, jedoch trugen die Vpn eine Schutzbrille, die nur diffuses Licht durchließ. Manschetten an Händen und Unterarmen verhinderten Tasten und Greifen und die damit einhergehende Stimulation. Die Vpn fanden diese Situation zunehmend unerträglich, und nur wenige waren in der Lage, das Experiment drei Tage lang durchzuhalten. Neben einer Reihe von Störungen kognitiver Funktionen, die in verschiedenen Testaufgaben zutage traten, entwickelten die Vpn Unruhe, Unrast und ein gesteigertes Verlangen nach sensorischer Stimulation und Information So spielten sich die Vpn immer wieder einen längst veralteten Börsenbericht und einen Vortrag für Kinder über die Gefahren des Alkoholismus vor. Die Abschirmung von Menschen, von Information und sensorischer Stimulation erzeugt also offensichtlich einen aversiv erlebten Zustand, eine zunehmend quälende Langeweile. Dieser Zustand motiviert Personen, sich einer stärkeren Stimulation oder einem stärkeren Informationsstrom auszusetzen.

Die Analogie dieses offensichtlichen Bedürfnisses nach Stimulation und Information zum homöostatischen Hunger- und Flüssigkeitsbedürfnis hat eine Reihe von Autoren veranlaßt, ein homöostatisch funktionierendes Informations- oder Stimulationsbedürfnis zu postulieren (Hebb, 1955). Das ZNS funktioniert anscheinend optimal nur bei einem mittleren Informationseinstrom, einem Einstrom, der die informationsverarbeitende Kapazität weder unter- noch überfordert. Der Informationseinstrom aktiviert über das aufsteigende aktivierende System (ARAS) in der Formatio reticularis (vgl. *Abbildung 2.4*) gleichzeitig kortikale Funktionen (Lindsley, 1957; Moruzzi & Magoun, 1949; vgl. Kap. 2). Man kann annehmen, daß das Lebewesen diese zentralnervöse Aktivierung u.a. durch Verhalten reguliert und daß daher diversives Neugierverhalten auch einer zentralnervösen Aktivierungssteigerung dient. Nun weisen Vpn zwar bei länger andauernder sensorischer Deprivation zunehmende Anzeichen einer kortikalen Desaktivierung im EEG auf, gleichzeitig aber auch einen Anstieg der vegetativen Aktivierung. Zu einem Anstieg der vegetativen Aktivierung kommt es aber auch bei einem Überangebot an Information und der Erfordernis, diese zu verarbeiten. Es bleibt also unklar, ob die zentralnervöse Desaktivierung oder die vegetative (sympathische) Aktivierung die regulierte Variable ist. Im letzteren Falle müßte man annehmen, daß die Vpn ein Minimum der vegetativen Aktivierung anstreben, da die vegetative Aktivierung bei einer hohen informationalen Belastung auch wieder ansteigt. Auch in Situationen der sensorischen Deprivation oder der Langeweile ist die gesuchte Information um so wertvoller, je mehr Informationsgehalt sie hat – zumindest solange dieser die derzeitige Verarbeitungskapazität der Person nicht übersteigt (vgl. *Abbildung 6.2*).

Die motivational-emotionale Ausgangssituation diversiven Neugierverhaltens ist offensichtlich eine andere als die der spezifischen Exploration.

Wir haben hier als Ausgangssituation einen aversiv erlebten Zustand, der bedingt ist durch einen zu geringen Reizeinstrom, während spezifisches Neugierverhalten in jedem motivational-emotionalen Zustand ausgelöst werden kann, wenn nur ein Sachverhalt in der Umwelt auftaucht, der für die handelnde Person die beschriebenen Qualitäten der Neuheit, Komplexität usw. besitzt. Durch derartige Merkmale einer Person-Umwelt-Situation wird ein Zustand der Unsicherheit erzeugt, der durch Explorationsverhalten reduziert werden kann. Im diversiven Neugierverhalten wird diese Unsicherheit nicht von außen erzeugt, sondern der Organismus bringt sich aus einem Zustand der Langeweile durch unterschiedliches Reizsuche-Verhalten sozusagen selbst in einen Zustand erhöhter Unsicherheit, in dem er anschließend Informationen aufnehmen und verarbeiten und damit die Unsicherheit auch wieder reduzieren kann.

6.3. Interindividuelle Unterschiede im Explorationsverhalten

Wir haben bislang nur allgemeine äußere Bedingungsfaktoren (Anreize) des Explorationsverhaltens diskutiert. Die Forschung hat sich lange Zeit ausschließlich mit diesen äußeren Faktoren beschäftigt, so daß das Wissen um deren Bedeutung am größten ist. Menschliches Verhalten kann aber erschöpfend nur aus dem Zusammenwirken von inneren und äußeren Faktoren erklärt werden (vgl. Kap. 1.). Selbst wenn wir bei höheren Lebewesen eine universelle, genetisch fundierte Verhaltensdisposition annehmen, unsichere Sachverhalte zu erkunden, so müssen die Variabilität des Genoms und unterschiedliche Erfahrungseinflüsse in der Entwicklung eines Lebewesens große Unterschiede in der Ausprägung dieser Disposition bedingen. Bereits in den Studien zur sensorischen Deprivation fielen die großen interindividuellen Unterschiede in der Fähigkeit auf, diese Situation zu ertragen.

Die Annahme stabiler interindividueller Unterschiede in der Motivation, die sächliche und soziale Umwelt zu explorieren, steht damit außer Frage (Henderson, 1994), dennoch sind die wenigen Versuche, diese Motivtendenzen zu messen, nicht von überwältigendem Erfolg gekrönt. Dies mag an einer Reihe eher ungewöhnlicher Schwierigkeiten in diesem Bereich liegen: Sowohl das Motivkonstrukt als auch das Verhalten sind multidimensional. Die verschiedenen Dimensionen (epistemische Neugier [Fragen] bzw. die Exploration durch Betrachten oder Manipulation und Lokomotion) sind weitgehend unabhängig voneinander. Schließlich sind die

Explorationstendenzen auch von dem jeweiligen Objekt abhängig und ebenso vom Entwicklungsstand des Individuums (Henderson, 1994; Trudewind & Schneider, 1994).

In einer von Schneider konzipierten Untersuchung konnten deutliche Motivunterschiede im Explorationsverhalten aufgezeigt werden. In dieser Untersuchung konnten Kinder, deren Neugiermotiv zuvor gemessen worden war, sich durch Hebelzug Bilder von Menschen, Spielzeugen und Tieren auf einem Bildschirm vorführen. Zusätzlich wurde die subjektive Unsicherheit manipuliert, indem die Erkennbarkeit (durch Vorbeiziehen eines Schlitzes) der Objekte variiert wurde. Sie lag etwa bei 10 % (hohe Unsicherheit), 50 % oder 90 % (niedrige Unsicherheit). Die Befunde für Kinder mit niedrigem und hohem Neugiermotiv sind in *Abbildung 6.8* dargestellt. In Übereinstimmung mit unseren Überlegungen zeigt sich, daß mittelhohe Unsicherheitsgrade bevorzugt werden und daß Kinder mit stark ausgeprägtem Neugiermotiv ein intensiveres Explorationsverhalten und eine deutlichere Bevorzugung mittlerer Unsicherheitsgrade zeigen.

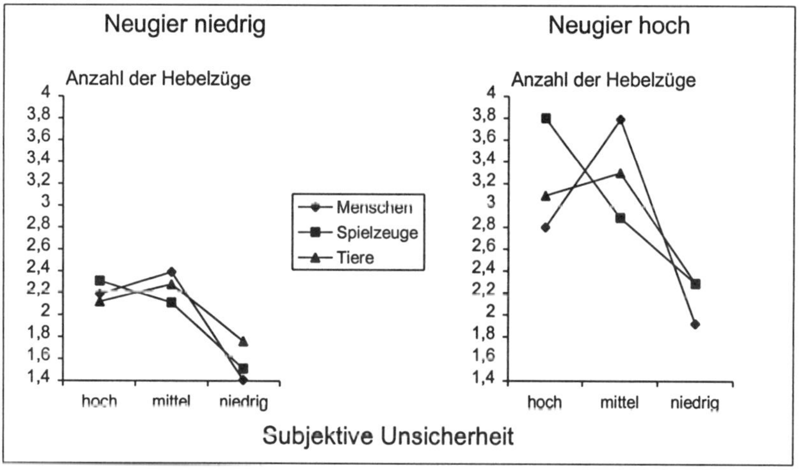

Abbildung 6.8: Explorationsverhalten (Hebelzüge) in Abhängigkeit von der subjektiven Unsicherheit und dem Neugiermotiv (nach Trudewind, Machowiak & Schneider, 1999, S. 111).

Eines der bekannten Verfahren, für das viele Validierungsstudien vorliegen, ist die »Sensation Seeking Scale« von Zuckerman und Mitarbeitern (Zuckerman, 1990, 1994). Sie war zunächst konstruiert worden, um interindividuelle Unterschiede im Ertragen von Isolation und sensorischen Deprivationen vorherzusagen. Hypothetisch hat Zuckerman diese Verhaltensdisposition im Sinne eines Motivs beschrieben. Diese Disposition ist gekennzeichnet durch das Bedürfnis nach abwechslungsreichen, neuen und komplexen Eindrücken und durch die Bereitschaft, um solcher Eindrücke willen physische und soziale Risiken in Kauf zu nehmen. Für interindividuelle Unterschiede in der Motivausprägung werden sowohl erfahrungsbedingte als auch genetische Ursachen verantwortlich gemacht (Zuckerman, 1990, 1994). Eine Studie mit 422 Paaren von ein- und zweieiigen Zwillingen kam zu einer Schätzung des Erblichkeitsanteils von 58 % (Fulkner et al., 1980) – für eine Motivdisposition ein hoher Wert.

Entsprechend ihrer Definition des Motivs haben Zuckerman und Mitarbeiter die Sensation Seeking Scale zusammengestellt. Sie erfragt typische Verhaltenskorrelate des Strebens nach intensiven, neuen und abwechslungsreichen Erlebnissen und Eindrücken, der Bewertung dieser Aktivitäten sowie der Vermeidung von Monotonie und Langeweile. Der Fragebogen wurde über mehrere Stufen bis zur derzeitig letzten Form entwickelt und besteht aus vier miteinander korrelierenden Skalen.

1. *Thrill and Adventure Seeking* (TAS): Tendenz zu risikoreichen Aktivitäten in Sport und Freizeit mit hohem Erlebniswert (Bergsteigen, Fallschirmspringen usw.), niedrige Konflikt-Spannung, hohe Ich-Stärke.
2. *Experience Seeking* (ES): Tendenz zu neuen Erfahrungen durch Reisen, Kunstgenuß, neue Speisen, interessante Personen, Anwendung von Drogen, Zuversicht, soziale Initiative, Nicht-Konformität, niedrige Selbstdisziplin usw.
3. *Disinhibition* (Dis): Tendenz zur Enthemmung in sozialen Situationen, z.B. auf Parties, in sexuellen Beziehungen und besonders unter Verwendung von Alkohol, Impulsivität.
4. *Boredom Susceptibility* (BS): Tendenz, monotonen, sich wiederholenden Situationen und Tätigkeiten sowie langweiligen Personen aus dem Wege zu gehen.

Das Sensation-Seeking-Motiv zeigt Zusammenhänge mit einer Reihe mehr oder weniger »abenteuerlicher« Verhaltensweisen und Vorlieben (zusf.: Schneider & Rheinberg, 1996; Zuckerman, 1994): So berichten hochmotivierte Personen über Vorlieben für Risikosportarten, über mehr und unterschiedlichere sexuelle Erfahrungen mit verschiedenen Partnern und mehr über Erfahrungen mit Drogen und Alkohol. Liebesbeziehungen von hochmotivierten Personen sind eher zwanglos und lustbetont ohne starkes Engagement. Das Sozialverhalten ist häufig abweichend mit einer Tendenz zu kriminellen Verhaltensweisen, wie z.B. Autofahren im angetrunkenen Zustand. Laborexperimentelle Untersuchungen zeigen ein hohes Interesse der hochmotivierten Sensation-Seeker an sozialen Interaktionen durch Herstellung des Blickkontakts, Lächeln, Lachen und einer offenen und ungezwungenen Selbstdarstellung. Beziehungen fanden sich auch zum Ausmaß des Zigarettenkonsums, des Tagträumens und der Bevorzugung stark gewürzter Speisen.

Das Sensation-Seeking-Motiv zeigt aber auch Beziehungen zu spezifischeren Neugierindikatoren. Zuckerman (1972) und Neary und Zuckerman (1973) erfaßten als Ausdruck der Orientierungsreaktion die Veränderung der Hautleitfähigkeit. Sie fanden, daß hoch motivierte Personen auf einen jeweils neuen optischen oder akustischen Reiz stärker reagierten als niedrig motivierte Personen. Nach einigen Wiederholungen der Reize adaptierte die Orientierungsreaktion auch bei den Personen mit hohem Sensation-Seeking-Motiv sehr schnell auf das niedrige Ausgangsniveau. Weitere Studien fanden, daß sich diese erhöhte Reagibilität auf subjektiv bedeutsame Ereignisse oder auf Reize mit sexueller Bedeutung beschränkt (Zuckerman, 1994).

Die Aufklärung der Bedeutung von Motivunterschieden im Explorationsverhalten wird durch den Umstand erschwert, daß menschliches Neugierverhalten nicht einheitlich ist (s.o.). Die verschiedenen Formen des Neugierverhaltens, wie etwa Fragen stellen, die Untersuchung von neuen Objekten oder die Inspektion komplexer Sachverhalte, zeigen nur geringe intraindividuelle Konsistenz (Coie, 1974). In drei faktorenanalytischen Studien zum Neugierverhalten bei Kindern fanden sich jeweils mehrere zusammengehörende Gruppen (Faktoren) des Neugierverhaltens, die nur mäßig oder überhaupt nicht miteinander korrelierten.

Wie die Sensation-Seeking-Scale zeigt, ist auch das Motivkonstrukt selbst sehr heterogen, ebenso wie das Verhalten, das vorhergesagt wird. Weiterhin ist davon auszugehen, daß das relativ globale Dispositionsmaß nicht direkt Einfluß auf das Zielverhalten nimmt, sondern daß dieser Einfluß durch solche situativen Faktoren vermittelt wird, die selbst nicht unmittelbar als Neugier anregende Anreize in Betracht kommen. Das folgende Forschungsbeispiel veranschaulicht diesen Sachverhalt sehr schön:

Wills und seine Mitarbeiter haben eine ganze Reihe von Untersuchungen durchgeführt, in denen sie den Bedingungen des Drogenkonsums (Nikotin, Alkohol, Marihuana) bei Jugendlichen nachgegangen sind. In einer der letzten Untersuchungen (Wills, Windle & Cleary, 1998) spielt dabei insbesondere das Konstrukt »Neuigkeitssuche« eine wichtige Rolle. Daneben wurden eine Reihe von Temperamentsdimensionen erfaßt, die mit dem Konstrukt Neuigkeitssuche in Verbindung stehen sollen. *Abbildung 6.9* zeigt einen Ausschnitt aus diesem Strukturmodell, in dem hier nur die mit dem Konstrukt Neuigkeitssuche in Verbindung stehenden Variablen berücksichtigt sind. Wie zu sehen ist, stehen einige basale Temperamentsdimensionen (positive und negative Emotionalität, Aktivität und Aufsuchen)

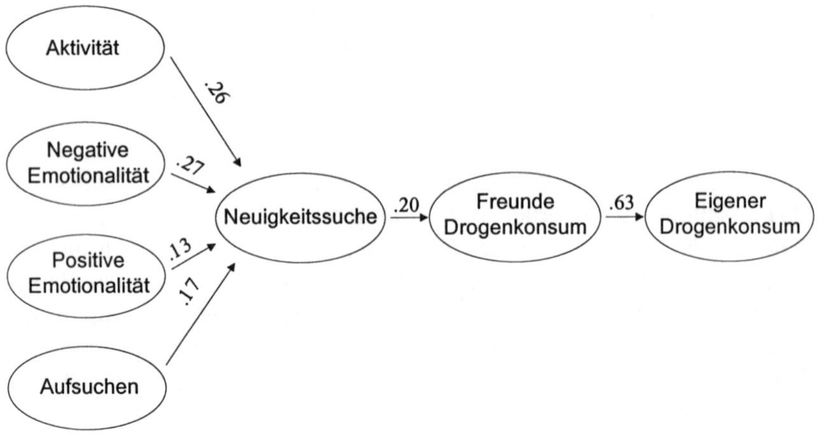

Abbildung 6.9: Ausschnitt aus einem Strukturmodell der Persönlichkeit zur Erklärung für Drogenkonsum bei Jugendlichen (sämtliche Pfadkoeffizienten sind signifikant) (stark vereinfacht nach Wills et al., 1998, S. 398).

im Zusammenhang mit der Neuigkeitssuche. Diese steht aber nicht in direktem Zusammenhang mit dem Drogenkonsum der Person, sondern mit der Auswahl des Freundeskreises, in dem Drogen konsumiert werden. Diese Variable bestimmt dann den eigenen Drogenkonsum. Die Auswahl des Freundeskreises stellt also eine wichtige vermittelnde Größe dar, über die Neuigkeitssuche Einfluß auf den Drogenkonsum einer Person nimmt.

6.4. Organismische Bedingungsfaktoren

Die einfachste Form des Neugierverhaltens ist die Orientierungsreaktion, deren begleitende vegetative und zentralnervöse Veränderungen gut bekannt sind (Zuckerman, 1994). Neben der zentralnervösen Aktivierung, der Desynchronisation im EEG, kommt es zu einer ergotropen, auf Handlung eingestellten Reaktionslage im autonomen Bereich, die sich im einzelnen in einer Abnahme der Atmungsfrequenz bei gleichzeitiger Zunahme der Atmungstiefe, einer Abnahme der Herzfrequenz und einer Gefäßverengung in der Peripherie manifestiert. Die zentralnervöse Aktivierung, die sich in einer Zunahme hochfrequenter und kleinamplitudiger

Wellen im EEG anzeigt, scheint zunächst an die Aktivität der Formatio reticularis gebunden zu sein, wird dann aber offensichtlich von modalitätsspezifischeren Aktivierungsgeneratoren in thalamischen Kernen abgelöst. Die positive Anreizwirkung des Neuen ist an intakte limbische Strukturen gebunden. Adey (1969) und Grastyan (1961) konnten zeigen, daß die Orientierungsreaktion, ebenso wie exploratorische Aktivität insgesamt, mit einer Synchronisation hippocampaler elektromagnetischer Wellen einhergeht. Es überwiegen dann die sog. Theta-Wellen (4–7 Hz). Bei bekannten Reizen hat der Hippocampus eine tonische inhibitorische Wirkung auf andere Areale des ZNS, insbesondere des Kortex. Die sich in der Zunahme von Theta-Wellen anzeigende Desaktivierung des Hippocampus entspricht damit funktionell einer Aufhebung der Inhibition, wodurch es zu einer Zunahme der kortikalen Aktivierung und der Aufmerksamkeit kommt. Läsionen im Bereich des Hippocampus führen auch in der Regel zu gesteigerter Lokomotion im Feld. Es gibt viele Belege dafür, daß der Hippocampus maßgeblich die Entdeckung und Registrierung neuer Sachverhalte beeinflußt. Es wird angenommen, daß er an der Feststellung von Diskrepanzen zwischen dem erwarteten oder gewohnten und einem überraschenden, nicht erwarteten Sachverhalt beteiligt ist. Auch diese Leistung stellt eine grundlegende Voraussetzung des Neugierverhaltens dar (Jellestad, Follesø & Ursin, 1994).

Ganz ähnliche Funktionen hat man auch der dem Hippocampus benachbarten Amygdala zugesprochen. Hier steht jedoch die emotionale Bewertung (Bedeutungsverleihung) wahrgenommener Sachverhalte im Vordergrund. Diese emotionale Bedeutungsverleihung könnte sowohl im Hinblick auf die positive Anreizwirkung, die neugierinduzierende Wirkung neuer, komplexer Sachverhalte als auch im Hinblick auf die vom gleichen Sachverhalt ausgehende Furchtwirkung erfolgen. Läsionen im Bereich der Amygdala sind häufig von Hyperaktivität begleitet. Da die Amygdala aber auch in die Emotionsregulation und die Steuerung einer Reihe anderer Motivationsformen einbezogen ist, ist z.Zt. noch unklar, ob die beobachteten Wirkungen auf eine Veränderung in der emotionalen Bewertung von Sachverhalten, auf eine Enthemmung des Verhaltens oder auf die Beeinträchtigung sensorischer Fähigkeiten zurückgeht (vgl. Davis, 1992; Jellestad et al., 1994).

Auch die in Kap. 2.3. (vgl. *Abbildung 2.6*) beschriebenen Transmittersysteme, insbesondere die für Dopamin und Serotonin, sind an der Regulation des Neugier- und Sensation-Seeking-Verhaltens beteiligt. Dopamin ist generell für aufsuchende Motivation verantwortlich und sollte deshalb auch die Suche nach Neuem und Erregendem positiv beeinflussen. Netter und Rammsayer (1991) verabreichten ihren Versuchspersonen Substanzen, die das dopaminerge System kurzfristig blockieren (Antagonisten) oder stimulieren (Agonisten) und erhoben Leistungsmaße und die erlebte Erregung. Personen mit schwach ausgeprägtem Sensation-Seeking-Motiv reagierten auf die beiden Substanzen sehr unterschiedlich. Wird das dopaminerge System blockiert, zeigen sie eine deutlich verschlechterte Leistung und fühlen sich weniger entspannt als dann, wenn das dopaminerge System angeregt wird. Personen mit stark ausgeprägtem Sensation-Seeking-Motiv fühlen sich eher entspannt, wenn das dopaminerge System blockiert wird. Es sieht so aus, als wenn schwache und starke Ausprägung des Sensation-Seeking-Motivs mit einem unter- bzw. überaktiven dopaminergen System verbunden ist.

Das serotonerge System, das eher für die Unterdrückung von Verhalten verantwortlich ist, greift ebenfalls in die Regulation des Neugierverhaltens ein. Wir hatten in Kap. 2.3. das serotonerge System näher dargestellt und mit seiner Aktivität zwei wichtige motivationspsychologische Sachverhalte in Zusammenhang gebracht: das Abwägen von Alternativen (das schließt eine angemessene Bewertung der Alternativen ein) und die Unterdrückung ungeeigneter Handlungsalternativen. Ein unteraktives serotonerges System führt deswegen zu unangemessenen Bewertungen der Gefährlichkeit von bestimmten Verhaltensweisen und kann deswegen auch unangemessene, antisoziale und gesundheitsgefährdende Formen des Sensation-Seeking-Verhaltens nicht unterdrücken.

6.5. Auf ein Wort ...

Das Neugierverhalten dient der Orientierung von Lebewesen in der Umwelt. Eine entsprechende Verhaltensdisposition war und ist daher angepaßt, vor allem für solche Arten, die nicht in hohem Maße auf ganz bestimmte Formen der Lebenserhaltung spezialisiert sind oder generell weniger fest verdrahtete Verhaltenssysteme besitzen. Das Neugiermotiv muß daher, wie z.B. das Hunger- und das Sexualmotiv, als ein vornehmlich durch biogene Faktoren determiniertes Motiv angesehen werden, das allerdings auch durch Lern- und Umwelteinflüsse moderiert werden kann. Lebewesen explorieren nicht ungehemmt. Neue Objekte rufen nicht nur Neugier, sondern auch Furcht und Vermeidungsverhalten hervor und dies umso stärker, je deutlicher ein Sachverhalt vom Gewohnten und Erwarteten abweicht.

Nach Berlyne unterscheiden wir das spezifische vom diversiven Neugierverhalten. Wird das spezifische Neugierverhalten durch bestimmte neuartige Reize in der Umwelt ausgelöst, so ist das diversive Neugierverhalten eine Reaktion auf reizarme, monotone Situationen, in denen wir Menschen Langeweile erleben. In beiden Klassen des Neugierverhaltens lassen sich als basale Formen des Neugierverhaltens perzeptive Zuwendung, Lokomotion, Manipulation und – als spezifisch menschliche Formen des Neugierverhaltens das Fragen oder Konsultieren – unterscheiden.

Reizcharakteristika, die spezifisches Neugierverhalten auslösen, sind Neuigkeit, Komplexität und Zweideutigkeit sowie die objektive Unsicherheit von möglichen Ereignissen. Man kann annehmen, daß diese verschiedenen Reizqualitäten alle einen Zustand der Unsicherheit im Individuum induzieren, der seinerseits das spezifische Neugierverhalten anregt. Durch Neugierverhalten und die dadurch ermöglichte Informationsaufnahme wird diese Unsicherheit nachfolgend reduziert. Gesucht werden insbesondere solche Informationen, die für den Organismus bedeutungsvoll und bedürfnisrelevant sind.

Ein anderer theoretischer Ansatz war notwendig für die Erklärung diversiven Neugierverhaltens. Hier hat man die Vorstellung zu Hilfe genommen, daß Lebewesen in ihrer Wachperiode einen mittleren Informationseinstrom präferieren und sowohl eine Informationsüberlastung als auch eine Informationsunterlastung zu vermeiden suchen. Eine Informationsunterlastung kann Folge des Aufenthaltes in reizarmen, monotonen Situationen sein. Solche Situationen werden, zumindest so lange wie sie nicht mit den Schlafperioden zusammenfallen, als unangenehm erlebt. Diversives Neugierverhalten ist daher darauf gerichtet, diesen unangenehmen Zustand aufzuheben. Umweltgegebenheiten mit hohem potentiellen Informationswert sind am besten geeignet, diesen Zustand zu beseitigen und werden daher aufgesucht.

Wie in allen anderen biogenen Motivationssystemen finden wir auch beim Neugierverhalten große interindividuelle Unterschiede, die man als Folge des Zusammenwirkens von genetischen und Erfahrungsfaktoren in der Ontogenese erklären muß. Das Interesse der Forschung war hier besonders auf das Sensation-Seeking-Motiv gerichtet, eine Verhaltensdisposition, die Vorlieben für besonders risiko- und abwechslungsreiche aber auch gefährliche Verhaltensweisen beschreibt.

7. Angst und Furcht

7.1. Phänomene und Funktion

Im Gegensatz zu allen anderen Motivationen, die wir bislang diskutiert haben, ist die Angst oder Furcht eine Motivation, die von bestimmten negativ bewerteten Sachverhalten weggerichtet ist. Die Motivation der Angst oder Furcht und das zugehörige Vermeidungsverhalten finden wir in allen Funktionskreisen: z.B. bei der Nahrungsaufnahme als Furcht vor neuer oder unbekömmlicher Nahrung, im Neugierverhalten als Furcht vor dem Neuen und Unbekannten, im Sexualverhalten als Furcht vor Versagen, bei aggressivem Verhalten als Furcht vor Bestrafung und im Leistungsverhalten als Furcht vor Mißerfolg. Es ist deshalb angemessen, wie wir in Kap. 1. dargestellt haben, einen kompletten Motivationsprozeß unter Einbezug einer meidenden im wesentlichen durch Furcht motivierten Tendenz zu konzipieren. Soweit man dieses Scheitern vorwegnimmt, entsteht Angst oder Furcht, wobei der furchtauslösende Sachverhalt in der Regel von der handelnden Person wahrgenommen aber nicht unbedingt bewußt erlebt wird. Angst und Furcht entsteht aber auch als relativ diffuser Zustand, wenn eine Person ganz allgemein ihr Selbstwertgefühl, ihr Leben oder ihre körperliche Unversehrtheit bedroht sieht. Einige Autoren sprechen von Furcht, wenn der Auslöser erkennbar ist, und von Angst nur dann, wenn der Auslöser für die handelnde Person nicht erkennbar oder gänzlich allgemeiner Natur ist. Neuere Befunde könnten darauf hindeuten, daß eine Trennung spezifischer Furcht und unspezifischer Angst aufgrund der Beteiligung unterschiedlicher neuroanatomischer Strukturen gelingen könnte (vgl. Kap. 7.7.) (Rosen & Shulkin, 1998). Hinsichtlich ihrer Erscheinungsweisen – emotionales Erleben, Ausdruck, vegetative Veränderungen – sind Angst und Furcht jedoch nicht zu unterscheiden; wir werden daher im folgenden beide Begriffe gleichbedeutend verwenden, dies auch deswegen, weil sich in der Literatur kein einheitlicher Begriffsgebrauch durchgesetzt hat.

Da die Hinwendung zu positiven Umweltgegebenheiten und die Abwendung von negativen eines der allgemeinsten Prinzipien motivierten Verhaltens ist – von den Protozoen bis hin zum Menschen –, muß man vermuten, daß das Furchtsystem schon sehr früh in der Entwicklung der Arten als Flucht- und Vermeidungssystem entstand. Das Erleben von Furcht und Angst beim Menschen kann bewußt sein, die vermittelnden hirnphysiologischen Mechanismen, die Furcht entstehen lassen und Reize als gefährlich und furchteinflößend bewerten, arbeiten unbewußt und automatisch (LeDoux, 1996). Auf welcher Stufe der Stammesgeschichte die uns Menschen aus dem Erleben bekannten emotionalen Zustände Furcht und Angst zum ersten Mal auftraten, werden wir nie wissen. Man darf jedoch annehmen, daß zumindest die höher entwickelten Wirbeltiere analoge Zustände aufweisen, zumindest sprechen alle objektiven Merkmale – Ausdruck und vegetative Begleiterscheinungen – dafür. Für das menschliche Verhalten nehmen wir in Übereinstimmung mit unserem allgemeinen Modell (vgl. Kap. 1.) an, daß die Emotionen Furcht und Angst die Organisationskerne dieser Motivation darstellen.

Während im Verhalten der Tiere die typischen Verhaltensweisen der Flucht, der aktiven und passiven Vermeidung und bei einigen Arten auch der Verhaltensstarre (Totstell-Reflex) relativ eindeutige Manifestationen der Angst sind, wird man beim Menschen je nach Kontext und übergeordneter Zielsetzung die unterschiedlichsten Verhaltensweisen vorfinden. Einzig in Situationen größter Gefahr für Leib und Leben kann man beim Menschen wie bei Tieren die lokomotorischen Verhaltensweisen der Flucht und des Vermeidens sowie des Totstell-Reflexes beobachten.

Im menschlichen Erleben stellt sich Angst und Furcht als ein charakteristischer negativ erfahrener emotionaler Zustand dar, der hohe Intensitätsgrade erreichen kann. Er wird »als ein spannungsreiches, beklemmendes, unangenehmes, bedrückendes oder quälendes Gefühl der Betroffenheit und Beengtheit« erlebt (Fröhlich, 1982, S. 15). Mit diesem Erleben gehen Ausdrucksphänomene in der Mimik, in der Körperhaltung, der Körperorientierung sowie im Stimmausdruck einher, gleichzeitig manifestiert sich die Angst in somatischen Veränderungen, die Ausdruck einer erhöhten vegetativen, primär sympathischen Aktivierung sind.

Ausgelöst wird Angst beim Menschen durch alle bedrohlichen Momente in der Handlungssituation, von denen eine potentielle Gefahr ausgehen könnte. Bei Kleinkindern sind es z.B. fremde Personen, aber auch neue und komplexe Objekte (vgl. Kap. 6.). Eine solche Neophobie, für die es auch im Verhalten vieler Säugetiere zahllose Beispiele gibt, hat zweifelsohne einen hohen Anpassungsvorteil, da sie Lebewesen motiviert, nicht wahllos und ungehemmt neue Sachverhalte zu explorieren und sich damit Gefahren auszusetzen. Hierbei fanden entwicklungspsychologische Forscher schon im frühen Kindesalter stabile interindividuelle Unterschiede, die als Ausdruck einer interindividuell unterschiedlichen Reagibilität des sympathischen Systems oder auch eines hormonellen Streßbeantwortungssystems interpretiert werden. Lang andauernde Trennung von der Mutter ist beispielsweise ein Faktor, der die Entstehung einer hohen Ängstlichkeit bei Kindern begünstigt (Rosen & Shulkin, 1998).

Sehr häufig wird Angst beim Menschen und bei Tieren jedoch durch an sich harmlose Situationsmomente ausgelöst, die in vorangegangenen Lernsituationen durch eine enge räumliche und zeitliche Koppelung mit wirklichen Gefahren oder erfahrenen Schmerzen und Bedrohungen die Wirkung eines konditionierten Angstauslösers erworben haben. Diesen Konditionierungsvorgang darf man sich nach dem Schema des klassischen Lernens vorstellen. Die genauen Umstände eines solchen Lernvorgangs sind in der Regel dem bewußten Erleben nicht zugänglich.

Schließlich wird Angst beim Menschen auch durch nur phantasierte Gefahren, die keine reale Entsprechung aufweisen, ausgelöst. In entwicklungspsychologischen Studien zeigte sich z.B., daß beim Kind im ersten Jahrzehnt Angst zunehmend mehr von symbolischen und phantasierten Gefahren – z.B. der Phantasiegestalt des schwarzen Mannes – ausgelöst wird, die die zunächst wirksamen konkreten Sachverhalte, wie laute Geräusche und Dunkelheit, ablösen (Jersild & Holmes, 1935).

Gleichgültig, ob es sich um erlernte oder um natürliche (angeborene) Auslöser der Angst handelt, immer wird der Angstzustand als Gefahrensignal wirksam. Dieses Gefahrensignal treibt das Lebewesen zur Flucht- oder Vermeidungsreaktion an. Im Sinne der oben dargestellten Annahmen zur Funktion von Emotionen im Verhalten (vgl. Kap. 1. und 3.5.) verstehen wir die Angstemotion als die subjektive Repräsentation der Bewertung der bedrohlichen Situation, die unmittelbar Zugang zur Verhaltenssteuerung findet. Unter funktionaler Betrachtungsperspektive kann man Furcht geradezu als ein Bewertungssystem beschreiben, dessen primäre Aufgabe in der raschen Entdeckung von Bedrohungen besteht (Eysenck, 1992).

Ein bewußtes Erleben von Angst ist ebenso wie die genaue Identifikation der Gefahrenquelle sicherlich nicht notwendig, um die Auslösung von Flucht- und Vermeidungsverhalten sicherzustellen. Die Bewußtwerdung arbeitet wesentlich zu langsam, um dies zu gewährleisten. Aus unserer Selbstbeobachtung wissen wir, daß wir in bedrohlichen Situationen längst die Flucht angetreten haben, bevor sich Furcht in unserem bewußten Erleben ausgebreitet hat. Selbst eine subjektive Repräsentation von Furcht – ohne Bewußtwerdung – ist für die schnelle Auslösung einer Flucht- und Vermeidungsreaktion nicht notwendig, wie die frühen Versuche an Ratten von Solomon und Wynne (1953) gezeigt haben. Man erklärt solche Sachverhalte heute mit Hilfe der Annahme einer automatischen Informationsverarbeitung. Man nimmt an, daß sich netzwerkartige Assoziationsfelder mit Emotionsknoten, auslösenden Reizen und zugeordneten Verhaltensweisen (Flucht) herausbilden (vielleicht genetisch vorbereitet) und daß schließlich ein bedrohlicher Reiz – unter Umgehung des Emotionsknotens Angst/Furcht – die zugeordnete Verhaltensweise Flucht direkt (automatisch) auslösen kann (vgl. Bargh & Chartrand, 1999; LeDoux, 1996).

Da Angst in den verschiedensten Verhaltenssystemen auftreten kann – überall dort nämlich, wo wertgeschätzte Handlungsziele in Gefahr sind – mag es verwundern, daß die Angst eine eigenständige Motivation sein soll und nicht ausschließlich als Teilfunktion der verschiedenen positiv gerichteten Motivationen aufgefaßt wird. Die Angst stellt sich allerdings, und das spricht für die erste Auffassung, in den verschiedensten Verhaltenskontexten als vergleichbarer Zustand mit nicht unterscheidbaren Ausdruckserscheinungen und vegetativen Veränderungen dar, so daß das Angstsystem mit einigem Recht als ein basales Reaktionssystem aufgefaßt werden kann, auf das in den verschiedensten Verhaltenssystemen bei Bedarf zurückgegriffen wird. Für diese Auffassung spricht auch die Tatsache, daß für Angstreaktionen in unterschiedlichen Kontexten ein einheitliches neuronales Substrat identifiziert wurde (vgl. Kap. 3.5. und Kap. 7.8.)

7.2. Situative Auslöser der Angst

Wir haben oben bereits einige Beispiele für natürliche Angstauslöser bei Mensch und Tier erwähnt. Wie Kaspar Hauser-Versuche belegen, haben viele untersuchte Tierarten ein angeborenes Bild potentieller Feinde. So konnte Hinde (1954) zeigen, daß handaufgezogene Buchfinken mit Vermeiden und Abwehrverhalten auf Eulenattrappen reagierten. Noch bei den uns nächst verwandten Primaten, den Schimpansen, gehören angeborene Bilder natürlicher Feinde zur Erbausstattung. Hebb (1946) beobachtete, wie im Labor aufgezogene Schimpansen mit Angst und Schrecken auf Schlangen reagierten, aber auch auf das Gipsmodell eines Schimpansenkopfes oder auf einen narkotisierten Artgenossen. Neben dem Bild des natürlichen Feindes ist es also auch hier das Verfremdete oder Ungewöhnliche, das Unbekannte im Bekannten, das Angst auslöst. Das gilt auch für den Menschen: So beobachteten schon Bühler et al. (1928), daß Kleinkinder zwischen 2 1/2 und 8 1/2 Monaten in ähnlicher Weise mit Angst und Unmutreaktionen auf bekannte, aber verfremdete Personen (Maske vor dem Gesicht, verstellte Stimme) reagierten (vgl. Kap. 6.2.1.). In ähnlicher Weise reagieren Kleinkinder auch auf fremde Personen, wie es das sprichwörtliche Fremdeln des Kindes im ersten und zweiten Lebensjahr belegt. Diese Fremdenangst von Kleinkindern gehört sehr wahrscheinlich auch zur angeborenen Ausstattung des Menschen. Sie ist hochgradig funktional, besitzt also einen hohen Anpassungswert; Fremdenangst ist in vielen Kulturen und bei anderen Primaten zu beobachten (Güntürkün, 2000a).

Schon Darwin (1877) vermutete, daß die typischen Ängste von Kindern und Erwachsenen, z.B. vor großen Tieren oder Schlangen, ein phylogenetisches Erbe darstellen. Wie schon eine Studie aus dem 19. Jahrhundert (Hall, 1897) und auch epidemiologische Studien (z.B. Abe, 1972) zeigen, geben Erwachsene ein Vorliegen der Furcht vor Schlangen an – ganz sicherlich ein Tier, mit dem die allerwenigsten eine direkte gefährliche Begegnung (Lernerfahrung) gehabt haben dürften.

Im Unterschied zur Annahme angeborener Bilder der natürlichen Feinde, wie es im Verhalten von niederen Wirbeltieren nachgewiesen worden ist, nimmt man zur Erklärung dieser Phänomene beim Menschen allerdings phylogenetisch entstandene und genetisch fixierte Lernbereitschaften an (Seligman, 1971). Darunter versteht man Prädispositionen, in unterschiedlichen Verhaltenskontexten bevorzugt bestimmte Verhaltensweisen – z.B. Vermeidungsverhalten – oder bestimmte Arten von Lernerfahrungen zu erwerben. Ein Beispiel für eine solche Lernbereitschaft stellt die Disposition von Nagetieren dar, beim Nahrungsvermeidungslernen an erster Stelle den Geschmack und den Geruch der Nahrung mit nachfolgender Übelkeit zu verknüpfen. So konnte auch verschiedentlich gezeigt werden, daß phobische Reize (z.B. Bilder von Schlangen oder Spinnen) leicht als angstauslösende Reize zu konditionieren sind und in einer sich anschließenden Löschungsphase länger wirksam bleiben.

Öhman (1992) glaubt, daß beim Menschen der Neuzeit eine angeborene Bereitschaft besteht, auf solche Objekte und Situationen mit Furcht zu reagieren, die für unsere Vorfahren im Pleistozän eine Lebensbedrohung dargestellt haben. Wenn diese Bereitschaft tatsächlich durch die Evolution entstanden sein sollte, muß sie eine hohe genetische Variabilität aufweisen, die sich in großen interindividuellen Unterschieden in der Konditionierbarkeit zeigen müßte. Es sollte sich also demonstrieren lassen, daß einige Personen sehr leicht Phobien vor Schlangen und Insekten, andere Personen solche Phobien hingegen nur sehr schwer entwickeln. In einer Reihe von Studien fand Öhman positive Belege für seine Annahmen. Lernen mit diesen furchtrelevanten Objekten war auch sehr viel löschungsresistenter als Lernen mit neutralen Objekten (z.B. Blumen). Für Objekte, die heutzutage durchaus lebensbedrohend sind (z.B. Auto, Gewehr), scheint es hingegen keine Lernbereitschaften zu geben, was so interpretiert werden kann, daß die Evolution noch nicht genügend Zeit hatte, diese Gefahrenquellen in die Lernprogramme einzubauen (LeDoux, 1996, S. 238). Allerdings haben Kendler et al. (1992) an einer großen Stichprobe von weiblichen Zwillingen keinen überzeugenden Beleg für die Annahme einer Lernbereitschaft gefunden. Kulturelle Faktoren erwiesen sich in dieser Studie als weitaus einflußreicher. Grundsätzlich ist auch zu fragen, warum die Evolution gerade Spinnen und Schlangen als genetisch bevorzugte Objekte von Konditionierungsvorgängen »ausgesucht« hat, wo es doch viel funktionaler gewesen wäre, Furcht vor großen pelzigen Tieren oder Blitz und Donner genetisch vorzubereiten (Sartory, 1993).

Aufschlußreich für Fragen dieser Art sind vergleichende Betrachtungen verschiedener Primatenarten. Güntürkün (2000a) hat eine solche Analyse vorgenommen und berichtet, daß verschiedene Affenarten recht spezifische Formen von Schlangenfurcht zeigen. Während z.B. Makaken deutliche Schlangenfurcht zeigen, entwickeln Lemuren, die auf Madagaskar leben, keine Schlangenfurcht. Diese Beobachtung ist eine deutliche Unterstützung für eine evolutionsbiologische Erklärung, denn die Makaken stammen aus einem Lebensraum, in dem giftige Schlangen vorkommen, während in Madagaskar keine großen Giftschlangen leben. Durch die genetische Determination oder zumindest Vorbereitung ergibt sich also für Makaken ein Selektionsvorteil, für Lemuren hingegen nicht. Zusammenfassend kommt Güntürkün (2000a) zu dem Schluß, daß es bei den höheren Primaten, den Menschen eingeschlossen, eine genetische Vorbereitung der Schlangenfurcht gibt, die jedoch noch einer Lerngenese bedarf. Wir können also von einer genetisch bedingten Lernbereitschaft sprechen. Meist reicht eine einmalige Lernerfahrung oder auch die Beobachtung eines Artgenossen, der eine entsprechende Furcht zeigt, aus, um die Furcht entstehen zu lassen. Eine solche Schlangenfurcht ist dann kaum wieder löschbar (vgl. LeDoux, 1996).

Die oben angesprochene hohe interindividuelle Variabilität in der Ausprägung dieser Lernbereitschaft im Humanbereich ist auch durch die Häufigkeit von Angststörungen gut belegt. Pathologische Formen extremer Ängstlichkeit kann man sich vorstellen als eine Art von Sensibilisierung, indem der Schwellenwert für die Aktivierung des Angstsystems abgesenkt ist. Die wiederholte Anregung einer starken Furcht führt zur Übererregbarkeit, und Furcht wird zunehmend leichter ausgelöst. Auch die Vigilanz erhöht sich, die gerichtet nach bedrohlichen und furchtauslösenden Reizen sucht. Letztendlich wird das Furchtsystem unabhängig von der Anregung durch äußere Reize. Dadurch gerät das System völlig außer Kontrolle und der Organismus in einen Zustand chronischer Furchtaktivierung (Eysenck, 1992; Rosen & Shulkin, 1998).

7.3. Die Triebkonzeption der Angst

In den 40er und 50er Jahren hat in den USA eine Gruppe von behavioristisch orientierten Forschern, aufbauend auf dem klassischen Konditionieren und den Konzepten der Psychoanalyse, ein theoretisch anspruchsvolles Modell der Entstehung und der Wirkung von Angst auf menschliches und tierliches Verhalten entwickelt. Die lerntheoretischen Grundlagen dieser bedeutsamen Richtung der Angstforschung wurden von Hull (1943) entwickelt und lassen sich wie folgt darstellen (vgl. Kap. 3.4.): Alle Organismen streben ein konstantes, relativ niedriges Triebniveau an. Erhöht sich das Triebniveau, so wird der Organismus zur Handlung angeregt. Handlungen werden solange ausgeführt, bis sie das Triebniveau wieder reduziert haben. Handlungen, die geeignet sind, eine solche Triebreduktion herbeizuführen, werden mit den auslösenden Reizen assoziiert. Ein solcher Vorgang wird mit Lernen bezeichnet. Die Assoziation selbst wird Gewohnheit (Habit) genannt. Die Effektivität einer Handlung in bezug auf ihre triebreduzierende Funktion wird auf theoretischem Niveau als Verstärkung (Reinforcement) gefaßt. Dieser Begriff soll erklären, warum entsprechende Handlungen eine zunehmend höhere Auftretenswahrscheinlichkeit besitzen. Neben dem Trieb und den Gewohnheiten üben Anreize (Incentives) eine motivierende und richtende Wirkung aus (Hull, 1952; Spence, 1951).

Wir haben bereits mehrfach das Paradigma des klassischen Konditionierens angeführt, das ein Modell für den Erwerb von Angstreaktionen auf zunächst neutrale Sachverhalte darstellt. Aufbauend auf diesem Vorgang haben Miller (1951) und Mowrer (1939) ein Modell zur Erklärung der angstmotivierten Vermeidung entwickelt und in Tierversuchen überprüft. Sie faßten die Furcht als eine auf Schmerz konditionierte Reaktion auf, wobei der Schmerz den unkonditionierten Reiz (US) und die Furcht die konditionierte Reaktion (CR) darstellt. Ein Hinweisreiz (CS), der mit einer Schmerzerfahrung verbunden ist, ruft Furcht und dadurch bedingt Flucht- und Vermeidungstendenzen wach. Furchtreaktionen haben daher einen Anpassungswert, weil sie den Organismus vor schädigenden Reizen bewahren helfen: Sie erhöhen den Trieb, der seinerseits Flucht und Vermeidung energetisiert. Dadurch kommt es zu einer Trieb(Furcht)reduktion, die die vorangegangenen Verhaltensweisen verstärkt. Dieses Modell, das als Zweifaktorenmodell des Vermeidungslernens bezeichnet wird, vereinigt die klassisch konditionierte Angstreaktion mit einer instrumentellen Lernsituation, in der durch den Abbau von Furcht die Vermeidungsreaktion negativ verstärkt wird.

Das Paradigma des klassischen Konditionierens spezifiziert zunächst einmal nur die für den Erwerb einer Angstreaktion hinlänglichen Raum-Zeit-Beziehungen zwischen dem Schmerz (US) und den Signalen, die dieses aversive Ereignis ankündigen (CS). Die Mechanismen dieser Verknüpfung sind damit noch nicht erklärt und dürften auch für unterschiedliche Situationen, verschiedene Spezies und Altersgruppen des Menschen verschieden sein. Man kann sie sich als assoziative Verknüpfung von CS und US, ohne Beteiligung höherer kognitiver Mechanismen, vorstellen (Bargh & Chartrand, 1999) oder als Folge einer bewußten Erkenntnis von Zusammenhängen in der Umwelt.

J.A. Taylor und K.W. Spence haben diese Vorstellungen auf dem Hintergrund der Hullschen Lerntheorie weiter ausformuliert und sich hierbei insbesondere auf den Trieb bezogen (Spence & Spence, 1966). Sie haben ihn als einen motivationalen Zustand aufgefaßt, dessen Intensität durch interindividuelle Unterschiede in der emotionalen Ansprechbarkeit bestimmt wird. In einer gegebenen Lernsituation soll das Triebniveau (D) eben von dieser unterschiedlichen emotionalen Ansprechbarkeit abhängen. D kombiniert sich multiplikativ mit der Gewohnheitsstärke (H), um das Reaktionspotential (E) zu ergeben, von dem dann schließlich die Verhaltensstärke (R) abhängig ist, ganz so, wie es in dem ersten Verhaltensmodell von Hull konzipiert war (vgl. Kap. 3.4.).

7.3.1. Ängstlichkeit als Motivdisposition

Die Triebtheorie geht also davon aus, daß aversive Reize die interindividuell unterschiedliche emotionale Reagibilität ansprechen und damit eine hypothetische emotionale Reaktion auslösen. Diese determiniert ihrerseits das Triebniveau. Taylor (1953) hat ein Fragebogeninstrument entwickelt, die »Manifest Anxiety Scale« (MAS), die es gestattet, interindividuelle Unterschiede in bezug auf diese überdauernde emotionale Ansprechbarkeit in bedrohlichen Situationen zu erfassen. Hierdurch wird ein Index für die dispositionelle Ängstlichkeit gewonnen. Viele der in der Nachfolgezeit entwickelten Fragebogenverfahren sind direkte Abkömmlinge dieses ersten Angstfragebogens. Mit diesen Fragebögen konnten eine Reihe von Interaktionen zwischen situativen Merkmalen sowie der dispositionellen Ängstlichkeit aufgedeckt werden, die das Verständnis der Wirkung von Angst auf das menschliche Verhalten entscheidend förderten. Einige Beispiele dafür stellen wir nachfolgend vor. Bei der Anwendung dieses Modells auf menschliches Verhalten stand die Aufklärung der Auswirkungen auf die Leistung bei der Bearbeitung von Aufgaben, bei Prüfungen, Tests usw. im Vordergrund des Interesses.

7.3.2. Angst und Leistung

Folgende Vorhersagen ergeben sich aus der Hullschen Theorie in bezug auf Variationen der Triebstärke (D) und der davon abhängigen Leistung: 1. Ist in einer Situation nur eine einzige Gewohnheit (H) verhaltenswirksam, sollte mit höherer Triebstärke (D) auch das Reaktionspotential (E) und damit auch die Verhaltensstärke (R) und die Leistung zunehmen. 2. Werden in komplexeren Situationen jedoch mehrere miteinander wetteifernde Gewohnheiten (H) aktiviert, von denen nur eine einzige situationsangemessen ist, werden die Vorhersagen schwieriger. Je nach Anzahl und relativer Stärke verschiedener Gewohnheiten (H) ergeben sich unterschiedliche Vorhersagen. Generell ist bei komplexen Aufgaben jedoch die Wahrscheinlichkeit groß, daß eine relativ starke, aber situationsunangemessene (»falsche«) Gewohnheit (H) verhaltenswirksam wird – besonders dann, wenn die Person die Aufgabe noch nicht beherrscht. Multipliziert sich eine solche falsche Gewohnheit mit einem starken Trieb (D), dürfte das die Leistungseffektivität herabsetzen. Bei relativ schwach ausgeprägtem Trieb (D) dürfte eine solche falsche Gewohnheit die Leistungseffektivität nicht so sehr herabsenken; Hochängstliche sollten dementsprechend in einfach strukturierten Situationen bessere (Lern-)Leistungen erbringen als Niedrigängstliche. In komplexen Situationen gilt das entsprechend umgekehrte.

Überprüft man diese Vorhersagen in einfachen Lernsituationen, wie etwa bei der Konditionierung des Lidschlagreflexes durch einen auf das Auge gerichteten Luftstoß, findet man die Vorhersagen recht gut bestätigt (Spence, 1964). Ein typisches Ergebnis aus diesen Untersuchungen zeigt *Abbildung 7.1.* In dieser Untersuchung wurden zwei Angstniveaus (hohe und niedrige Ängstlichkeit) und zwei Intensitätsstufen des auf das Auge geleiteten Luftstoßes (US) als unabhängige Variablen eingesetzt. Abhängiges Maß war die Häufigkeit, mit der die konditionierte Reaktion (der Lidschlag) auftrat. Wie vorhergesagt, zeigten die Hochängstlichen eine bessere Lernleistung unter beiden Bedingungen. Darüber hinaus zeigte sich, daß die Reaktionsfrequenzen in den vier Versuchsgruppen über die Durchgänge hinweg (also mit zunehmender Gewohnheitsstärke) auseinanderstreben. Dieses Ergebnis geht mit der Annahme einer multiplikativen Verknüpfung von Trieb- (D) und Gewohnheitsstärke (H) überein. Weiterhin zeigte sich, daß die Lernleistung auch von der Stärke des Luftstoßes abhängig ist. Dies macht auf die zusätzliche Bedeutung weiterer situativer Komponenten, in diesem Fall der Intensität des unkonditionierten Reizes, den man als Anreiz (I) auffassen kann, aufmerksam (vgl. Kap. 3.4.).

Die Überprüfung der Hypothesen bei komplexeren Lernaufgaben ist ungleich schwieriger und hat zu einer unübersichtlichen Befundlage geführt. Einer Reihe von bestätigenden Befunden steht eine ebensolche Menge von Untersuchungen gegenüber, die die ursprünglichen Erwartungen nicht bestätigen konnten. Spence und Spence (1966) haben deshalb die Hypothesen noch weiter präzisiert: Gibt es bei komplexen Lernaufgaben mehrere wetteifernde Antworttendenzen mit unterschiedlichen Gewohnheitsstärken

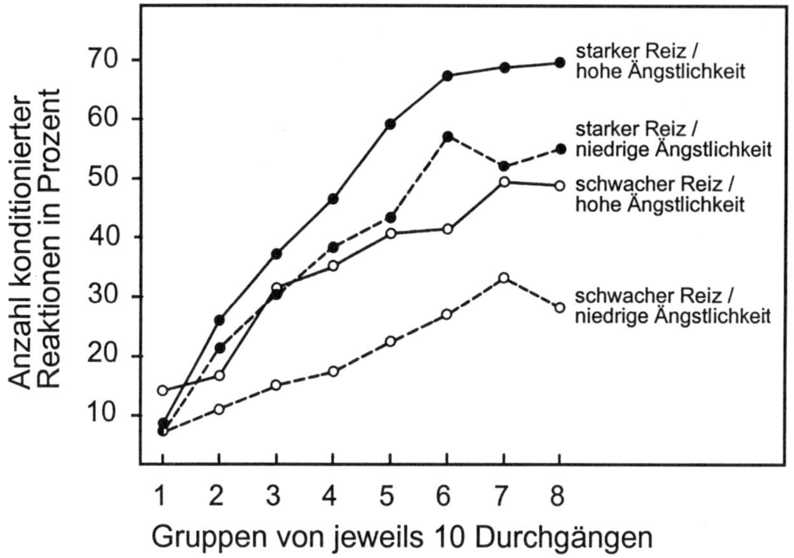

Abbildung 7.1: Lernleistung bei der Konditionierung des Lidschlagreflexes in Abhängigkeit vom Niveau der Ängstlichkeit und Intensität des unkonditionierten Reizes (modifiziert nach Spence & Spence, 1966, S. 296).

und ist die »richtige« Tendenz jene mit der stärksten Gewohnheit, so ergibt sich aus der multiplikativen Interaktion von H und D, die das Reaktionspotential (E) determinieren, daß bei ansteigender Triebstärke die Differenz der E-Werte für die »richtigen« und »falschen« Tendenzen größer wird. Nimmt man an, daß man bei der Vorhersage der Zusammenhänge von Triebniveau und Lernleistungen lediglich die Differenzen in der Stärke des Reaktionspotentials (E) zu berücksichtigen braucht, so kommt man unter diesen Bedingungen zu der Vorhersage eines positiven Zusammenhangs zwischen Triebstärke und Lernleistung. Dies ist identisch mit Vorhersagen, die sich bei einfachen Lernaufgaben ergeben.

Wenn die Gewohnheitsstärke der »richtigen« Reaktion jedoch ursprünglich schwächer ausgeprägt ist, führen die gleichen Annahmen zu der Erwartung, daß mit höherem Triebniveau niedrigere Lernleistungen verbunden sind, allerdings nur in den Anfangsphasen einer Lernsequenz. Mit zunehmender Lernerfahrung sollte jedoch auch die der richtigen Reaktion zugehörige Gewohnheitsstärke anwachsen und schließlich diejenigen der konkurrierenden Reaktionen übertreffen, so daß in späteren Phasen einer

Lernsequenz ebenfalls eine Überlegenheit der Hochängstlichen erwartet werden kann. Diese Vorhersagen konnten deutlich in einer Untersuchung von Spielberger und Smith (1966) bestätigt werden (vgl. *Abbildung 7.2*).

Eine Betrachtung der von der Triebtheorie beeinflußten Untersuchungen aus heutiger Sicht zeigt als gesicherte Befunde, daß Hochängstliche eine umso schlechtere Leistung aufweisen, je komplexer und schwieriger die Aufgabe und je größer der Zeitdruck bei der Aufgabenbearbeitung ist (vgl. Laux & Glanzmann, 1996).

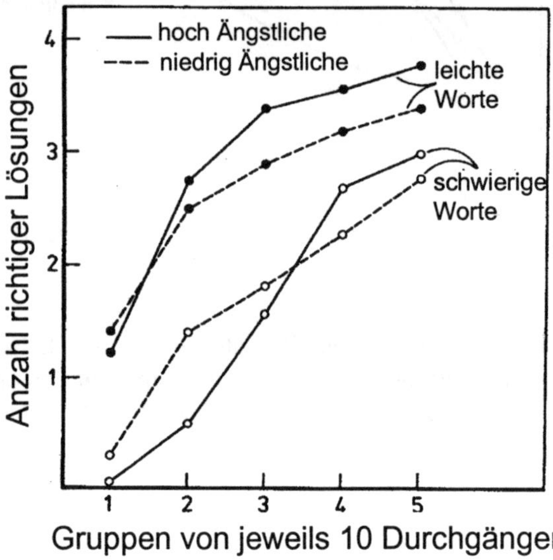

Abbildung 7.2: Mittlere Anzahl richtiger Lösungen bei leichten und schwierigen Wortlisten in Abhängigkeit vom Niveau der Ängstlichkeit (modifiziert nach Spielberger & Smith, 1966, S. 592).

7.4. Kognitive Modelle der Angst

7.4.1. Aufmerksamkeitshypothesen der Ängstlichkeit

In einer auf Mandler und Sarason (1952) zurückreichenden Tradition wurden triebtheoretische Modellvorstellungen besonders auf eine prototypische angstauslösende Situation bezogen: die Prüfungssituation. Man sprach deswegen auch von einer speziellen Angstform, der Prüfungsängstlichkeit. Eine Vielzahl von Untersuchungen sind zu dieser Angstform entstanden, die mit experimentellen Anordnungen, aber häufig auch nur rein korrelationsstatistisch, gearbeitet haben. In der Mehrzahl der Untersuchungen zeigte sich eine deutliche Leistungsunterlegenheit der Hochängstlichen in Test-, Prüfungs- und Schulsituationen (Schwarzer, 2000).

Eine Studie von Sarason (1972) soll zur Illustration einer bedingungsanalytischen Vorgehensweise in diesem Forschungsbereich etwas detaillierter dargestellt werden. Sarason ließ seine Vpn unter fünf verschiedenen Bedingungen an einer Lernaufgabe arbeiten:

1. Kontrollbedingung (kein besonderer Kommentar).
2. Leistungsorientierung (Aufgabe wird als Intelligenztest vorgestellt).
3. Beruhigung (die Vp soll sich keine Gedanken machen).
4. Motivierende Aufgabenorientierung (es interessiert angeblich nur der allgemeine Verlauf der sich ergebenden Lernkurve; der Vl versucht, die Vp zur Mitarbeit zu motivieren).
5. Aufgabenorientierung (wie Bedingung 4, jedoch ohne daß der Vl ein besonderes Interesse bekundet).

Die Ergebnisse dieser Untersuchung sind in *Tabelle 7.1* wiedergegeben. Hochängstliche bringen unter leistungsorientierter Instruktion (2) ihr schlechtestes, Niedrigängstliche ihr bestes Leistungsresultat. Hochängstliche sind umgekehrt den Niedrigängstlichen in der Beruhigungsbedingung

Tabelle 7.1: Anzahl richtiger Antworten bei einer Lernaufgabe relativ sinnfreien Materials (nach Sarason, 1972, S. 389).

	Bedingung	Hochängstliche	Niedrigängstliche
1.	neutral	47.83	46.67
2.	Leistungsorientierung	34.08	65.08
3.	Beruhigung	58.75	42.25
4.	motivierende Aufgabenorientierung	65.33	59.67
5.	Aufgabenorientierung	50.00	38.25

(3) und der sachlich gehaltenen Aufgabenorientierung (5) leistungsüberlegen. Unter der Bedingung der motivierenden Aufgabenorientierung (4) arbeiten beide Vpn-Gruppen auf einem hohen Leistungsniveau. Diese Befunde sind deshalb so interessant, weil sie zeigen, daß sich hohe bzw. niedrige Ängstlichkeit nicht durchgängig in gleichartigen Verhaltensunterschieden niederschlägt. Je nachdem, auf welche Sachverhalte die Aufmerksamkeit gelenkt wird – ob auf die eigene Person oder auf die Anforderungen der Aufgabe – verändert sich das Leistungsverhalten der Hoch- und Niedrigängstlichen dramatisch. Man hat diese Befunde so interpretiert, daß Hochängstliche dadurch gekennzeichnet sind, daß sie dazu neigen, in herausfordernden Situationen mit selbstbezogenen Kognitionen zu reagieren, die die Bearbeitung einer schwierigen Aufgabe eher stören (Wine, 1971; vgl. Kap. 7.4.2.). Wird die Aufmerksamkeit von der eigenen Person abgezogen und auf die Aufgabe gelenkt, kommt es auch bei den Hochängstlichen zu keinerlei Leistungsbeeinträchtigungen.

Die Aufmerksamkeitsausrichtung Hoch- und Niedrigängstlicher spielt aber noch in einer weiteren Weise eine wichtige Rolle. Wir hatten oben bereits die Vermutung erwähnt, daß sich die Aufmerksamkeit der Hochängstlichen gezielt auf bedrohliche Momente in der Situation richtet und dort länger verharrt. Dies kann dazu führen, daß die Bedrohlichkeit der Situation überschätzt wird und daß sich Ängstlichkeit auf hohem Niveau stabilisiert. Hierzu haben Byrne & Eysenck (1995) ein interessantes Experiment durchgeführt. Sie haben ihren Versuchspersonen Dias von Personen vorgeführt, die einen fröhlichen, ärgerlichen oder neutralen Gesichtsausdruck zeigten. Die Aufgabe bestand darin, möglichst schnell in einer Serie von neutralen Gesichtern »nicht passende« Gesichter zu entdecken. Eingestreut unter den neutralen Gesichtern war einmal ein fröhliches und einmal ein ärgerliches Gesicht. Personen, die in sozialen Situationen einen Ärgerausdruck zeigen, stellen für Hochängstliche ein bedrohliches Moment dar, sie sollten es dementsprechend schneller entdecken. *Abbildung 7.3* stellt die Befunde dieser Untersuchung dar. Wie man sieht, entdecken die Hochängstlichen das Ärgergesicht sehr viel schneller als die Niedrigängstlichen; ist das Zielobjekt ein Freudegesicht, ergeben sich keine Unterschiede zwischen Hoch- und Niedrigängstlichen.

Hochängstliche haben auch Schwierigkeiten, die gerichtete Aufmerksamkeit aufrechtzuerhalten und ablenkende Informationen zu unterdrükken; das gilt umso mehr, wenn die ablenkende Information von bedrohlichem Inhalt ist (Fox, 1994). Diese Entdeckung ließ die Hypothese entstehen, daß hohe Ängstlichkeit durch ein defektes Inhibitionssystem für angstrelevante Information gekennzeichnet ist.

Lazarus-Mainka und Siebeneick (1997, 2000) haben eine interessante Weiterentwicklung dieser Konzepte vorgenommen, indem sie annehmen,

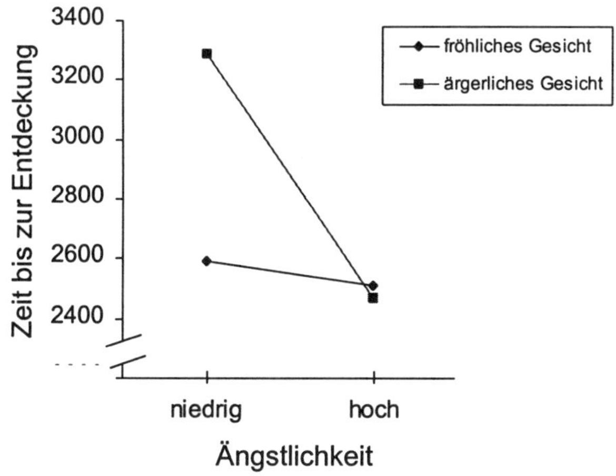

Abbildung 7.3: Erkennungszeiten in msec für fröhliche und ärgerliche Gesichtsausdrücke bei neutralen Distraktoren (nach Byrne & Eysenck, 1995, S. 555).

daß sich diese unterschiedlichen Aufmerksamkeitsausrichtungen auch in den Selbstkonzepten hochängstlicher Personen niederschlagen. Hochängstliche reagieren nicht nur sensibler auf bedrohliche Situationen und rufen bevorzugt angstrelevante Situationen aus dem Gedächtnis ab, sie benutzen bei der Selbstbeschreibung auch eine Sprache, die mit angstbezogenen Kategorien angereichert ist. Diese unterschiedlichen Arten der Information werden nun in ein Selbstkonzept oder Selbstschema integriert, das dann die Organisation weiterer Erfahrungen im Sinne dieses angstbezogenen Schemas übernimmt und für die langzeitige Stabilisierung der Angstdisposition sorgt. Der Gewinn einer solchen Schematheorie der Ängstlichkeit liegt sicherlich in der Integrationsmöglichkeit vieler Befunde zur bevorzugten Verarbeitung der – zumeist schemakongruenten – Information.

7.4.2. Besorgnis und Emotionalität als Komponenten der Ängstlichkeit

Man ist hier von einem Angstkonzept ausgegangen, in dem Angst verstanden wird als eine Tendenz, in Bewertungssituationen mit selbstbezogenen, interferierenden (störenden) Kognitionen zu reagieren und hat hierbei zwei Komponenten differenziert. Die erste Komponente bezieht sich auf autonome physiologische Reaktionen, die sich in einem allgemeinen Gefühl erhöhter emotionaler Angespanntheit (emotionality) niederschlagen. Die andere Komponente bezieht sich auf Besorgtheit in bezug auf die Einschätzung der eigenen Fähigkeiten, Selbstzweifel, Versagensängste, Mißerfolgsbefürchtungen etc. (worry). Bedeutsam ist, daß beide Komponenten der Angst einen unterschiedlichen Verlauf aufweisen und mit unterschiedlichen Verhaltensweisen verbunden sind. Anzeichen körperlicher Angespanntheit verändern sich im Verlaufe einer Prüfungssituation. Sie erreichen zu Beginn der Prüfungssituation ihren Höhepunkt, um dann abzusinken, während Anzeichen von Selbstzweifel relativ konstant bleiben (Morris & Liebert, 1970). Deutliche und konsistente negative Korrelationen mit Leistung weist in der Regel nur die Besorgtheitskomponente, nicht die Emotionalitätskomponente auf.

Wine (1971) hat das Angstkonzept im Sinne unterschiedlicher Aufmerksamkeitszentrierungen interpretiert. Wird Selbstwertthematik – wie etwa in einer Prüfungssituation – situativ angeregt, so soll sich die Aufmerksamkeit des Hochängstlichen nach innen, auf aufgabenirrelevante Sachverhalte, eben auf die Selbstwertthematik, richten, was zu Selbstabwertung, Selbstzweifel und zu vermehrter Beschäftigung mit den eigenen autonomen Reaktionen führt. Die Aufmerksamkeit des Niedrigängstlichen soll dagegen nach außen auf die Aufgabenanforderungen und auf Strategien zur Aufgabenbewältigung gerichtet sein. Dies ist gewissermaßen die Eigenschaftsvariante der im vorherigen Kapitel diskutierten Aufmerksamkeitshypothese der Ängstlichkeit.

Der direkte Nachweis für das vermehrte Auftreten aufgabenirrelevanter Reaktionen bei hochängstlichen Personen konnte allerdings bislang nicht in eindeutiger Weise geführt werden. Ganzer (1968) beobachtete weibliche Vpn bei einer Lernaufgabe, wobei alle aufgabenirrelevanten Äußerungen, die die Vpn während der Aufgabenbearbeitung machten, registriert wurden. Wie sich zeigte, treten bei Hochängstlichen insbesondere dann, wenn sie beobachtet werden, aufgabenirrelevante Kognitionen auf, die um die Selbstwertthematik kreisen. Andere Autoren fanden dagegen keine Unterschiede zwischen ängstlichen und nichtängstlichen Personen: so Klinger (1984) bei einer schriftlichen Prüfung und Dautermann, Schneider & Krumpholz (1988) bei einer Anagrammaufgabe. Werden Versuchspersonen allerdings im Anschluß an die Durchführung einer Anagrammaufgabe aufgefordert, alle Gedanken, die ihnen während der Durchführung durch den Kopf gingen, niederzuschreiben, so äußern Hochängstliche mehr negative Gedanken, die sich auf die eigene Person beziehen, und Probanden mit mittleren und niedrigen Testangst-Werten mehr positive Gedanken mit bezug auf die Bemeisterung der Aufgabe (Blankstein et al., 1989). Allerdings läßt sich aufgrund nachträglich erfragter Gedanken ängstlicher Besorgnis nicht mit Sicherheit schließen, daß diese Gedanken zum Zeitpunkt der Ausführung der Aufgabe tatsächlich auftraten und nicht etwa erst nachträglich zur Rechtfertigung schlechter Leistung vorgebracht wurden (Laux & Glanzmann, 1987).

Sarason (1984) hat, der oben bereits beschriebenen Hypothese divergierender Aufmerksamkeitsausrichtungen folgend, aktuelle Zustände auch im Sinne von Dispositionsvariablen konzipiert und einen Fragebogen entwikkelt, in dem habituelle Reaktionsweisen in Testsituationen erfaßt werden. Der Fragebogen differenziert vier Faktoren: Spannung (tension), Selbstzweifel (worry), aufgabenirrelevante Gedanken (test-irrelevant thought) und körperliche Reaktionen (bodily reactions).

Sarason, Sarason, Keefe, Hayes & Shearin (1986) haben dabei eine situativ bedingte und eine habituelle Neigung zu solchen sich aufdrängenden, interferierenden Kognitionen unterschieden und mittels Fragebogen erfaßt. Versuchspersonen, die habituell zu interferierenden Kognitionen neigten, arbeiteten mit geringerer Effizienz, wenn situative Stressoren vorlagen und berichteten auch über vermehrtes Auftreten interferierender Kognitionen. Eine Instruktion, die die Aufmerksamkeit auf die Aufgabenanforderungen lenkt, verbesserte ihre Leistung. Dies bestätigt einige ältere Befunde von Sarason (s.o.). Schmalt (1994) konnte einen vergleichbaren Effekt für mißerfolgsängstliche Personen nachweisen. Mikulincer (1989) berichtet, daß Personen mit einer dispositionellen Neigung zu interferierenden Kognitionen besonders anfällig für leistungsbeeinträchtigende Effekte nach gehäuftem Mißerfolg sind. Dieser Effekt ist durch eine entsprechende Aufmerksamkeitsausrichtung vermittelt. Eine Reihe von Befunden, die in die gleiche Richtung weisen, berichten auch Carver und Scheier (1986). Sie haben Hoch- und Niedrigängstliche unter einer Normalbedingung und unter der Bedingung hoher Selbstaufmerksamkeit beobachtet. Sie fanden die bekannten Verhaltensunterschiede zwischen Hoch- und Niedrigängstlichen lediglich unter der Bedingung hoher Selbstaufmerksamkeit. Diese Tendenz der Hochängstlichen, in Belastungssituationen die Aufmerksamkeit nach innen auf die bedrohungsrelevanten Stimuli zu lenken, wird auch für die Entstehung einer pathologischen Angststörung verantwortlich gemacht (Calvo & Cano-Vindel, 1997).

Insgesamt belegen diese Studien, daß der aktivste Bestandteil der Ängstlichkeit eine Voreingenommenheit ist, sich gedanklich mit sich selbst zu beschäftigen und dementsprechend in kritischen Situationen von Gedankeneinbrüchen (Intrusionen) in der Handlungseffizienz beeinträchtigt zu werden (Schmalt, 1996), was schließlich auch gesundheitliche Risiken, nämlich die Gefahr der Entstehung einer massiven Angststörung, in sich birgt (Rosen & Shulkin, 1998).

7.5. Angst in Konfliktsituationen und ihre Bewältigung

Die typische Konfliktsituation, die auch das größte Forschungsinteresse auf sich gezogen hat, ist jene, in der das Lebewesen in bezug auf ein Zielobjekt über zwei im Wettstreit stehende, sich gegenseitig ausschließende Verhaltenstendenzen verfügt. Ein solcher Konflikt wird als Annäherungs-Vermeidungs- bzw. auch als Aufsuchen-Meiden-Konflikt bezeichnet. Das Zielobjekt wird vom Lebewesen angestrebt und zugleich gefürchtet (vgl. Lewin, 1935; Miller, 1951). Angst entsteht in einer solchen Situation dadurch, daß die bedrohlichen Momente gesehen werden, auf die aber wegen der zugleich bestehenden Annäherungstendenz nicht adäquat – etwa durch Flucht – reagiert werden kann.

Mit zunehmender Annäherung an ein solches ambivalentes Ziel steigt die Aufsuchen-Tendenz, auch »Aufsuchen-Gradient« genannt, an – gleichzeitig steigt aber auch die Meiden-Tendenz oder der »Meiden-Gradient« an, wobei letzterer erst in unmittelbarer Zielnähe wirksam wird, dafür aber einen steileren Anstieg aufweist (s. *Abbildung 7.4*). Epstein (1967, 1972)

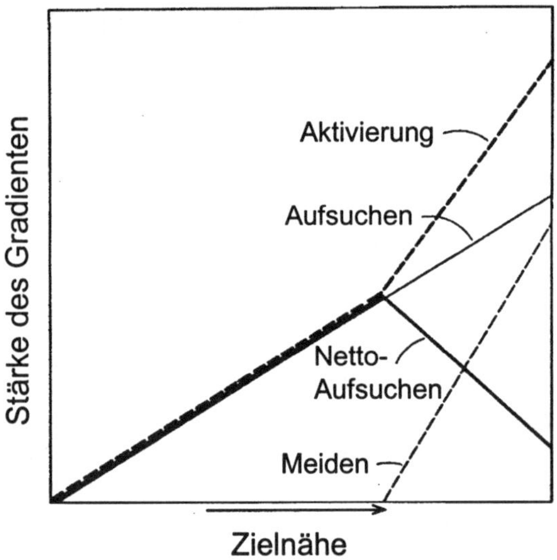

Abbildung 7.4: Hypothetische Aufsuchen- und Meiden-Gradienten (bei der Annahme eines relativ stärkeren Aufsuchen-Gradienten) sowie der durch Subtraktion resultierende Netto-Aufsuchen-Gradient und der durch Summation gewonnene Aktivierungs-Gradient (modifiziert nach Epstein, 1967, S. 4–6).

hat ein Modell für den Humanbereich formuliert, in dem die Aufsuchen- und Meiden-Gradienten als Triebe bzw. Motivationen aufgefaßt werden. Sie können gemessen werden anhand ihrer aktivierenden Komponenten, die sich im Modell zu einem Gesamtaktivierungsmaß additiv ergänzen. Aktivierung ist also mit beiden Motivationskomponenten verbunden. Das Aktivierungsmaß sagt jedoch nicht die Richtung des Verhaltens vorher. Dies bestimmt sich vielmehr nach einem Differenz-Maß aus dem Aufsuchen- und Meiden-Gradienten, da die Aufsuchen-Komponente als eine fördernde, die Meiden-Komponente als eine hemmende Größe konzipiert ist. Sobald also in Konfliktsituationen Aufsuchen- und Meiden-Tendenzen angeregt werden, vermindert sich bei Zielannäherung die Aufsuchen-Tendenz um den entsprechenden Betrag der angeregten Meiden-Tendenz und ergibt damit die Netto-Aufsuchen-Tendenz (s. *Abbildung 7.4)*.

In einem ersten Experiment, das dieses Modell überprüfen sollte, haben Epstein und Fenz (1962) Fallschirmspringer-Novizen zu verschiedenen Zeitpunkten mit einem speziell entwickelten Wortassoziationstest untersucht, in dem vier unterschiedliche Relevanz-Niveaus in bezug auf den Sprung selbst realisiert waren. Die Daten der erhobenen Aktivierungsmaße (hier die Hautleitfähigkeit) entsprechen völlig den Modellableitungen: Fallschirmspringer, die zwei Wochen vor dem kritischen Ereignis des ersten Absprungs stehen oder sogar unmittelbar davorstehen (Sprungtag), produzieren steilere Aktivierungsgradienten in Abhängigkeit von der Zielrelevanz der Wörter als eine Kontrollgruppe (s. *Abbildung 7.5*).

Wenn man das Aufsuchen-Verhalten durch eine inhaltliche Analyse der geäußerten Assoziationen erfaßt, findet man keine Bestätigung für die Annahme einer Abschwächung der Netto-Aufsuchen-Tendenz bei Zielannäherung. Es zeigte sich vielmehr, daß sowohl im Wortassoziationstest als auch in einem speziell konstruierten Thematischen-Auffassungs-Test (TAT) die Häufigkeit von aufsuchenbezogenen Äußerungen bei zunehmender Zielannäherung generell ansteigt, und dies insbesondere bei hoch zielrelevanten Reizen (Fenz & Epstein, 1962). Die Autoren schließen daraus, daß es notwendig ist, zwischen der verhaltensmäßigen und der gedanklich-verbalen Lösung des Aufsuchen-Meiden-Konflikts zu trennen. Man muß annehmen, daß es bei zunehmender Zielannäherung zu einer vermehrten Beschäftigung mit aufsuchenbezogenen Inhalten und geradezu zu einer gedanklich-verbalen Vermeidung von angstauslösenden Reizen kommt, um dadurch Angst in aktiver Weise zu hemmen.

Die bisherigen Erörterungen beziehen sich sämtlich auf Fallschirmspringer-Novizen. Betrachtet man Fallschirmspringer mit unterschiedlicher Sprungerfahrung, so verändert sich dieses Bild deutlich insofern, als sich der Gipfel der Aktivierungskurve zu dem Anregungsmaterial mit niedriger

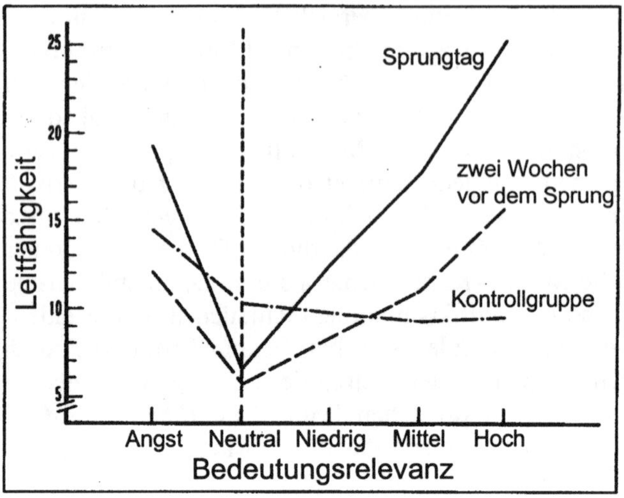

Abbildung 7.5: Mittlere Hautleitfähigkeit (Mikro-Siemens = µ-S) der elektrodermalen Reaktion auf Wörter unterschiedlicher Relevanz für den Fallschirmspringersport sowie auf angstbezogene Wörter bei einer Gruppe von Springernovizen in unterschiedlichem Abstand vom Sprungtag und bei einer Kontrollgruppe, die nicht sprang (modifiziert nach Epstein, 1977, S. 212).

Zielrelevanz hin verschiebt (s. *Abbildung 7.6*). Erfahrene Springer zeigen im Vergleich zu den Novizen maximale Aktiviertheit bei wenig zielrelevantem Material und eine relativ niedrige Aktivierung im Zielbereich (hohe Relevanz). Ähnliches zeigt sich bei der Selbsteinschätzung erlebter Ängstlichkeit. Dieses Phänomen wird durch zwei Prozesse erklärt. So soll sich zum einen durch zunehmende erfolgreiche Erfahrung mit einer angstauslösenden Situation der Angst-Gradient ausbreiten, zugleich soll jedoch auch der Hemmungs-Gradient zunehmend anwachsen und steiler verlaufen, bis er schließlich den Angst-Gradienten in immer weiterer raum-zeitlicher Zielentfernung zu hemmen in der Lage ist.

Dieses Modell der zunehmend effizienten Angsthemmung aufgrund von Erfahrung mit der angstauslösenden Situation wird bestätigt durch die Ergebnisse psychophysiologischer Messungen am Sprungtag, beginnend mit der Ankunft auf dem Flugplatz bis zum Erreichen der Endhöhe des Flugzeuges, d.h. also kurz vor dem Absprung. *Abbildung 7.7* zeigt Veränderungen verschiedener sympathischer Aktivierungsindikatoren, der Hautleitfähigkeit, der Herz- und Atemfrequenz bei erfahrenen und unerfahrenen

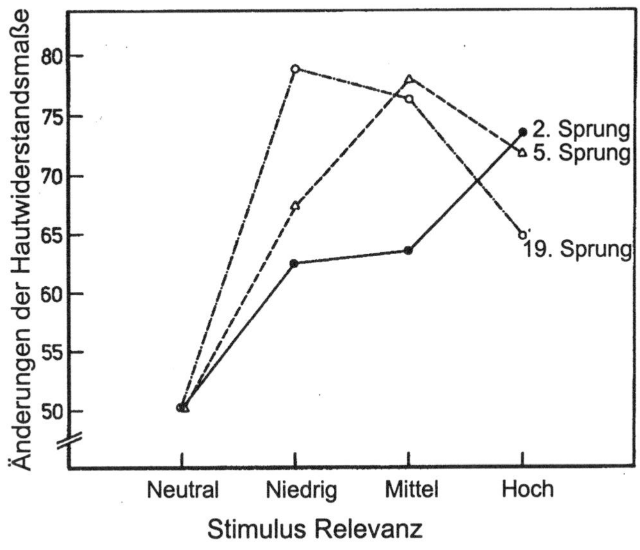

Abbildung 7.6: Leitfähigkeit der Haut in Abhängigkeit von Reizen in einem Wortassoziationstest, die auf einer Relevanz-Dimension in bezug auf den Fallschirmabsprung angeordnet wurden (modifiziert nach Epstein, 1962, S. 188).

Springern in Abhängigkeit von der Annäherung an den Sprung. Sowohl die Hautleitfähigkeit als auch die Herz- und Atemfrequenz steigen bei unerfahrenen Springern steil bis zum Zeitpunkt unmittelbar vor dem Sprung an, während die gleichen Maße bei den erfahrenen Springern zu einem früheren Zeitpunkt ein Maximum erreichen und kurz vor dem Sprung bereits wieder abfallen. Von Interesse ist, daß die Atemfrequenz, die sich willentlich am ehesten kontrollieren läßt, bei den erfahrenen Springern als erste Variable ihr Maximum erreicht, der nichtkontrollierbare Hautwiderstand dagegen zuletzt. Diese Hemmung der erlebten Angst wie auch ihrer vegetativen Begleiterscheinungen bei zunehmender Annäherung an das bedrohliche Ereignis ist adaptiv, weil sie den erfahrenen Sportlern erlaubt, in dieser Streßsituation effizient zu reagieren. Springer, die das nicht schaffen, geben vermutlich diesen Sport wieder auf.

Aufgrund der Auswertungen der TAT-Geschichten, die von den Novizen und erfahrenen Springern zu Bildern unterschiedlichen Anregungsgrades erzählt wurden, gewannen die Autoren auch einige Hinweise auf die Mechanismen, die in dieser Situation zur Angsthemmung eingesetzt werden (Fenz & Epstein, 1962). Ein häufig zutage tretender Mechanismus war

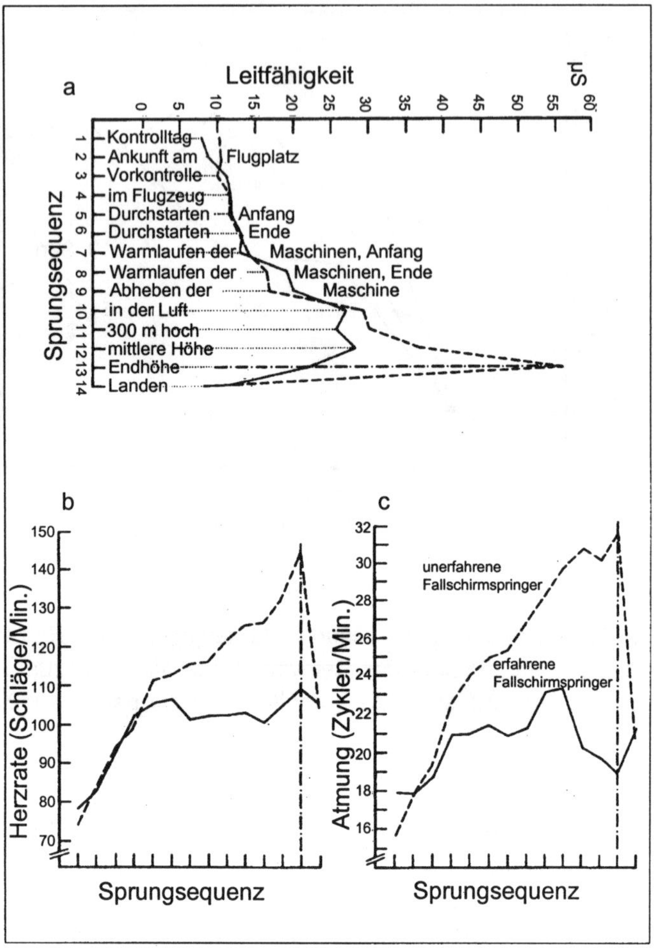

Abbildung 7.7: Mittlere Aktivierungsmaße bei einer Gruppe von erfahrenen und unerfahrenen Fallschirmspringern an einem Kontrolltag und am Sprungtag in unterschiedlichem Abstand vom kritischen Zeitpunkt, dem Erreichen der Endhöhe: 1. Leitfähigkeit der Haut (Abb. 7.7a), 2. Herzrate (Abb. 7.7b) und 3. Atemfrequenz (Abb. 7.7c) (modifiziert nach Epstein, 1977, S. 227–229).

derjenige der Verneinung der Gefährlichkeit dieses Sportes, eine Reaktionsweise, die sich insbesondere bei den Novizen fand. Verneiner hatten, wie die psychophysiologischen Messungen zeigten, geringere Änderungen der Hautleitfähigkeit auf sportbezogene Wortreize. Bei erfahrenen Springern zeigte sich diese Verneinung nicht in gleicher Häufigkeit, sie sprachen allerdings den handelnden Personen in diesen Geschichten auch generell weniger Emotionen zu.

In weiterführenden Studien konnte darüber hinaus demonstriert werden, daß der effektive Einsatz solcher Kontrolltechniken nur gelingt, wenn die Sportler Selbstvertrauen und damit ein positives Bild ihrer eigenen Kompetenz für diese Sportart haben. Selbst bei erfahrenen Springern findet man nach einem Unfall wieder den monotonen Anstieg der vegetativen Angstreaktionen auf zunehmend angstauslösende Reize. Diese Beobachtung wird auch durch die Ergebnisse einer weniger dramatischen Studie mit Prüfungskandidaten der Psychologie belegt (Becker, 1980). In dieser Untersuchung wurden Prüfungskandidaten vier, drei, zwei und eine Woche sowie zwei Tage vor der Prüfung nach der Intensität der erlebten Furcht vor diesem Ereignis befragt. Diejenigen Kandidaten, die sich zuvor als wenig zuversichtlich (geringe Erfolgserwartung) im Hinblick auf die Prüfung dargestellt hatten, wiesen eine monoton ansteigende Angst bis zum zweiten Tag vor der Prüfung auf. Bei denjenigen Kandidaten, die sich zuvor als erfolgszuversichtlich dargestellt hatten, findet sich aber die aus den Experimenten von Epstein und Fenz bekannte umgekehrt U-förmige Beziehung zwischen der Annäherung an das Ereignis und der erlebten Angst mit Maxima in der dritten bzw. zweiten Woche vor der Prüfung.

Die Ergebnisse von Epstein und Mitarbeitern sowie von Becker demonstrieren, daß es erfahrenen und zuversichtlichen Personen gelingt, in Konfliktsituationen zunehmend besser ihre Angst zu kontrollieren. Angstkontrolle oder Bewältigung hat in den letzten beiden Jahrzehnten das zunehmende Interesse der Angstforscher gefunden – sicherlich nicht zuletzt auch durch die Hoffnung motiviert, hierdurch Zugänge zu effektiven therapeutischen Techniken zu finden.

7.6. Angstkontrolle

Eine kognitive Theorie der Angstentstehung und Angstkontrolle haben Lazarus und Mitarbeiter (Lazarus, 1966, 1991a,b) entwickelt, in der angenommen wird, daß der Angstreaktion, wie jeder anderen emotionalen Reaktion auch, die Bewertung eines Umweltereignisses vorausgeht. Solche Bewertungen sind Kognitionen, die zwischen der Situation und den emotionalen Reaktionen des Individuums vermitteln. Wir müssen allerdings an dieser Stelle den Begriff der »Kognition« sehr weit fassen und Informationsverarbeitungsprozesse, die in den afferenten sensorischen Bahnen stattfinden, ebenso als kognitiv bezeichnen wie etwa Informationsverarbeitungsprozesse unter Einschluß kortikaler (bewußter) Prozesse (vgl. *Abbildung 3.5*). Formal können drei Arten eines solchen Bewertungsvorgangs unterschieden werden: eine intuitive *primäre Bewertung,* die *sekundäre Bewertung* und die *Neubewertung.*

Die primäre Bewertung bezieht sich auf eine globale Stellungnahme zu einer Situation im Hinblick auf ihre positiven und negativen Bedeutungsgehalte. Die sekundäre Bewertung bezieht mögliche Handlungsstrategien und Verarbeitungsmöglichkeiten mit ein, um eine mögliche Beeinträchtigung zu verhindern oder um einen möglichen positiven Effekt herbeizuführen. Die Neubewertung einer Situation bezieht neue Informationen und Einsichten ein, berücksichtigt die bereits eingetretenen Handlungsfolgen oder unterzieht auch die ursprünglichen Informationen einer Neubewertung; sie kann aber auch ohne Berücksichtigung situativer oder behavioraler Informationen rein binnenpsychisch ablaufen. Diese Bewertungen können auf unterschiedlichen Verarbeitungsniveaus, bewußt oder automatisch (unbewußt), ablaufen und folgen nicht notwendig – zumindest was die primäre und sekundäre Bewertung anbelangt – in dieser Reihenfolge (Lazarus & Smith, 1988).

In den ersten Untersuchungen, die die Bedeutung von Voreinstellungen für den Verarbeitungsprozeß aufzeigten, wurden die Vpn mit Filmen konfrontiert, die Angst- und Streßreaktionen hervorrufen sollten. Durch Manipulationen der kognitiven Aktivitäten vor bzw. während der Filmdarbietung gelangten die Vpn zu einer Neueinschätzung der bedrohlichen Situation und somit zu veränderten Streßreaktionen. In einer dieser Untersuchungen haben Lazarus und Alfert (1964) ihren Vpn einen Film über steinzeitliche Beschneidungsriten bei Jünglingen gezeigt. In drei verschiedenen Bedingungen wurde der Film entweder ohne Kommentar vorgeführt (Bedingung: stumm), durch einen Verleugnungskommentar begleitet (Verleugnungskommentar etwa: es handelt sich um eine gestellte Szene) oder in einer dritten Bedingung durch einen vorgeschalteten Verleugnungskommentar eingeführt (Verleugnungsorientierung). Abhängige Maße waren die Hautleitfähigkeit, die während der gesamten Filmdarbietung erhoben wurde, sowie eine Reihe von Befindlichkeitseinstufungen. *Abbildung 7.8* zeigt die Ergebnisse der Leitfähigkeitsmessungen während des Films. Es zeigt sich, daß Verleugnungsmöglichkeiten deutlich die Angst- und Streßreaktionen herabsetzten, wobei dieser Effekt durch die vorgeschaltete Verleugnungsorientierung besonders ausgeprägt war. Ganz analoge Befunde ergeben sich in bezug auf die Befindlichkeitseinschätzung. Vpn, die keine Möglichkeit hatten, den bedrohlichen Gehalt des Films zu verleugnen, zeigten sich in erhöhtem Ausmaß beunruhigt und bedrückt.

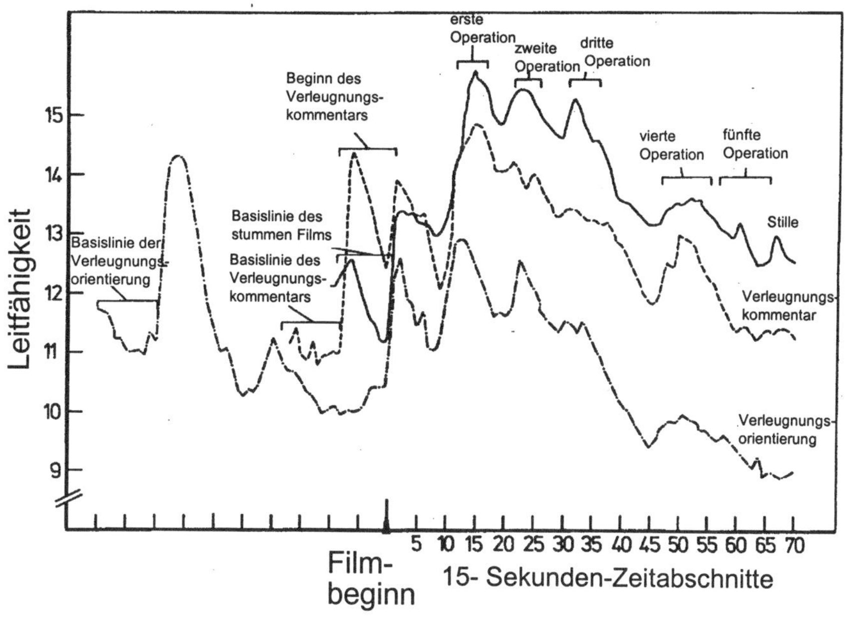

Abbildung 7.8: Hautleitfähigkeit während Orientierungs- und Filmperioden in den drei experimentellen Bedingungen (modifiziert nach Lazarus & Alfert, 1964, S. 199).

7.7. Ängstlichkeit als Zustand (State) und als Disposition (Trait)

In den vorangegangenen Darstellungen ist Ängstlichkeit als stabiles, über Zeit und Situationen (Ausnahme: Prüfungsängstlichkeit) hinweg generalisiertes Persönlichkeitsmerkmal (Motiv), Angst und Furcht hingegen als aktueller, situativ angeregter Zustand behandelt worden. Dieses Vorgehen, zwischen einer stabilen Motivdisposition und einem aktuellen Prozeßgeschehen, der Motivation, zu trennen, ist seit Lewin in der Persönlichkeitspsychologie und der Motivationspsychologie eingeführt (vgl. Kap. 1.). Diese Unterscheidung hat Spielberger (1966) aufgegriffen und in ein werbewirksames Wortspiel, nämlich »State-Trait-Anxiety« verpackt. Angst als Zustand beschreibt er als die subjektive Wahrnehmung von Besorgnis- und Spannungsgefühlen, die mit einer Aktivierung des autonomen Nervensystems einhergehen. Ängstlichkeit als Disposition wird beschrieben als ein Motiv, das ein Individuum prädisponiert, ein weites Spektrum von Situationen als bedrohlich zu erleben und in ihnen mit einem Anstieg der Zustandsangst zu reagieren. Interindividuelle Unterschiede in der Ängstlichkeit sollen sich sowohl in der Häufigkeit von Angstreaktionen als auch in der Intensität von Angstreaktionen niederschlagen.

In einem Prozeßmodell der Angst werden beide Angstkonzepte integriert (Spielberger, 1972, 1983). Dieses Modell geht davon aus, daß die Erregung eines Angstzustandes einem festen Muster zeitlich nacheinander ablaufender Prozesse folgt, in dem vorstellungsmäßige oder tatsächliche Gefahrensituationen einen Angstzustand evozieren. Inwieweit ein Angstzustand und mit welcher Intensität er entsteht, hängt von kognitiven Verarbeitungsprozessen (im Sinne von Lazarus) und dem Ausprägungsgrad der Ängstlichkeit ab. Er entspricht in der Intensität dem Ausmaß erlebter Bedrohung. Es wird weiterhin angenommen, daß der Angstzustand ebenso lange andauert, wie die Bedrohungssituation selbst bestehen bleibt. Bedrohliche Situationen, die dem Individuum allerdings geläufig sind, führen zum Einsatz effektiver Verarbeitungsstrategien, die die erlebte Bedrohung minimalisieren und damit auch die Intensität des Angstzustandes reduzieren. Ein Individuum kann allerdings auch mit defensiven Reaktionen versuchen, den Angstzustand zu reduzieren.

Kurz zusammengefaßt läßt sich das State-Trait-Modell der Angst in folgenden sechs Punkten darstellen (Spielberger, 1972, S. 44):

1. In Situationen, die das Individuum als bedrohlich wahrnimmt, wird ein Angstzustand evoziert, der als unangenehm wahrgenommen wird.
2. Die Intensität des Angstzustandes ist dem Ausmaß erlebter Bedrohung proportional.
3. Die zeitliche Dauer des Angstzustandes hängt von der Dauer der Bedrohungswahrnehmung ab.
4. Individuen mit stark ausgeprägter Angstdisposition neigen verstärkt dazu, Situationen, die Mißerfolge oder Gefährdungen des Selbstwertgefühls mit sich bringen, als bedrohlich wahrzunehmen. Hier ist mit unterschiedlichen Anhebungen des Angstzustandes zu rechnen. Situationen, die eine physische Gefährdung mit sich bringen, werden hingegen von den Hochängstlichen, im Vergleich zu den Niedrigängstlichen, nicht verstärkt als bedrohlich wahrgenommen. In diesen Situationen ist nicht mit unterschiedlichen Anhebungen des Angstzustandes zu rechnen.
5. Erhöhungen des Angstzustandes werden direkt in Verhalten umgesetzt oder führen zu defensiven Reaktionen, die sich bereits als wirksam in bezug auf die Angstreduktion erwiesen haben.
6. Häufig angetroffene Streßsituationen führen zur Entwicklung spezifischer Verarbeitungs- und Vermeidungsreaktionen und damit zur Reduktion des Angstzustands.

Die experimentelle Überprüfung des gesamten Modells steht noch aus, jedoch gibt es eine Reihe von Untersuchungen, die die Gültigkeit einiger Teilprozesse belegen (vgl. Laux & Glanzmann, 1996). Einige Untersuchungen haben sich zunächst mit der Frage beschäftigt, ob es sich bei der Angstdisposition und dem Angstzustand überhaupt um differenzierbare Konzepte im Sinne der Theorie handelt. Wenn dies zutrifft, sollte der Angstzustand über verschiedene Situationen, je nach wahrgenommenem Bedrohungsgrad, variieren, während Angst als Disposition relativ stabil bleiben sollte. Allen (1970) hat seinen Vpn Angstzustands- und Angstdispositionsskalen unter drei Instruktionsbedingungen gegeben: in der Klasse, vor Prüfungen und mit einer Instruktion, die speziell Testangst evozieren sollte. Es zeigte sich, daß der Angstzustand vor Prüfungen deutlich anstieg, während die Angstdisposition über die Bedingungen relativ stabil blieb. Eine ähnliche Beobachtung machte Auerbach (1973) bei Krankenhauspatienten. Der Angstzustand sank deutlich von der präoperativen zur Rekonvaleszenzphase, während die Angstdisposition relativ stabil blieb. Usala und Hertzog (1991) haben Zustands- und Dispositionsmaße eingesetzt und entsprechende Kennwerte über einen Zeitraum von zwei Jahren erhoben. Erwartungsgemäß zeigten sich bedeutend höhere Stabilitätskoeffizienten für die Dispositionsmaße als für die Zustandsmaße.

In einer komplexen Untersuchung hat O'Neil (1972) einige der Vorhersagen der Spielbergerschen Theorie überprüft. Er hat seine Vpn an einer computerunterstützten Mathematik-Lernaufgabe arbeiten lassen, die sich über drei Phasen erstreckte. In einer sogenannten Streßbedingung wurde die Lernleistung der Vpn in jeder der drei Versuchsphasen negativ bewertet, während in einer neutralen Bedingung lediglich eine Unterbrechung stattfand. Zustandsangst wurde zu Anfang und Ende des Gesamtversuchs sowie jeweils zum Ende der drei Versuchsphasen gemessen. Die Hauptergebnisse dieser Untersuchung zeigen, daß Hochängstliche (Dispositionsangst) in der Streßbedingung, verglichen mit der Non-Streßbedingung, einen deutlicheren Anstieg der Zustandsangst aufweisen, während die Niedrigängstlichen in der Streß- und Non-Streßbedingung gleiche Anstiege in der Zustandsangst aufweisen. Betrachtet man die Änderungen der Zustandsangst während der einzelnen Lernphasen, so zeigt sich, daß Hochängstliche (Dispositionsangst) in der Streßbedingung ihre Zustandsangst deutlich abbauen, während die Niedrigängstlichen in der Streßbedingung auf relativ niedrigem Niveau der Zustandsangst bleiben und sie in der Non-Streßbedingung wiederum noch einmal senken.

Diese Befunde sind auch im wesentlichen replizierbar und stützen die Konzeption Spielbergers. Hochängstliche (Dispositionsangst) reagieren in Situationen, die eine Gefährdung des Selbstwertgefühls implizieren, mit vermehrter Zustandsangst. Sie bauen diese Zustandsangst jedoch auch schneller wieder ab, was so erklärt wird, daß diese Gruppe, die häufig in Streßsituationen mit vermehrter Zustandsangst reagiert, auch geeignete Verarbeitungsstrategien zur Bewältigung von Zustandsangst hat.

In einigen neueren Ansätzen werden – über das Modell von Spielberger hinausgehend – Zustands- und Dispositionsangst weiter ausdifferenziert (Endler, Parker, Bagby & Cox, 1991; Steyer, Schwenkmezger & Auer, 1990). In den von Endler entwickelten multidimensionalen Angstskalen (EMAS) werden auf der Ebene von Zustandsangst Angstkomponenten unterschieden, die bereits aus den Untersuchungen zur Prüfungsängstlichkeit bekannt sind, nämlich Besorgtheit (cognitive-worry-state-anxiety) und Emotionalität (autonomic-emotional-state-anxiety). Dispositionsabhängige stabile Unterschiede werden eher mit unterschiedlichen Bedrohungskontexten (soziale Bewertung, körperliche Gefährdung, unklare Mehrdeutigkeit) in Verbindung gebracht. Zustandsangst soll dann entstehen, wenn einer dieser situationsspezifischen Dispositionsfaktoren auf eine jeweils entsprechende (kongruente) situative Bedrohung trifft.

Versucht man, das State-Trait-Modell der Ängstlichkeit zu bewerten und folgt dabei einem Expertenurteil (Laux & Glanzmann, 1996), so repräsentiert dieses Modell einen längst überholten Forschungsstand. Eine konsequente Weiterentwicklung und Integration neuer Konzepte, mit Ausnahme vielleicht der Integration der Besorgtheit-Emotionalität-Differenzierung, ist nicht erfolgt. Dieser Ansatz ist eigentlich ein Fossil – allerdings ein sehr populäres und von Zeit zu Zeit wiederauferstehendes (Snyder et al., 1996), weswegen wir es auch hier beschrieben haben. Bewertend ist zu sagen, daß die notwendige und sinnvolle Unterscheidung flüchtiger und kurzlebiger, situativ angeregter Motivationszustände und stabiler Persönlichkeitsdispositionen (Motive) besser und angemessener in einem erweiterten Erwartung-Wert-Modell (vgl. Kap. 1.) gelingt als in einer ad-hoc-Unterscheidung von State- und Trait-Motiven.

7.8. Neurobiologie der Angst

Schon in den klassischen Experimenten von Klüver und Bucy (1937) fanden sich nach Ausschaltung der Schläfenlappen Veränderungen im Verhalten, die u.a. auch das Angstsystem betrafen. Die Autoren waren selbst überrascht festzustellen, daß die Tiere, es waren Makaka-Affen, nach Entfernung der Schläfenlappen offensichtlich jedes Angstgefühl verloren hatten. Wie nachführende Experimente von Weiskrantz (1956) belegten, war die hierfür entscheidende Struktur die Kerngruppe der Amygdala in der

Tiefe der Schläfenlappen. Stimulationsexperimente von Hess und Mitarbeitern in den 40er Jahren (Hess, 1954) demonstrierten, daß im Hypothalamus in überlappenden Arealen sowohl motorische als auch vegetative Verhaltensweisen ausgelöst werden konnten, die den Verhaltenssystemen Flucht, Vermeidung und Angriff angehören. Schließlich hat Eysenck (1992) auf der Basis einer Fülle von verhaltensbiologischen und pharmakologischen Experimenten weitere Anteile des sog. limbischen Systems, den Hippocampus und die Kerne des Septums, die ebenfalls phylogenetisch alte Anteile des Endhirns darstellen, für die Angstreaktion verantwortlich gemacht.

Die entscheidende Struktur für die Vermittlung von Angst und der zugeordneten Furcht- und Fluchtreaktionen sind jedoch die Kerne der Amygdala (vgl. *Abbildung 2.6*) – und unter diesen an erster Stelle die Zentrale Amygdala (vgl. Davis, 1992; LeDoux, 1990, 1996). Die zur Körperperipherie und zur Motorik verlaufenden Verbindungen der Zentralen Amygdala aktivieren angeborene Furchtreaktionen, wie etwa das Einfrieren (Totstell-Reflex) oder die Erhöhung der Herzschlagrate, der Atemfrequenz und des Blutdrucks sowie die Ausschüttung von Streßhormonen. Die Amygdala hat kurze Verbindungswege zu einer Reihe von übergeordneten Steuerzentralen, etwa zur Steuerzentrale des sympathischen Systems im Hypothalamus wie auch zum motorischen Vaguskern im Hinterhirn oder zum Nucleus parabrachialis, von dem die Atmung reguliert wird. Auch lassen sich im Tierversuch durch direkte Injektionen von angsthemmenden Pharmaka, z.B. den Benzodiazepinen, in die Amygdala Angstreaktionen blockieren. In der Amygdala finden sich nämlich an den Neuronen in großer Dichte Rezeptoren für Benzodiazepine: Werden diese aktiviert, erleichtern sie den Eintritt des hemmenden Transmitters GABA in die Neurone, was die Hemmung von Angstreaktionen bewirken kann (vgl. Kap. 2.3.).

Wie wir an mehreren Stellen bereits dargestellt haben, ist die Amygdala auch die wichtigste Formation, die einkommende sensorische Informationen hinsichtlich ihrer Bedeutung bewertet. Es ist deshalb nicht verwunderlich, daß dies auch das Angst- und Furchtsystem betrifft. Morris et al. (1996) haben die regionale Hirndurchblutung (vgl. Kap. 2.3.) in der linken Amygdala gemessen, während die Versuchspersonen fröhliche und ängstliche Gesichter betrachteten. *Abbildung 7.9* zeigt die Ergebnisse dieser Untersuchung. Der Blutfluß steigt bei Betrachtung ängstlicher Gesichter deutlich an im Vergleich zu den fröhlichen Gesichtern. Man kann daraus schließen, daß die Amygdala ganz wesentlich für die Verarbeitung von Furcht und Angst ist.

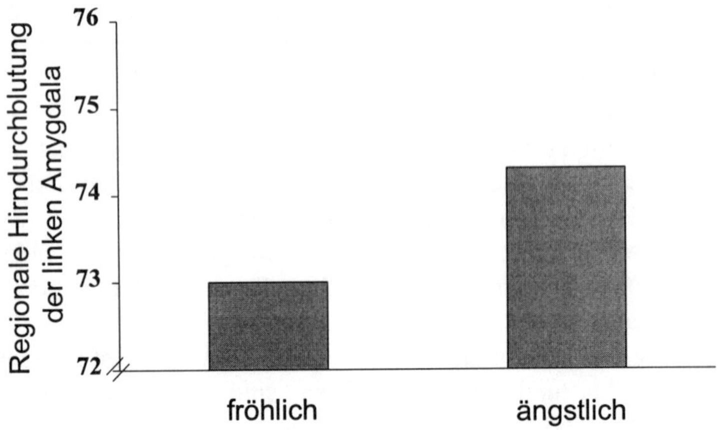

Abbildung 7.9: Regionale Hirndurchblutung in der linken Amygdala bei der Betrachtung fröhlicher und ängstlicher Gesichter (nach Morris et al., 1996, S. 814).

Die Bedeutung weiterer Kerne der Amygdala (laterale und baso-laterale Kerne) liegt in der Vermittlung der emotionalen Bewertung von zunächst neutralen Signalen in der Umwelt, indem diese durch eine Koppelung mit unkonditionierten Straf- oder Schmerzreizen nach dem Pawlowschen Schema (klassisches Konditionieren) eine angstauslösende Wirkung erwerben. Bei einfachen Reizen scheint es dabei über eine direkte Verbindung vom Thalamus zur Amygdala – auch unter Umgehung des Kortex – zu einer emotionalen Aktivierung zu kommen (LeDoux, 1990, 1996; Rosen & Shulkin, 1998) (vgl. *Abbildung 3.5*).

Es gilt als gesichert, daß die Ankopplung der Amygdala an diese über- und nachgeordneten Steuerzentralen des Angst- und Furchtsystems zur genetischen Ausstattung der höheren Lebewesen gehört, während die Angst-Auslöser selbst offen und variabel sind. Das heißt, daß zunächst neutrale Reize durch Lernen nach dem Pawlowschen Schema eine angstauslösende Funktion erwerben können. Es liegen Hinweise vor, daß diese assoziative Verknüpfung u.a. auch in der Amygdala stattfindet. Die Injektion eines NMDA (N-Methyl-D-Aspartat)-Antagonisten direkt in die Amygdala verhindert sowohl den Erwerb als auch die Löschung einer konditionierten Angstreaktion (Davis, 1992). Die NMDA-Rezeptoren spielen in einigen Teilen des Gehirns eine Rolle bei der Aktivierung des erregenden Transmitters Glutamat.

In vielen Untersuchungen war aufgefallen, daß die so erworbene Furcht außerordentlich langlebig und sehr schwer zu löschen ist. LeDoux (1996) vermutet, daß eine Furchtkonditionierung bei massiven, sich wiederholenden Veränderungen in der Amygdala unlöschbar ist. Güntürkün (2000b) bringt es auf den Punkt: Die Amygdala vergißt nie.

7.9. Auf ein Wort ...

Angst und Furcht ist ein emotional-motivationaler Zustand, der durch seine aversive Erlebnisqualität, durch motorische und bestimmte Ausdruckserscheinungen sowie durch vegetative Begleiterscheinungen gekennzeichnet ist. Da die Abwendung von aversiven, unangenehmen und bedrohlichen Sachverhalten ein grundlegendes Prinzip motivierten Verhaltens darstellt, muß man vermuten, daß ein durch Angst und Furcht vermitteltes Vermeidungssystem schon recht früh in der Entwicklung der Arten entstand.

Situative Auslöser für Angst und Vermeidung sind bei einer Reihe von Tierarten angeboren (z.B. Feinde, die den gleichen Lebensraum bewohnen), häufig bestehen dafür aber genetisch vorbereitete Lernbereitschaften.

In einem Forschungsstrang, der durch lerntheoretische Konzepte beeinflußt worden ist, wird Angst als Trieb aufgefaßt, der von differentiellen emotionalen Reaktionsmechanismen im Sinne einer Persönlichkeitsdisposition abhängig ist. Durch die Annahme einer multiplikativen Interaktion dieses Triebes mit der Gewohnheitsstärke für bestimmte Verhaltensanteile macht diese Theorie unterschiedliche Verhaltensvorhersagen für Hoch- und Niedrigängstliche bei der Bearbeitung leichter und komplexer Aufgaben. Die empirischen Belege für diese Position sind jedoch widersprüchlich. Einige Befunde können schlüssiger durch andere Theorien – etwa die Leistungsmotivationstheorie – erklärt werden.

Ebenfalls auf triebtheoretische Formulierungen geht die Theorie zur Prüfungsangst zurück. Diese Theorie nimmt an, daß in Prüfungssituationen ein Angsttrieb entsteht, der (u.a.) Reaktionen evoziert, die mit einer adäquaten Aufgabenerledigung interferieren. Die zentrale Aussage der Theorie, daß die Hochängstlichen den Niedrigängstlichen in Prüfungssituationen leistungsunterlegen sind, konnte in der Mehrzahl der Untersuchungen bestätigt werden. Neuere theoretische Ansätze zur Ängstlichkeit haben sich mit der Frage nach der Natur der interferierenden Reaktionen beschäftigt und plausibel machen können, daß sich Hoch- und Niedrigängstliche in ihrer Aufmerksamkeitsrichtung unterscheiden, wobei insbesondere zwei Aspekte empirisch gut belegt sind: Hochängstliche weisen einen nach innen gerichteten Aufmerksamkeitsfokus auf. Sie beschäftigen sich in angstauslösenden Situationen vornehmlich mit ihren eigenen psychischen Reaktionen und nicht mit den Aufgabenanforderungen, sie sind auch leichter durch angstrelevante Informationen ablenkbar. Hochängstliche entdecken auch eher bedrohliche Sachverhalte in der Situation.

Menschen sind der Angst nicht hilflos ausgeliefert: Spontan oder mit therapeutischer Hilfe versuchen sie, Angst zu kontrollieren. Epstein hat, auf konflikttheoretischen Überlegungen aufbauend, Angst als Folge eines überoptimalen Erregungsniveaus aufgefaßt. Aufgrund von Erfahrungen lernen Individuen, in bestimmten Situationen diese Erregungen zu antizipieren und zu hemmen. In verschiedenen Untersuchungen konnte gezeigt werden, daß Angst- und Streßreaktionen ganz unterschiedlich ausfallen, je nach dem kognitiven Bezugsrahmen, in den sie eingebettet sind.

Die zentrale neurophysiologische Instanz in dem Angst- und Furchtsystem ist die Amygdala. Sie erhält sensorischen Einstrom, den sie entsprechend als bedrohlich und angstauslösend bewertet und vermittelt auch die entsprechenden Flucht- und Vermeidungsreaktionen. Die Systemzusammenhänge können angeboren aber auch gelernt sein; in beiden Fällen sind die Zusammenhänge kaum (mehr) modifizierbar.

8. Aggression

8.1. Phänomene und Funktion

Menschen können anderen Menschen Schaden zufügen durch körperliche Verletzungen, durch Zerstörung von Sachen oder durch Verunglimpfung in Wort, Schrift und bildlichen Darstellungen. Im Unterschied zu Formen tierlicher Aggression handelt es sich beim menschlichen aggressiven Verhalten um eine verwirrende, durch Vererbung, Kultur und persönliche Erfahrung geprägte Vielfalt von Verhaltensweisen. Der Versuch im Humanbereich, aggressive Verhaltensweisen von anderen Verhaltensweisen durch ihre Bewegungstopographie abgrenzen zu wollen, muß von vornherein als aussichtslos erscheinen. Der bewegungsgleiche Tritt ans Schienbein des Gegners kann beim Fußballspiel entweder eine unbeabsichtigte Folge des Versuchs sein, den Ball zu treffen, oder aber eine intendierte Handlung, diesem Burschen endlich eins auszuwischen.

Die Entscheidung über die Frage, ob man Aggression auf der Verhaltensebene oder auf der Ebene von kognitiven Prozessen, etwa bewußter Vornahmen und Intentionen, definitorisch festmachen soll, führt zu ganz unterschiedlichen Abgrenzungen, Einengungen und Konzentrationen auf ganz verschiedenartige Phänomenbereiche. Selbst wenn man den Bereich der relevanten Phänomene durch entsprechende restriktive Definitionen relativ eng zu halten versucht, so gelangt man doch angesichts der Allgegenwärtigkeit von aggressiven Phänomenen im Tierreich und in menschlichen Gesellschaften zu einer kaum noch zu überblickenden Phänomenvielfalt, die es als untunlich erscheinen läßt, alles mit dem Terminus »Aggression« zu belegen. Fruchtbarer dürfte es sein, aggressive Verhaltensweisen anhand der sie auslösenden personseitigen und situativen Bedingungen und anhand der jeweiligen Folgen für das Individuum zu beschreiben und zu klassifizieren.

Motivationspsychologisch orientierte Differenzierungen unterschiedlicher Typen von Aggressionen auf der Grundlage unterschiedlicher Anreize und Handlungsziele wurden bereits vor einiger Zeit von Buss (1971) und Feshbach (1971) vorgenommen. Buss (1971) hat bei der Suche nach den auslösenden Bedingungen für Aggressionen eine Zweiteilung in bösartige (angry) und instrumentelle Aggressionen vorgenommen. Bösartige Aggression soll durch Verärgerungen, Beleidigungen oder Angriffe angeregt werden, instrumentelle Aggression soll durch Wetteifer und Besitzwünsche angeregt werden. Feshbach (1971) hat intentionale und nicht-intentionale Aggressionstypen unterschieden. Nicht-intentionale Aggressionen sind solche, die zwar eine Schädigung bedeuten, aber eine solche Schädigung nicht angezielt haben, sie ist ein eher zufälliges Nebenprodukt. Intentionale Aggressionen haben ein solches Handlungsziel der Schädigung, können aber verschiedene Funktionen haben: expressive, feindselige (vergleichbar Buss' bösartige (angry) Aggression) und instrumentelle. Insbesondere bei der feindseligen und der instrumentellen Aggression wird die Schädigung bewußt intendiert. Bei der feindseligen Aggression besteht hierin das eigentliche Handlungsziel, bei der instrumentellen Aggression ist die Schädigung nur instrumentell zur Erlangung eines anderen, nicht-aggressiven Handlungsziels, wobei persönliche oder soziale Ziele im Vordergrund stehen können.

In der Theorie Feshbachs (1971) werden feindselige und instrumentelle Aggressionen anhand verschiedener Verstärker differenziert: Ist instrumentelle Aggression auf die Erlangung eines Gegenstands gerichtet, so ist dessen Inbesitznahme das bekräftigende Ereignis. Ist feindselige Aggression auf Verletzung einer Person gerichtet, so ist deren Schmerz das bekräftigende Ereignis. Die Spezifikation unterschiedlicher Verstärker für beide Aggressionstypen bedeutet auch, daß beide durch unterschiedliche Anreizbedingungen gekennzeichnet sind. Diese sind im Falle der instrumentellen Aggression Deprivation von bestimmten begehrenswerten Objekten, im Falle der feindseligen Aggression ein Angriff durch einen Provokateur. Diese von Feshbach vorgeschlagene Einteilung hat sich in der Aggressionsforschung weitgehend durchgesetzt (vgl. Zumkley, 1996).

In vergleichbarer Weise hat auch die tierliche Verhaltensforschung und Neurobiologie verschiedene Formen aggressiven Verhaltens differenziert. Hier wurde an erster Stelle zwischen nicht-affektiven, zwischenartlichen Formen der Beute-Aggression und den Formen innerartlicher Aggression unterschieden (Eibl-Eibesfeldt, 1975; Lorenz, 1963). Beide Formen sind in unterschiedliche funktionelle Zusammenhänge einzuordnen. Sie stellen phylogenetische Anpassungen an unterschiedliche Selektionsdrucke dar: Nahrungssuche im ersten Fall, Konkurrenz und Abwehr im zweiten. Weiterhin können auch Tiere unter Laboratoriumsbedingungen aggressive Verhaltensweisen lernen, sowohl nach dem Paradigma des klassischen Konditionierens als auch nach dem des instrumentellen Lernens, die dann ganz unterschiedlichen Zwecken dienen.

Diese wenigen Hinweise können genügen, um deutlich zu machen, daß es sich bei der Aggression um eine Verhaltensform handelt, die im Tierreich weit verbreitet ist. Lore und Schultz (1993) berichten, daß bei sämtlichen bisher studierten Wirbeltierarten eine gegen den Artgenossen gerichtete Aggression zu beobachten ist. Auch bei den uns Menschen nahestehenden Verwandten, den Schimpansen, die lange als friedfertig galten, sind durch intensivere Beobachtungen Tötungsfälle beschrieben worden, die im Humanbereich als »Mord« bezeichnet worden wären.

Systematische Freilandbeobachtungen an Schimpansen haben gezeigt, daß bestimmte Horden männlicher Schimpansen regelmäßig in die Habitate anderer Gruppen eindringen, Artgenossen verfolgen, erschlagen und nicht selten auch auffressen. Selbst Kindesmord ist häufig anzutreffen. Übernimmt ein Männchen ein fremdes Weibchen, das gerade noch ein Junges versorgt, so bleibt das Weibchen sexuell unzugänglich. Ist das Jungtier aus dem Wege geräumt, wird das Weibchen zugänglich und kann neue Nachkommen in die Welt setzen, die aber nunmehr einen Teil der Genausstattung des männlichen Eroberers haben. Der geschilderte Sachverhalt läßt sich betrachten als eine Form innerartlicher Aggression, deren ultimates Ziel der eigene Fortpflanzungserfolg darstellt. Zu dieser Erklärung paßt die Annahme, daß es sich bei der bei kleinen Kindern und vielen Jungtieren von Primaten zu beobachtenden Fremdenangst (vgl. Kap. 7.) ebenfalls um einen evoluierten Mechanismus handelt. Der Rückzug der Jungen von fremden Artgenossen könnte unter den geschilderten Umständen überlebenswichtig sein.

Bei den meisten Säugetierarten, Homo Sapiens eingeschlossen, ist der männliche Teil auch der aggressivere (Lore & Schultz, 1993). Schon seit Jahrzehnten wird die Frage nach den Ursprüngen dieser Unterschiede kontrovers diskutiert (vgl. Archer, 1996; Eagly, 1987). Biologisch orientierte Ansätze gehen davon aus, daß männliche Aggression eine evolutionäre Geschichte hat und vornehmlich zwei Funktionen dient: den Wettbewerb unter männlichen Artgenossen zur Optimierung des eigenen Fortpflanzungserfolgs anzuregen (sexuelle Selektion, vgl. Kap. 5.) und territoriale Integrität sicherzustellen.

Dies bedeutet, daß die Schädigung eines Artgenossen nur das proximate Ziel einer innerartlichen Aggression darstellt. Das ultimate Ziel besteht darin, möglichst vorrangigen Zugang zu weiblichen Artgenossen zu gewinnen und durch die Abgrenzung und Verteidigung eines Reviers oder Territoriums eine ungestörte Entwicklung des Nachwuchses sicherzustellen. Beide Voraussetzungen helfen, den eigenen Fortpflanzungserfolg zu optimieren. Zur Erreichung beider Ziele waren die beschriebenen Aggressionsformen, zum Zeitpunkt ihrer Entstehung, also im Pleistozän, hochgradig funktional. Heute, so scheint es, hat sich dieses allerdings gegen den Menschen gerichtet und bedroht eher seine Existenz, als daß sie dem Fortbestand des Homo Sapiens dienlich wäre.

Soziokulturell orientierte Ansätze (z.B. Eagly, 1987) erklären das Auftreten von innerartlicher Aggression und die Tatsache, daß daran vornehmlich männliche Individuen beteiligt sind, mit der Vorherrschaft entsprechender Rollenvorschriften und normativer Erwartungen für Männer und Frauen. Ausgangspunkt dieser Überlegungen ist die durch einen evolutionären Zufall entstandene größere körperliche Stärke und Robustheit der männlichen Individuen, die es ermöglichte, kräftig und wirkungsvoll aufeinander einschlagen zu können. Auf diesem Hintergrund sollen sich dann aggressionsförderliche soziale Rollenerwartungen für Männer, nicht aber für Frauen, herausgebildet haben, die dann über das Lernen in der Kinderstube von Generation zu Generation weitergegeben werden. Männer und Frauen verhalten sich dann dementsprechend.

Kritisch an diesem Erklärungsansatz sind vor allem die folgenden Einwendungen: Vorausgesetzt, die evoluierten Mechanismen der Aggressionssteuerung waren einmal funktional und besaßen einen hohen Anpassungswert, so ist unverständlich, warum sie sich in der Stammesgeschichte so erfolgreich durchgesetzt haben und erst »in letzter Minute« – kurz vor der Entstehung des Homo Sapiens – an Einfluß verloren und durch soziale Lernfaktoren in der Kinderstube ersetzt wurden. Falls man dem Argument einer biologischen Entwicklung dieser Mechanismen nicht traut, müßte man annehmen, daß das Verhalten auch im infrahumanen Bereich bereits durch Rollenerwartungen und soziale Stereotype gesteuert wird – eine wenig wahrscheinliche Annahme.

Ein zweiter Einwand bezieht sich auf die vermutete Strategie der Evolution. Unterstellt man einmal, die Sicherung des Fortpflanzungserfolgs sei das wichtigste Ziel einer evolutionären Strategie und die beschriebenen Formen der innerartlichen Aggression hätten dazu einen positiven Beitrag geleistet, so wäre es geradezu töricht, dieses nicht genetisch zu sichern und den Fortpflanzungserfolg den »Zufälligkeiten der Sozialentwicklung in der Kinderstube« (Schneider, 1996) anzuvertrauen. So etwas hätte in der Evolution keinen Bestand gehabt. Es ist allerdings auch unbestritten, daß es zumindest in unseren westlichen Kulturkreisen für Frauen und Männer auch unterschiedliche Rollenvorschriften und normative Erwartungen gibt, die sich den biologischen Unterschieden auflagern. Die männliche Geschlechtsrolle beinhaltet Normen, die zur Aggression geradezu ermuntern, während die weibliche Geschlechtsrolle Aggressionen kaum betont (Eagly, 1987). Es ist deshalb nicht verwunderlich, wenn viele Untersuchungen einen entsprechenden Unterschied zwischen Männern und Frauen finden, zuletzt auch eine Meta-Analyse von Bettencourt und Miller (1996). Allerdings sind die Befunde häufig nicht sehr deutlich ausgeprägt und auch oftmals widersprüchlich. Dies mag daran liegen, daß auf der Ebene manifesten Verhaltens ganz unterschiedliche Indikatoren herangezogen werden, daß unterschiedliche zeitliche Entwicklungsverläufe bei Männern und Frauen nicht berücksichtigt werden oder daß die Beziehungen durch Drittvariablen beeinflußt werden (Loeber & Stouthamer-Loeber, 1998). Eine solche Moderation zeigt beispielsweise die schon zitierte Untersuchung von Bettencourt und Miller (1996), in der die Unterschiede zwischen Männern und Frauen verschwanden, wenn ausschließlich solche Aggressionen berücksichtigt wurden, die definitiv auf eine Provokation (Frustration) zurückgingen. Insgesamt ein Forschungsfeld, das z.Zt. noch sehr viele Rätsel aufgibt.

8.2. Biopsychologische Grundlagen aggressiven Verhaltens

8.2.1. Aggression bei Tieren

Als aggressive Handlung beim Menschen haben wir eine Handlung verstanden, die intentional darauf gerichtet ist, einen Mitmenschen direkt oder indirekt zu schädigen. Verhaltensweisen, die Artgenossen schädigen, finden sich fast im gesamten Tierreich. Über Handlungsintentionen von Tieren können wir aber nichts ausmachen. Zur Abgrenzung aggressiver von nicht-aggressiven Verhaltensweisen muß man sich daher auf äußerlich beobachtbare Verhaltensmerkmale beschränken. Hier lassen sich zunächst Verhaltensweisen des Angriffs und der Verteidigung mit jeweils zugehörigen Verhaltensweisen des Drohens und Kämpfens unterscheiden (Eibl-Eibesfeldt, 1975). Hilfreicher für eine biologische Analyse erscheint aber eine Einteilung nach den Verhaltenskontexten (funktionale Kontexte), in denen aggressives Verhalten auftritt. So lassen sich nach Wilson (1975) die folgenden Formen unterscheiden:

1. Territoriale Aggression
2. Dominanzaggression
3. Sexuelle Aggression
4. Elternaggression
5. Räuber- und Beute-Aggression

Aggressives Verhalten bei Tieren dient also den verschiedensten Zielen. Am häufigsten ist, sehen wir von Räuber-Aggression ab, aber Aggression bei der Konkurrenz um knappe Ressourcen (Futter, Nistplätze, Sexualpartner) und bei der Abwehr von Eindringlingen sowie der Verteidigung des eigenen Territoriums (vgl. Archer, 1988, 1996).

Aggressionen, die innerhalb einer Art auftreten, können bei vielen Spezies schon aufgrund der Bewegungstopographie von aggressiven Verhaltensweisen, die dem räuberischen Erwerb von Beute oder auch der Abwehr von Räubern dienen, unterschieden werden (Eibl-Eibesfeldt, 1975). Die neurobiologische Forschung konnte darüber hinaus zeigen, daß der innerartlichen und der zwischenartlichen räuberischen Aggression unterschiedliche Gehirnstrukturen zugrunde liegen (s.u.).

Das allgemeine Vorkommen aggressiver Verhaltensweisen im Tierreich und die teilweise genetisch bestimmte Topographie aggressiver Verhaltensweisen bestätigen die Ansicht, daß aggressive Verhaltensweisen in der Evolution einen hohen Anpassungswert hatten. Bei Tieren, die in Gruppen leben, wird aggressives Verhalten aber auch von einer Reihe aggressionshemmender Mechanismen begrenzt. Da ist zunächst Fluchtverhalten und Submission: Schwächere Tiere in einer rangmäßig stabilisierten Tiergruppe gehen statushohen aus dem Wege und geben in Auseinandersetzungen nach; Tiere kämpfen in der Regel auch nur, wenn sie provoziert werden und häufig nur in ihrem eigenen Territorium. Wir finden schließlich bei Tieren in Gruppen eine Vielzahl von ritualisierten Formen der innerartlichen Auseinandersetzung mit Tötungshemmungen, die verhindern, daß Tiere sich in diesen Kämpfen töten. Maynard-Smith und Price (1973) haben durch Computer-Simulation zeigen können, daß das Vorherrschen der Verhaltensstrategie einer begrenzten innerartlichen Aggression mit Tötungshemmungen auf lange Sicht nicht nur für das Überleben der Art, sondern auch für das einzelne Individuum vorteilhaft ist und seine Fortpflanzungschance erhöht. Nur eine solche Strategie kann sich im Verlauf der Evolution als eine stabile Strategie erweisen, während die ungehemmte Aggression aufgrund der hohen Kosten für den Organismus schädlich sein muß.

Für welche Bestandteile dieses Verhaltenssystems läßt sich nun eine genetische Determination annehmen? Nach den Erkenntnissen der Vergleichenden Verhaltensforschung kann genetisch weitergegebene Information (a) die Ausbildung von angeborenen Bewegungen, die in der inner- und zwischenartlichen Auseinandersetzung Verwendung finden, (b) die Ausbildung von Wahrnehmungsmechanismen, die auf bestimmte Reize ansprechen (angeborene Auslösemechanismen), (c) die Ausbildung von spezifischen Antriebsmechanismen und (d) schließlich die Ausbildung von artspezifischen Lerndispositionen bewirken (Eibl-Eibesfeldt, 1978).

Was läßt sich nun aus diesen Erkenntnissen für die Humanpsychologie entnehmen? Angeborene arttypische Bewegungsweisen aggressiven Verhaltens und Wahrnehmungsmechanismen, die aggressives Verhalten automatisch auslösen, gibt es beim Menschen wahrscheinlich nur in geringem Ausmaß. Auch Menschen reagieren auf Provokationen aggressiv, weisen dabei eine Aktivierung des sympathischen Systems auf und zeigen ein typisches Ausdrucksverhalten, das offensichtlich nicht gelernt, sondern angeboren ist. Zumindest für diese durch Provokationen hervorgerufenen Ärger- oder Wut-Emotionen muß ein genetisch fundierter Mechanismus angenommen werden. Die neurobiologische Forschung hat bereits wahrscheinlich machen können, daß auch beim Menschen die beim aggressiven Verhalten auftretenden Ärger- und Wutemotionen auf Erregungsprozessen in den gleichen Hirnarealen basieren wie bei den höheren Säugern. Wenngleich also die Situationen, die Aggressionen auslösen und die Art, wie Menschen ihre aggressiven Handlungstendenzen in Handlungen umsetzen, in hohem Maße kulturell bestimmt sind, so muß doch eine weitgehende Übereinstimmung in der Steuerung durch ältere Hirnmechanismen angenommen werden. Blanchard und Blanchard (1989) haben direkt die Frage untersucht, welchen Erklärungswert denn Tiermodelle der Aggression für den Humanbereich haben. Sie kommen zu dem Schluß, daß die Tiermodelle zu einer Reihe von Erkenntnissen geführt haben, die eine überraschende Parallelität zu vielen Formen menschlicher Aggressivität aufweisen.

8.2.2. Neurobiologie aggressiven Verhaltens

Die neurobiologische Forschung hat zeigen können, daß die neuronalen Systeme, die aggressivem Verhalten zugrunde liegen, bei den verschiedensten Wirbeltierarten weitgehend homologe Hirnareale umfassen und daß auch beim Menschen die gleichen Hirnareale die Entstehung affektiver Reaktionen, wie Wut und Ärger, ermöglichen. Diese Tatsache rechtfertigt den Versuch, durch eine vergleichende neurobiologische Forschung zu begründeten Hypothesen hinsichtlich der Lokalisation und der Funktionsweise der neuronalen Mechanismen auch beim Menschen zu gelangen.

Schon in den 30er Jahren waren erste Beobachtungen zur Lokalisation derjenigen neuronalen Systeme gemacht worden, die unter anderem auch aggressivem Verhalten zugrunde liegen. In der bereits mehrfach zitierten Untersuchung von Klüver und Bucy (1939) war aufgefallen, daß nach Entfernung des Schläfenlappens neben einer Vielzahl anderer Veränderungen im sozialen Verhalten auch die vormals aggressiven Tiere zahm und zugänglich wurden. Inzwischen liegen weitere Beobachtungen vor, die ein vorläufiges Bild der involvierten Systeme erlauben. Am besten untersucht sind die Bedingungen bei der Hauskatze und bei der Ratte. Flynn und Mitarbeiter (zusf.: Flynn, 1972) haben aggressives Verhalten bei der Katze und Karli und Mitarbeiter (zusf.: Karli et al., 1974) bei der Ratte analysiert. Diese älteren Untersuchungen gelten auch heute noch als richtungsweisend (Buck, 1999). Auch hier zeigte sich, daß Aggression kein einheitliches Phänomen ist. Nicht nur auslösende Reize und biologische Funktionen aggressiven Verhaltens sind zu unterscheiden, sondern auch unterschiedliche zugrundeliegende neuronale Mechanismen. Durch elektrische Reizung gelang es, im wesentlichen drei unterschiedliche aggressive Verhaltensweisen auszulösen: 1. Beute-Aggression oder Angriff, 2. affektive oder reizbare Aggression und 3. Flucht. Die neuronalen Systeme, von denen diese Verhaltensweisen ausgelöst werden können, überlappen sich etwas. Ob z.B. durch Reizung Flucht oder affektive Abwehr ausgelöst wird, hängt auch von speziellen Situationsfaktoren ab.

Bei der Ratte läßt sich so in einem System, das den lateralen Hypothalamus und das ventrale Tegmentum im Mittelhirn umschließt, durch elektrische und chemische Stimulationen gegen Mäuse gerichtete Beute-Aggression auslösen. Das Verhalten ist zielgerichtet, die Ratte zeigt Appetenzverhalten – sie sucht nach der Maus – und wenig affektive Erregung. Ganz ähnliches fanden Flynn und Mitarbeiter bei der Katze. Eine Stimulation im lateralen Hypothalamus und im ventralen Tegmentum löst einen »ruhigen« Angriff auf eine Ratte aus, ohne Anzeichen sympathischer Aktivierung. Dieser ruhige Angriff ist deutlich zielorientiert. Eine ausgestopfte Ratte oder ein Holzblock in der Größe einer Ratte rufen weniger Angriffsverhalten hervor (Flynn, 1972).

Von dieser zielgerichteten Beute-Aggression ist aufgrund der Bewegungstopographie und des Ausdrucks eine affektive Form des Angriffs zu trennen, die alle Anzeichen einer sympathischen Aktivierung (Erweiterung der Pupille, Aufstellen der Haare) und andere Erregungsanzeichen (Entblößen der Eckzähne, helle Schreie) zeigt. Diese Art von Aggression kann durch eine Stimulation im medialen Hypothalamus und im zentralen Höhlengrau des Mittelhirns ausgelöst werden. Dieser Angriff trägt Anzeichen affektiver Erregung und ist wenig zielorientiert; das Tier sucht nicht, sondern schlägt bevorzugt den Experimentator und auch eine Ratte, wenn sie angetroffen wird, oder ausgestopfte Puppen. Offensichtlich reagiert das Tier hier, um einen aversiven Zustand zu beenden. In ganz ähnlicher Weise konnte affektives Mäusetöten ohne Appetenzverhalten und bei ungenügender Orientierung durch eine Stimulation im medialen Hypothalamus und im zentralen Höhlengrau des Mittelhirns bei der Ratte ausgelöst werden (Karli et al., 1974).

Es handelt sich also offensichtlich um zwei unterschiedliche neuronale Systeme, die dem affektiven oder reizbaren Angriff und der Beute-Aggression bei Katzen und Ratten zugrunde liegen. Bei beiden Tierarten muß einer Reihe weiterer Hirnareale eine Funktion für die Steuerung aggressiven Verhaltens zugesprochen werden. Als ein solches System ist die Amygdala anzusehen. Sowohl Flucht als auch affektiver Angriff lassen sich durch eine Stimulation in der Amygdala von Katzen auslösen. Eine Stimulation der vorderen und lateralen Anteile löst Flucht, eine Stimulation der medialen und hinteren Anteile affektiven Angriff aus.

Die Studien Flynns und Mitarbeiter haben darüber hinaus zur Aufklärung der Wirkungsweise der zentralen Mechanismen aggressiven Verhaltens beigetragen. Durch eine Stimulation in den Hirnarealen, in denen sich Beute-Aggression auslösen ließ, werden bei der Katze Reflexe gefördert, die integrale Bestandteile des Beute-Aggressionsverhaltens sind. So vergrößert sich mit ansteigender Reizstärke der empfindliche Rezeptorbereich an der Innenfläche der vorderen Gliedmaßen, an denen durch taktile Reizung ein Schlag ausgelöst wird; ebenso der empfindliche Bereich um die Schnauze des Tieres, in dem eine Hinwendung der Schnauze bzw. eine Öffnung des Maules durch einen taktilen Reiz ausgelöst werden kann (vgl. *Abbildung 8.1*). Der Effekt ist deutlich abhängig von der Stärke der Stimulation.

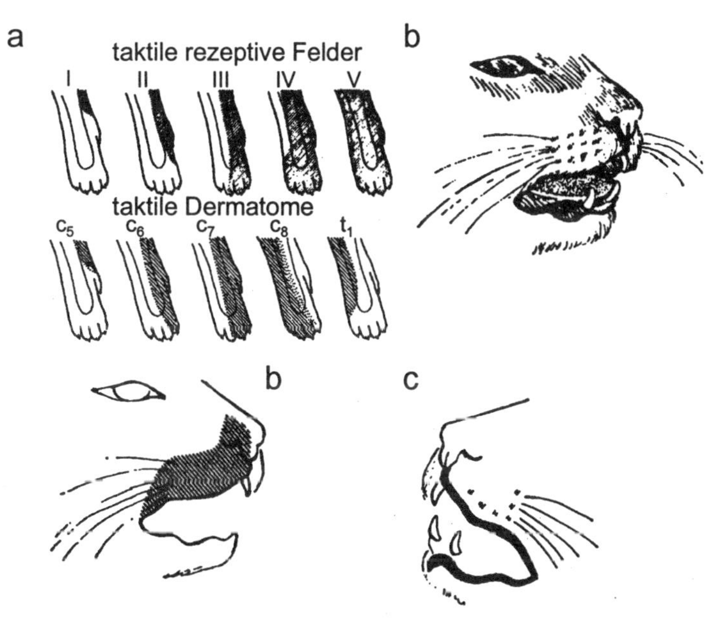

Abbildung 8.1: Vergrößerung der Fläche an der vorderen Pfote der Katze, an der durch taktile Reizung ein Schlag ausgelöst werden kann (8.1a). Diese Felder entsprechen den Innervationsfeldern der Rückenmarkssegmente (Dermatome). Die Teilabbildungen 8.1b und 8.1c zeigen die maximalen sensorischen Felder bei intensiver Hirnstimulierung für eine reflexive Kopfzuwendung (8.1b) und für die Öffnung des Maules (8.1c) (modifiziert nach Flynn, 1972, S. 142ff.).

8.2.3. Hormonale Faktoren

Die Tatsache, daß durch Kastration wilde männliche Tiere in zahme Tiere umgewandelt werden können, ist Viehzüchtern seit alters her bekannt. Diese Beobachtung deutet auf einen Zusammenhang zwischen der latenten Verhaltensbereitschaft zu aggressiven Auseinandersetzungen und der Konzentration männlicher Sexualhormone im Blut hin. Durch die spätere Gabe des männlichen Sexualhormons Testosteron läßt sich bei Kastraten die Aggressionsbereitschaft wieder herstellen. Weitere Beobachtungen, die in die gleiche Richtung weisen, sind: Männliche Jungtiere vieler Arten zeigen in ihrem Spielverhalten mehr aggressives Verhalten als weibliche. Ernsthaftes Kämpfen zwischen männlichen Jungtieren tritt erst zum Zeitpunkt der Geschlechtsreife auf, zum gleichen Zeitpunkt steigt die Konzentration von Sexualhormonen im Blut an. Darüber hinaus konnte in einigen Studien ein direkter Zusammenhang zwischen der Konzentration männlicher Sexualhormone im Blut und aggressiven Verhaltensweisen festgestellt werden. Rose et al. (1971) beobachteten eine Gruppe Rhesusaffen hinsichtlich ihres Sozialverhaltens und zählten die Häufigkeit, mit der diese Tiere aggressives Verhalten, Verhaltensweisen der Dominanz und der Unterwerfung zeigten. *Tabelle 8.1* zeigt die Korrelationen zwischen diesen Häufigkeiten und den Konzentrationswerten von Testosteron im Blut.

Tabelle 8.1: Zusammenhänge (Rangkorrelationen) zwischen Testosterongehalt im Blut und Verhaltensweisen der Aggression, der Dominanz und Submission (N = 34).

1.	Aggressives Verhalten (total)	.47
2.	Nur Drohen	.52
3.	Erfährt Submission	.52
4.	Zeigt Submission	- .32 (n.s.)
5.	Position in der Statushierarchie	.35

Dieser korrelative Zusammenhang konnte in experimentellen Studien als Verursachungszusammenhang gesichert werden. Männliche Rhesusaffen zeigten nach Testosteroninjektionen doppelt soviel aggressives Verhalten wie Kontrolltiere (Kling, 1968). Auch der Gegenbeweis gelingt, wie die bereits angeführte Zähmung nach Kastration zeigt. Auch beim Menschen gibt es vergleichbare Zusammenhänge. Christiansen (1999) hat die umfangreiche Literatur über den Zusammenhang des Testosteronspiegels mit der Ausprägung aggressiven Verhaltens (Verhaltens- und Selbsteinschätzungsdaten) gesichtet und die Annahme eines positiven Zusammenhangs fast ausnahmslos bestätigt gefunden.

Normalerweise reagieren weibliche Tiere nicht auf männliche Sexualhormone, die ja auch in geringerer Konzentration im weiblichen Organismus vorhanden sind. Werden jedoch am Tage nach der Geburt bei weiblichen Mäusen männliche Sexualhormone injiziert, so findet eine Sensitivierung (Maskulinisierung) des weiblichen Gehirns für männliche Sexualhormone statt. Derart behandelte weibliche Tiere reagieren später ebenfalls mit gesteigertem Aggressionsverhalten auf die künstliche Zufuhr von männlichen Sexualhormonen (Edwards & Herndon, 1970).

Beim Menschen sind diese Zusammenhänge ebenfalls überprüft worden: Man greift hier auf Patientengruppen mit pränatalen Hormonstörungen zurück, weil dies der einzige empirische Zugang zur Erforschung dieser Fragestellung ist (Christiansen, 1999). Die gefundenen Zusammenhänge sind allerdings oft widersprüchlich und auch nicht sehr deutlich ausgeprägt. Archer (1991) führt das darauf zurück, daß der organisierende Effekt von Sexualhormonen schlüssig erst nach der Geschlechtsreife nachgewiesen werden könne. Eine der ganz wenigen Untersuchungen mit Kindern im nachpubertären Alter haben schon vor einiger Zeit Yalon et al. (1973) durchgeführt. Sie untersuchten 6- und 16jährige Jungen, deren Mütter in der Schwangerschaft Östrogen- und Progesteronpräparate, die eine antiandrogene Wirkung auf das Gehirn haben, aus medizinischen Gründen einnehmen mußten. Im Vergleich zu normalen Jungen zeigten die betroffenen 6jährigen und 16jährigen Jungen eine deutlich niedrigere Aggressivität und Durchsetzungsfähigkeit im Verhalten, was als Folge der mangelhaften Maskulinisierung des Gehirns verstanden wird.

8.3. Situative Bedingungsfaktoren menschlichen aggressiven Verhaltens

Die wichtigsten auslösenden Faktoren aggressiven Verhaltens dürften neben der von Freud bereits angeführten Frustration die Provokation von Menschen durch feindselige Angriffe körperlicher oder symbolischer Art sein. Die frühesten und umfangreichsten Forschungsbemühungen hat die sog. Frustrations-Aggressions-Hypothese hervorgerufen. Wir werden uns im folgenden den Ergebnissen dieser Forschung zuwenden. Neben diesen spezifischen aggressionsauslösenden Anreizen (Situationsfaktoren) menschlichen aggressiven Verhaltens müssen aber auch allgemeine Bedingungsfaktoren, wie z.B. Hitze, Lärm und Schmerz, mit in Rechnung gesetzt werden.

8.3.1. Die Frustrations-Aggressions-Hypothese

Von kaum zu überschätzendem Einfluß auf die Forschung ist die Formulierung der Frustrations-Aggressions(F-A)-Hypothese gewesen, die Dollard et al. (1939), auf einem Gedanken Freuds aufbauend, vorgenommen haben. In diesem Ansatz ist Aggression ein rein reaktives Konzept. Das basale Postulat dieser Hypothese lautet, daß Aggression immer eine Folge von Frustration ist: »das Auftreten einer aggressiven Handlung setzt das Vorhandensein einer Frustration voraus, und umgekehrt führt eine Frustration immer zu irgendeiner Form von Aggression« (Dollard et al., 1939). In einer frühen Revision dieser Hypothese wird jedoch der zweite Teil dieser Aussage relativiert, indem eingeräumt wird, daß die Aggression nur *eine* von mehreren Reaktionsmöglichkeiten auf Frustrationen darstellt (Miller et al., 1941; Sears, 1941).

Aggressive Handlungen nach Frustrationen müssen nicht unbedingt beobachtbar sein. Sie können unterdrückt, verzögert, verborgen, verlagert oder in irgendeiner anderen Weise von ihrem Ziel abgelenkt werden. Dies ist dann der Fall, wenn für direkte aggressive Handlungen Bestrafungen zu erwarten sind. Unter extremen Bedingungen können auch lediglich affektive Rudimente wie etwa ein Gefühl von Ärger oder Wut resultieren. Die Aggression wendet sich zunächst gegen die frustrierende Person selbst, kann aber auch von dieser abgelenkt werden und sich dann auf andere Personen oder Gegenstände beziehen. Zwischen Frustration und Aggression wird eine kausale Verknüpfung angenommen, wobei die Stärke der Anregung zur Aggression direkt mit der Stärke der Frustration variiert.

Diese weitreichenden Ausdehnungen des Bedeutungsgehaltes von »Aggression« im Sinne der Schädigung einer anderen Person oder auch Ersatzpersonen bzw. von Gegenständen macht die empirische Überprüfung dieser Hypothese sehr schwierig, da sie kaum zu widerlegen ist. Dennoch hat die Formulierung der Hypothese zu einer prosperierenden Forschungsaktivität, aber auch zu vielen Kontroversen geführt. Der Grund für diese vielen Kontroversen liegt neben den oben bereits genannten Gründen in der mehrdeutigen definitorischen Fassung der Begriffe »Frustration« und »Aggression«. Diese Unzulänglichkeit resultiert daraus, daß sich Dollard et al. (1939) darum bemühten, beide Konstrukte auf behavioralem Niveau zu definieren, um sie an objektiven Verhaltenskriterien festzumachen. Es ist über die Jahre hinweg jedoch deutlich geworden, daß weder das Ereignis »Frustration« (als Störung einer zielgerichteten Handlung) noch das Ereignis »Aggression« (als Schädigung einer anderen Person bzw. eines entsprechenden Ersatzes) auf behavioraler Ebene eindeutig festgelegt werden können. Es ist in jedem Fall bedeutungsvoll zu wissen, zu welchen emotionalen, motivationalen und kognitiven Konsequenzen eine Störung einer zielgerichteten Handlung führt und mit welchen (wahrgenommenen) Intentionen eine Störung oder Schädigung verbunden wird. Für ein Verständnis von aggressiven Handlungen hat sich deshalb die Berücksichtigung kognitiver Faktoren, wie etwa der Handlungsabsicht, als unbedingt notwendig erwiesen.

Erweiternde Um- und Neuformulierungen der F-A-Hypothese stammen vor allem von Buss (1961) und Berkowitz (1962, 1989). Buss wendet sich in seiner Neukonzeption vor allem gegen zwei Festlegungen der früheren Formulierungen. Zum einen wird nicht mehr davon ausgegangen, daß Frustration die einzige Anreizbedingung von Aggression darstellt. Frustration ist nur eine von vielen Möglichkeiten, Aggression anzuregen. Zum anderen wird nicht mehr daran festgehalten, daß sich die Stärke der Aggression ausschließlich durch die Stärke der vorausgehenden Frustration und die Stärke der zu erwartenden Bestrafung einer aggressiven Handlung bestimmt. Buss unterscheidet die Willkürlichkeit (willkürlich – unwillkürlich), den instrumentellen Wert (instrumentell – nichtinstrumentell) und schließlich den Typ der Aggression (aktiv – passiv; direkt – indirekt). Relativ starke Aggressionen als Reaktion auf eine Frustration sollten resultieren, wenn es sich um willkürliche Frustrationen handelt. Von besonderer Bedeutung ist auch die Unterscheidung von instrumentellen und nichtinstrumentellen Formen von Aggression. Instrumentelle Aggressionen sind geeignet, die frustrierende Situation aufzuheben, während nichtinstrumentelle Aggressionen aus einem Gefühl der Wut und Verärgerung resultieren und nichts zur Beseitigung der frustrierenden Situation leisten.

In einer ersten Untersuchung hat Buss (1963) den Einfluß unterschiedlicher Formen von Frustration auf die nachfolgende Aggression zu belegen versucht. Die Vp wird in dieser Versuchsanordnung zusammen mit einem eingeweihten Mitarbeiter des Vl in die Untersuchungssituation gebracht mit der Instruktion, daß es sich um eine Lernsituation handele, in der die Vp den Eingeweihten des Vl für eine weitere Vp halten muß, die in dem Experiment allerdings lediglich die Rolle eines »Opfers« spielt. Durch eine vorher festgesetzte Reihenfolge von nicht gelungenen Lernversuchen vereitelt der Mitarbeiter die Absicht der Vp, einen Lehrerfolg zu erreichen. Dies soll die experimentelle Herstellung von »Frustration« sein. Die Vp hat nun die Möglichkeit, durch die Bedienung einer sog. »Aggressionsmaschine« die Lernleistung des Mitarbeiters des Vl, den sie ja für eine zweite Vp halten muß, zu kontrollieren. Diese Aggressionsmaschine enthält mehrere

Knöpfe, mit denen dem Opfer elektrische Stromstöße unterschiedlicher Intensität verabreicht werden können. In dem Experiment von Buss (1963) konnten insgesamt zehn verschiedene Intensitäten verabreicht werden, wobei die Intensitätsstufe fünf schon recht schmerzhaft sein soll. Natürlich erhält das »Opfer« die eingestellten Stromstöße nicht tatsächlich ausgeteilt. Es kann jedoch die eingestellte Schockintensität ablesen. Um Realitätsnähe herzustellen, soll das Opfer bei stärkeren Schockintensitäten entsprechend stöhnen und ächzen. Mit dieser Methode hat die Aggressionsforschung über mehrere Jahrzehnte hinweg gearbeitet.

Berkowitz (1962) hat eine vollständige Revision der ursprünglichen F-A-Hypothese vorgenommen. Ihm ging es vor allem darum, Frustration und Aggression aus ihrem recht strikt gefaßten Abhängigkeitsverhältnis zu lösen und nimmt an, daß Frustration eine emotionale Reaktion (Ärger, Wut) freisetzt, die zunächst nur die Aggressions*bereitschaft* erhöht. Aggressive Handlungen treten aber nur auf, wenn auch in der Situation geeignete Hinweisreize mit Auslöseeigenschaften für aggressive Handlungen vorliegen. Objekte, etwa Waffen, die assoziativ mit aggressiven Akten zusammenhängen, sollen z.B. solche Auslöseeigenschaften besitzen. In dieser frühen Variante der F-A-Hypothese wird also den aus der Situation kommenden Hinweisreizen eine wichtige Funktion bei der Auslösung, Lenkung und Steuerung aggressiver Handlungen zugeschrieben, wobei personseitig der Ärger eine wichtige, organismisch fundierte Vermittlerrolle spielt. Die auftretende Aggression hängt in ihrer Intensität von der Stärke dieser Hinweisreize ab.

Berkowitz selbst hat in einer Reihe von Untersuchungen anhand filmisch dargestellter Gewalthandlungen seine Position zu bestätigen versucht. In einer mittlerweile klassischen Untersuchung (Berkowitz & Geen, 1966) wurden die Vpn mit einer zweiten Person, bei der es sich wieder um einen Mitarbeiter des Vl handelte, zusammengebracht. In einer Bedingung wurden die Vpn von diesem Mitarbeiter verärgert (d.h. beschimpft), in der anderen Bedingung neutral behandelt. Jeweils der Hälfte der Vpn wurde der Mitarbeiter als Kirk Anderson, der anderen als Bob Anderson vorgestellt. In der hieran anschließenden Versuchsphase sahen die Vpn entweder einen Ausschnitt aus einem Boxfilm, in dem der (damals) bekannte Filmschauspieler Kirk Douglas mitwirkte, oder einen Leichtathletikfilm. Die hieran anschließende dritte Versuchsphase war ähnlich der von Buss (1963) aufgebaut. Hier konnten in einer fiktiven Lernsituation Schocks mit unterschiedlichen Intensitäten gegen den Mitarbeiter ausgeteilt werden.

Die Vorhersage, die sich aus der Theorie herleitet, war die, daß aggressive Handlungen in der Form hoher verabreichter Schockintensitäten bei Vpn auftreten sollten, die den Boxfilm gesehen hatten (aggressive Hinweisreize in der Situation) und insbesondere dann, wenn sie zuvor von einer Person verärgert worden waren, die assoziativ mit dem aggressiven Filminhalt verknüpft war; hier also dann, wenn der Mitarbeiter als *Kirk* Anderson vorgestellt wurde. Die Hauptergebnisse dieser Untersuchung sind in *Tabelle 8.2* festgehalten.

Tabelle 8.2: Mittlerer Ärgeraffekt und mittlere Anzahl von Schocks in den verschiedenen Versuchsbedingungen (modifiziert nach Berkowitz & Geen, 1966, S. 528).

	Boxfilm				Leichtathletikfilm			
	verärgert		nicht verärgert		verärgert		nicht verärgert	
	Kirk	Bob	Kirk	Bob	Kirk	Bob	Kirk	Bob
Ärger*	7.36	6.00	11.27	12.09	7.27	7.27	10.55	11.27
Anzahl von Schocks	6.09	4.55	1.73	1.45	4.18	4.00	1.54	1.64

* niedrige Werte bedeuten starken Ärgeraffekt

Hinsichtlich des berichteten Ärgeraffekts unterschieden sich die verärgerten von den nicht verärgerten Vpn, die verärgerten Vpn jedoch nicht in den Bedingungen »Kirk« und »Bob«. Die Vpn, die durch Kirk verärgert wurden, verabreichten jedoch signifikant mehr Elektroschocks als die durch Bob verärgerten und auch – wie erwartet – nur dann, wenn sie zuvor einen aggressiven Film gesehen hatten. Sie verabreichten auch mehr Schocks als die durch Kirk verärgerten Vpn, die den Leichtathletikfilm sahen, also überhaupt keine aggressionsauslösenden Hinweisreize in der Situation vorfanden. Mit diesen Resultaten, die in wesentlichen Punkten repliziert werden konnten, gelang der Nachweis, daß das Ausmaß aggressiver Handlungen von aggressionsauslösenden Hinweisreizen ebenso abhängig ist wie von auftretenden Ärgeraffekten, insbesondere dann, wenn zwischen beiden eine assoziative Verbindung besteht.

8.3.2. Unangenehme Ereignisse und Aggression

Nicht nur Frustration, auch eine ganze Reihe anderer unangenehmer Ereignisse – Eintauchen in kaltes Wasser, hohe Temperaturen und drangvolle räumliche Enge, Schmerz, Lärm und faulige Gerüche – können die Aggressionsbereitschaft erhöhen (Anderson, 1989; Berkowitz, 1993; Zumkley, 1996). Diese durch aversive Ereignisse hervorgerufene Aggression ist sehr impulsiv, ist bei Menschen und Tieren gleichermaßen zu beobachten, durch kognitive Faktoren wenig beeinflußbar und hat eine Entstehungsgeschichte, die im wesentlichen auf klassischem Konditionieren aufbaut. In einem kognitiv-neoassoziationistischen Modell für impulsive (emotionale) Aggression beschreibt Berkowitz (1990, 1993) einen Entstehungsmechanismus, der auf die Emotionstheorie von Leventhal (1984) und die Netzwerktheorie des Gedächtnisses von Bower (1981) zurückgreift (vgl. Kap. 3.5.). Wenn ein Ereignis als aversiv bewertet wird, soll zunächst ein noch sehr undifferenzierter Unlustaffekt entstehen. Auf dem Hintergrund des Netzwerkgedankens entstehen besondere assoziative Verbindungen dieser Unlustaffekte zu entsprechenden (damit verträglichen) Gedanken, Erinnerungen, expressiv-motorischen und physiologischen Reaktionen sowie Ärgeraffekten, die sich insgesamt in einem netzwerkartigen System organisieren und von beliebiger Stelle, insbesondere aber von den »Affektknoten« aus, aktiviert werden können.

Die wichtigsten Veränderungen gegenüber den früheren Modellversionen bestehen darin, als auslösendes situatives Moment nicht eine Frustration, sondern aversive Ereignisse allgemein anzusehen. Aversive Ereignisse – unter anderem eben auch Frustrationen – führen zu rudimentären negativen Affekten, die dann das weitere Geschehen über die Aktivierung einschlägiger Netzwerkstrukturen steuern. Da das Modell lediglich auf Assoziationsprinzipien aufbaut, ist es besonders geeignet, eine gemeinsame Erklärungsbasis für das Auftreten emotionaler Aggressionen im Tier- und Humanbereich abzugeben.

In einer Reihe von Tierexperimenten hat sich insbesondere physischer Schmerz als ein wichtiger Auslöser für aggressives Verhalten erwiesen. Schmerz, Unlustaffekt und Wut scheinen eine angeborene Verbindung zu sein. Allerdings führt schmerzvolle Stimulation nicht zwangsläufig zu Aggression. Ob und inwieweit Aggression auftritt, hängt davon ab, ob eine Möglichkeit besteht, die Schädigung zu vermeiden, ob ein Aggressionsobjekt vorhanden ist, wie leicht es verfügbar ist, ob es dem angreifenden Tier bekannt oder fremd ist und ob für offene Aggression eine positive oder negative Lerngeschichte besteht. Betrachtet man die Befunde im Überblick (Berkowitz, 1990, 1993), so zeigt sich eine erhöhte Aggressionsbereitschaft, wenn keine Möglichkeit zur Flucht besteht, mögliche Opfer leicht verfügbar sind, keine klaren Dominanzhierarchien bestehen, für Aggression eine bekräftigte Lerngeschichte besteht und aktuelle Aggression nicht bestraft wird.

Schwierig zu beantworten ist die Frage, durch welche Ziele, d.h. durch welche Anreize dieses Verhalten hervorgerufen und aufrechterhalten wird. Eine Reihe von Autoren weisen darauf hin, daß diese Form von Aggression eher defensiver als appetitiver Natur sei und daß sie durch die Verringerung des Schmerzes negativ bekräftigt wird (Blanchard et al., 1978). Andere Untersuchungen mit Ratten und Affen zeigen allerdings, daß auch dann, wenn Aggression nicht negativ bekräftigt wurde – also gar keine Verbindung zwischen einer emotionalen Aggression und der Verringerung des Schmerzes bestand – mögliche Opfer aggressiv attackiert wurden. Einige Beobachtungen weisen darauf hin, daß eine Aggression den Streß der aversiven Stimulation möglicherweise verringert. So berichten Weiss et al. (1976), daß Ratten, denen schmerzhafte Elektroschocks verabreicht wurden und die Gelegenheit hatten, Artgenossen zu attackieren, weniger Magengeschwüre entwickelten als ebenfalls aversiv behandelte Versuchstiere, die diese Möglichkeit zur Aggression nicht hatten. Möglicherweise ist aber auch davon auszugehen, daß unter den beschriebenen Umständen die Verletzung eines Artgenossen das letztlich angestrebte Handlungsziel ist. So überqueren Ratten und Mäuse ein elektrisch geladenes Gitter, um einen ohnehin bereits submissiven Artgenossen erneut attackieren zu können.

Vergleichbare Beobachtungen an Menschen lassen ähnliche Zusammenhänge erkennen. Auch hier haben unangenehme Zustände wie Lärm, Hitze, Schmerz und räumliche Enge häufig eine deutliche Aggressionsbereitschaft im Gefolge (Anderson, 1989; Berkowitz, 1993; Zumkley, 1996). Auch diese Aggression ist nicht von defensiver Art, denn »in den meisten der Untersuchungen konnten die leidenden Personen kaum davon ausgehen, daß sie durch eine Mißhandlung ihres Opfers ihre eigene unangenehme Lage verbessern werden« (Berkowitz, 1983, S. 1139).

Die Tatsache, daß wir eine Reihe von Parallelen bei der Auslösung und Steuerung aggressiven Verhaltens bei Menschen und Tieren finden, die wir mit der Netzwerktheorie von Berkowitz erklären können, soll allerdings nicht bedeuten, daß wir mit den bislang behandelten Konstrukten Verhalten auch im Humanbereich erschöpfend erklären können. Die Modellvorstellungen von Berkowitz (1990, 1993) nehmen nämlich weiter an, daß sich an dieses durch einfache Assoziationen gebildete Netzwerk beim Menschen weitere kognitive und affektive Komponenten anschließen, die ebenfalls in dem Gesamtnetzwerk repräsentiert werden. Solche Affekte und Kognitionen – insbesondere Ärgeraffekte und Ursachenzuschreibungen – sind in diesen Modellvorstellungen voneinander unabhängige Elemente des Gesamtsystems und häufig auch dem Bewußtsein zugänglich, während die oben beschriebenen Ärgereffekte, die die Aggression auslösen, automatisch entstehen und nicht an Bewußtheit gebunden sind. Die im Gesamtgeschehen später auftretenden kognitiven Prozesse, insbesondere Ursachenzuschreibungen, können selber nicht Aggressionen auslösen, aber sie können die rudimentären Prozesse weiter differenzieren, intensivieren, elaborieren oder auch gänzlich unterdrücken (Berkowitz, 1990, 1993) (vgl. Kap. 8.4. und 8.5.).

Das auf assoziationistischen Grundprinzipien aufbauende Netzwerkmodell von Berkowitz besticht vor allem durch seinen breiten Gültigkeitsbereich, in dem einfache durch Ärgeraffekte ausgelöste emotionale Aggressionen ebenso wie eine Reihe von kognitiven Vermittlungsprozessen beschrieben werden können. Berkowitz selbst hat sich in seinen empirischen Beiträgen vor allem mit den ersten, den automatischen Prozessen der Aggressionsentstehung beschäftigt. Monteith et al. (1990; zit. nach Berkowitz, 1990) haben ihre Vpn in eine unangenehme Situation gebracht (den nicht dominanten Arm sechs Minuten frei ausgestreckt halten). Anschließend mußten sich die Vpn in eine Situation hineinversetzen, in der Frustration, Angst oder ein neutrales Geschehen thematisiert wurden. Die danach geschriebenen Berichte über die Befindlichkeit der Vpn zeigten, daß das höchste Ausmaß an Ärgeraffekten dann auftrat, wenn die Vpn stark unangenehmen Situationsbedingungen (freies Armausstrecken) ausgesetzt waren und an ein frustrierendes Ereignis dachten. Deutliche Unterstützung kommt auch aus einem bereits früher durchgeführten Experiment (Berkowitz et al., 1981), in dem die Vpn in zwei Bedingungen eine Hand entweder in schmerzhaft kaltes oder temperiertes Wasser halten und die Leistung eines eingeweihten Mitarbeiters durch Lohn und Strafe bewerten mußten. In zwei verschiedenen Bedingungen wurde den Vpn gesagt, daß das Austeilen von Strafreizen die Zielperson verletzen bzw. ihr eher helfen würde. Die Ergebnisse dieser Untersuchung zeigt *Tabelle 8.3.* Wie erwartet, wurde das sehr kalte Wasser als sehr unangenehm erlebt, und die Vpn fühlten sich in dieser Bedingung sehr stark verärgert. Darüber hinaus zeigten sie eine deutlich ausgeprägte Tendenz zu aggressivem Verhalten, insbesondere

Tabelle 8.3: Die Auswirkungen unangenehmer Wassertemperatur auf Affekte (Verärgerung) und feindseliges Verhalten (Lob minus Strafe) (modifiziert nach Berkowitz et al., 1981).

	Wassertemperatur			
	sehr kalt		temperiert	
	unterstellter Effekt auf das Verhalten			
	verletzend	hilfreich	verletzend	hilfreich
unangenehm	7.6	7.7	4.4	4.3
Verärgerung	6.5	5.6	3.8	4.4
Lob minus Strafe*	20.3	25.3	35.2	26.2

*niedrige Werte bedeuten ein relativ hohes Ausmaß an Strafe

dann, wenn sie davon ausgehen mußten, daß sie mit ihrer Aggression den Partner verletzen würden.

In einer weiteren Untersuchung sind Berkowitz und Embree (1987) der oben bereits erwähnten Frage nachgegangen, ob denn das Ziel solch emotionaler Aggression eher defensiv (Schmerzvermeidung) oder appetitiv sei. Wenn es in einer Situation, in der man selber schmerzvollen Reizen ausgesetzt ist, primär darum geht, diese Schmerzen abzustellen, auch – wenn keine andere Möglichkeit besteht – durch aggressive Handlungen, so sollten solche Aggressionen unterbleiben, wenn man sich auf anderem Wege der schmerzhaften Situation entziehen kann. Diese Vermutung haben die Autoren überprüft, indem sie ihre Vpn entweder kaltem oder temperiertem Wasser ausgesetzt haben, der Hälfte der Vpn wurde die Möglichkeit gegeben, ihre Hand zurückzuziehen, wann immer sie es wünschten, während die andere Hälfte der Vpn gemahnt wurde, dieses nicht zu tun. Die Ergebnisse zeigen, daß die Vpn, die kaltem Wasser ausgesetzt waren und sich diesem entziehen konnten, nicht so verärgert waren wie die Vpn, die keine Möglichkeit hatten. Überraschenderweise reagierte die Gruppe, die sich entziehen konnte, am stärksten aggressiv. Die aversive Stimulation hat also ganz offensichtlich eine appetitive Tendenz, eine andere Person zu schädigen, entstehen lassen; gerade dann, wenn es möglich war, sich dem schmerzhaften Ereignis zu entziehen.

Insgesamt gesehen scheint es also eine Reihe von Hinweisen darauf zu geben, daß Menschen, die sich schlecht und unglücklich fühlen, zu Ärgeraffekten, feindseligen Gedankeninhalten und einer erhöhten Aggressionsbereitschaft neigen. Diese Tendenz ist eher appetitiver Art, also von positiven Affektkonsequenzen begleitet, und kann sich unabhängig von den erlebten Ärgeraffekten entwickeln.

Neben schmerzhaften Erfahrungen sind auch besonders hohe Temperaturen geeignet, automatisch eine hohe Aggressionsbereitschaft entstehen zu lassen. Sowohl episodische Beobachtungen als auch systematisch zusammengetragene Daten und laborexperimentelle Befunde stützen die Aussage, daß mit steigenden Temperaturen auch die Aggressionsbereitschaft steigt (Anderson, 1989; Anderson & DeNeve, 1992).

8.4. Vermittelnde Mechanismen: Affektive und kognitive Bedingungsfaktoren aggressiven Verhaltens

Die gerade erörterten Modellvorstellungen räumen kognitiven Prozessen bei der Entstehung aggressiver Verhaltenstendenzen eine nachgeordnete, moderierende und eher randständige Bedeutung ein. Aversive Stimulation kann automatisch Ärgeraffekte und, dadurch vermittelt, eine Aggressionsbereitschaft entstehen lassen, die völlig unabhängig davon ist, wie die gepeinigte Person das aversive Ereignis interpretiert (Berkowitz, 1983). Kognitive Prozesse, etwa Attributionen, kommen erst relativ »spät« in der Abfolge – und auch nur moderierend – ins Spiel. Zu einem solchen späten Zeitpunkt können dann erneut Ärgeraffekte, diesmal jedoch attributional vermittelte, entstehen. Diese müssen jedoch deutlich von jenen Ärgeraffekten unterschieden werden, die am Anfang einer Aggression stehen und automatisch durch eine schmerzhafte Erfahrung entstehen (Berkowitz, 1993). Diese Modellvorstellung geht auf das Emotionsmodell von Leventhal (1984, 1990) zurück, das wir oben (vgl. Kap. 3.5.) im Zusammenhang mit dem Stadienkonzept von Leventhal und Scherer (1986) bereits dargestellt haben.

Viele Untersuchungen der letzten Jahre sind jedoch einem anderen Modell gefolgt, in dem zusätzlich physiologische Erregungskomponenten berücksichtigt werden und den Kognitionen, insbesondere den Ursachenzuschreibungen (Attributionen), eine wesentliche Rolle für die Affektentstehung beigemessen wird. Dies baut eher auf den von Schachter (1964) und Weiner (1985a) formulierten Ansätzen auf (vgl. Kap. 3.6.). Es werden in diesen Arbeiten eher die vermittelnden Funktionen von Attributionen und den attributionsabhängigen Affekten untersucht.

Auf eine kurze Formel gebracht bedeutet dies, daß die Modellvorstellungen der ersten Art von automatisch entstehenden Affekten ausgehen, wobei allenfalls später im Ablaufgeschehen kognitiv eingegriffen werden kann. Da dieses Modell sowohl im Tier- als auch im Humanversuch experimentell gestützt ist, liegt die Vermutung nahe, daß die ablaufenden Prozesse keiner Bewußtseinspflicht unterliegen, d.h. daß sie im Humanbereich wirksam werden können, ohne bewußt zu werden. Die Modellvorstellungen der zweiten Art unterstellen einen kognitiven Prozeß – der in der Regel auch bewußt wird – und können deswegen wohl ausschließlich im Humanbereich eingesetzt werden.

8.4.1. Die Bedeutung des Ärgeraffekts und physiologische Erregung

Eine große Anzahl von Untersuchungen hat sich der Rolle des Ärgeraffekts gewidmet, wobei den attributionalen Determinanten der Erregung für die Entstehung des Ärgeraffekts besondere Aufmerksamkeit geschenkt wurde (vgl. Ferguson & Rule, 1983). So hat sich etwa gezeigt, daß eine unspezifische Erregungssteigerung – hervorgerufen durch motorische Betätigung,

Lärm oder hohe Temperaturen – die nach einer Frustration entstehende Aggression beeinflussen kann, je nachdem, auf welche Faktoren der Organismus seine Erregung zurückführt.

Zillmann und Bryant (1974) haben hierzu ein Experiment durchgeführt, in dem sie ihre Vpn zunächst in zwei Gruppen an einer neutralen Aufgabe (Wurfaufgabe) oder an einer physisch beanspruchenden Aufgabe (Fahrradfahren) arbeiten ließen und hierdurch unterschiedliche Niveaus physiologischer Erregung erzeugten. Anschließend nahmen die Vpn an einem Spiel ähnlich dem Schiffe versenken teil, in dem die Vpn die Aufgabe hatten, durch falsche Rückmeldung den Partner, der vermeintlich mit einer überlegenen Strategie arbeitete, zu täuschen. Nach dem ersten erfolgreichen Gebrauch der Täuschungsstrategie setzte die Bedingungsvariation ein: In einer Bedingung erkundigte sich der Partner lediglich nach der Anzahl der von ihm benötigten Durchgänge (ohne Provokation). In der anderen Bedingung beklagte sich der Partner in beleidigender Form darüber, arglistig getäuscht worden zu sein und beschimpfte die Vp (mit Provokation). Anschließend kamen weitere Spieldurchgänge, in denen dem Spielpartner positive und negative Rückmeldungen gegeben werden konnten. Positive Rückmeldungen bestanden im Aussetzen, negative Rückmeldungen im Einschalten unangenehm starker Geräusche. Die Ergebnisse dieser Untersuchung sind in *Tabelle 8.4* festgehalten. Sie zeigen die intensivsten negativen Rückmeldungen bei Vorliegen einer Provokation und hoher Erregung. Hier wird deutlich, daß eine allgemeine Erregung aggressives Verhalten erleichtern kann, wenn sie mit einer Provokation (Verärgerung) einhergeht. Ein Erregungszustand, der mit keiner Provokation einhergeht, kann auf der anderen Seite die Aggressionsbereitschaft sogar senken. Diese Ergebnisse zeigen, daß eine erhöhte Erregung nicht durchgängig aggressive Verhaltensweisen

Tabelle 8.4: Mittlere Häufigkeit und mittlere Intensität negativer und positiver Rückmeldungen (modifiziert nach Zillmann & Bryant, 1974, S. 789).

	ohne Provokation		**mit Provokation**	
	niedrige Erregung	hohe Erregung	niedrige Erregung	hohe Erregung
negative Rückmeldung				
Häufigkeit	14.5	11.3	15.3	18.0
Intensität	75.0	58.0	90.1	126.5
positive Rückmeldung				
Häufigkeit	15.5	18.7	14.7	12.0
Intensität	101.1	140.0	96.2	78.2

energetisiert und verstärkt, sondern daß ausschließlich hohe Erregungsniveaus in Verbindung mit einer Provokation – möglicherweise durch Intensivierung des primären Ärgeraffekts – das Auftreten aggressiver Verhaltensweisen begünstigen können.

Andere Untersuchungen haben das Erregungsniveau durch die Darbietung von erotischen Stimuli zu manipulieren versucht. In diesen Untersuchungen zeigte sich, daß sexuelle Erregung das Aggressionsverhalten von verärgerten Vpn eher verringert als erhöht. In einem Experiment von Geen et al. (1972) erhielten die Vpn elektrische Schocks verabreicht, während sie sexuell anregende Geschichten lasen. Zusätzlich erhielten sie ein Placebo, das angeblich eine erregungssteigernde Wirkung haben sollte. In drei unterschiedlichen Bedingungen wurden ihnen Attribuierungen nahegelegt, in denen ihr Erregungszustand auf die Schocks, auf die Geschichte oder auf das Medikament zurückgeführt wurde. Vpn, die in den Glauben versetzt wurden, ihr Erregungszustand sei durch die Geschichte oder durch das Medikament bedingt, berichteten weniger Ärgeraffekt und waren auch weniger aggressiv als jene Vpn, die ihren Erregungszustand auf die erlittenen Schocks zurückführten. Befunde dieser Art dürfen als relativ gut gesichert angesehen werden. Generell hat sich in diesen Untersuchungen gezeigt, daß eine allgemeine Erregung, die als Ärger wahrgenommen wird, Aggressionen fördert. Aggressionen werden andererseits eher gehemmt, wenn die Erregung auf andere Faktoren als die Verärgerung zurückgeführt und anders interpretiert wird (Rule & Nesdale, 1976).

Man kann diese Befunde wahrscheinlich damit erklären, daß erotische Stimuli die Aufmerksamkeit von der Quelle der Verärgerung abziehen, so daß diese nicht mehr länger aggressionsauslösend wirken kann. Wenn allerdings erotische Darbietungen mit Gewaltkomponenten versehen werden, wie dies beispielsweise bei Vergewaltigungsszenen der Fall ist, so kann hiervon eine erhöhte Aggressionsneigung ausgehen, die sich dann ausschließlich gegen weibliche Personen richtet (Donnerstein & Berkowitz, 1981). Das schlechte filmische Vorbild mag dem Aggressor eine Art »Rechtfertigung« für sein eigenes Handeln liefern (s.u.).

Damit zeigt sich zusammenfassend, daß der Ärgeraffekt unter bestimmten Bedingungen eine aggressive Handlung zu fördern in der Lage ist. In welcher Weise die Beeinflussung aggressiver Handlungen durch den Ärgeraffekt wirkt, dürfte wesentlich davon abhängen, wie der Ärgeraffekt auf kognitivem Niveau verarbeitet wird und in welchen Kausalzusammenhang er mit der eigenen Erregung gebracht wird. Wird ein direkter Ursachenzusammenhang zwischen der Verärgerung und dem wahrgenommenen eigenen Erregungsniveau hergestellt, wird die Aggressionsbereitschaft verstärkt. In dem Maße jedoch, in dem die Ursachenzuschreibung für einen

Zustand der Erregung von der Verärgerung abgelenkt wird, sinkt die Bereitschaft zu aggressivem Verhalten.

8.4.2. Die Bedeutung von Handlungsintentionen

Der überwiegende Teil der oben dargestellten Forschung hat sich ausschließlich mit Aggressionen feindseliger (emotionaler) Art beschäftigt. Untersuchungen zu instrumentellen Formen aggressiven Verhaltens liegen erst vereinzelt vor. So haben etwa Thompson und Kolstoe (1974) in einem Experiment instrumentelle und nicht-instrumentelle Aggressionen erfaßt. In einem als Lernexperiment getarnten Aggressionsversuch erfuhren die Vpn, daß der Lernende (ein Mitarbeiter des Vl) richtige Antworten gab, wenn sie ihm starke Stromstöße verabreichten. Aggression erwies sich also als instrumentell zur Überwindung eines frustrierenden Ereignisses. In einer anderen Bedingung war dies nicht der Fall. Außerdem wurde die Stärke der Frustration variiert, indem das angestrebte Lernziel lange Zeit nur knapp verfehlt (starke Frustration) bzw. deutlich verfehlt wurde (schwache Frustration). Die Stärke der nachfolgenden Aggressionen sind in *Abbildung 8.2* dargestellt. Hier zeigte sich, daß starke Aggressionen dann auftraten, wenn sie instrumentell zur Überwindung eines frustrierenden Ereignisses waren und insbesondere auch dann, wenn die Frustration besonders ausgeprägt war.

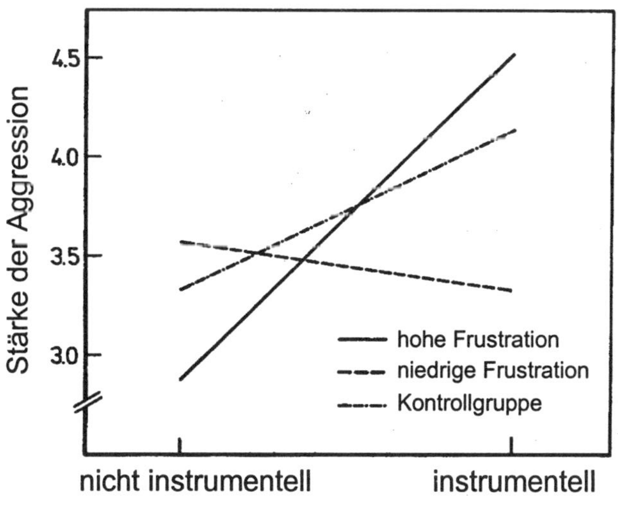

Abbildung 8.2: Mittlere Stärke der Aggression in den drei verschiedenen Versuchsgruppen (modifiziert nach Thompson & Kolstoe, 1974, S. 319).

In einigen Nachfolgeuntersuchungen ist man zusätzlich der Frage nach der Rolle des Ärgeraffekts bei unterschiedlichen Typen von Aggression nachgegangen. So haben Rule und Nesdale (1974) in einer nach dem bekannten Lehrer-Schüler-Paradigma angelegten Untersuchung ihren Vpn gesagt, daß die Anwendung starker Schock-Intensitäten dem Lernenden Schmerz zufüge, der ihm jedoch helfe, das Lernproblem zu lösen (instrumentelle, prosoziale Aggression) bzw. ihn daran hindere (feindselige Aggression). Darüber hinaus wurden die Vpn zuvor durch den Mitarbeiter beleidigt (hohes Ärgerniveau) oder nicht beleidigt (niedriges Ärgerniveau). Wie erwartet, variierten die ausgeteilten Schock-Intensitäten mit der Funktion der Aggression und dem induzierten Ärgerniveau. Wenn der Schock beeinträchtigend war (feindselige Aggression), wurde mehr Aggression bei hohem Ärgerniveau gezeigt; wenn der Schock hilfreich war (instrumentelle Aggression), wurde mehr Aggression bei niedrigem Ärgerniveau gezeigt. Durch diese Befunde ist gut belegt, daß das Auftreten von Ärgeraffekten lediglich feindselige Aggressionen begünstigt, nicht aber aggressives Verhalten, das instrumentell zur Erreichung anderer Ziele ist.

Die Beschäftigung mit unterschiedlichen Funktionen aggressiven Verhaltens hat auch die Frage nach den Handlungszielen und den damit verbundenen Intentionen neu belebt. In bezug auf die Steuerung von aggressiven Handlungen werden Intentionen in zweierlei Hinsicht bedeutsam. Einmal, wie die Ergebnisse von Rule und Mitarbeitern gezeigt haben, wenn schädigende Reize mit unterschiedlichen Funktionen verbunden werden (z.B. instrumentell sind zur Erreichung fremder Ziele), zum anderen aber auch dann, wenn man selbst Opfer einer solchen Schädigung geworden ist und man die möglichen damit verbundenen Intentionen eines Kontrahenten erschließen muß, um auf die Schädigung adäquat zu reagieren. Aggressive Handlungen dieser Art dürften wohl besonders intensiv dann ausfallen, wenn man selbst Opfer einer aggressiven Handlung geworden ist und diese als intentional gesteuert (»absichtlich«) interpretiert.

In einem Experiment von Dyck und Rule (1978) wetteiferten jeweils eine Vp und der Mitarbeiter des Vl miteinander. Verliert die Vp, wird sie einem unangenehmen Geräusch ausgesetzt, dessen Lautstärke von dem Kontrahenten vorher festgesetzt wurde; gewinnt sie, wird ihr eine nach dem Zufall ausgewählte Lautstärke appliziert. In zwei verschiedenen Bedingungen bekamen die Vpn nun unterschiedliche Informationen über das Verhalten einer Standardperson in diesem Experiment. Einmal wurde gesagt, Vpn würden normalerweise ansteigende Lautstärken wählen, in der anderen Bedingung wurde gesagt, Vpn würden normalerweise eher geringe Lautstärken wählen. Bekam die Vp in dem Experiment tatsächlich hohe Lautintensitäten verabreicht, so sollten im ersten Fall (Standardperson wählt ebenfalls hohe Lautintensitäten, geringe Normabweichung) keine intentionalen Attribuierungen für das Verhalten vorgenommen werden, im zweiten Fall (Standardperson wählt niedrige Lautintensitäten, hohe Normabweichung) jedoch mehr Intentionsattribuierungen. Entsprechend sollte im ersten Fall weniger, im zweiten Fall mehr Vergeltungsaggression auftreten. Die zweite experimentelle Manipulation bestand darin, das Verhältnis von gewonnenen zu verlorenen Durchgängen zu variieren. In drei verschiedenen Bedingungen verloren die Vpn jeweils in 17 %, 50 % und 83 % der Durchgänge. Es wurde vermutet, daß man sich selbst, wenn man in 17 % bzw. 83 % der Durchgänge verloren hat, für die erfahrenen Aggressionen verantwortlich hält. Einmal hält man es für eine gerechtfertigte Bestrafung für die eigenen Niederlagen, zum anderen erklärt man sie durch den berechtigten Ärger des Opponenten über seine Niederlagen. Bei ausgeglichenem Spielverlauf sollte jedoch die erlittene Aggression als besonders ungerechtfertigt und intentional gesteuert empfunden werden. Sie sollte deshalb in starkem Ausmaße durch Gegenaggressionen vergolten werden.

Die zentrale Erwartung der Untersuchung bestand dementsprechend in der Annahme einer Interaktion der beiden unabhängigen Variablen. Es wurde erwartet, daß die Unterschiede der Vergeltungsaggression zwischen niedriger und hoher Normabweichung bei ausgeglichenen Siegen und Niederlagen am größten sind, weil hier unterschiedliche intentionale Attribuierungen für die vom Spielpartner gezeigte Aggression nahegelegt werden. Eine Intentionsattribuierung wird nämlich insbesondere dann nahegelegt, wenn ein Verhalten von dem abweicht, was normalerweise in einer Situation geschieht (hohe Normabweichung) und wenn es keine anderen naheliegenden Erklärungen dafür gibt.

Tabelle 8.5: Mittlere Schockintensitäten bei unterschiedlich häufigen Niederlagen und unterschiedlicher Normabweichung (modifiziert nach Dyck & Rule, 1978, S. S24).

	Häufigkeit der Niederlagen		
	17%	50%	83%
Normabweichung niedrig	3.63	4.08	3.04
Normabweichung hoch	4.42	6.08	2.88

Die Erwartungen bestätigten sich voll (vgl. *Tabelle 8.5).* Vergeltungsaggressionen sind besonders ausgeprägt, wenn die ursprüngliche Aggression bei hoher Normabweichung auftrat, also eine Abweichung von dem darstellt, was andere in einer solchen Situation normalerweise tun. Darüber hinaus gab es einen bedeutsamen Wechselwirkungseffekt: Die Unterschiede sind in der 50 %-Bedingung besonders ausgeprägt. Eine Aggression unter 50 % (gleich viele gewonnene und verlorene Spiele) und hoher Normabweichung wird als besonders ungerechtfertigt erlebt, entsprechend hoch wird die Rechtfertigung für die eigene Gegenaggression eingestuft.

Nickel (1974) hat die Auswirkungen von Frustration und der wahrgenommenen aggressiven Intention eines Spielgegners auf aggressives Verhalten analysiert und die Effekte direkt miteinander verglichen. Die Vpn wurden hohen und niedrigen Schockintensitäten ausgesetzt und jeweils zur Hälfte in den Glauben versetzt, die Schocks seien so vom Gegenspieler intendiert bzw. nicht intendiert, d.h. durch eine fehlerhafte Einstellung am Versuchsgerät bedingt. Anschließend konnten die Vpn selbst Schocks austeilen. Es zeigte sich, daß die Wahrnehmung der Intention des Partners die wesentlichste Determinante für nachfolgendes aggressives Verhalten darstellte. Von besonderem Interesse sind in dieser Untersuchung die Ergebnisse, die sich auf den erlebten Ärgeraffekt beziehen. *Abbildung 8.3* zeigt, daß sich die beiden Vpn-Gruppen hinsichtlich des Ärgeraffekts nicht unter-

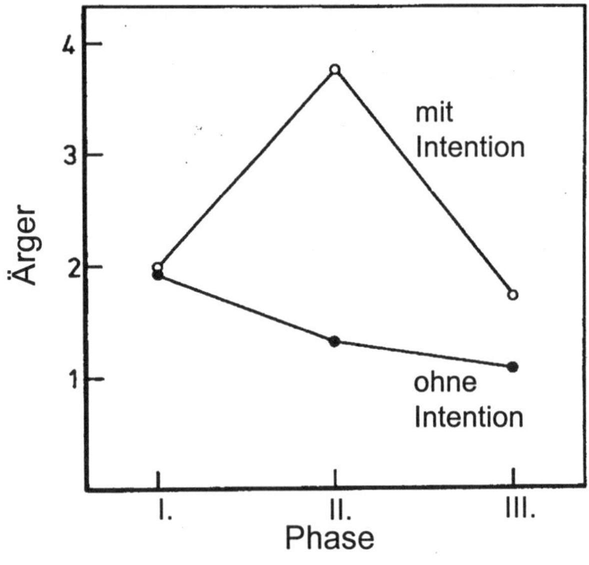

Abbildung 8.3: Aggressiver Affekt als Funktion der Handlungsintention und Versuchsphase (I – vor den Schocks; II – nachdem die Vp geschockt wurde; III – nachdem die Vp den Partner geschockt hat) (modifiziert nach Nickel, 1974, S. 488).

schieden, bevor sie den Schocks ausgesetzt wurden und auch nicht, nachdem sie Gelegenheit zur Vergeltungsaggression hatten, wohl aber unmittelbar nachdem sie selbst das Opfer einer Aggression geworden sind. Hier berichteten jene Vpn, die in den Glauben versetzt wurden, die erlittenen Aggressionen seien so von ihrem Opponenten intendiert, einen erhöhten Ärgeraffekt. Wiederum spielte das Ausmaß der tatsächlich erlittenen Frustration keine wesentliche Rolle.

In einer Erweiterung dieses Versuchsansatzes haben Johnson und Rule (1986) ihren Vpn mildernde externale Ursachenzuschreibungen für eine erlittene Provokation nahegelegt (»Er hat eine schlechte Zensur erhalten und muß nun seine ganze Lebensplanung ändern« (starke mildernde Umstände)). Darüber hinaus haben sie diese Information in einer Bedingung vor, in einer zweiten Bedingung nach der erlittenen Provokation gegeben. Auf dem Hintergrund des attributionstheoretischen Ansatzes wurde erwartet, daß nur eine vorab gegebene Entschuldigung in Form externaler Ursachenfaktoren zu geringeren Intentionsattribuierungen, geringeren Ärgeraffekten und schließlich auch schwächer ausgeprägten Aggressionen führt. Diese Erwartungen konnten im wesentlichen bestätigt werden. Stark mildernde Umstände, die vor einer Provokation bekannt werden, führen zu einer positiveren Einschätzung des Provokateurs, verringern die physiologische Erregung und den Ärgeraffekt und führen schließlich auch zu einer Reduktion der nachfolgenden Aggression.

8.5. Erwartung-Wert-Theorien der Aggression: Die Bedeutung antizipierter Konsequenzen

Eine einflußreiche Theorie aggressiven Verhaltens, die über die letzten dreißig Jahre hinweg ausgebaut wurde, hat Bandura (1962, 1983, 1989, 1991) in seinem kognitiv-sozial-lerntheoretischen Ansatz entwickelt. Die Theorie beschreibt zwei zentrale Mechanismen, die für den Erwerb und die Anregung zu aggressiven Verhaltensweisen verantwortlich sind.

Der *Erwerb neuer Verhaltensweisen* erfolgt vornehmlich über das sog. Beobachtungslernen. Die Beobachtung des Verhaltens anderer Personen einschließlich der Konsequenzen des Verhaltens kann einen Lernprozeß beträchtlich abkürzen, insbesondere, wenn es um den Erwerb komplexer Verhaltensmuster geht. Kinder können aggressive Verhaltensrepertoires durch die Beobachtung aggressiver Vorbilder erwerben und über lange Zeit aufrecht erhalten. Aggressive Modelle besonderer Art werden über die Massenmedien, insbesondere das Fernsehen und den Videomarkt, geliefert.

Untersuchungen zeigen, daß aggressive Gewaltdarstellungen in den Medien eine ganze Reihe von nachweisbaren Effekten auf das Verhalten ausüben, wie etwa die Ausformung neuer Verhaltensmuster oder die Bereitstellung entsprechender Anreize für aggressives Verhalten. Bandura (1983) und Geen (1983) halten, soweit aggressives Verhalten betroffen ist, die folgenden vier Effekte des Beobachtungslernens für wichtig und empirisch belegt:

- Prägung eines aggressiven Interaktionsstils,
- Veränderung der Aggressionshemmung,
- Desensibilisierung und Habituierung gegenüber Aggression,
- Allgemeine Veränderung und Verzerrung der Realitätssicht speziell in bezug auf normative Einstellungen zur Aggression.

Diese genannten Faktoren dürften insbesondere längerfristig für den Aufbau eines stabilen Verhaltensrepertoires maßgeblich sein. Aber auch eine Reihe von kurzfristig wirksamen Anregungsfaktoren (Anreizen) können durch Beobachtungslernen erworben werden: So können bestimmte Hinweisreize aggressionsauslösend wirken, weil sie beispielsweise in filmischen Darstellungen mit Gewalt assoziiert wurden oder weil sie weiteres aggressionsthematisches Gedächtnismaterial aktivieren, das dann seinerseits die oben beschriebenen Netzwerkstrukturen anregt (Berkowitz, 1990).

Zusammenfassende Bewertungen des gegenwärtigen Forschungsstandes sind nicht ganz einheitlich, kommen jedoch zumeist zu der Feststellung, daß ein positiver und kausaler Zusammenhang zwischen der Beobachtung von Gewaltdarstellungen in Film und Fernsehen und aggressivem Verhalten gut belegt sei (Geen, 1983). Eine aufschlußreiche Zusammenstellung von Befunden haben Wood et al. (1991) vorgenommen. Sie haben insgesamt 28 Studien gesichtet, in denen Kinder und Jugendliche aggressive und nicht aggressive Filme ansahen und hinterher in ihrer natürlichen Umgebung, zumeist in der Schule, hinsichtlich spontan auftretender aggressiver Handlungen beobachtet werden konnten. Die statistische Überprüfung mit Hilfe einer Meta-Analyse erbrachte eine deutliche Unterstützung für die Annahme eines Zusammenhangs, der allerdings moderat in der Ausprägung und von einer Anzahl weiterer Einflußfaktoren abhängig war.

Was die *Anregung zu aggressiven Handlungen* betrifft, so baut dieser kognitive Ansatz auf zwei Mechanismen auf (vgl. *Abbildung 8.4)*. Der erste Mechanismus hat biologische Grundlagen und beruht auf unangenehmen Erlebnissen und Erfahrungen (z.B. Schmerz). Solche Erlebnisse führen zu emotionaler Erregung, die verschiedene Arten von Verhaltensweisen fördern kann. Welche konkrete Verhaltensweise realisiert wird, soll dann von der kognitiven Verarbeitung des aversiven Erlebnisses abhängig sein. Diese Wirkzusammenhänge, die an der Schachterschen Emotionstheorie orientiert sind, haben wir bereits oben (vgl. Kap. 3.5.) in verschiedenen Varianten erörtert.

Die zweite Komponente des Modells beschreibt den eigentlichen anreizgebundenen Antizipationsmechanismus. Danach sollen aggressive Handlungen auftreten, wenn durch sie positive Konsequenzen erreicht werden oder wenn mit vergleichsweise geringen negativen Konsequenzen zu rechnen ist. Die wahrgenommenen Konsequenzen können entweder externaler (sozialer) Art oder auch selbst-produziert, also internaler Art, sein. Dieser sog. Selbstregulationsmechanismus besagt, daß der Organismus Standards bzw. Bezugssysteme für die Bewertung eigener Handlungen aufbaut und auf Abweichungen davon mit Selbstbewertungsmaßnahmen reagiert. Diese positiven und negativen Selbstbewertungen, die nach dem Vollzug von Handlungen auftreten, sollen nun antizipiert werden und stellen damit das eigentliche Handlungsziel dar, das zeitlich vorweggenommen im Sinne eines Anreizes wirkt. Wir haben dies (vgl. *Abbildung 1.1*) in unserem allgemeinen Motivationsmodell als Anreizmechanismus beschrieben.

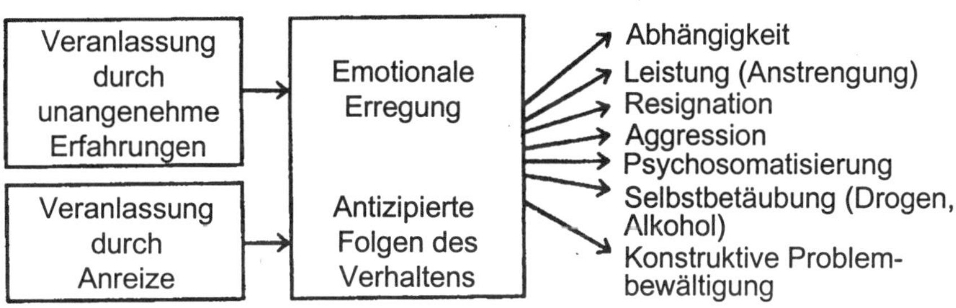

Abbildung 8.4: Auslösende Bedingungen, vermittelnde Variablen und Verhaltenskonsequenzen für das kognitive Motivationsmodell der Aggression (modifiziert nach Bandura, 1983, S. 13).

Auf dem Hintergrund dieses Modells sind für die Aggressionsforschung insbesondere solche Mechanismen untersucht worden, die erklären sollen, warum Menschen, die als zivilisiert gelten und von denen angenommen werden kann, daß sie über hochentwickelte moralische Standards verfügen, sich dennoch unter bestimmten Bedingungen auf aggressive und kriminelle Gewalttaten einlassen. Das Modell erklärt dies damit, daß der Selbstbewertungsmechanismus partiell außer Kraft gesetzt wird, indem die Selbstbewertungskonsequenzen vom tatsächlichen Verhalten abgekoppelt werden. Eine solche Entkoppelung von Verhalten und Bewertungskonsequenzen kann in verschiedenen Stadien einer Handlungssequenz wirksam werden. So können beispielsweise für unerwünschtes Verhalten höhere moralische Rechtfertigungen herangezogen oder durch beschönigende Verbaletiketten die aggressive Eigenart des Verhaltens geändert werden. Die schädlichen Auswirkungen des Verhaltens können minimiert, ignoriert oder uminterpretiert werden, die Verantwortlichkeit dafür geleugnet oder verlagert werden; Opfer von Gewalttaten können schließlich in ihrer Menschenwürde verletzt (dehumanisiert) und der ihnen zugefügte Schaden als selbstverschuldet angesehen werden (vgl. Bandura, 1989).

Es gibt eine Fülle von Alltagsbeobachtungen und auch viele empirische Beobachtungen, die mit dem Modell in gute Übereinstimmung gebracht werden können. Einen sehr eindrucksvollen experimentellen Befund berichten bereits Bandura et al. (1975). Sie haben die Vpn, die Opfer von strafenden Sanktionen wurden, in drei Bedingungen entweder humanisiert, dehumanisiert oder neutral behandelt. In einer Bedingung (funktional) führten die Bestrafungen zu einer Verbesserung der Resultate, in einer zweiten Bedingung (dysfunktional) führte eine Bestrafung nicht zu den gewünschten Resultaten. Das Ausmaß der jeweils verabreichten Strafreize zeigt *Abbildung 8.5.* Diese Befunde machen zumindest zwei Dinge sehr deutlich. Potentielle Opfer, die zuvor humanisiert wurden, dürfen mit nur

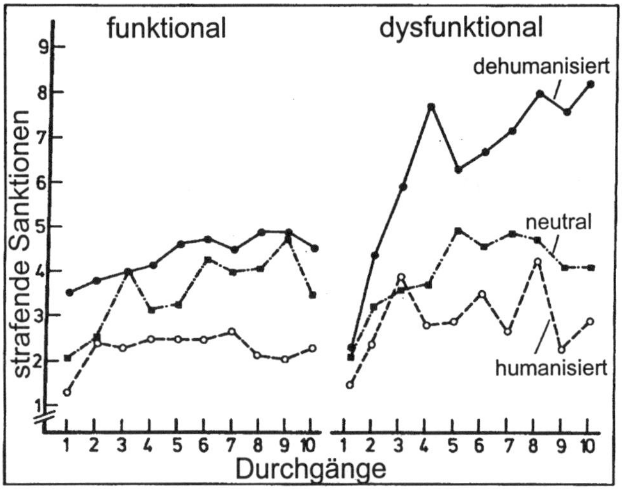

Abbildung 8.5: Ausmaß von strafenden Sanktionen in Abhängigkeit von der Effektivität der Sanktionen (funktional/dysfunktional) und unterschiedlich charakterisierten Opferpersonen (modifiziert nach Bandura et al., 1975, S. 264).

geringer gegen sie gerichteter Aggression rechnen, selbst dann, wenn sie mit ihrem Verhalten das Erreichen eines erwünschten Handlungsziels vereiteln (Bedingung dysfunktional) und damit eine starke Frustration herbeiführen. Das Ausmaß an aggressiven Handlungen ist jedoch deutlich erhöht, wenn sie sich gegen dehumanisierte Opfer richten, die zudem noch unerwünschte Effekte produzieren (Bedingung dysfunktional). Aggressionen scheinen hier also in doppelter Hinsicht »gerechtfertigt« zu sein; eine Rechtfertigungslogik, die den Selbstbewertungsmechanismus partiell außer Kraft setzt.

Negative Konsequenzen in der Selbstbewertung, die aggressives Verhalten hemmen oder ganz verhindern können, können also von einem aggressiven Verhalten abgekoppelt und damit unwirksam werden. Seit jeher gehört der Aufbau einer (religiösen, moralischen oder politischen) Rechtfertigungsphilosophie zur psychologischen Grundausstattung in der Vorbereitungsphase von kriegerischen Auseinandersetzungen. Auch das häufig zu beobachtende Phänomen einer sich rasch ausbreitenden kollektiven Gewaltbereitschaft, z.B. gegen Minderheiten, kann mit dem sozial-kognitiven Lernmodell sehr gut erklärt werden.

Einen anderen theoretischen Ansatz, der auch auf dem Grundgedanken der Anreizmotivation aufbaut und hierbei Modellvorstellungen des Erwartung-Wert-Typs heranzieht, hat Kornadt (1974, 1984) entwickelt. Er folgt hierbei den Entwicklungslinien, die sich im Gefolge der Konzeptionen von Lewin, Murray und McClelland insbesondere im Gebiet der Leistungsmotivation ergeben haben. Dies führte dazu, neben den situationsseitigen Determinanten, denen sich die sozialpsychologisch orientierte Motivationsforschung bisher nahezu ausschließlich zugewandt hatte, auch personseitige Determinanten in Form einer hoch generalisierten Disposition – dem Aggressionsmotiv – zu berücksichtigen. Dies wird auch durch Befunde von Olweus (1979) nahegelegt, der eine Reihe von Längsschnittuntersuchungen reanalysiert und beachtliche Stabilitäten für Aggressivität in der Lebensgeschichte gefunden hat. Die Stabilitätskoeffizienten lagen in der gleichen Größenordnung wie diejenigen, die etwa für Intelligenz berichtet wurden. Dies legt nach Olweus (1979, S. 872) zwingend nahe, neben den situativen und kognitiven Determinanten auch relativ stabile unterschiedliche Motivsysteme zu berücksichtigen.

Zumkley (1992, 1996) hat sich mit der Frage nach der zeitlichen Stabilität der Aggressionsneigung erneut beschäftigt. Er fand auch bei Berücksichtigung rezenter Arbeiten die Tatsache einer hohen zeitlichen Stabilität bestätigt. Selbst über einen Zeitraum von 22 Jahren (!) ergeben sich noch Stabilitätskoeffizienten in der Größenordnung von .50. Die Annahme, daß solch überdauernde Verhaltensunterschiede auf interindividuellen Unterschieden in der Motivausprägung beruhen, wird zusätzlich gestützt durch den oben bereits geschilderten Umstand, daß das habituelle Aggressionsniveau sehr eng auch an den Testosteronspiegel gebunden ist. Diese Anbindung der Aggressionsneigung an biologische Faktoren soll allerdings nicht den Blick verstellen auf soziale und kulturelle Einflußfaktoren sowie für Besonderheiten der individuellen Lerngeschichte, die sich insbesondere auf die Phase der frühen Kindheit beziehen dürfte. Eine aufschlußreiche Längsschnittstudie unter kulturvergleichender Perspektive haben Kornadt und Tachibana (1999) durchgeführt. Sie fanden eine deutliche Beziehung zwischen der Erziehung durch die Mutter im Alter von fünf Jahren und der Ausprägung des Aggressionsmotivs neun Jahre später. Als aggressionsdämpfend hat sich hier erwiesen, daß eine sichere und nicht in Frage gestellte persönliche Bindung zwischen Mutter und Kind besteht.

Der motivationspsychologische Ansatz von Kornadt (1982) enthält zwei Motivkonzepte (vgl. *Abbildung 8.6*). Ein Aggressionsmotiv, das darauf gerichtet ist, durch eigenes gewaltsames Handeln andere Personen zu schädigen oder zu verletzen, um dadurch eine positive Affektänderung zu erreichen. Das Motiv soll mehrere unterscheidbare Komponenten haben: eine

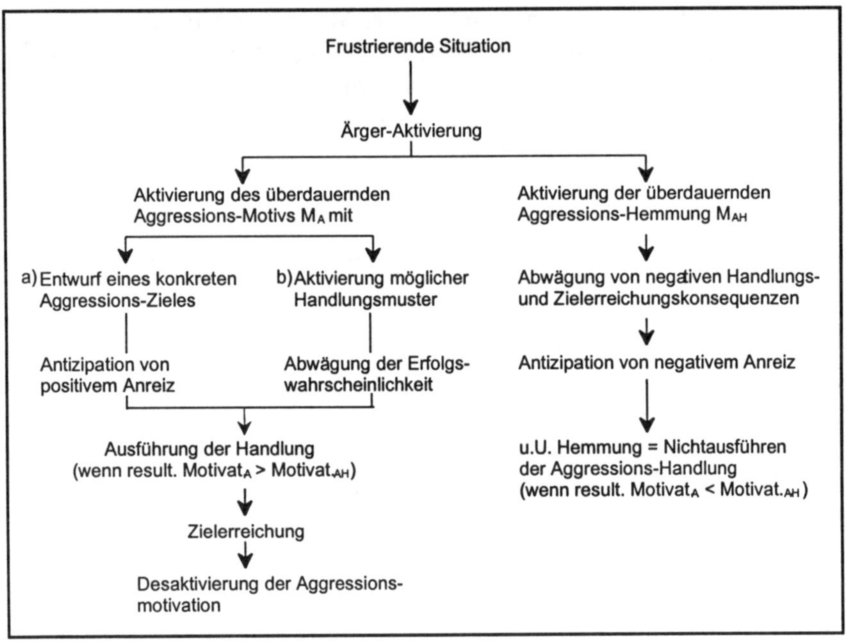

Abbildung 8.6: Anreiztheoretisches Modell der Aggressionsmotivation (modifiziert nach Kornadt, 1982, S. 85).

biologisch vorbereitete Frustration-Ärger-Verbindung, Intentionsattribuierungen, aggressive Verhaltensziele und bestimmte aggressive Verhaltensmuster. Neben der aufsuchenden Komponente des Motivs wird auch eine meidende Motivkomponente konzipiert, die als Aggressions-Hemmung bezeichnet wird. Das eigentliche Ziel einer aggressiven Handlung besteht darin, einen ursprünglich entstandenen Ärgeraffekt zu mindern oder in einen anderen positiven Affekt zu überführen. Ärger ist also das eigentlich auslösende Moment; zielgerichtet wird das Verhalten durch die Antizipation eines Affektwechsels.

8.6. Auf ein Wort ...

Mit Aggression wird eine Vielzahl unterschiedlicher Verhaltensweisen bezeichnet. Für die Beschreibung und Analyse eines bestimmten Typs von Aggression ist es deshalb notwendig, jene Bedingungen genau zu spezifizieren, die das Verhalten auslösen und unterhalten bzw. auch die funktionalen Kontexte anzugeben, in denen Aggressionen auftreten.

Aggressiven Verhaltensweisen bei Tieren liegen mit großer Wahrscheinlichkeit genetisch determinierte Mechanismen zugrunde. Es gibt Belege dafür, daß an der Auslösung und Unterhaltung aggressiver Verhaltensweisen bestimmte Hirnareale beteiligt sind, die im Hypothalamus und in der Amygdala lokalisiert sind. Außerdem ließ sich eine Abhängigkeit der Auftretenshäufigkeit aggressiver Verhaltensweisen von der Konzentration männlicher Sexualhormone im Blut aufweisen.

Bei der Analyse situativer Bedingungsfaktoren für aggressives Verhalten im Humanbereich ist besonders der Rolle von Frustration viel Beachtung geschenkt worden. Während frühe Formulierungen ein strenges Abhängigkeitsverhältnis zwischen Frustration und Aggression annahmen, gehen neuere Konzeptionen davon aus, daß Frustration nur eine von mehreren möglichen Vorläuferbedingungen für aggressives Verhalten darstellt. Eine Revision der ursprünglichen Theorie nimmt an, daß Frustrationen nicht direkt aggressive Verhaltensweisen beeinflussen, sondern zunächst nur einen Ärgeraffekt entstehen lassen. Aggressionen treten dann auf, wenn in der Situation Hinweisreize vorliegen, die mit der Entstehung des Ärgeraffekts oder generell mit aggressiven Verhaltensweisen zusammenhängen. In einigen zeitgenössischen Theorien ist der Frustrationsbegriff ganz aufgegeben und durch den weiter gefaßten Begriff des »unangenehmen Ereignisses« ersetzt worden. Unangenehme Ereignisse lassen rudimentäre Ärgeraffekte entstehen, die häufig schon eine feindselige Aggression auslösen können.

Rudimentäre Ärgeraffekte stellen auch ein wichtiges Kernstück aggressionsthematischer Netzwerke dar, von denen aus eine aggressive Handlung automatisch (ohne bewußte Kontrolle) aktiviert werden kann. Die Herausbildung solcher Netzwerke erfolgt assoziationistisch, wofür es allerdings eine genetische Vorbereitung (Bereitschaft) geben dürfte. Speziell für die Erklärung von Aggressionen im Humanbereich sind Ärgeraffekte auch in ihrer Abhängigkeit vom physiologischen Erregungsniveau und von den wahrgenommenen Ursachen einer erlittenen Schädigung bedeutungsvoll geworden.

Viele Arbeiten haben sich denn auch auf die nähere Analyse dieses Ärgeraffekts sowie seiner physiologischen, situativen und insbesondere kognitiven Determinanten konzentriert. Hierbei zeigte sich, daß erhöhte physiologische Erregungsniveaus bei vorhandener Frustration oder aversiver Stimulierung das Auftreten aggressiver Verhaltensweisen erleichtern können. Dies gilt insbesondere dann, wenn ein Ursachenzusammenhang zwischen dem wahrgenommenen Erregungsniveau und dem auftretenden Ärgeraffekt hergestellt bzw. dann, wenn ein unspezifischer Erregungszustand als Ärgeraffekt interpretiert wird. Wenn man selbst Opfer einer Schädigung wird, hängt das Ausmaß an Vergeltungsaggression wesentlich von den wahrgenommenen Intentionen des Schädigers ab. Bei hoher Normabweichung und mangelnder externaler Rechtfertigung drängen sich Intentionsattribuierungen auf, die dann sehr schnell zu erhöhter Vergeltungsaggression Anlaß geben.

Die Tatsache, daß wir bei Tieren und auch im Humanbereich Aggressionen finden, die ganz offensichtlich durch rudimentäre Affekte und damit assoziierten Gedächtnisinhalten und Verhaltensprogrammen gesteuert werden, muß die Bedeutung kognitiv elaborierter Ärgeraffekte für die Auslösung aggressiver Handlungen nicht mindern. Möglicherweise kann man die vielfältigen Befunde am schlüssigsten erklären, wenn man zwei unabhängig voneinander operierende Steuerungssysteme annimmt: ein »schnelles«, das auf unverarbeiteten Wut- und Ärgeraffekten sowie Informationen aus damit assoziierten Netzwerken beruht und ein »langsames«, das auf kognitiv verarbeiteten Ärgeraffekten beruht.

Die soziale Lerntheorie hat neben diesen unmittelbaren Anregungsfaktoren auch die Rolle der antizipierten Konsequenzen von aggressiven Handlungen beschrieben. Ein solcher Antizipationsmechanismus kann die Bildung von Zielen und die Auswahl einer bestimmten Handlungsalternative erklären. Die Auswahl und Realisation von aggressiven Handlungszielen kann man mit Hilfe von Motiv-, Anreiz- und Erwartungsgrößen rekonstruieren, wie es das Erwartung-Wert-Modell der Motivation fordert.

9. Machtmotivation

9.1. Phänomene und Funktion

Verhaltensweisen der Dominanz und der Submission sind keine spezifisch menschlichen Phänomene, sondern finden sich bereits in geschlossenen, individualisierten Tiergesellschaften, in denen ein individuelles Erkennen möglich ist (Eibl-Eibesfeldt, 1978; Wilson, 1975). Den mannigfaltigen Vorteilen, die das Zusammenleben bestimmter Arten im Hinblick auf den Nahrungserwerb (z.B. gemeinsame Jagd), den Schutz vor Feinden usw. bietet, steht der Nachteil der größeren Möglichkeiten zur innerartlichen Konkurrenz und damit auch zu aggressiven Auseinandersetzungen gegenüber. Aus diesem Grund sind geschlossene Tiergesellschaften in aller Regel hierarchisch organisiert, weisen also eine Rangordnung auf. Dadurch haben ranghohe Tiere zwar eine größere Chance, an Futter zu gelangen und sich fortzupflanzen (Harcourt, 1989; Kuester & Paul, 1989), aber auch für rangniedere Tiere ist der Nettovorteil, verglichen mit einer solitären Lebensweise, noch positiv.

Schjelderup-Ebbe (1935), der diese Phänomene als erster bei Wirbeltieren, konkret auf dem Hühnerhof, studierte, sprach mit Bezug auf die spezielle Form der Austragung von Rangkämpfen bei dieser Art von einer »Hackordnung«. Das ranghöchste Tier, das Alphatier, darf ungestraft alle anderen Tiere der Gruppe hacken, das rangniedrigste Tier wird von allen gehackt. Dazwischen ist die Rangordnung linear, teilweise aber auch zirkulär organisiert: Das Gammatier steht über dem Deltatier, dieses über dem Thetatier, dieses wieder über dem Gammatier. Solche zirkulären Rangordnungen sind unstabil, sie führen zu fortwährenden Umstrukturierungen der Dominanzhierarchie. In kleinen Gruppen unter zehn Mitgliedern begradigen sich diese Rangordnungen jedoch, wodurch die Gruppen stabil werden. Ist eine stabile Rangordnung erst einmal hergestellt, bleibt sie über lange Zeit bestehen. Rangkämpfe werden dann nicht mehr ausgetragen; die Tiere beschränken sich auf Droh- und Submissionsgebärden. Wird ein neues Tier auf den Hof gebracht, so reagieren alle Tiere zunächst feindlich – offensichtlich stellt der Neuling eine Bedrohung für den Status eines jeden Mitglieds dar. Der Neuling steht zunächst auf der untersten Stufe der Dominanzhierarchie und erreicht nach einiger Zeit die Position, die seinen statusrelevanten Merkmalen entspricht.

Nicht alle Arten, bei denen Rangordnungen beobachtet wurden, weisen solche streng hierarchisch strukturierte Beziehungen auf. Zunächst einmal finden sich bei einigen Arten Rangordnungen, die nicht absolut sind, d.h. nicht überall und zu jeder Zeit, sondern nur an bestimmten Orten und/oder zu bestimmten Zeiten gelten. Außerdem weisen Gruppen von Menschenaffen häufig Strukturen auf, in denen nicht ein einzelnes Tier dominiert, sondern eine Gruppe ranghoher männlicher Tiere die Herde anführt (vgl. Kummer, 1975).

Welches sind nun die Qualitäten, die den Status eines Tieres in einer solchen Rangordnung bestimmen? Neben Körperbaumerkmalen, wie Größe und Gewicht, kommen auch sozialen Merkmalen, wie der Abstammung von einem statushohen Muttertier und der Seniorität, aber auch psychischen oder Verhaltensmerkmalen wie niedriger Ängstlichkeit, hoher Aggressivität und komplexen psychischen Fertigkeiten, wie Organisationsfähigkeit und der Fertigkeit, Streit innerhalb der Gruppe zu schlichten, eine Bedeutung zu. Die letztgenannten Fertigkeiten spielen nur bei Tierarten mit relativ großem Hirngewicht eine Rolle. Da einige der genannten psychischen Merkmale an ein funktionierendes limbisches System gebunden sind, kann es nicht verwundern, daß durch entsprechende Manipulationen, etwa die Zerstörung von Arealen im limbischen System, Veränderungen in der Statusposition eines Tieres bewirkt werden können. Läsionen im limbischen System (Entfernung der Amygdala), die sukzessiv bei dem jeweils ranghöchsten Tier einer aus jugendlichen Mitgliedern bestehenden Affenhorde durchgeführt wurden, führten dazu, daß dieses Tier seine Statusposition verlor und ganz an das Ende der Dominanzhierarchie rutschte (vgl. *Abbildung 9.1*).

Die Frage, wie weit es sich bei dieser Tendenz zum Aufbau von Rangordnungen um phylogenetische Anpassungen (angeboren) oder adaptive Modifikationen handelt, d.h. ontogenetische Anpassungen an bestimmte Umweltfaktoren (gelernt), kann besonders bei den Primaten nur von Fall zu Fall entschieden werden. Die offensichtliche Ähnlichkeit der Phänomene auf dem Hühnerhof und in menschlichen Gruppen darf nicht dazu verführen, auch für den Menschen vorschnell eine ausschließlich genetische Basis für derartige Verhaltensweisen anzunehmen, die man bei Hühnern tatsächlich annehmen muß. Die großen Unterschiede, die sich in den Gruppenbeziehungen in verschiedenen Kulturen und Epochen nachweisen lassen, machen es wahrscheinlich, daß die in Menschengruppen vorfindbaren Rangordnungen sozio-kulturell mitbegründet sind, wenngleich sie sicherlich den gleichen ultimaten Zielen dienen wie Rangordnungen in Tiergesellschaften. Auf diese Verbindung des Dominanzverhaltens mit dem ultimaten Ziel der Erhöhung der inklusiven Fitneß hat insbesondere die Soziobiologie hingewiesen. Viele Befunde lassen erkennen, daß Individuen mit einer hohen Statusposition auch mit einer Erhöhung ihres Fortpflanzungserfolges rechnen können. Ein Zusammenhang, der allerdings in modernen Industriegesellschaften etwa durch den Einsatz empfängnisverhütender Mittel zunehmend lockerer wird (vgl. Kap. 5.2.).

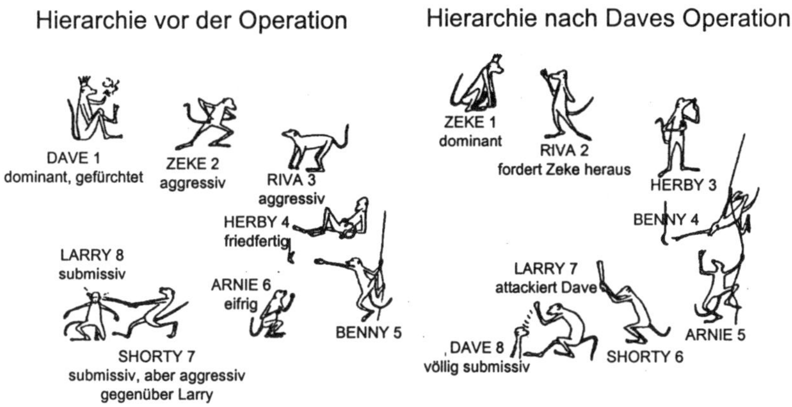

Abbildung 9.1: Dominanzhierarchie in einer Affenhorde vor (linker Teil) und nach (rechter Teil) bilateraler Entfernung der Amygdala bei dem Alphatier »Dave« (modifiziert nach Pribram, 1976, S. 59, 60).

9.2. Macht, das Individuum und die Gesellschaft

Macht, die ein Verhältnis zwischen mehreren Personen in einem sozialen Feld beschreibt, ist ein Phänomen, das in der abendländischen Geistesgeschichte vielfach diskutiert worden ist. Zumeist forderten gesellschaftliche Veränderungen zu einer Beschäftigung mit dem Phänomen der Macht heraus. Bereits Aristoteles hat sich mit dem Problem der Macht (Gewalt) beschäftigt und sah in der Ausübung von Macht in politischen Gemeinwesen die Voraussetzung zur Förderung der sittlichen Vollkommenheit ihrer Mitglieder. Macht dient der Erhaltung und Förderung des Guten und scheint nicht ohne Tugend zu sein.

Demgegenüber betont Machiavelli, der sich zu Anfang des sechzehnten Jahrhunderts dem Machtproblem unter staatspolitischen Gesichtspunkten zuwandte, eine enge Verbindung zwischen dem individuellen Machtbedürfnis und eher unheilvollen Kräften im Menschen. Tugenden seien der effizienten Ausübung von Macht nur hinderlich, förderlich sei es jedoch, Tugenden zur Schau zu tragen. Machiavelli hat in seiner ursprünglich 1513 publizierten Schrift diesen Machttypus und seine politischen Aktivitäten detailliert beschrieben. Die neuere Psychologie hat dies aufgegriffen und Machiavellismus beschrieben als eine »Strategie des Sozialverhaltens, die im wesentlichen darin besteht, andere Personen, auch gegen deren Interessen zu manipulieren und das zum eigenen Vorteil« (Wilson, Near & Miller, 1996, S. 285). Diese soziobiologisch orientierten Forscher formulieren auch die Hypothese, daß es sich bei dieser Strategie, andere Personen zu täuschen und sie zum eigenen Vorteil auszubeuten, um eine Disposition mit evolutionärer Vergangenheit handeln könnte. Die Tatsache, daß wir diese unangenehmen aber erfolgreichen Zeitgenossen in vielen Gesellschaftsbereichen, häufig auch in einflußreicher Position, finden, könnte bedeuten, daß es sich hier um eine evolutionär erfolgreiche Entwicklung im intrasexuellen Wettbewerb handelt, die im Zusammenhang mit der sexuellen Selektion entstanden ist (vgl. Kap. 5.2.). Eine häufig benutzte Strategie, andere Personen auch gegen deren Willen zu beeinflussen, ist, sie zu betrügen, d.h. heimlich eine gemeinsam verabredete Verhaltensregel zu verletzen (z.B. die eheliche »Untreue«). Die soziobiologisch orientierte Forschung konnte auch für den Einsatz einer solchen Strategie eine biologische Grundlage wahrscheinlich machen (Cosmides & Tooby, 1994; Shackelford & Larsen, 1997).

Hobbes hatte ebenfalls den Machtbegriff in den Mittelpunkt seiner Staatsphilosophie gerückt. In dem von ihm eingeführten Machtbegriff ist Macht ein kausales, motivierendes Konzept und damit ein Kennzeichen von Einzelpersonen. Diese versuchen, ihre Ziele durch Macht zu realisieren. Da in einem Gemeinwesen alle Personen – je nach ihrer Machtausstattung mit unterschiedlichem Erfolg – dieses tun, resultiert ein endloser Kampf, ein Krieg aller gegen alle. Diese Betonung motivationaler Komponenten in dem Machtkonzept erwies sich als sehr einflußreich. So definiert etwa Russell (1938, S. 35) Macht »als die Herstellung intendierter Effekte«, und für Max Weber (1956, S. 16) bedeutet Macht die Möglichkeit, »den eigenen Willen, auch gegen Widerstreben, durchzusetzen«. Selbst zeitgenössische systemtheoretische Ansätze verweisen noch auf dieses Erbe: »Macht ist das Bewirken von Wirkungen gegen möglichen Widerstand, sozusagen Kausalität unter ungünstigen Umständen« (Luhmann, 1975, S. 1). Dieses Bewirken von Wirkungen kann man sich als eine fremdverursachte Einflußnahme auf die Auswahl von Handlungsalternativen eines Individuums vorstellen. Das heißt, ein Individuum tut etwas, was es ohne diese fremde Einflußnahme nicht getan hätte. In welcher Weise diese Einflußnahme geschehen kann, haben bereits vor geraumer Zeit French und

Raven (1959) durch die Angabe verschiedenartiger Quellen, auf die sich Macht stützt, beschrieben:
1. Expertenmacht (expert power)
2. Vorbildmacht (referent power)
3. Legitimierte Macht (legitimate power)
4. Belohnungsmacht (reward power)
5. Bestrafungsmacht (coercive power)

Beeinflußte Personen reagieren auf die Anwendung der ersten beiden Machttypen deutlich positiv, auf die Anwendung der Machttypen drei und vier gemäßigt positiv und deutlich negativ auf die Anwendung des fünften Machttyps (Hinkin & Schriersheim, 1989).

Allgemein betrachtet kann man Macht als soziales Phänomen auf verschiedenen Systemebenen analysieren. Das reicht von der Ebene des Einzelindividuums über kleinere und größere Gruppenverbände bis hin zur Gesamtgesellschaft und schließt auch das Verhältnis verschiedener Nationen untereinander mit ein. Wir werden in unseren Darstellungen die motivationalen Grundlagen machtthematischen Erlebens und Verhaltens vornehmlich aus der Perspektive des Einzelindividuums darstellen und hierbei aber auch den Auswirkungen auf anderen Systemebenen nachgehen, beispielsweise bei der Betrachtung motivationaler Bedingungsfaktoren für Krieg und Frieden zwischen Nationen.

Wenn man machtthematische Zusammenhänge motivationspsychologisch beschreiben will, ist es notwendig, sowohl die Zielzustände, die das Individuum durch seine Handlungen anstrebt, als auch jene Person-Umwelt-Beziehungen zu charakterisieren, in denen die Erreichung dieser Zielzustände erwartet wird, die also ein Motiv anregen können. Welche Situationen oder Sachverhalte regen also das Machtmotiv an? Nach dem oben Gesagten sollten das Positionen und Ämter, Besitztümer, Expertenwissen usw. sein, die es erlauben, Macht auszuüben, d.h. im Sinne von Max Weber den eigenen Willen auch gegen den Widerstand anderer Personen zur Geltung zu bringen. Es scheint allen Definitionen gemeinsam zu sein, daß Macht eine zweiseitige Beziehung darstellt, in der eine Beeinflussung trotz Widerständigkeit eines der beiden Handlungspartner zustande kommt. Schmalt (1979b, S. 273) hat Macht beschrieben als »eine bereichsspezifische, asymmetrische, dyadische Beziehung ..., die durch eine Gefällestruktur auf den Dimensionen soziale Kompetenz, Zugang zu Ressourcen und Statusposition charakterisiert ist und sich in einer einseitig verlaufenden Verhaltenskontrolle manifestiert«.

Damit sind die machtthematischen Person-Umwelt-Beziehungen beschrieben. Die unterschiedlichen theoretischen Auffassungen über die angestrebten Ziele machtmotivierten Verhaltens scheinen sich im Augenblick noch einer zusammenfassenden Konzeption zu entziehen. Wir vermuten jedoch, daß es im Humanbereich das Erlebnis realisierter Kontrolle ist, das positiv (bei Erlangung) oder negativ (bei Verlust) wertbesetzt ist und damit einen Anreiz im Sinne des proximaten Handlungsziels darstellt.

9.3. Das Machtmotiv und seine Verhaltensauswirkungen

Veroff (1957) war der erste, der eine Forschungsstrategie, die sich zunächst nur auf das Leistungsmotiv bezogen und sich dort auch bewährt hatte, auf das Machtmotiv übertrug. Wie beim Leistungsmotiv ging es hierbei zunächst einmal darum, das Motiv zu messen. Da man auch hier auf das TAT-Verfahren vertraute, mußte ein Inhaltsschlüssel für entsprechende thematische Inhalte, die sich auf das Machtmotiv beziehen, entwickelt werden (vgl. Kap. 2.4.). So hat Veroff zunächst das Machtmotiv definiert als »die Kontrolle über die Möglichkeiten, andere Personen zu beeinflussen« (1957, S. 2) und sich hieran anschließend bemüht, die Korrelate des so definierten Machtmotivs in TAT-Protokollen aufzuspüren. Im einzelnen werden Geschichteninhalte als machtthematisch verrechnet, wenn ein Affekt im Zusammenhang mit dem Gewinn, dem Erhalt oder dem Verlust von Einfluß geäußert wird, wenn Statusdifferenzen hervorgehoben und wenn definitiv Beeinflussungsversuche unternommen werden.

Ähnlich wie das Maß zur Erfassung des Leistungsmotivs war das Maß zur Erfassung des Machtmotivs ursprünglich nicht dazu angelegt, Aufsuchen- und Meiden-Komponenten getrennt zu erfassen. Da auch das Maß selbst keine eindeutigen Hinweise auf die Richtungskomponenten gibt, ist die Interpretation der mit diesem Maß gewonnenen Resultate häufig mit einer gewissen Unsicherheit belastet. Veroff und Veroff (1972) haben nachträglich die empirische Literatur analysiert und sind zu dem Schluß gekommen, daß dieses Maß eher die meidende Motivkomponente erfaßt, in der das Vermeiden von Gefühlen eigener Machtlosigkeit bzw. Furcht vor Schwäche thematisiert sind. Diese Vorstellungen lehnen sich eng an Formulierungen Alfred Adlers (1927) an, wonach der Ausdruck von Macht eher als Reaktion auf persönliche Unzulänglichkeiten denn als Verhaltensmanifestation eines positiven Machtbedürfnisses gesehen werden muß.

In diesen Untersuchungen ergab sich, daß männliche Personen, die über ein eher niedriges Bildungsniveau verfügen, einen relativ niedrigen Verdienst haben, schwarzer Hautfarbe sind oder aus nicht intakten Familien stammen, hoch machtmotiviert sind. Für Frauen scheint eher das Gegenteil zu gelten. Alleinstehende kinderlose Frauen mit sehr hohem Bildungsniveau sind eher hoch machtmotiviert. Veroff und Feld (1970) sind den motivationalen Determinanten von beruflicher und familiärer Zufriedenheit nachgegangen und fanden in bezug auf das Machtmotiv, daß Vorarbeiter und Handlungsreisende, Berufe also, die Möglichkeiten zur Ausübung von Macht und Einfluß bieten sollen, besonders niedrige Machtmotivation aufweisen. Generell sind hoch machtmotivierte männliche Personen dann in ihrem Beruf zufrieden, wenn sie nur in geringem Umfang überwacht werden; umgekehrt sind niedrig Machtmotivierte dann in ihrem Beruf zufrieden, wenn sie sehr stark überwacht werden. Die Autoren erklären diese Befunde damit, daß hoch machtmotivierte Männer, die durch Furcht vor Schwäche motiviert sind, dann sehr unzufrieden sind, wenn ihre Unterlegenheitsgefühle durch starke Überwachung angeregt werden.

Zusammenfassend ist zu dem von Veroff beschriebenen Machtmotiv zu sagen, daß die Untersuchungen kaum ein klares Bild entstehen lassen konnten. Das Motiv ist auf theoretischem Niveau nur sehr unzureichend spezifiziert und konkretisiert. Diese Unzulänglichkeiten in den theoretischen und operationalen Formulierungen haben denn auch dazu geführt, daß das Machtmotiv, das ursprünglich als ein positives, aufsuchend orientiertes Motiv gedacht war, in dem aktive Kontrolle und Beeinflussung anderer Personen thematisiert waren, nun in ein meidend orientiertes Motiv uminterpretiert wird. Demnach soll nicht mehr das Ausüben von Kontrolle, sondern die Befreiung von der Kontrolle durch andere das eigentliche Motivziel darstellen (Veroff, 1992).

McClelland und Winter sind darangegangen, das Machtkonzept zu revidieren, wobei sie sich von folgender Definition des Machtmotivs haben leiten lassen: »Soziale Macht ist die Fähigkeit oder Möglichkeit einer Person (O), (bewußt oder unbewußt) intendierte Effekte auf das Verhalten oder die Gefühle einer anderen Person (P) bewirken zu können« (Winter, 1973, S. 5). Auch Winter hat einen projektiven Zugang mittels TAT zur Messung des Machtmotivs gesucht und hat dabei auf positives Anregungsmaterial zurückgegriffen. Er hat seinen Vpn einen Film von der Amtseinführungsrede von Präsident J.F. Kennedy gezeigt, in dem Bestreben, in den Betrachtern ein weites Spektrum von macht- und einflußbezogenen Kognitionen wachzurufen. Eine andere Vpn-Gruppe bekam einen weniger anregenden Film über eine wissenschaftliche Demonstrationsapparatur zu sehen. Anschließend bearbeiteten die Vpn den TAT. Der Inhaltsschlüssel wurde an den Unterschieden in den TAT-Protokollen beider Gruppen entwickelt. Machtthematik wird verrechnet, wenn der Handelnde sich mit seinem Beeinflussungsvermögen beschäftigt, d.h., daß er sich darum bemüht, sein Prestige oder seine Macht in der Öffentlichkeit herzustellen, aufrechtzuerhalten oder wiederzugewinnen. Hinweise auf das Vorliegen einer solchen Thematik sind gegeben, wenn in den TAT-Protokollen direkte, kraftvolle und expansive Handlungen geschildert werden, die Affekte in anderen Personen hervorrufen.

Winter ist auch der erste, der sich um eine operationale Trennung von aufsuchenden und meidenden Motivkomponenten bemüht hat. Ein erster empirischer Hinweis auf die Notwendigkeit einer Trennung dieser beiden Motivkomponenten ergab sich in einer Untersuchung von Winter (1972), in der er verschiedenen möglichen Verhaltensauswirkungen des Machtmotivs nachgegangen ist. In dieser Untersuchung zeigte sich, daß ein stark ausgeprägtes Machtmotiv (Gesamtmaß) mit so unterschiedlichen Merkmalen wie dem Innehaben von Verwaltungsämtern auf der einen Seite und dem Besitz von Prestigegütern, Alkoholkonsum, Angaben über exploitives Sexualverhalten bzw. auch dem Lesen von Sexmagazinen (Playboy etc.) auf der anderen Seite verbunden war. Winter hat diese verschiedenen Merkmale als alternative Manifestationen des Machtmotivs angesehen. Das wurde durch die Ergebnisse einer Faktorenanalyse bestätigt, in die das Machtmotiv zusammen mit den Verhaltensmerkmalen einbezogen wurde. Es zeigte sich, daß die Verhaltensdaten auf einem bipolaren Faktor laden mit dem Innehaben von Ämtern auf der einen und Alkoholkonsum, Sexualverhalten und den sog. »stellvertretenden Erfahrungen« (Lesen von Sex- und Sportmagazinen) auf der anderen Seite. Der Verhaltensfaktor soll deshalb eine bipolare Dimension beschreiben, die mit »Impulsives Ausleben vs. Impulskontrolle« gekennzeichnet ist. Das Maß für das Machtmotiv steht orthogonal auf diesem Faktor (vgl. *Abbildung 9.2*).

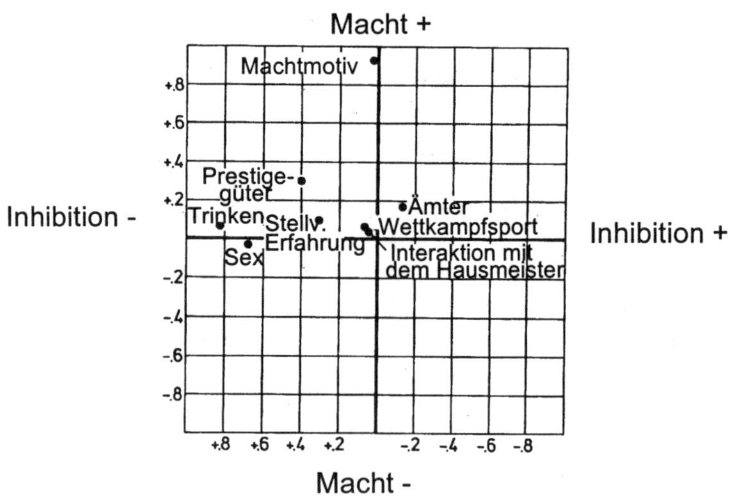

Abbildung 9.2: Zweifaktorielle Rotationslösung der Macht- und Verhaltensdaten (modifiziert nach Winter, 1972, S. 111).

In welcher Weise beides zusammenhängt, wird deutlicher, wenn man nicht das Gesamtmaß (wie oben), sondern einzelne Kategorien aus den verschiedenen Inhaltsschlüsseln mit diesen Verhaltensmaßen korreliert. Danach ist das Besitzen von Prestigegütern, das Lesen von Sport- und Sexmagazinen, exploitives Sexualverhalten und gesteigerter Alkoholkonsum gerade mit jenen Kategorien verbunden, die eine ängstliche Besorgnis um die eigene Reputation, negative Zielantizipationen, Selbstzweifel in bezug auf die eigene Durchsetzungsfähigkeit und eine negative Valenzierung von Macht generell thematisieren. Winter (1972) hat dieses deshalb als eine meidende machtbezogene Motivkomponente identifiziert und mit »Furcht vor Machtverlust« beschrieben. Diese Motivkomponente führt zu der Befürchtung, sich nicht durchsetzen zu können und als Ersatz zu Verhaltensweisen, die ein sicheres und risikoloses Machtgefühl ermöglichen, wie etwa die Anhäufung von Prestigegütern, das Lesen von Sport- und Sexmagazinen, starker Alkoholkonsum und die im Fragebogen angegebene Neigung zu ungezügeltem Sexualverhalten.

Etwa zur gleichen Zeit hat sich auch McClelland mit dem Machtmotiv beschäftigt, und zwar bei der Suche nach den motivationalen Grundlagen des Alkoholmißbrauchs (McClelland et al., 1972). Die Vermutung, daß Trinkverhalten etwas mit Machtmotivation zu tun haben könnte, ergab sich aufgrund der Tatsache, daß Alkohol den Trinker mit einem gesteigerten Gefühl eigener Wirksamkeit versieht. In empirischen Untersuchungen zeigte sich denn auch, daß Art und Umfang des Alkoholkonsums durch zwei Variablen vorhergesagt werden konnten, nämlich das Machtmotiv und eine Inhibitionstendenz. Starker Alkoholkonsum ist dabei mit einem durch die Inhibitionstendenz wenig gehemmten Machtmotiv verbunden. McClelland und seine Mitarbeiter (McClelland et al., 1972) haben von diesen Befunden ausgehend den Winterschen Inhaltsschlüssel noch einmal überarbeitet und zwei aufsuchend gerichtete Machttypen unterschieden: Personalisierte Macht (PM) und Sozialisierte Macht (SM). SM ist durch ein hohes Machtmotiv und eine starke Inhibitionstendenz charakterisiert. Sie ist altruistisch orientiert und realisiert Macht zugunsten anderer. PM ist durch ein hohes Machtmotiv bei einer niedrigen Inhibitionstendenz gekennzeichnet und ist auf direkte Konfrontation mit einem Opponenten zum Zwecke der möglichen Vergrößerung des eigenen Einflußbereiches gerichtet. Winter (1973) hat auf der Grundlage dieser Differenzierung eine Trennung von aufsuchenden und meidenden Komponenten des Machtmotivs durchgeführt, in der die Motivkomponente Hoffnung auf Macht mit PM und Furcht vor Macht mit SM gleichgesetzt werden. Hierdurch entstehen jedoch eine ganze Reihe von Ungereimtheiten, da die meidende Komponente als eine sehr schillernde Größe erscheint, in der mal Macht selbst, mal der Verlust von Macht oder auch die Macht anderer das negativ wertbesetzte Zielereignis darstellen.

Die von Winter (1973) berichteten Beziehungen zu Verhaltensmaßen sind ausgesprochen vielfältig. Hoch und positiv machtmotivierte Studenten halten mehr studentische Ämter inne, sind häufiger in Organisationen aktiv, beteiligen sich häufiger an öffentlichen Veranstaltungen und Diskussionen und betätigen sich auch erfolgreicher in verschiedenen Wettkampfsportarten. Sie streben schließlich erfolgreich Berufe wie Lehrer, Psychologe und Geistlicher an. In einigen weiteren Untersuchungen ist Winter auch dem Verhältnis von Mann und Frau unter machtthematischen Gesichtspunkten nachgegangen. Eine Beschäftigung mit diesem Bereich lag nahe, weil hoch Machtmotivierte häufig die besondere Wichtigkeit von sexuellen Kontakten betonen. Darüber hinaus kann die (Ehe)Frau ein stets verfügbares Machtobjekt besonderer Art darstellen. Hoch machtmotivierte Männer berichten eher ungewöhnliche Ansichten über Frauen. Sie befürchten, der bloße Kontakt mit Frauen könne sie verletzen; sie befürchten, ausgenutzt und zurückgewiesen zu werden (Winter et al., 1977). Sie äußern häufiger auch Unzufriedenheit in Zweierbeziehungen und neigen auch schneller dazu, solche Beziehungen wieder aufzulösen (Stewart & Rubin, 1976). Winter et al. (1977) fanden eine negative Korrelation zwischen der Ausprägung des Machtmotivs des Ehemannes und der Karriereposition der Ehefrau. Die Autoren erklären das damit, daß hoch machtmotivierte Ehemänner ihre Frauen unterdrücken. Es könnte allerdings auch sein, daß diese Frauen bevorzugt von hoch machtmotivierten Männern gewählt werden, da sie eher beeinflußbar erscheinen. Mason und Blankenship (1987) haben in Paarbeziehungen einen Zusammenhang zwischen hohem Machtmotiv und der Anwendung psychischer und physischer Gewalt gegen den Partner gefunden, und zwar bei Männern ebenso wie bei Frauen. Allerdings steht Gewaltanwendung in unterschiedlichen funktionalen Zusammenhängen. Bei machtmotivierten Männern ist Gewaltanwendung generell zu beobachten und wird als Kontroll- und Einflußstrategie verstanden. Bei machtmotivierten Frauen tritt dieser Effekt nur bei gleichzeitig hoher Anschlußmotivation und einem erheblichen Ausmaß an subjektiv erlebtem Streß auf. Hier wird Gewaltanwendung als ein verzweifelter Versuch verstanden, eine Beziehung aufrechtzuerhalten.

McClelland (1989) hat in seinen neueren Arbeiten auch auf die enge Bindung des Macht- und Anschlußmotivs an emotionale und damit auch an physiologische Prozesse hingewiesen. In bezug auf das Machtmotiv ist er insbesondere der Frage nachgegangen, in welcher Weise ein unter »Streß« stehendes Machtmotiv, das aufgrund innerer oder äußerer Hemmungen und Widerstände nicht ausgelebt werden kann, zu neurophysiologischen und immunologischen Reaktionen führt, die ihrerseits gesundheitliche Folgen nach sich ziehen. Die vermutete Wirkungskette für ein solches psychosomatisches Krankheitsmodell, das in einigen Bestandteilen als bereits erhärtet angesehen werden kann, ist in *Abbildung 9.3* dargestellt.

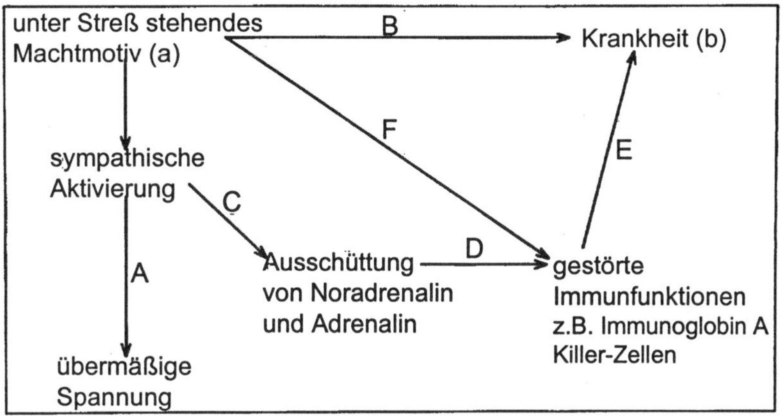

Abbildung 9.3: Zusammenhänge zwischen einem unter Streß stehenden Machtmotiv, physiologischen Veränderungen und Krankheit (modifiziert nach McClelland, 1989, S. 676).

Mehrere Beobachtungen weisen darauf hin, daß ein inhibiertes Machtmotiv sowohl mit hohem Blutdruck als auch mit häufigeren Erkrankungen, insbesondere der Atemwege, verbunden ist (McClelland, 1979). Häufigere und schwerere Krankheiten berichteten hoch Machtmotivierte, die mit häufigem Streß im Leben umzugehen hatten. McClelland et al. (1985) berichten, daß ein hohes und gegenüber dem Anschlußmotiv dominantes Machtmotiv dazu führt, daß bei Personen unter Streß höhere Noradrenalin- und niedrigere Immunoglobulinkonzentrationen* im Speichel auftreten. Auch ohne die situationsspezifische Aktivation des sympathischen Nervensystems war bei Personen mit dem unter Streß stehenden Machtmotiv eine chronische Reduktion des Immunoglobulin A-Niveaus

* Immunoglobuline sind Eiweiße, die von Lymphozyten produziert werden und bei diesen außen, an der Zellmembran sitzen. Die aus diesen sog. B-Lymphozyten entstehenden Plasmazellen produzieren Antikörper.

im Serum zu beobachten (Jemmott & McClelland, 1988). Jemmott et al. (1988) haben in mehreren Motivgruppen Immunfunktionen untersucht. Sie berichten, daß die Fähigkeit natürlicher »Killer«-Zellen zur Zerstörung von Krebszellen bei Personen mit dem unter Streß stehenden Machtmotiv reduziert ist, während bei einem nicht unter Druck stehenden Anschlußmotiv diese Fähigkeit verbessert ist.

9.4. Das Machtmotiv, politische Führung und Krieg und Frieden

Interessant sind einige weiterreichende Überlegungen, in denen McClelland versucht, bestimmte Motivkonstellationen aus Macht-, Anschluß- und Leistungsmotiv, in Verbindung mit hoher und niedriger Hemmung, gesamtgesellschaftlichen Entwicklungen zuzuordnen. Er geht von der Überlegung aus, daß das gehäufte Auftreten von Individuen mit einer bestimmten Motivkombination, insbesondere das Anschluß- und Machtmotiv betreffend, zur Expansion von Kulturen oder Nationen und zu politischen, wirtschaftlichen und militärischen Veränderungen führen müßte. Zunächst zu den Motivkombinationen: Nach McClelland lassen sich drei solch ausgezeichneter Motivkombinationen herausarbeiten: Das »Motivsystem der persönlichen Enklave« ist bei Individuen mit hohem Macht- und hohem Anschlußmotiv, bei geringer Hemmung, zu finden. Sie neigen dazu, sich eine eigene Welt zu schaffen. Meist handelt es sich um die Familie, in der sie sich stark und geborgen fühlen. Von diesen Personen sind gesellschaftliche und soziale Initiativen nicht zu erwarten. Durch das »Motivsystem der Konquistadoren« zeichnen sich Personen aus, die bei ebenfalls geringer Hemmung ein hohes Macht-, aber geringes Anschlußmotiv besitzen. Bedingt durch den geringen Hemmungsfaktor unterliegt ihr Selbstbehauptungsstreben weder großer Selbst- noch Fremdkontrolle. Diese Personen vermögen sich nur schwer in bestehende Systeme einzugliedern. Dies gelingt der Person mit dem »Imperialen Motivsystem«, bei der bei geringem Anschlußmotiv das hohe Machtmotiv durch einen starken Hemmungsfaktor kontrolliert wird. Sie setzen Ihre Fähigkeiten nicht zur Erreichung persönlicher Machtziele ein, sondern ordnen sich Organisationen unter, um so dem allgemeinen Wohl zu dienen; sie geben ihren Mitarbeitern das Gefühl, stark und mächtig zu sein und aus eigener Kraft die gesteckten Gruppenziele erreichen zu können. Charismatische Führerpersönlichkeiten sind häufig durch diese Motivkonstellation gekennzeichnet.

McClelland geht nun weiter von der Vermutung aus, daß in bestimmten zeitlichen Zyklen kriegerischer Auseinandersetzungen kollektive Veränderungen in der Motivstruktur, d.h. eine Erhöhung des Machtmotivs und eine Verringerung des Anschlußmotivs, vorangehen. McClelland hat diese Überlegungen zu stützen versucht, indem er die in einer bestimmten Epoche vorherrschende Wichtigkeit von Anschluß- und Machtmotivation in den USA zu kriegerischen Verwicklungen dieser Nation in Beziehung setzte. Er hat hierbei auf die amerikanische Geschichte des Zeitraums von 1780 bis 1970 zurückgegriffen. In Zehn-Jahres-Intervallen hat er die jeweils aktuelle Literatur (Lesebücher für Kinder, populäre Romane und Kirchengesänge) auf Macht- und Anschlußthematik hin analysiert (ähnlich der TAT-Inhaltsanalyse) und die entsprechenden Kennwerte zu einem Gesamtindex zusammengezogen. Wenn man diese Motivkennwerte zu den kriegerischen Auseinandersetzungen, in die die USA während des genannten Zeitabschnitts verstrickt waren, in Beziehung setzt, so wird deutlich, daß Perioden, in denen das Machtmotiv gesamtgesellschaftlich deutlich stärker ausgeprägt war als das Anschlußmotiv (schraffierte Flächen in *Abbildung 9.4*), kriegerischen Auseinandersetzungen vorauslaufen, während es in Kriegszeiten selbst oder unmittelbar danach zu einer umgekehrten Motivkonstellation kommt.

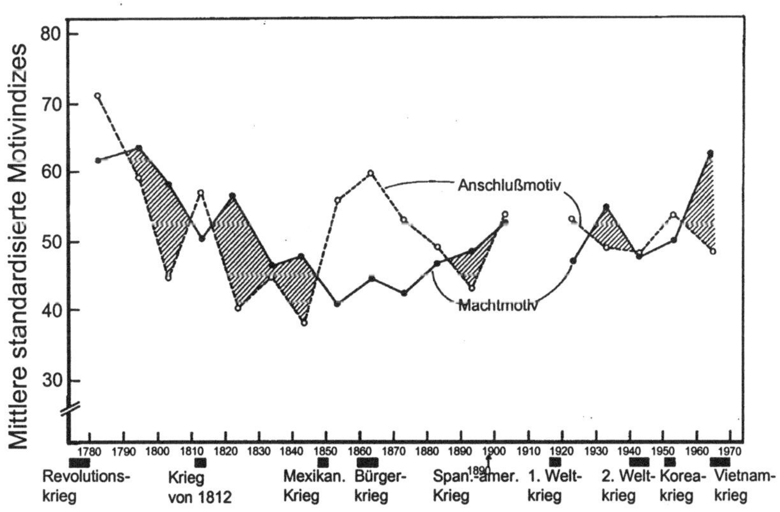

Abbildung 9.4: Stärke des Macht- und Anschlußmotivs in der volkstümlichen Literatur der USA zwischen 1780 und 1970 (modifiziert nach McClelland, 1975, S. 336).

In mehreren Arbeiten ist Winter (1987a,b) möglichen vermittelnden Mechanismen, die für eine internationale Konfliktaufschaukelung verantwortlich sind, nachgegangen. Er hat hierzu politische Reden und ihre Wiedergabe in den Medien auf Leistungs-, Anschluß- und Machtthematik hin analysiert. Er hat drei wichtige Zeitpunkte der amerikanischen Geschichte herausgegriffen: Die Reden von Jefferson und Davis am Vorabend des Ausbruchs des Bürgerkriegs sowie die Wahlkampfreden der Präsidentschaftskandidaten R. Nixon und J.F. Kennedy aus dem Jahre 1960 sowie diejenigen von R. Reagan und G. Bush aus dem Jahre 1980. Das Hauptergebnis dieser Untersuchung war, daß die Oppositionspresse die machtthematischen Äußerungen der Redner deutlich übertrieb, d.h. häufiger zitierte. Ein vergleichbarer Effekt war für leistungs- und anschlußthematische Inhalte nicht zu beobachten. Es werden also die wahrgenommenen Kriegs- und Konfliktmotive der Kontrahenten akzentuiert und die der eigenen Seite eher reduziert.

In einer zweiten Studie ist Winter den Zusammenhängen zwischen den gesamtgesellschaftlich gehaltenen motivational bedeutsamen Wertvorstellungen, wie sie McClelland (1975) ermittelt hatte, und den Motivausprägungen (Macht, Anschluß, Leistung) der jeweils gewählten US-Präsidenten – gemessen durch eine Inhaltsanalyse der Amtsantrittsreden – nachgegangen. Er fand die generelle Hypothese bestätigt, daß die gewählten Präsidenten in ihren persönlichen Motivprofilen weitgehend dem gesamtgesellschaftlichen Muster entsprechen. Eine Passung dieser Art ist allerdings kein Garant für »politische Größe« – eher das Gegenteil. Einige der von Historikern als »Große Präsidenten« eingestuften – Lincoln, Washington, Roosevelt, Truman und Kennedy – wiesen die deutlichsten Diskrepanzen zwischen ihrem und dem gesamtgesellschaftlichen Motivprofil auf. Was man so deuten kann, daß sie in der Lage waren, ihrem Volk neue Dimensionen und neue Horizonte zu eröffnen. Was das Machtmotiv betrifft, so erwies es sich in diesem Bereich als das einflußreichste Maß. Es korrelierte bei .40 mit der eingeschätzten »Größe« und bei .59 mit dem Eintritt in kriegerische Auseinandersetzungen, aber auch noch mit .34 mit deren Beendigung. In einer Nachfolgeuntersuchung von Spangler und House (1991) konnte dies im wesentlichen bestätigt werden. Das Machtmotiv war dabei das erfolgreichste Einzelmaß bei der Vorhersage der eingeschätzten Effektivität im Präsidentenamt. Neuerlich hat sich Winter (1995) auch mit dem amerikanischen Präsidenten Bill Clinton beschäftigt, der im Wahlkampf 1992 als Herausforderer des damalig amtierenden Präsidenten George Bush auftrat. In seiner Antrittsrede weist Clinton hohe Kennwerte sowohl für das Leistungs- als auch für das Machtmotiv auf. Interessant ist, daß er beide Motivkennwerte gegenüber seiner Kandidatenrede wesentlich gesteigert hat. Eine solche Konstellation wiesen vor ihm nur die Präsidenten Roosevelt, H. Truman und J.F. Kennedy auf.

In einer einfallsreichen Untersuchung ist Winter (1993) der oben bereits beschriebenen Hypothese nachgegangen, daß kriegerische Auseinandersetzungen zwischen Nationen in einem motivationalen Klima vorbereitet werden, das sehr viel Machtthematik und wenig Anschlußthematik enthält. Er hat hierbei zwei Konflikte näher betrachtet; der erste Konflikt eskalierte und mündete in einer Katastrophe, dem ersten Weltkrieg; der zweite Konflikt – die Kuba-Krise – deeskalierte, eine atomare Auseinandersetzung zwischen den USA und der damaligen UdSSR konnte im letzten Augenblick verhindert werden. Winter hat hierzu die zwischen den Regierungen ausgetauschten Botschaften zu zwei Zeitpunkten in der Krisenentwicklung auf macht- und anschlußthematische Motivinhalte analysiert. Die Ergebnisse sind in *Tabelle 9.1* dargestellt. Man sieht deutlich, daß in der eskalierenden Krise die machtbezogenen Inhalte in den ausgetauschten Botschaften deutlich zunehmen, während in der deeskalierenden Krise solche machtthematischen Inhalte deutlich hinter den anschlußbezogenen Motivinhalten im Verlaufe der Krisenentwicklung zurückbleiben.

Tabelle 9.1: Motivmuster (standardisiertes Machtmotiv minus standardisiertes Anschlußmotiv) in den Kommunikationen zwischen der britischen und der deutschen Regierung (obere Tabellenhälfte) sowie der amerikanischen und sowjetischen Regierung (nach Winter, 1993, S. 539–540).

	Weltkrieg I		
	Machtmotiv minus Anschlußmotiv		
	Früh in der Krise	Spät in der Krise	Veränderung
Deutsche Regierung	- 10.20	5.10	15.30
Britische Regierung	-6.00	1.13	7.13
	Kuba - Krise		
	Machtmotiv minus Anschlußmotiv		
	Früh in der Krise	Spät in der Krise	Veränderung
Amerikanische Regierung	11.00	-10.67	-21.67
Sowjetische Regierung	10.33	-10.33	-20.66

Diese Befunde bestätigen die Hypothese, daß kriegerischen Auseinandersetzungen eine Phase hoher Macht- und niedriger Anschlußmotivation vorangeht. Abnehmende Machtmotivation erhöht die Chance auf eine friedliche Konfliktbeilegung. Bei einer laufenden Auseinandersetzung signalisieren abnehmende Werte für das Machtmotiv auch zunehmende Chancen auf eine baldige Konfliktbeilegung.

9.5. Situative Determinanten machtmotivierten Verhaltens

In den vorangegangenen Kapiteln haben wir uns primär mit den personseitigen Determinanten machtorientierten Verhaltens befaßt. In den berichteten Validierungsstudien wurden primär die Beziehungen zwischen Motiv und Verhaltensdaten untersucht. Theorietestende Untersuchungen, in denen – innerhalb des Erwartung-Wert-Rahmens – auch Situationsfaktoren systematisch berücksichtigt worden wären, wurden bislang erst vereinzelt durchgeführt. Wir wollen uns diesen Ansätzen nun zuwenden.

McClelland und Mitarbeiter (McClelland & Watson, 1973; McClelland & Teague, 1975) sind in zwei Untersuchungen der Frage nachgegangen, inwieweit ein Erwartung-Wert-Modell machtbezogenes Handeln vorherzusagen vermag. Die Vpn, deren Macht-, Leistungs- und Anschlußmotiv mittels TAT gemessen wurden, durchliefen nacheinander eine Leistungs- und Machtsituation. In der Leistungssituation sollten unterschiedlich schwierige Puzzle-Aufgaben zur Bearbeitung gewählt werden. In der machtthematisch strukturierten Situation spielten die Vpn ein Roulettespiel. In der Leistungssituation waren die Vpn mit sich allein, während in der Machtsituation andere Vpn (als Spielpartner) zugegen waren. Die Vorhersagen waren, daß in der Leistungssituation allein das Leistungsmotiv Verhaltensvorhersagen erlauben sollte. Hoch- und Erfolgsmotivierte sollten hier – den Formulierungen Atkinsons entsprechend (vgl. Kap. 10.) – mittelhohe Risiken wählen. In der Machtsituation sollte hingegen nur das Machtmotiv Vorhersagen erlauben, und zwar sollten hoch Machtmotivierte extreme Risiken bevorzugen. Diese Vorhersage baut auf Aussagen von Winter (1972) auf, der davon spricht, daß sich hervorzutun, als wichtig zu erscheinen und aufzufallen wichtige Ziele für hoch Machtmotivierte darstellen. Machtthematische Ziele dieser Art können nach McClelland und Watson (1973) bei einem Roulettespiel durch die Übernahme sehr hoher Risiken verwirklicht werden. Diese Vorhersagen fanden zum großen Teil Bestätigung. Erfolgsmotivierte bevorzugen in der Leistungssituation mittlere Risiken, allerdings ebenfalls in der Machtsituation, was nicht vorhergesagt wurde. Hoch Machtmotivierte bevorzugen – wie vorhergesagt – hohe Risiken und erwartungsgemäß nur in der machtthematischen Situation. Betrachtet man die Wahlen derjenigen Vpn, die dominant durch eines der drei Motive gekennzeichnet sind, ergeben sich die in *Abbildung 9.5* dargestellten Risikopräferenzen. Hier zeigt sich, daß die Gruppe der hoch Machtmotivierten deutlich hohe Risiken bevorzugt, während Anschlußmotivierte diesen Risikobereich eher meiden.

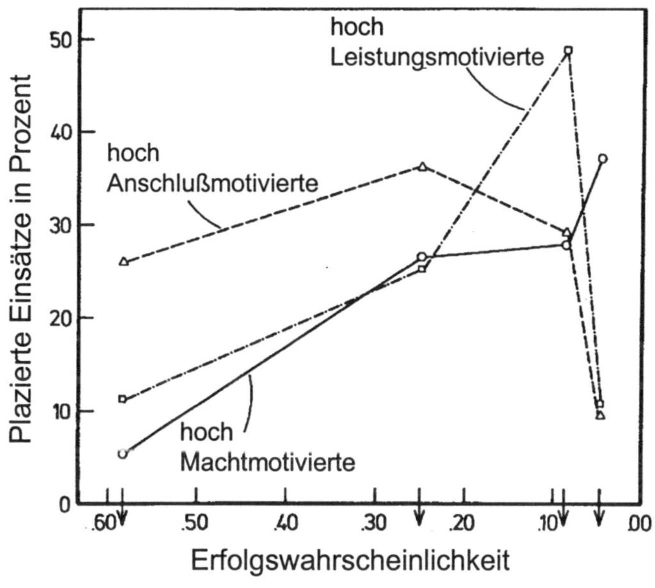

Abbildung 9.5: Prozentuale Einsatzhäufigkeiten beim Roulettespiel in Abhängigkeit von der Gewinnwahrscheinlichkeit (objektive Erfolgswahrscheinlichkeit) für die drei Motivgruppen (modifiziert nach McClelland & Watson, 1973, S. 133).

In einigen anderen Untersuchungen wurden kognitive, insbesondere Gedächtnisfunktionen, in Abhängigkeit von der Motivdisposition erfaßt. McAdams (1982) hat das Macht- und Intimitätsmotiv zu Erinnerungen für herausragende autobiographische Episoden (Gipfelerlebnisse (peak experiences), wichtige Lernerfahrungen, unangenehme Ereignisse etc.) in Beziehung gesetzt. Die Befunde zeigen deutliche positive Korrelationen zwischen dem Machtmotiv und der Erinnerung an diese Gipfelerlebnisse mit machtthematischem Inhalt. Keine Zusammenhänge ergaben sich für weniger bedeutsame machtthematische Erfahrungen; sie sind offensichtlich kaum motivabhängig. Ein Befund, der für eine ganze Reihe von Motiven von Woike (1995) bestätigt wurde. Schmalt und Langens (in Vorb.) haben bei ihren Vpn über einen Zeitraum von vier Wochen spontan auftretende Tagträume und Erinnerungen an wichtige Tagesereignisse erfaßt. Ein deutliches Ergebnis dieser Untersuchung war, daß hoch Machtmotivierte (TAT, Multi-Motiv-Gitter) mehr machtbezogene Tagträume und auch mehr herausragende, emotional bedeutungsvolle Tagesereignisse berichten. Dieser Befund ist ein sehr schöner Hinweis darauf, wie Motive unser spontanes Erleben und auch die Erinnerung an bedeutungsvolle Ereignisse selektiv beeinflussen, indem sie das jeweils zu dem Motiv passende (gleichthematische) Material hervorheben.

Einen anderen motivabhängigen Selektionseffekt in der Informationsverarbeitung berichten McClelland et al. (1985). Sie fanden bessere Lern- und Behaltensleistungen für machtthematisches Wortmaterial bei den hoch Machtmotivierten, allerdings nur dann, wenn während der Versuchsdurchführung ein deutlicher Anstieg von Catecholamin-Metaboliten im Urin nachweisbar war. Catecholamin-Metaboliten sind ein Abbauprodukt zentralen Noradrenalinumsatzes. Dieser Befund wird so interpretiert, daß die Präsentation von machtthematischem Wortmaterial bei den hoch Machtmotivierten eine Reaktion des adrenergen Belohnungssystems auslöst, das, wenn es mit einem hohen Machtmotiv zusammen auftritt, einen Zugriff auf dieses gespeicherte machtthematische Gedächtnismaterial erleichtert.

Eine weitere Möglichkeit, das Verhalten und Erleben machtmotivierter Personen zu analysieren, besteht darin, ihr Verhalten in experimentellen Spielsituationen zu beobachten. In solchen Spielen werden durch die Spielanlage bestimmte Formen von Konflikten zwischen den Spielpartnern induziert. Es wird generell erwartet, daß hoch Machtmotivierte solche Konfliktsituationen dazu benutzen, ihre Mitspieler zu beeinflussen, sie möglicherweise auch auszunutzen, um den Spielverlauf zu ihren Gunsten zu gestalten. Sie sollten eher versuchen, die Situation und die Mitspieler zu kontrollieren und weniger geneigt sein, den Dingen ihren Lauf zu lassen.

Ein in diesem Zusammenhang häufig benutztes Verhandlungsspiel ist das »Gefangenen-Dilemma-Spiel«, an dem jeweils zwei Spielpartner teilnehmen. Jeder Spielpartner hat zwei vorgegebene Handlungsmöglichkeiten, eine kooperative und eine kompetitive. Wählen beide Partner kooperativ, machen beide einen kleinen Gewinn. Verhalten sich beide Partner kompetitiv, machen beide einen Verlust. Durch planmäßige Variation der zu erwartenden Gewinne und Verluste kann der situative Anreiz zu kooperativem bzw. kompetitivem Spiel manipuliert werden. Es zahlt sich aus, wenn man selber kompetitiv wählt und den Spielpartner – wie auch immer

– dazu veranlassen kann, gleichzeitig kooperativ zu wählen; man macht dann nämlich im Vergleich mit dem Spielpartner die größten Gewinne.

Terhune (1968, 1970) ist in mehreren Untersuchungen der Frage nach den situativen und personseitigen Determinanten des Spielverhaltens nachgegangen. Er hat in einer Variante des Gefangenen-Dilemma-Spiels jeweils drei Spielpartner zusammengebracht, von denen jeweils einer in dominanter Weise leistungs-, anschluß- oder machtmotiviert war. Hoch Leistungsmotivierte waren am kooperativsten und erwarteten auch von ihrem Spielpartner Kooperation. Anschlußmotivierte waren sehr defensiv und befürchteten, von ihrem Spielpartner hereingelegt zu werden. Machtmotivierte waren hingegen sehr kompetitiv und ausbeuterisch; sie legten ihre Mitspieler herein, von denen sie annahmen, daß sie sich kooperativ verhalten würden.

Schnackers und Kleinbeck (1975) haben das Verhalten hoch Machtmotivierter im sog. »Gauner-Spiel« analysiert. Dieses Spiel erlaubt nicht nur die Beantwortung der Frage, wie effizient hoch Machtmotivierte an der Durchsetzung ihrer Interessen arbeiten, sondern darüber hinaus auch, welcher Handlungsstrategien sie sich dabei bedienen. Das Spiel wird mit drei Spielern gespielt und ist so angelegt, daß man es nur gewinnen kann, wenn man zeitweise mit einem anderen Mitspieler koaliert, wobei die Bedingungen, unter denen eine Koalition gebildet wird, jeweils ausgehandelt werden müssen. Es bestand also die Erwartung, daß hoch Machtmotivierte im Gauner-Spiel diese Bedingungen zu ihren Gunsten gestalten würden. Die Ergebnisse zeigten, daß hoch Machtmotivierte häufiger als Alleinsieger aus dem Spiel hervorgingen, also »rechtzeitig« die Koalition aufkündigten. Wenn sie in einer Koalition gewannen, erreichten sie eine günstigere Punkteaufteilung. Eine Analyse der Verhaltensweisen zeigte, daß sie im gesamten Spielverlauf aktiver waren und mehr Beeinflussungsversuche unternahmen. Sie machten häufiger direkt an eine Person gerichtete Koalitionsangebote, die auch zumeist akzeptiert wurden, vermutlich weil sie zum »richtigen« Zeitpunkt an die »richtige« Person adressiert waren. Wenn es zum eigenen Nutzen ist, sind hoch Machtmotivierte auch eher geneigt, eine Koalition aufzukündigen, auch unter Mißachtung vorher getroffener Vereinbarungen. Diese Verhaltensweisen charakterisieren die machiavellistische Persönlichkeit, wie wir sie oben (Kap. 9.2.) beschrieben haben.

Diese Befunde legen die Schlußfolgerung nahe, daß hoch Machtmotivierte ein soziales Konfliktgeschehen sehr genau und realistisch wahrnehmen und verarbeiten, um dann durch geeignete Verhaltensweisen einzugreifen und die Situation zum eigenen Vorteil umzugestalten. Diese Vermutung wurde in einer Untersuchung von Schmalt (1987) geprüft. Zwei Personen interagierten in einem Gefangenen-Dilemma-Spiel; jedoch nur scheinbar, in Wirklichkeit trafen sie auf eine vom Versuchsleiter manipulierte Strategie eines fiktiven Partners, der in einer Bedingung 80 %, in einer weiteren Bedingung 20 % kompetitive Wahlen – nach Zufall gemischt – realisierte. Zusätzlich zu dem Machtmotiv wurden auch die Intentionen der Versuchspersonen erfaßt. Fast alle Vpn gaben an, sich in dieser Situation kooperativ verhalten zu wollen. Während des Spiels, das insgesamt 30 Durchgänge umfaßte, wurden zusätzlich Erwartungen darüber erhoben, inwieweit man glaubte, seine Intention verwirklichen zu können. *Abbildung 9.6* zeigt die Ergebnisse dieser Untersuchung. Hoch Machtmotivierte mit kooperativer Handlungsabsicht, die auf einen kooperativen Opponenten treffen und dadurch relativ leicht ihre Absicht realisieren können, werden über die Versuchsdurchgänge hinweg immer zuversichtlicher, ihre Absicht auch tatsächlich verwirklichen zu können. Wenn sie jedoch auf einen kompetitiven Opponenten treffen, werden sie, realistischerweise, immer skeptischer im Hinblick auf die Möglichkeit, ihre ursprüngliche Absicht verwirklichen zu können. Hoch Machtmotivierte scheinen also sehr sensibel zu sein für Informationen, die die Realisierungsmöglichkeiten ihrer Intentionen betreffen, während die niedrig Moti-

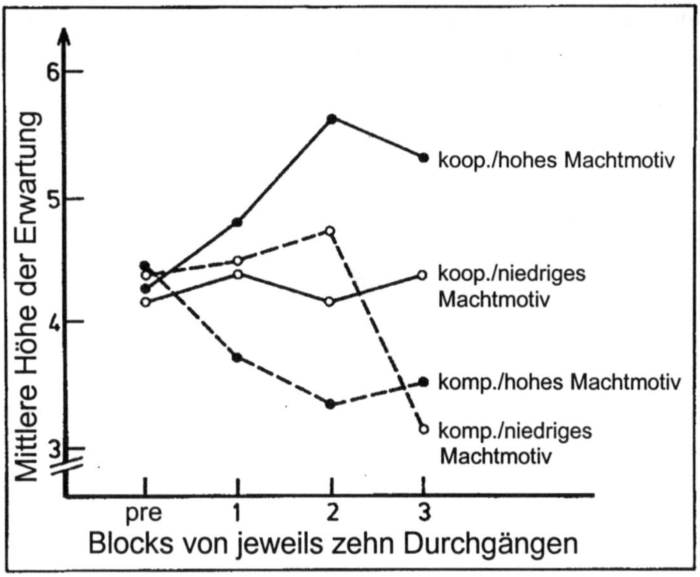

Abbildung 9.6: Erwartungsschätzungen hoch- und niedrig Machtmotivierter in den beiden Durchführungsbedingungen (kooperativer Partner / kompetitiver Partner) (modifiziert nach Schmalt, 1987, S. 111).

vierten auf diese Information entweder gar nicht oder sehr verspätet reagieren.

Fodor (1984) hat in einer fiktiven Spielsituation das Ausagieren des Machtmotivs behindert, indem er hoch und niedrig Machtmotivierte zu Supervisoren von (fiktiven) Gruppen machte. In einer der beiden Gruppen erwiesen sich Versuche, Einfluß auf das Geschehen in der Gruppe zu nehmen, als völlig fehlgeschlagen. Hoch Machtmotivierte geraten bei solchen vergeblichen Beeinflussungsversuchen unter starken Streß. Sie zeigen eine erhöhte allgemeine Aktivierung und Anzeichen erhöhter Anspannung im Sprachverhalten. Diese Befunde stützen das oben geschilderte Krankheitsmodell von McClelland (1989), in dem ein unter Streß stehendes Machtmotiv Ausgangspunkt einer Reihe von psychosomatischen Erkrankungen ist (vgl. *Abbildung 9.3*).

Auch die Effektivität von Gruppen und die Güte der von ihnen erbrachten Leistungen ist vom Machtmotiv der Gruppenleitung mitdeterminiert (Fodor & Smith, 1982). In Gruppen, die von hoch machtmotivierten Präsidenten beherrscht wurden, wurden weniger objektive Fakten ausgetauscht, weniger Vorschläge über mögliche Handlungsalternativen gemacht und weniger moralische Belange diskutiert. Hohe Machtmotivation der Gruppenleitung scheint also einer kreativen, sachgerechten und an moralischen Standards orientierten Problemlösung in Gruppen eher hinderlich zu sein.

9.6. Auf ein Wort ...

Rangordnungen in tierlichen Gemeinschaften tragen dazu bei, das Leben in diesen Gruppen zu stabilisieren und damit den Funktionswert der Gemeinschaft zu erhöhen. Die Frage, inwieweit jenen individuellen Merkmalen und Verhaltensweisen, die für die Ausbildung einer Rangordnung verantwortlich sind, eine genetische Basis zugrunde liegt, muß von Art zu Art entschieden werden. Die Tatsache allerdings, daß die Ausbildung von Dominanzhierarchien bei vielen Wirbeltierarten anzutreffen ist, legt die Vermutung einer biologischen Grundlage nahe. Diese Vermutung wird gestützt durch die Beobachtung, daß bei vielen Primaten die Position in der Hierarchie auch mit dem Fortpflanzungserfolg in einem positiven Zusammenhang steht.

Die Beschäftigung mit machtthematischen Fragen hat in den Sozialwissenschaften eine lange Tradition; jedoch blieb der motivationale Aspekt im Sinne einer differentiell-psychologischen Problemstellung lange von der

Betrachtung ausgespart. Motivationspsychologische Ansätze haben sich konzeptuell und methodisch zunächst eng an die Leistungsmotivationsforschung angelehnt. Die Forschungsansätze in diesem Bereich haben sich mit drei Schwierigkeiten konfrontiert gesehen: erstens eine allgemein verbindliche Definition des Machtmotivs auszuarbeiten und verschiedene Motivkomponenten darin zu identifizieren, zweitens ein verläßliches Meßinstrument zu entwickeln und drittens Verhaltensweisen anzugeben, die in einem theoretisch bedeutsamen Zusammenhang mit den Motivvariablen stehen.

Viele Definitionen des Motivs konvergieren dahingehend, daß Macht in der Ausübung von Einfluß besteht, der sich in einer Veränderung der Verhaltens- und Erlebnisweisen anderer Personen manifestiert. Von den vielen vorgeschlagenen TAT-Varianten hat sich das von Winter empfohlene Vorgehen durchgesetzt, das in den neueren Arbeiten aus dem anglo-amerikanischen Raum fast ausschließlich zugrunde gelegt wird. Das genannte Verfahren verrechnet Machtthematik, wenn a) kraftvolle, unterstützende, andere kontrollierende Verhaltensweisen geschildert werden, dadurch b) in anderen Personen stärkere Emotionen freigesetzt werden und wenn schließlich c) jemand sich mit seiner Reputation und Statusposition beschäftigt.

Zu den interessanten Befunden gehört, daß hohe Machtmotivation bei gleichzeitig niedriger Anschlußmotivation, wie sie in der Gesamtgesellschaft oder in den Botschaften zwischen Nationen zum Ausdruck kommt, einen nahenden Kriegsausbruch ankündigt. »Große« und bedeutungsvolle amerikanische Präsidenten weisen ein hohes Machtmotiv auf – sie führen ihre Nation aber auch häufig in kriegerische Auseinandersetzungen; zuletzt Roosevelt, J.F. Kennedy und Bill Clinton.

Auf der Ebene von persönlichen Interaktionen sind hoch machtmotivierte Personen oftmals eher unangenehm. Sie sind ausbeuterisch, legen ihre Partner herein, betrügen und lassen, wenn sie in Führungspositionen gelangen, wenig Eigenständigkeit und Kreativität in ihren Gruppen entstehen. Sie beobachten soziales Konfliktgeschehen auch sehr viel genauer, um bei passender Gelegenheit zum eigenen Vorteil eingreifen zu können. Es scheint, als wenn es zwei Komplexe von Machtmotivation gäbe, einer beruht auf Souveränität und persönlicher Ausstrahlung (»Charisma«), der andere auf eigennütziger Manipulation anderer Personen. McClelland hat diese beiden Machtformen als »Sozialisierte Macht« und »Personalisierte Macht« bezeichnet.

10. Leistungsmotivation

10.1. Phänomene und Funktion

Bei Beobachtungen in der Kinderstube fällt auf, mit welcher Ausdauer Kleinkinder ihre eigenen Kompetenzen, Fertigkeiten und Fähigkeiten zu erproben und zu steigern trachten. Trotz wiederkehrenden Mißerfolgs versuchen sie eine bestimmte Aufgabe, z.B. einen Schlüssel in eine Schranktür zu stecken, immer wieder. Gelingt es ihnen endlich, ist die Freude, wie man unschwer aus ihrem Gesichtsausdruck ablesen kann, groß. Eine Aufgabe, die völlig gemeistert wird, verliert dann sehr bald ihren Reiz, das Kind wendet sich neuen Dingen zu.

So wie es für einige Lebewesen höchst zweckmäßig ist, ihre Umwelt zu erkunden (vgl. Kap. 6.), so ist es für höhere Lebewesen, bei denen körperliche und psychische Funktionen erst im Laufe der Ontogenese durch Reifung und Lernen zur vollen Ausprägung gebracht werden, notwendig, die eigenen Verhaltensmöglichkeiten zu erfahren und zu üben. Lorenz (1969) sprach hier von »Selbstexploration«. Verschiedene Theoretiker haben den biologischen Zweck des Spieles bei jungen Tieren und Menschenkindern in der Erprobung der Kompetenzen gesehen (z.B. Groos, 1930). Eine solche Selbstexploration und die angestrebte Kompetenzsteigerung gelingen dann am besten, wenn das Lebewesen Aufgaben angeht, die es gerade erst oder noch nicht meistern kann, die weder so leicht sind, daß sie immer gelingen, noch so schwer sind, daß sie immer mißlingen müssen.

Liegt bei dieser Form spielerischen Erprobens der eigenen Kompetenzen der Maßstab des Gelingens und Mißlingens entweder in der Sache selbst (sachimmanenter Gütemaßstab) oder aber im Vergleich mit der eigenen Leistung, die zuvor erreicht wurde (autonomer Gütemaßstab), so tritt im Leistungshandeln spätestens dann, wenn das Kind in die Gruppe der Gleichaltrigen eintritt, der Vergleich mit den Leistungen anderer hinzu (sozialer Gütemaßstab) (Rheinberg, 1980; Veroff, 1969). Die Leistung anderer stellt eine wichtige Informationsquelle dar, z.B. wie schwer eine bestimmte Aufgabe ist und damit auch, wie gut man selbst eine bestimmte Aufgabe bewältigen kann. Die Verwertung dieser Information für eine Konkurrenzauslese in der Verteilung gesellschaftlicher Güter (Ausbildungschancen, Einkommen usw.) ist keine notwendige Folge, sicherlich aber häufig Ursache dafür, daß bei älteren Kindern und Erwachsenen soziale Vergleichsmaßstäbe im Leistungshandeln die autonomen Gütemaßstäbe zunehmend verdrängen.

Man kann vermuten, daß diese Folge in der Entwicklung des heranwachsenden Kindes in allen Kulturen im großen und ganzen gleich verläuft und für die Ermöglichung dieser Erfahrungen gewisse biologische Grundlagen vorhanden sind (Deci & Ryan, 1991). Die weitere Entwicklung des Leistungsmotivs ist allerdings in hohem Maße von den in einer bestimmten Kultur gültigen Werten und Verhaltensnormen abhängig. Durch Vorbilder und durch erzieherische Sanktionen, durch Lob und Tadel und materielle Gratifikationen modellieren Erziehungspersonen in Übereinstimmung mit den vorherrschenden Werten ihrer Kultur das Leistungshandeln der Heranwachsenden und damit auch die zugrundeliegenden Bewertungs- oder Verhaltensdispositionen. Sobald diese übernommen worden sind, kann die Fremdsteuerung durch eine Selbststeuerung abgelöst werden (vgl. Trudewind, Unzner & Schneider, 1989).

Die spezifische Ausprägung des Leistungsmotivs dürfte also in verschiedenen Kulturen und Epochen unterschiedlich sein (vgl. Kap. 1.2.1.), wenngleich die sich in allen Kulturen und zu allen Zeiten stellende Notwendigkeit, im Schweiße des Angesichts das Brot verdienen zu müssen, ein gesellschaftliches Interesse an dem Kompetenzerwerb der heranwachsenden Generation immer und überall erzwungen haben dürfte.

10.2. Das Leistungsmotiv

McClelland und seine Mitarbeiter haben den von Murray (1938) zur Motivmessung entwickelten Thematischen Auffassungs-Test (TAT) soweit fortentwickelt, daß er in standardisierter Form für die Messung des Leistungsmotivs eingesetzt werden konnte (vgl. Kap. 2.4.). Ein grundsätzliches Problem bestand zunächst darin, leistungsbezogene Thematiken von anderen Motivthematiken abzugrenzen. McClelland et al. (1953, S. 110) definieren das Ziel des Leistungsmotivs als »Erfolg in der Auseinandersetzung mit einem Güte-(Tüchtigkeits-)Maßstab«. Auf das Vorliegen solcher Gütemaßstäbe kann geschlossen werden, wenn Handlungsresultate bewertet werden. Die Bewertung von Handlungsresultaten auf einem Gütemaßstab führt zu leistungsbezogenen Affekten, deren Auftreten das letztlich angestrebte Handlungsziel darstellt. Dieser Affekt kann antizipatorisch vorweggenommen werden und dann in Form eines Anreizes das Motiv anregen und damit eine neue Verhaltensepisode motivieren (vgl. Kap. 1.).

Das Forschungsinteresse war zunächst darauf ausgerichtet, Zusammenhänge zwischen den Motivkennwerten aus dem TAT und Leistungsverhalten aufzufinden. Eine der ersten Untersuchungen, in der die Intensität von leistungsbezogenen Handlungen zum Leistungsmotiv in Beziehung gesetzt wurde, hat Lowell (1952) durchgeführt. Er hat seine Vpn an neuartigen Anagramm-Aufgaben arbeiten lassen und die Leistungen Hoch- und Niedrigmotivierter verglichen. Er fand, daß sich zu Anfang des Versuchs beide Motivgruppen nicht voneinander unterschieden; Hochmotivierte konnten jedoch ihre Leistung steigern, während die Niedrigmotivierten auf gleichbleibend niedrigem Niveau blieben. Hochmotivierte verzeichnen also einen schnelleren Lernfortschritt als Niedrigmotivierte. Bei bekanntem Aufgabenmaterial, wie etwa einfachen Additionsaufgaben, findet sich eine generelle Leistungsüberlegenheit der Hochmotivierten.

Mit vielen Hoffnungen ist auch immer wieder die Beziehung zwischen Leistungsmotiv und Schul- bzw. Studienleistungen untersucht worden mit der Erwartung, daß sich eine hohe und erfolgsbezogene Leistungsmotivation auch in bessere Schulleistungen umsetzen müßte. Vergleicht man die Befunde jedoch im Überblick (Heckhausen et al., 1985), besteht eine solche Beziehung nahezu genauso oft wie sie auch ausbleibt. Dies hat zu der Überlegung Anlaß gegeben, ob sich Unterschiede im Leistungsmotiv denn nun durchgängig in allen Schulsituationen in Leistungsunterschieden niederschlagen müssen. Es ist doch gut denkbar, daß in verschiedenen Schulklassen ganz unterschiedliche Anreize für das Leistungsmotiv bestehen. Zerlegt man beispielsweise, wie die Pädagogik das vor einiger Zeit empfohlen hat, den Lernstoff in trivial einfache Teilsachverhalte, um möglichst niemanden zu überfordern, entsteht kein Anregungsklima, Langeweile breitet sich aus (vgl. *Abbildung 3.7*) und das Leistungsmotiv wird nicht angeregt. In diesem Falle wären auch keine positiven Zusammenhänge der Schulleistungen mit dem Leistungsmotiv zu erwarten.

10.3. Das Zusammenwirken von Person- und Situationsfaktoren: Das Risiko-Wahl-Modell

Atkinson (1964; Atkinson & Feather, 1966) hat ein Verhaltensmodell entwickelt, das neben den Personfaktoren auch die situativen Momente für die Verhaltensdetermination berücksichtigt. Leistungsmotiviertes Handeln wird theoretisch rekonstruiert durch vier Situationsvariablen und zwei Personvariablen. Die vier Situationsvariablen sind Erwartungen von Erfolg und Mißerfolg und Anreize von Erfolg und Mißerfolg; die beiden Personvariablen sind die Motive Erfolg aufsuchen (Erfolgsmotiv) und Mißerfolg zu meiden (Mißerfolgsmotiv). Damit steht das Modell Atkinsons in der Tradition der von Lewin (1931) begründeten und von der zeitgenössischen Persönlichkeitspsychologie aufgegriffenen (Mischel & Shoda, 1998) allgemeinen Verhaltenskonzeption, wonach jedes Verhalten als eine Funktion von Person- und Situationsfaktoren aufgefaßt wird. Motiv als stabile Disposition und Motivation als aktuell angeregter Zustand sind damit voneinander trennbar (vgl. Kap. 1.).

Die grundlegenden Situationsvariablen sind die Erfolgs- und Mißerfolgserwartungen. Sie sind determiniert durch objektive Erfolgs- und Mißerfolgswahrscheinlichkeiten (die Schwierigkeit einer Aufgabe), denen subjektive Wahrscheinlichkeiten zugeordnet werden. Die Stärke einer solchen Erwartung wird durch die subjektive Wahrscheinlichkeit repräsentiert, die sich auf den Eintritt eines Erfolgs (W_e) oder Mißerfolgs (W_m) beziehen kann. Darüber hinaus enthält das Modell zwei Anreizvariablen, die die Attraktivität von Erfolg (A_e; antizipierte Freude über einen Erfolg) bzw. die Unattraktivität von Mißerfolg (A_m; antizipierter Ärger über einen Mißerfolg) darstellen. Werden Erfolg und Mißerfolg als tüchtigkeitsabhängig erlebt, so freut man sich im allgemeinen über einen Erfolg umso mehr, je schwieriger die Aufgabe ist und ärgert sich über einen Mißerfolg umso mehr, je leichter die Aufgabe ist. Atkinson hat deshalb in seinem Modell den Erfolgsanreiz (A_e) als lineare inverse Funktion der subjektiven Erfolgswahrscheinlichkeit (W_e) konzipiert: $A_e = 1 - W_e$ und den Mißerfolgsanreiz als lineare negative Funktion der subjektiven Erfolgswahrscheinlichkeit: $A_m = -W_e$. Da es sich bei Erfolg und Mißerfolg um einander ausschließende Ereignisse handelt, sollen sich auch die beiden auf diese Ereignisse gerichteten Erwartungen zu 1 ergänzen: $W_m + W_e = 1$. Die Anreizwerte von Erfolg und Mißerfolg sind damit eindeutig und ausschließlich durch die subjektive Erfolgswahrscheinlichkeit determiniert.

Die Personvariablen, die Motive, sind in dem Modell als Tendenzen zur Erlangung bestimmter Affekte konzipiert. Das Erfolgsmotiv (M_e) ist als Disposition definiert, Erfolge aufzusuchen, um den positiven leistungsbezogenen Affekt zu maximieren, das Mißerfolgsmotiv (M_m) entsprechend als Disposition, Mißerfolg zu meiden, um dadurch negativen leistungsbezogenen Affekt zu minimieren. Werden in einer Leistungssituation beide Motive angeregt, so bewirkt das Erfolgsmotiv eher eine Intensivierung der zielgerichteten Dynamik, während das Mißerfolgsmotiv eher diejenigen Kräfte intensiviert, die auf ein Verlassen der Leistungssituation hinwirken.

Die theoretischen Formulierungen Atkinsons spezifizieren auch die Interaktion von Person- und Situationsvariablen. Er geht davon aus, daß das Verhalten in Leistungssituationen durch zwei motivationale Tendenzen beeinflußt wird, nämlich Erfolg aufzusuchen (T_e) und Mißerfolg zu meiden

(T_m). Beide ergeben sich aus einer multiplikativen Verknüpfung der Situationsvariablen mit den überdauernden Motiven:

$$T_e = M_e \times A_e \times W_e$$
$$T_m = M_m \times A_m \times W_m$$

Die Aufsuchen- und Meiden-Tendenzen sind maximal bei einer mittleren Erfolgswahrscheinlichkeit von W_e = .50. Da in Leistungssituationen stets beide Tendenzen angeregt werden, müssen für die Verhaltensvorhersage auch beide berücksichtigt werden. Durch Subtraktion der Meiden-Tendenz von der Aufsuchen-Tendenz ergibt sich die Resultierende Tendenz (RT), leistungsbezogene Aufgaben in Angriff zu nehmen oder ihnen aus dem Wege zu gehen:

$$RT = (M_e \times A_e \times W_e) - (M_m \times A_m \times W_m)$$

Diese Bildung der Resultierenden Tendenz soll den motivationspsychologisch bedeutsamen Sachverhalt ausdrücken, daß die mißerfolgsmeidende Motivationstendenz als eine hemmende und dämpfende Größe konzipiert ist, die die aufsuchende Tendenz jeweils um einen bestimmten Betrag verringert. Dieses wird auch in *Abbildung 10.1* deutlich: Die erfolgsaufsuchende Tendenz wird jeweils um den Betrag der mißerfolgsmeidenden Tendenz gemindert, um die Resultierende Tendenz zu ergeben. Ob die Resultierende Tendenz schließlich insgesamt positiv *(Abbildung 10.1,* linker Teil) oder negativ *(Abbildung 10.1,* rechter Teil) ist, hängt allein vom Stärkeverhältnis der beiden Motive ab.

Aus diesem Modell lassen sich zwei grundlegende Hypothesen ableiten:

1. Erfolgsmotivierte Personen ($M_e > M_m$) wählen bevorzugt Aufgaben im mittleren subjektiven Schwierigkeitsbereich, strengen sich hier maximal an und zeigen maximale Ausdauer.
2. Mißerfolgsmotivierte Personen ($M_m > M_e$) meiden generell leistungsbezogene Aufgaben. Sehen sie sich jedoch genötigt, leistungsbezogene Aufgaben in Angriff zu nehmen, sind sie bei Aufgaben mittlerer subjektiver Schwierigkeit besonders gehemmt und zeigen nur minimale Anstrengung und Ausdauer. Können sie frei wählen, wählen sie Aufgaben sehr hoher oder sehr niedriger subjektiver Schwierigkeit, weil hier die negative Resultierende Tendenz (RT) die absolut niedrigsten Werte annimmt.

Dieses Modell wurde von Atkinson (1957) zunächst konzipiert, um Wahlentscheidungen zwischen unterschiedlich schwierigen Aufgaben vorherzusagen. Es wurde aus diesem Grunde auch als »Risiko-Wahl-Modell« bezeichnet. Erst später (Atkinson, 1964; Atkinson & Feather, 1966) wurde

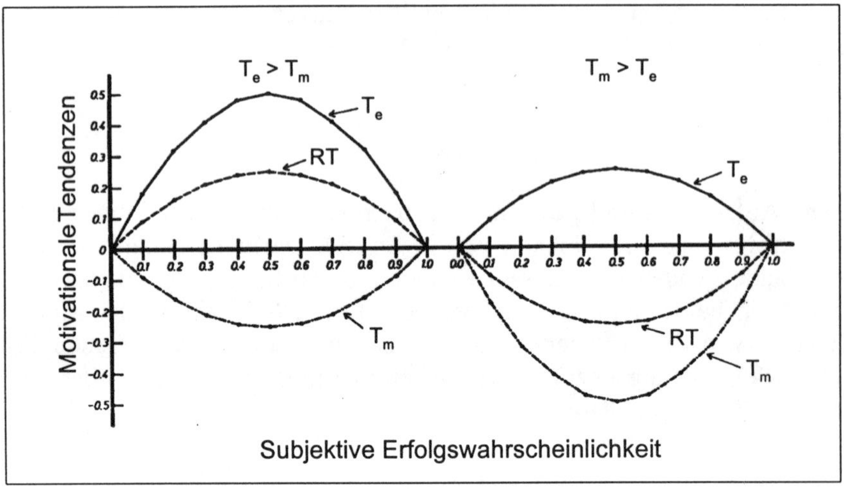

Abbildung 10.1: Aufsuchen- (T_e), Meiden- (T_m) und Resultierende Tendenz (RT) zweier hypothetischer Personen mit überwiegender Aufsuchen- ($T_e > T_m$) oder Meidentendenz ($T_m > T_e$) in Abhängigkeit von der subjektiven Erfolgswahrscheinlichkeit.

es in den Rang eines allgemeingültigen Verhaltensmodells gehoben. In einer ganzen Reihe von empirischen Untersuchungen sind die Zusammenhänge zwischen der Ausprägung des Leistungsmotivs und unterschiedlichen Verhaltensweisen analysiert worden. Insgesamt vier Typen leistungsbezogenen Handelns standen hierbei im Vordergrund: Aufgabenwahl, Zielsetzungsverhalten, Ausdauer und Leistungseffizienz.

Bei der Aufgabenwahl kann die Vp aus einer Serie unterschiedlich schwieriger, aber sonst gleichartiger Aufgaben eine oder mehrere zur Bearbeitung auswählen. Die Theorie sagt für diesen Fall vorher, daß Erfolgsmotivierte häufiger solche Schwierigkeiten wählen, bei denen ihre subjektive Erfolgswahrscheinlichkeit nahe bei .50 liegt, während die Mißerfolgsmotivierten diesen Bereich eher meiden sollten und sehr hohe oder sehr niedrige subjektive Erfolgswahrscheinlichkeiten wählen sollten. Ein bereits klassisch gewordenes Experiment, das zur Überprüfung dieser Hypothesen angelegt war, haben Atkinson und Litwin (1960) durchgeführt. Sie haben ihre Vpn ein Ringwurfspiel durchführen lassen, bei dem sie zehnmal die Entfernung, von der aus sie einen Ring über einen Pflock werfen mußten, frei wählen konnten. *Abbildung 10.2* zeigt die relativen Wurfhäufigkeiten Erfolgs- und Mißerfolgsmotivierter in Abhängigkeit von

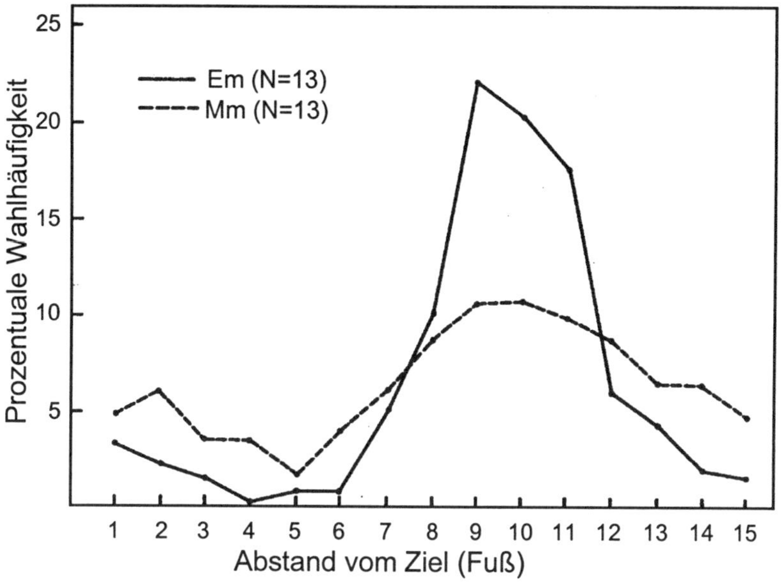

Abbildung 10.2: Prozentuale Wahlhäufigkeiten erfolgs- (Em) und mißerfolgsmotivierter (Mm) Personen bei einer Ringwurfaufgabe (modifiziert nach Atkinson & Litwin, 1960, S. 55).

der Wurfdistanz. Wie sich zeigt, bevorzugten Erfolgsmotivierte mittlere Wurfdistanzen. Die Mißerfolgsmotivierten wichen allerdings nicht, wie vom Modell gefordert, auf extreme Schwierigkeitsbereiche aus, sondern zeigten nur eine relativ geringere Präferenz für die mittleren und eine relativ größere für die extremen Schwierigkeitsstufen als die Erfolgsmotivierten. In einigen Experimenten hat man durch eine längere Übungsperiode dafür Sorge getragen, daß die Vpn mit der Aufgabe vertraut wurden und verläßlich stabile subjektive Erfolgswahrscheinlichkeiten ausbilden konnten. Bezieht man die Wahlen Erfolgs- und Mißerfolgsmotivierter modellgerecht nicht auf objektive Wurfdistanzen, sondern auf diese subjektiven Erfolgswahrscheinlichkeiten, so zeigen sich auch hier verschiedene Befundkonstellationen: Keine Unterschiede fanden DeCharms und Davé (1965) sowie Schneider (1973), während Hamilton (1974) einen relativen Unterschied sichern konnte: Erfolgsmotivierte präferierten hier den mittleren Bereich, während die Mißerfolgsmotivierten eher extreme Schwierigkeiten bevorzugten. Schneider und Meise (1973) haben die Wahlen ihrer

Vpn, die eine Kugel in ein der Größe nach verstellbares Tor schlagen mußten, mal auf subjektive, mal auf objektive Schwierigkeiten bezogen. Bei dem Bezug auf die mitgeteilten subjektiven Erfolgswahrscheinlichkeiten zeigten sich nur geringe Unterschiede zwischen den beiden Motivgruppen, die aber statistisch noch bedeutsam waren, während bei dem Bezug auf objektive Schwierigkeitsstufen deutliche Unterschiede zwischen den Motivgruppen im mittleren Bereich auftraten und auch das Ausweichen der Mißerfolgsmotivierten auf die Endbereiche der Schwierigkeitsskala beobachtet werden konnte.

Einen deutlicheren Beleg für das Modell Atkinsons haben Untersuchungen zur Anspruchsniveausetzung geliefert. Das typische Anspruchsniveauexperiment verlangt von den Vpn, in einer Serie von zu bearbeitenden Aufgaben eine verbindliche Zielsetzung für die jeweils nachfolgende Aufgabe vorzunehmen. Diese Versuchstechnik geht von der Überlegung aus, daß sich Erfolgsmotivierte bei ihren Zielsetzungen am bereits erreichten Leistungsstand orientieren oder geringfügig darüber hinausgehen. Das Erreichen von Zielen, die etwas über den Bereich bereits realisierter Leistung hinausreichen, ist maximal unsicher, Erfolg und Mißerfolg sind etwa gleich wahrscheinlich, die subjektive Erfolgswahrscheinlichkeit bewegt sich im Bereich von $W_e = .50$. Ziele, die deutlich über oder unter dem bereits erreichten Leistungsstand liegen, sind dementsprechend mit sehr niedrigen oder sehr hohen Erfolgswahrscheinlichkeiten verbunden. Die Übernahme solcher Ziele sollte nach den Formulierungen des Risiko-Wahl-Modells für die Mißerfolgsmotivierten charakteristisch sein.

In verschiedenen Untersuchungen wurden auch Zielsetzungsverhalten und Anspruchsniveausetzungen untersucht (Heckhausen et al., 1985, S. 75 ff.). In diesen Untersuchungen arbeiten Vpn an Serienaufgaben (etwa das Durchfahren eines grafisch dargestellten Labyrinths mit einem Bleistift). Im Anschluß an die Unterbrechung nach einem vorfixierten Zeitpunkt sollen die Vpn verbindlich angeben, wie weit sie beim nächsten Durchgang kommen wollen (Zielsetzung). Ein typisches Ergebnis aus diesen Untersuchungen zeigt, daß die Vpn, die ihre Zielsetzungen im Bereich realisierter Leistung bzw. etwas darüber hinausgehend vornehmen, deutlich erfolgsmotiviert sind, während Vpn, die unrealistisch hohe oder niedrige Zielsetzungen vornehmen, mißerfolgsmotiviert sind.

Untersuchungen, die dem Zusammenhang zwischen Leistungsmotivation und Leistungsvariablen unter experimentell kontrollierten Bedingungen nachgehen, sind bislang relativ selten durchgeführt worden. Nach dem Modell sollten Erfolgsmotivierte die beste Leistung bei mittleren subjektiven Erfolgserwartungen zeigen, Mißerfolgsmotivierte sollten hier – wenn sie überhaupt zur Übernahme einer Leistungshandlung bewegt werden können – die stärkste Leistungshemmung aufweisen. Karabenick und

Youssef (1968) fanden diese Vorhersagen bestätigt. Erfolgsmotivierte lernten objektiv gleichschwere Wortpaare am schnellsten, wenn sie als mittelschwer ausgegeben wurden, während Mißerfolgsmotivierte diese Aufgaben schneller lernten, wenn sie als leicht oder als schwer ausgegeben wurden. Nur wenn die Aufgaben als mittelschwer bezeichnet wurden, unterschieden sich Erfolgs- und Mißerfolgsmotivierte in der vorhergesagten Weise in ihren Lernleistungen. Ein Befund, der bislang allerdings kaum repliziert werden konnte.

Eine der wichtigen vermittelnden Variablen in Untersuchungen, die Leistung in Abhängigkeit von der Motivation analysieren, sind die Anstrengungsintention und -investition. Allerdings gestalten sich die Vorhersagen in diesem Bereich als schwierig, weil die Beziehung zwischen Anstrengung und Leistung nicht eindeutig ist; so wird man je nach Leistungsart mal lineare, mal kurvilineare Beziehungen unterschiedlichster Art zwischen Anstrengung und Leistung in Rechnung stellen müssen (vgl. Schneider et al., 1993). Entscheidend dürfte sein, inwieweit es durch Anstrengung gelingt, tatsächlich die für eine optimale Aufgabenbewältigung notwendige Erregungs- und Aktivierungsmobilisierung zu erreichen (vgl. Humphreys & Revelle, 1984). Natürlich muß diese »Optimierungsstrategie« für jeden Aufgabentypus neu bestimmt werden. Hinzu kommt, daß verschiedene Leistungsaspekte – z.B. Mengen- und Gütemerkmale – nicht unabhängig voneinander variieren. Durch eine Instruktion oder durch Mißerfolg induzierte erhöhte Anstrengung führte in Untersuchungen bei der Mehrzahl der verwandten Aufgaben zu einer Steigerung der Mengenleistung bei gleichzeitigem Abfall der Leistungsgüte (Schneider et al., 1993). Es wird deutlich, daß das Verhältnis von Motivation und Leistung von einer Anzahl sehr spezifischer Situations- und Personvariablen beeinflußt wird (Wegge, 1998). Sehr globale Variablen sind da häufig nicht die geeignetsten Prädiktoren. Es ist deshalb auch nicht verwunderlich, wenn die persönliche Zuversicht (Selbsteffizienz), eine spezifische Aufgabe mit bekannten Anforderungen zu lösen, einen besseren Prädiktor für eben diese Leistungseffizienz darstellt (Bandura, 1989, 1991).

Im Leistungsbereich stehen den Vorhersagen aus dem Atkinson-Modell noch Vorhersagen aus dem Achschen Ansatz gegenüber. In dem sog. »Schwierigkeitsgesetz der Motivation« (Ach, 1910, 1935; Hillgruber, 1912) wurde bereits Anfang des zwanzigsten Jahrhunderts ein Motivationsprinzip formuliert, das ebenfalls auf einer effektiven Anstrengungsregulation beruht. Wird eine Aufgabe zur Bearbeitung übernommen, so soll das automatisch – entsprechend der Schwierigkeit der Aufgabe – zu einem schwierigkeitsproportionalen Anstrengungsaufwand führen. Locke (1968) hat dieses Prinzip »neu entdeckt« und zunächst anhand einfacher Tätigkeiten bestätigt gefunden, die eher den Mengenaspekt von Leistung betonen. Locke et al. (1981) und Mento et al. (1987) haben eine große Anzahl einschlägiger Untersuchungen gesichtet und eine überwältigende Unterstützung für die Annahme gefunden, daß die Schwierigkeit eines Ziels (einer Aufgabe) wie auch die Spezifität der Zielsetzung in einem positiven Verhältnis zur Effizienz der Aufgabenbearbeitung stehen. Kleinbeck et al. (1985) berichten über motivgebundene Unterschiede in diesem Zusammenhang. Während Erfolgsmotivierte linear den Zielvorgaben in ihrer Leistungseffizienz folgten, paßten die Mißerfolgsängstlichen ihre Leistungsbemühungen kaum den Zielvorgaben an. Ihre Leistungen variierten nicht systematisch mit den Zielvorgaben (vgl. Schneider et al., 1993; Kleinbeck, 1991).

Untersuchungen zum Ausdauerverhalten sind relativ selten. Die ersten Untersuchungen hat Feather (1961, 1963) durchgeführt. Er hat seinen Vpn, die an vorgeblich leichten bzw. schwierigen Aufgaben (die objektiv unlösbar waren) arbeiteten, permanent Mißerfolg induziert und als abhängiges Maß die Anzahl der Lösungsversuche erhoben, die die Vpn unternahmen, ehe sie zu einer ebenfalls leistungsbezogenen Alternativaufgabe übergingen. Feather (1961) formulierte insgesamt vier Hypothesen:

a) Erfolgsmotivierte persistieren länger bei einer leichten als bei einer schwierigen Aufgabe,
b) Mißerfolgsmotivierte persistieren hingegen länger bei einer schwierigen als bei einer leichten Aufgabe,
c) bei leichten Aufgaben persistieren Erfolgsmotivierte länger als Mißerfolgsmotivierte,
d) bei schwierigen Aufgaben persistieren die Mißerfolgsmotivierten länger als die Erfolgsmotivierten.

Diese Hypothesen ergeben sich aus dem Atkinson-Modell unter Rückgriff auf die Annahme, daß sich die subjektiven Erfolgswahrscheinlichkeiten angesichts permanenten Mißerfolgs senken. Bei zunächst als leicht ausgegebenen Aufgaben ($W_e = .70$) senkt sich die subjektive Erfolgswahrscheinlichkeit gegen .50, den Bereich, in dem die Erfolgsmotivierten maximal aufsuchen-, die Mißerfolgsmotivierten maximal meidenmotiviert sind. Bei als schwierig ausgegebenen Aufgaben ($W_e = .05$) gehen die Erfolgswahrscheinlichkeiten bei andauerndem Mißerfolg gegen Null. In diesem Bereich nehmen die Aufsuchen- und Meidenmotivationen stetig ab. Wenn überhaupt, sollten die Mißerfolgsmotivierten in diesem Bereich länger persistieren, da die mißerfolgsmeidende Motivierung hier den geringsten Wert annimmt. Diese Annahmen konnten weitgehend bestätigt werden.

In einer Untersuchung von Schmalt (1999) haben Vpn ebenfalls an angeblich leichten und schwierigen (aber objektiv unlösbaren) Puzzleaufgaben gearbeitet und hierbei permanent Mißerfolg erlebt. Eine nach Abbruch der Bearbeitung zur Verfügung stehende Alternativaufgabe wurde als mittelschwer ausgegeben. Das Ausdauerverhalten Erfolgs- und Mißerfolgsmotivierter bei leichten und schwierigen Aufgaben ist in *Abbildung 10.3* dargestellt und entspricht weitgehend den aus dem Atkinson-Modell gemachten Ableitungen. Lediglich Hypothese b nach Feather (1961) konnte nicht bestätigt werden, weil bei den Mißerfolgsmotivierten keine Verhaltensunterschiede zwischen den beiden Schwierigkeitsbedingungen zu beobachten sind. Diese letzte Beobachtung deckt sich mit einer Reihe weiterer Befunde aus anderen Bereichen – etwa zur Risiko-Wahl und Anspruchsniveausetzung –, bei denen die beobachteten Verhaltensunterschiede zwischen den Erfolgs- und Mißerfolgsmotivierten z.T. auf den Umstand zurückzuführen sind, daß die Mißerfolgsmotivierten eine geringere Verhaltensvariabilität zwischen verschiedenartigen Situationsbedingungen aufweisen. Es sieht ganz so aus, als würden die meidend Motivierten (vgl. auch die meidend Machtmotivierten in *Abbildung 9.6*) förderlichen oder hindernden Umständen in der Situation wenig Beachtung schenken, was dazu führt, daß ihr Verhalten weniger situationsangemessen und insgesamt weniger effizient ist als das der aufsuchend Motivierten.

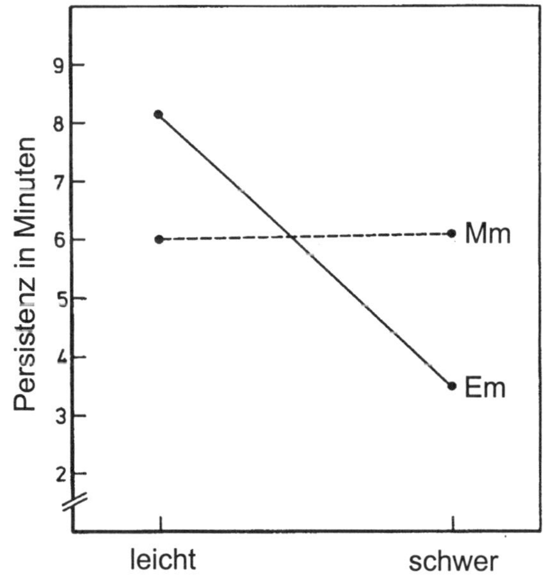

Abbildung 10.3: Mittlere Persistenz (in Minuten) für Erfolgs- (Em) und Mißerfolgsmotivierte (Mm) bei leichten und schwierigen Aufgaben (modifiziert nach Schmalt, 1999, S. 124).

10.4. Der attributionstheoretische Ansatz

Viele zeitgenössische Motivationstheorien, insbesondere solche, die ausschließlich für den Humanbereich formuliert wurden, haben kognitiven Variablen im Motivierungsprozeß besondere Beachtung geschenkt (vgl. Kap. 3.6.). Das Motivationsmodell von Atkinson enthält zwei an Situationsmerkmale gekoppelte kognitive Variablen, nämlich die Erwartungen und die antizipierten Affekte. Die Affekte sind jedoch völlig durch die erste Variable determiniert, so daß kognitive Prozesse lediglich über die Beeinflussung der subjektiven Erfolgswahrscheinlichkeit wirksam werden können. Dies ist sicherlich eine Vereinfachung.

Neben den Erwartungen waren es besonders Ursachenzuschreibungen, die Beachtung von Motivationsforschern fanden. Die Leistungsmotivationstheorie war die erste Motivationstheorie, in der – auf dem Hintergrund des Erwartung-Wert-Modells – Ursachenzuschreibungen systematisch integriert wurden (Weiner, 1974). Solche Ursachenzuschreibungen für zurückliegende Ereignisse erlauben, eine Vorhersage über zukünftige Ereignisse zu machen und das Verhalten daraufhin auszurichten. Weiner und seine Mitarbeiter haben die Bedeutung von Ursachenzuschreibung für Erfolg und Mißerfolg frühzeitig erkannt und eine attributionstheoretische Fassung der Leistungsmotivationstheorie formuliert (Weiner, 1974, 1985a).

Zunächst wurden die wahrgenommenen Ursachen für Erfolg und Mißerfolg klassifiziert – und zwar anhand der Dimensionen Zeitstabilität und Lokation. Danach ergeben sich insgesamt vier Ursachenelemente: Begabung und Anstrengung sind Merkmale der Person, also internale Faktoren. Begabung ist über die Zeit hinweg relativ stabil, während Anstrengung ein sich in der Zeit verändernder Faktor ist. Aufgabenschwierigkeit und Zufall sind externale Faktoren. Die Schwierigkeit einer Aufgabe verändert sich normalerweise nicht, während Zufallsfaktoren (Glück und Pech) zeitlich variabel sind. Die Auflistung dieser vier Ursachenfaktoren für Erfolg und Mißerfolg ist sicherlich nicht erschöpfend, jedoch dürfte ein Großteil überhaupt auftretender Ursachenfaktoren im Leistungsbereich hierdurch abgedeckt sein. Unter motivationspsychologischer Perspektive hat Weiner (1985a) die Befunde zur Dimensionalität von Attribuierungen zusammenfassend gesichtet und findet die Annahme eines dreidimensionalen Faktorenraums für wahrgenommene Ursachen bestätigt. Die auftretenden Attribuierungen können durch die Dimensionen der Lokation, Zeitstabilität und zusätzlich der Kontrollierbarkeit (bei Weiner, 1996: Verantwortlichkeit) gut beschrieben werden (vgl. *Abbildung 3.6).*

In der attributionstheoretischen Fassung der Leistungsmotivationstheorie hat sich Weiner einerseits deutlich von der Theorie Atkinsons abgesetzt, blieb ihr andererseits jedoch auch verhaftet. Die Modellparameter, nämlich Motive, Anreize und Erfolgswahrscheinlichkeiten, blieben erhalten, wurden jedoch mit dem Gebrauch bestimmter Ursachenelemente in Zusammenhang gebracht. Motive sollen mit Voreingenommenheiten im Gebrauch bestimmter Ursachenelemente einhergehen (eine gut belegte Annahme, die unverständlicherweise später aufgegeben wurde), während Erwartungen, Erwartungsänderungen und Affekte im Zusammenhang mit Erfolg und Mißerfolg von den Ursachenzuschreibungen mit abhängen sollen. Die Stabilitätsdimension soll Erwartungen bzw. Erwartungsänderungen, die Lokation hingegen die Affekte determinieren (vgl. *Abbildung 3.6).*

Auswirkungen von Erfolg und Mißerfolg auf die Ursachenerklärung. Es zeigte sich, daß Personen dazu neigen, sich für ihre Erfolge persönlich verantwortlich zu fühlen und die Verantwortlichkeit für eingetretene Mißerfolge eher abzuschwächen oder ganz zu leugnen. Resultate dieser Art wurden als eine »hedonische Verzerrung« in der Ursachenwahrnehmung bezeichnet insofern, als sie es gestattet, ein positives Selbstwertgefühl aufzubauen und frei von Belastungen zu halten. Ein solcher Verzerrungsprozeß folgt also eher affektiv-dynamischen als rationalen Regeln: »Die Begründung muß sich den Wünschen fügen« (Heider, 1958, S.172). Kelley und Michela (1980) nennen insgesamt drei solcher Wünsche, die für eine hedonische Verzerrung in den Ursachenzuschreibungen verantwortlich sein können: Selbstwerterhöhung bzw. Selbstwertschutz, positive Selbstdarstellung in der Öffentlichkeit und effektive Kontrollausübung. In einer ganzen Reihe von experimentellen Überprüfungen dieses Effekts konnte gezeigt werden, daß eine deutliche hedonische Verzerrung in den Attribuierungen vor allem dann auftritt, wenn ein Selbstwertbezug hergestellt wird, Öffentlichkeit vorliegt und Notwendigkeit für effiziente Kontrolle besteht (vgl. Heckhausen et al., 1985, S. 131ff.; Dutton & Brown, 1997). Dieser Zusammenhang zwischen der Motivation, ein positives Selbstwertgefühl aufzubauen, und der hedonischen Verzerrung von Attribuierungen scheint jedoch kulturabhängig und besonders typisch für westliche Kulturen, speziell die USA zu sein. Eine kulturvergleichende Untersuchung zwischen den USA und Japan lieferte in Japan keine Hinweise auf solche selbstwerterhöhende Tendenzen, sondern eher Hinweise für die Entwicklung einer selbstkritischen Motivation (Heine, Lehman, Markus & Kitayama, 1999).

Das Leistungsmotiv und die Ursachenerklärung von Erfolg und Mißerfolg. Personabhängige Unterschiede in der Attribuierung von Erfolg und Mißerfolg wurden bereits frühzeitig angenommen. Danach sollen sich

Erfolgsmotivierte vornehmlich für ihre Erfolge, Mißerfolgsmotivierte eher für ihre Mißerfolge verantwortlich fühlen. Dieses wurde dann später noch einmal in bezug auf die Attribuierung von Mißerfolg spezifiziert: Erfolgsmotivierte sollten Mißerfolg auf mangelnde Anstrengung, Mißerfolgsmotivierte hingegen auf mangelnde Begabung zurückführen. Dies bedeutet, daß Erfolgsmotivierte eine besonders selbstwertdienliche Attributionsstrategie bevorzugen, während Mißerfolgsmotivierte zu einer selbstwertbelastenden Attribution neigen sollten. Ein und dasselbe Handlungsergebnis führt also bei Erfolgs- und Mißerfolgsmotivierten zu ganz unterschiedlichen Selbstbewertungskonsequenzen (Heckhausen, 1991).

Theoriekonforme Befunde fanden sich in einer Untersuchung von Schmalt (1982), in der speziell das Mißerfolgsmotiv berücksichtigt wurde: Hoch Mißerfolgsmotivierte attribuierten Mißerfolg verstärkt auf mangelnde Begabung und weniger deutlich auf mangelnde Anstrengung. Erfolge attribuierten sie andererseits verstärkt auf glückliche Umstände. Vergleicht man die Begabungs- und Zufallsattribuierungen für Erfolg und Mißerfolg zwischen den beiden Motivgruppen, so zeigte sich, daß die niedrig Mißerfolgsmotivierten deutliche Unterschiede in den Attribuierungen von Erfolg und Mißerfolg im Sinne der oben beschriebenen hedonischen Verzerrung vornahmen, während die hoch Mißerfolgsängstlichen eher ausgeglichen attribuierten. Covington und Omelich (1979) berichten positive Zusammenhänge zwischen dem Leistungsmotiv und der Begabungsattribuierung.

Aus der klinisch orientierten Attributionsforschung kommt ein anderer Vorschlag zur Verbindung von Attribuierungen mit Dispositionsmerkmalen: Die vorgenommenen Attribuierungen selbst werden wie ein stabiles Persönlichkeitsmerkmal behandelt. Man spricht dann von einem »Attributionsstil« (Peterson et al., 1982). Ein Attributionsstil für negative Handlungsergebnisse, der durch hohe Zeitstabilität, Internalität und Globalität gekennzeichnet ist, geht mit deutlichen Leistungsbeeinträchtigungen nach Mißerfolg einher und stellt außerdem einen Risikofaktor für Hilflosigkeit und Depression dar (Peterson, Maier & Seligman, 1993).

Ursachenzuschreibungen, Erfolgserwartungen und Affekte. Eine wesentliche Aussage der attributionstheoretischen Fassung der Leistungsmotivationstheorie war die, daß die von Atkinson beschriebenen Modellparameter Erfolgswahrscheinlichkeit und Anreiz ebenfalls durch Kausalattribuierungen beeinflußt werden können. Das Ausmaß typischer Erwartungsänderungen nach Erfolg und Mißerfolg soll besonders ausgeprägt sein, wenn Erfolg oder Mißerfolg auf stabile Ursachenelemente (Begabung/Aufgabenschwierigkeit) zurückgeführt wird. Die Begründung für diese Annahme erscheint plausibel: Wird etwa ein Mißerfolg auf stabile Faktoren zurückgeführt, müssen zwangsläufig die Erfolgsaussichten gesenkt werden, da sich an diesen stabilen Faktoren kurzfristig nichts ändern läßt. Wird ein Mißerfolg jedoch variabel erklärt, können die Erfolgsaussichten beibehalten werden, weil man vermehrt Anstrengung investieren oder glücklichere Umstände erhoffen kann.

Eine solche Konstellation konnte jedoch bei isolierter Betrachtung einzelner Faktoren nicht beobachtet werden. Allerdings konnte in der Mehrzahl der Untersuchungen ein Zusammenhang zwischen der absoluten Höhe der Erfolgserwartungen und der Stabilität von Ursachenzuschreibungen gefunden werden (Schmalt, 1979a). Stabile Ursachenzuschreibung von Mißerfolg geht mit eher niedrigen, stabile Ursachenzuschreibung von Erfolg mit eher höheren subjektiven Erfolgswahrscheinlichkeiten einher. Man muß deshalb davon ausgehen, daß der Zusammenhang zwischen der Stabilität der Ursachenzuschreibung und der absoluten Höhe der Erfolgserwartung gut belegt ist, Effekte in bezug auf Erwartungsänderungen jedoch bislang kaum erhärtet sind.

Die Leistungsmotivationstheorie Atkinsons hatte die leistungsbezogenen Affekte bzw. die Antizipation dieser Affekte zu dem eigentlichen motivierenden Agens gemacht, jedoch die Determinanten dieser Affekte ausschließlich bei den subjektiven Erfolgswahrscheinlichkeiten gesehen. Weiner hat dieser Konzeption eine attributionstheoretische gegenübergestellt und gemeint, daß auch die affektiven Reaktionen nach Erfolg und Mißerfolg von Ursachenzuschreibungen abhängen, wobei internale Attribuierungen, insbesondere Anstrengungsattribuierungen, die deutlichsten leistungsthematischen Affektkonsequenzen nach sich ziehen sollten. Nicholls (1984) vertritt die Ansicht, daß langzeitperspektivisch insbesondere die Begabungsattribuierung die affektwirksamere ist, da allein der Begabungsfaktor – ceteris paribus – die besten Vorhersagen auf die Zukunft erlaubt.

Die Befundlage hierzu ist jedoch wenig einheitlich. Nicholls (1984) berichtet positive Zusammenhänge zwischen der Begabungsattribuierung und affektiven Reaktionen nach Erfolg, nicht aber nach Mißerfolg. Schneider und Mitarbeiter fanden in mehreren Untersuchungen wechselnde und insgesamt nur sehr schwach ausgeprägte Zusammenhänge zwischen Attribuierungen und Affekten (Schneider, 1977). Covington und Omelich (1979) fanden ebenfalls keine Hinweise für die Annahme, daß die beim Leistungshandeln auftretenden Affekte durch Ursachenzuschreibungen beeinflußt sind. Diese Datenlage macht darauf aufmerksam, daß möglicherweise noch nicht alle Bedingungsfaktoren für die Entstehung von Affekten in leistungsthematischen Kontexten berücksichtigt worden sind.

Ein solch problematischer Punkt, der für einige Unklarheiten in der Datenlage verantwortlich ist, ist der, daß in den verschiedenen Untersuchungen unterschiedliche Affekttypen untersucht worden sind. Die zwischen Kausalattribuierungen und Affekten angenommenen Zusammenhänge bezogen sich zunächst auf die leistungsthematischen Affekte Stolz und Scham. In den bereits angesprochenen Untersuchungen wurden jedoch thematisch unspezifizierte Affekte (z.B. Freude) herangezogen. In einer Untersuchung von Schmalt (1979a) wurden die Zusammenhänge zwischen Attribuierungen und Affekten getrennt analysiert für die speziellen leistungsthematischen Affekte Stolz und Scham und die allgemeineren Affekte Freude und Ärger. Hier zeigte sich, daß Stolz erlebt wird, wenn man eine Reihe erwarteter Erfolge auf hohe Anstrengung zurückführt (naivpsychologischer Schluß: »wie erwartet fleißig«). Scham wird erlebt, wenn man eine Reihe erwartungswidriger Mißerfolge auf mangelnde Begabung zurückführt (naivpsychologischer Schluß: »dümmer als erwartet«). Freude wird erlebt, wenn man eine erwartungswidrige Erfolgsserie auf Zufall zurückführt; Ärger wird erlebt, wenn man eine erwartungswidrige Mißerfolgsserie auf zu hohe Aufgabenschwierigkeit zurückführt. Nach diesen Befunden bestehen deutliche Beziehungen zwischen internaler Attribuierung und den leistungsthematischen Affekten sowie externaler Attribuierung und den allgemeineren Affekten, wobei die Erwartungskonformität bzw. Erwartungswidrigkeit von Erfolg und Mißerfolg hier noch eine moderierende Wirkung hat. Freude und Ärger werden bei Ereignissen erlebt, die man nicht erwartet hatte. Dies macht auf den eigentlich plausiblen Sachverhalt aufmerksam, daß in einer Leistungssituation ganz unterschiedliche Affekte entstehen, die verschiedenartige Attribuierungsdeterminanten aufweisen können.

Weiner et al. (1978) sind diesem Gedanken unter systematischen Gesichtspunkten nachgegangen. Sie haben umfangreiche Affektlisten erstellt und diese dann an Erfolgs- bzw. Mißerfolgsgeschichten angeknüpft, in denen deutlich ein bestimmter Kausalfaktor für die Erfolgs- oder Mißerfolgsattribution herangezogen wurde. Es wurden danach jeweils die dominanten Affekte bestimmt, die deutlich nur mit einem bestimmten Kausalfaktor zusammenhängen. Einige dieser Zusammenhänge sind in *Tabelle 10.1* dargestellt.

Weiner et al. (1979) haben diese Untersuchung mit einer etwas abgeänderten Technik in wesentlichen Punkten replizieren können. Darüber hinaus führten die Resultate zu einem erweiterten Modell der Affektdetermination, in dem drei Stufen angenommen werden. Dieses Modell geht davon aus, daß ein erzieltes Leistungsresultat zunächst einmal hinsichtlich des Erfolgs oder Mißerfolgs bewertet wird, was zu kurzlebigen positiven oder negativen Affekten (Freude, Ärger, Enttäuschung) führt. Unmittelbar danach wird nach Begründungen für das Leistungsresultat gesucht, woran sich dann attributionsspezifische Affekte anschließen. Schließlich werden in einem dritten Stadium die Attribuierungen den Kausaldimensionen zugeordnet, was zu bestimmten Selbstwertüberlegungen führt, an die sich wiederum affektive Prozesse angliedern. Solche Selbstbewertungsaffekte dürften die langlebigsten Affekte im Zusammenhang mit Erfolg und Mißerfolg sein.

Tabelle 10.1: Attribuierungen und typische Affekte nach Erfolg (oberer Teil) und nach Mißerfolg (unterer Teil) (modifiziert nach Weiner et al., 1978).

Attribuierung	**Affekt**
Anstrengung als variabler Faktor	Aktivierung, Erregungszunahme
Anstrengung als stabiler Faktor	Entspannung
Eigene Persönlichkeit	Selbstaufwertung
Anstrengung und Persönlichkeit anderer Personen	Dankbarkeit
Glück	Überraschung
Begabung vs. Aufgabenschwierigkeit (-leichtigkeit)	Kompetenz vs. Sicherheit
Begabung	Inkompetenz
Anstrengung als stabiler Faktor Anstrengung als variabler Faktor	Schuldgefühle
Persönlichkeit Intrinsische Motivation	Resignation
Anstrengung anderer Personen Motivation und Persönlichkeit anderer	Aggression
Pech	Überraschung

Den Selbstbekräftigungs- bzw. Selbstbewertungscharakter von Affekten im Zusammenhang mit leistungsbezogenem Verhalten hat Heckhausen (1991) betont und hierauf ein Selbstbewertungsmodell der Leistungsmotivation aufgebaut, in dem den Kausalattribuierungen eine ganz zentrale Rolle zukommt. Wenn Erfolgsmotivierte ihre Erfolge eher auf eigene Begabung, Mißerfolge eher auf mangelnde Anstrengung zurückführen und Mißerfolgsmotivierte ihre Erfolge eher mit dem Zufall, Mißerfolge aber mit mangelnder Begabung erklären (s.o.), so sollten hierdurch unterschiedliche Selbstbekräftigungs- bzw. Selbstbewertungsbilanzen entstehen, die damit das Leistungsmotivationssystem langfristig stabilisieren. Erfolgsmotivierte können sich demnach, im Vergleich zu den Mißerfolgsmotivierten, nach Erfolg vergleichsweise stärker positiv und nach Mißerfolg vergleichsweise weniger negativ selbstbewerten. Empirische Belege für diese Asymmetrie in der Selbstbewertung sind vor allem indirekter Natur und beruhen auf den Ergebnissen von Interventionsstudien, in denen versucht wurde, ungünstige Motivdispositionen (z.B. ein starkes Mißerfolgsmotiv) durch die Übernahme von Attribuierungsstrategien, wie sie für Erfolgsmotivierte typisch sind, zu verändern (Rheinberg & Krug, 1993). Die Tatsache, daß solche Trainingsprogramme zumindest kurzfristige Wirkungen aufzuweisen haben, bestätigen – eher indirekt – die Annahme unterschiedlicher Selbstbewertungsstrategien.

In vielen neueren Theorien werden die Emotionen für die Motivation immer wichtiger, so daß man nicht nur die Abhängigkeit der Emotionen von den Attribuierungen untersuchte, sondern auch umgekehrt die Frage stellte, wie Emotionen Kognitionen, speziell die Attribuierungen, beeinflussen (vgl. Kap. 3.5.). Einen guten Einblick in die vermuteten Wirkungszusammenhänge zwischen Emotion und Ursachenzuschreibung gestattet eine Arbeit von Forgas et al. (1990). Sie haben zwei denkbare Prinzipien der Einflußnahme formuliert: Das erste Prinzip ist »kognitiv« in dem Sinne, daß Emotionen Einfluß auf die Kognitionen ausüben und zu affekt-kongruenten Attribuierungen für Erfolg und Mißerfolg führen. Das zweite Prinzip ist »motivational« und basiert auf dem Grundgedanken selbstwertdienlicher Attribuierungen. Danach sollten Attribuierungen im Zusammenhang mit Emotionen so vorgenommen werden, daß sie möglichst aus einer negativen Emotionslage herausführen bzw. eine positive Emotionslage aufrechterhalten oder noch steigern.

Die Autoren überprüften diese Hypothesen in einem Experiment, in dem die Vpn ein abgelegtes Examen als Erfolg oder Mißerfolg einstufen mußten und unter verschiedenen Emotionslagen Ursachenzuschreibungen für diese Examensleistung vornehmen sollten, und zwar für sich selber sowie für eine fiktive andere Person. Auszüge aus den Befunden zeigt *Abbildung 10.4.* Hieraus ist zusammenfassend abzulesen, daß Vpn in gehobener Stimmung Erfolge mehr als Mißerfolge internal erklären, und zwar für sich selbst als auch für andere. Mißerfolg wird allerdings externalisiert bzw. mit variablen Faktoren erklärt, und zwar nur in der Selbstattribution. Der erste Befund ist mit beiden Hypothesen vereinbar, der zweite nur mit der Annahme selbstwertdienlicher Attribuierungen. Deutlich gegen diese Annahme und für die Annahme kognitiver Mechanismen spricht der Befund, daß Vpn in negativer Stimmungslage Mißerfolg mit internalen und stabilen

Faktoren erklären, und zwar nur für sich selbst, während sie für andere Personen eine eher unkritische Attribution vornehmen. Personen in negativer Stimmungslage bevorzugen also eine außerordentlich selbstwertbelastende Attributionsstrategie.

Zusammenfassend gesehen zeigen diese Befunde, daß positive und negative Stimmungen ganz unterschiedliche Motivationsdynamik in Gang setzen. Besonders klar wird das bei der Mißerfolgsattribution. Eine positive Stimmungslage führt in den Attribuierungen deutlich zu einer hedonischen Verzerrung durch die Externalisierung für Mißerfolge (nur in der Selbstattribution), während die negative Stimmungslage zu persönlicher Verantwortung für Mißerfolge (hauptsächlich wiederum in der Selbstattribution) führt. Eine solche Attribuierung ist eher „kongruent" zu der Stimmungslage und hilft, sie zu stabilisieren.

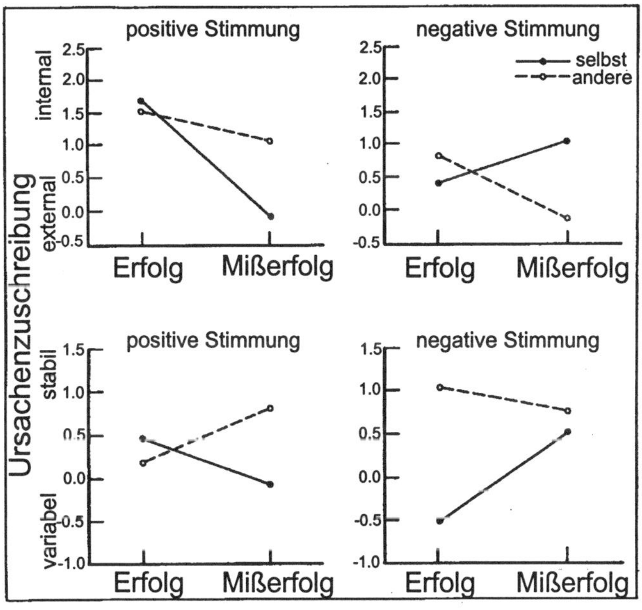

Abbildung 10.4: Die Auswirkungen induzierter Stimmungslagen auf die Ursachenzuschreibung für eine Prüfungsleistung für Vpn, die einen Erfolg und solche, die einen Mißerfolg erlebten, getrennt für die Selbst- und die Fremdperspektive (modifiziert nach Forgas et al., 1990, S. 814/815).

Ursachenzuschreibungen und Verhalten. Die Ableitung konkreter Vorhersagen auf Leistungsverhalten innerhalb des attributionstheoretischen Ansatzes ist relativ komplex, weil mehrere Verhaltensprinzipien nebeneinander bestehen. In den späteren Varianten der attributionstheoretischen Fassung der Leistungsmotivationstheorie werden deshalb auch keine Vorhersagen mehr auf konkretes Leistungshandeln gemacht (Weiner, 1985a). Die meisten der publizierten Untersuchungen haben die vorgenommenen Ursachenzuschreibungen direkt erfaßt und zu Verhaltensdaten in Beziehung gesetzt. Die Befundlage ist eher uneinheitlich (vgl. Heckhausen et al., 1985). Auch in einer Untersuchung, in der das gesamte Modell getestet wurde, in die also auch das Leistungsmotiv, Erwartungen und Affekte einbezogen wurden, ergaben sich eine Reihe bedeutsamer Effekte auf das Verhalten, keinen einzigen jedoch für die Ursachenzuschreibungen (Covington & Omelich, 1979). Ein Grund für diese wenig unterstützende Befundlage könnte darin liegen, daß in vielen dieser Untersuchungen Attribuierungen direkt erfragt werden. Allerdings treten Attribuierungen im Normalfall höchst selten im Bewußtsein auf. Wenn Personen dennoch danach gefragt werden, berichten sie vielleicht eher allgemeine Vermutungen über Ursachenzusammenhänge und naive Stereotype.

Ein bereits klassisch gewordenes Experiment, das die Zusammenhänge zwischen Motivausprägung, Kausalattribuierung und Leistung analysiert, hierbei die Attribuierungen aber nicht direkt erfaßt, sondern eher indirekt und von den Vpn unbemerkt manipuliert, haben Weiner und Sierad (1975) durchgeführt. Sie haben ihren Vpn, die an einer Zahlen-Symbol-Aufgabe arbeiteten, viermal hintereinander Mißerfolg induziert. Die Experimentalgruppe bekam vorab ein Placebo verabreicht, das angeblich die optisch-motorische Koordination verschlechtern sollte. Mißerfolg in dieser Gruppe sollte also von Erfolgs- und Mißerfolgsmotivierten auf das Medikament zurückgeführt werden. Die beiden Motivgruppen in der Kontrollgruppe sollten hingegen die für sie jeweils typischen Mißerfolgsattribuierungen, also eine Begabungs- (Mißerfolgsmotivierte) bzw. Anstrengungsattribuierung (Erfolgsmotivierte), vornehmen. Die Ergebnisse dieser Untersuchung sind in *Abbildung 10.5* dargestellt. Zunächst zu den Mißerfolgsmotivierten: Sie wiesen bei Medikamentattribuierung bessere Leistungen auf als bei Begabungsattribuierung. Dies wird darauf zurückgeführt, daß die aversiven affektiven Konsequenzen einer Attribuierung auf mangelnde Begabung bei externaler Attribuierung auf das Medikament entfallen, was sich in einer relativ besseren Leistung niederschlägt. Bei den Erfolgsmotivierten ist die Konstellation umgekehrt. Sie wiesen in der Kontrollbedingung (also bei Anstrengungsattribuierung) bessere Leistungen als in der Experimentalbedingung (also bei Medikamentattribuierung) auf. Dies entspricht ganz der Theorie.

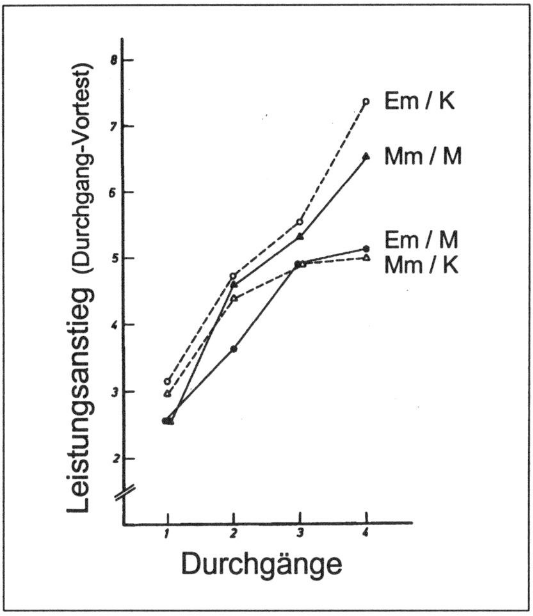

Abbildung 10.5: Relativer Leistungsanstieg von einem Vortest zu vier nachfolgenden Durchgängen in Abhängigkeit vom Leistungsmotiv (Em: Erfolgsmotivierte; Mm: Mißerfolgsmotivierte) und der Bedingung (M: Medikamentbedingung; K: Kontrollbedingung) (modifiziert nach Weiner & Sierad, 1975, S. 419).

10.5. Leistungsmotivation, Diagnostizität und Unsicherheit

Die bislang dargestellten Theorien leistungsmotivierten Verhaltens stimmen darin überein, in den nach Erfolg und Mißerfolg auftretenden Affekten bzw. ihrer Antizipation die wichtigsten motivierenden Faktoren zu sehen. Es hat sich eine Kontroverse darüber angeschlossen, ob denn diese Affekte tatsächlich als die eigentlichen Ziele leistungsmotivierten Verhaltens angesehen werden können oder ob es eher die in den Attribuierungen – insbesondere der Begabungsattribuierung – enthaltenen Informationen über die eigene Tüchtigkeit sind, die das eigentlich angestrebte bzw. vermiedene Handlungsziel darstellen.

Einen wichtigen Aspekt der Bewertung von Information in Leistungssituationen, die sogenannte »Diagnostizität«, haben Trope (1975) und Trope und Brickman (1975) analysiert. In ihrer ersten Studie bemühten sie sich, den Schwierigkeitsgrad von Aufgaben (von dem ja die antizipierten Affekte, die Kausalattribuierungen und die subjektive Unsicherheit abhängen) und deren Diagnostizität (die eine mögliche Informationsquelle für die Beurteilung der eigenen Tüchtigkeit darstellt) unabhängig voneinander zu variieren. Diagnostizität bezieht sich in diesem Fall auf Unterschiede in den Erfolgsquoten von Hoch- und Niedrigbegabten, also die wahrgenommene Validität eines Leistungsergebnisses für die Begabungsdiagnose.

Ein Beispiel: Geht man davon aus, daß 100 Personen, 50 Hoch- und 50 Niedrigbegabte, zwei Aufgaben bearbeiten und daß bei beiden Aufgaben insgesamt 50 % der Personen erfolgreich sind, so haben beide Aufgaben eine objektive Erfolgswahrscheinlichkeit von .50. Nimmt man weiter an, daß bei der ersten Aufgabe sämtliche Hochbegabten, aber keiner der Niedrigbegabten, bei der zweiten Aufgabe jeweils die Hälfte der Hoch- und der Niedrigbegabten erfolgreich sind, so folgt daraus, daß die erste Aufgabe offensichtlich die beiden Begabungsgruppen besser differenziert als die zweite Aufgabe, also eine höhere Diagnostizität besitzt.

In Untersuchungen von Trope und Brickman (1975) sowie von Buckert, Meyer und Schmalt (1979) zeigte sich nun, daß bei der Aufgabenwahl jeweils Aufgaben mit hoher Diagnostizität bevorzugt gewählt wurden, und zwar unabhängig von ihrem Schwierigkeitsgrad. In einer weiteren Studie von Trope (1975) konnte dieser Befund bestätigt werden, darüber hinaus zeigte sich, daß Erfolgsmotivierte deutlicher als Mißerfolgsmotivierte zu diesem Präferenzmuster neigen. In einer Erweiterung seiner ursprünglichen Konzeption hat Trope (1982) die Hypothese, daß es bei leistungsmotiviertem Handeln primär um die Reduktion von Unsicherheit in bezug auf die Selbsteinschätzung der eigenen Tüchtigkeit geht, experimentell überprüft. Er fand, daß die Leistung bei Aufgaben mit angeblich hoher Diagnostizität höher lag als bei Aufgaben mit niedriger Diagnostizität. Die deutlichsten Unterschiede traten auf bei gleichzeitig hoher Unsicherheit in bezug auf die eigene Begabungseinschätzung. Dieser Befund stützt – zusammen mit den oben beschriebenen Befunden – das sog. Selbsterfahrungsmodell der Leistungsmotivation, dessen zentrale These lautet, daß es beim leistungsmotivierten Handeln nicht darum geht, erwartete Affekte, sondern den erwarteten Informationsgewinn zu maximieren (Trope, 1986 a,b).

In gänzlich anderer Weise haben Sorrentino und Mitarbeiter (Sorrentino, Short & Raynor, 1984; Sorrentino, 1996) das Konzept der subjektiven Unsicherheit in die Leistungsmotivationsforschung eingebracht. Sie konzipieren eine »Unsicherheitsorientierung« im Sinne eines Motivs, neue Dinge über sich selbst und die Welt kennenzulernen. Personen mit hoher Motivausprägung (unsicherheitsorientiert) sind motiviert, diese Unsicherheit aufzulösen, Personen mit niedriger Motivausprägung sind nicht daran interessiert, Neues über sich und die Welt herauszufinden. Dies entspricht ziemlich genau dem in Kap. 6. beschriebenen Neugiermotiv. In einer Reihe von Untersuchungen fand sich die Vermutung bestätigt, daß die von Trope beschriebene allgemeine Tendenz, Unsicherheit in bezug auf die eigene Begabung zu reduzieren, sich vornehmlich bei hoch Unsicherheitsorientierten findet (Sorrentino, 1996).

In einer frühen Untersuchung von Sorrentino et al. (1984) ging es direkt um Leistungsverhalten. Die Autoren gingen davon aus, daß Leistungsverhalten durch zwei Wertkomponenten beeinflußt wird: dem Informationswert von Erfolg und Mißerfolg und dem affektiven Wert von Erfolg und Mißerfolg. Entsprechend kommen zwei Motive ins Spiel, das Leistungsmotiv und die Unsicherheitsorientierung. Das Leistungsmotiv wird ganz wie in den Formulierungen von McClelland und Atkinson als eine Disposition verstanden, die auf die affektiven Konsequenzen von Erfolg und Mißerfolg bezogen ist, während die Unsicherheitsorientierung auf den Informationsaspekt bezogen ist.

Auf dem Hintergrund dieser Konzeption wird nun die Hypothese formuliert, daß die Unsicherheitsorientierung dem Leistungsmotiv vorgeordnet ist: Nur wenn in einer Situation neue Informationen zu gewinnen sind und auf der Seite der Person eine hohe Bereitschaft existiert, diese auch aufzunehmen und zu verwerten, also bei hoher Unsicherheitsorientierung, kommen die Vorhersagen aus dem Risiko-Wahl-Modell ins Spiel. In einem Experiment von Sorrentino et al. (1984) überprüften die Autoren eine Leithypothese aus diesem Verbundmodell. Sie sagten vorher, daß bei hoher Unsicherheitsorientierung und bei vorhandener Möglichkeit, einen Informationsgewinn zu erzielen – das ist bei mittelhohen subjektiven Erfolgswahrscheinlichkeiten der Fall – maximale Unterschiede zwischen Erfolgs- und Mißerfolgsmotivierten auftreten sollten. Bei niedriger Unsicherheitsorientierung und eingeschränkten Möglichkeiten des Informationsgewinns – wie bei sehr niedrigen und sehr hohen Erfolgswahrscheinlichkeiten – sollten bei diesen Aufgaben die deutlichsten Unterschiede zwischen Erfolgs- und Mißerfolgsmotivierten auftreten. In beiden Fällen sollen die Erfolgsmotivierten besser abschneiden als die Mißerfolgsmotivierten. *Abbildung 10.6* zeigt die Ergebnisse dieser Studie. Die Resultate entsprechen in wesentlichen Punkten den Hypothesen. Die Befunde entsprechen auch den ursprünglichen Formulierungen Atkinsons, allerdings nur dann, wenn die Personen eine hohe Unsicherheitsorientierung aufweisen. Der zweite Teil der Befunde zeigt, daß auch dann, wenn die Handlungsausgänge eher sicher sind, weil entweder Erfolg oder Mißerfolg mit hoher Wahrscheinlichkeit auftreten – also bei sehr niedrigen und sehr hohen Erfolgswahrscheinlichkeiten – das Erfolgsmotiv angeregt werden

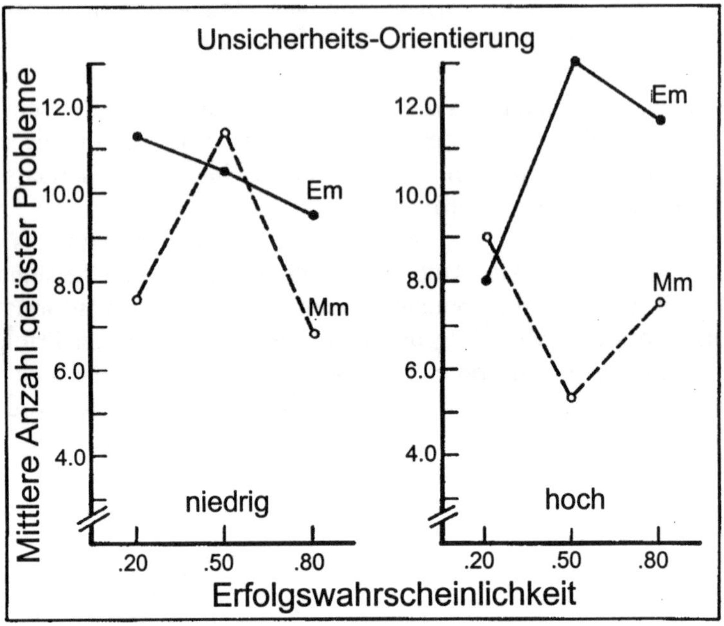

Abbildung 10.6: Mittlere Anzahl gelöster Probleme für Erfolgs- (Em) und Mißerfolgsmotivierte (Mm) in Abhängigkeit von der Unsicherheitsorientierung und der Erfolgswahrscheinlichkeit (modifiziert nach Sorrentino et al., 1984, S. 195).

kann; allerdings nur bei Personen, die sicherheitsorientiert sind, also nur ein geringes Interesse an neuen Informationen haben. Diese Befunde sind robust und mehrfach repliziert (Sorrentino, 1996).

Eine andere Möglichkeit, das Leistungsmotiv im Zusammenspiel mit dem Informationsbedürfnis zu untersuchen, besteht darin, letzteres situativ zu variieren, indem man Vpn, die an Leistungsaufgaben arbeiten, Rückmeldungen über ihre Tüchtigkeit anbietet oder nicht. Eine solche Untersuchung haben Puca und Schmalt (1999) durchgeführt. Die Haupthypothese dieser Untersuchung war die, daß die vorhergesagte bessere Leistung der Erfolgsmotivierten durch Spaß an der Tätigkeit (Flowerleben, vgl. *Abbildung 3.7*) vermittelt sein soll – allerdings nur, wenn die Möglichkeit besteht, Unsicherheit bezüglich der eigenen Tüchtigkeit zu reduzieren, also in der Rückmeldebedingung. *Abbildung 10.7* enthält die signifikanten Pfadkoeffizienten dieses einfachen Modells. Der Hauptbefund ist, daß vor allem Erfolgsmotivierte Flowerleben bei einer Leistungsaufgabe haben

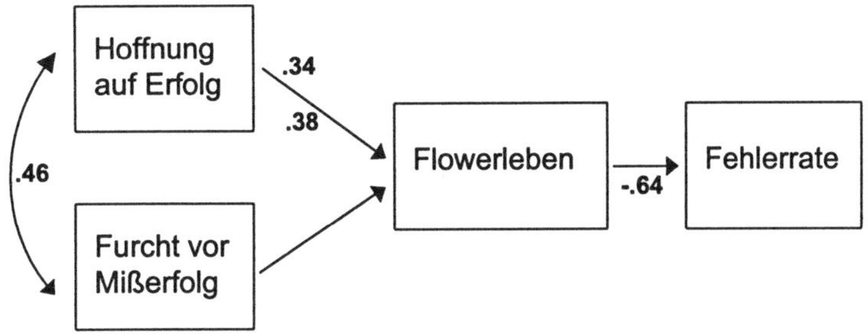

Abbildung 10.7: Signifikante Pfadkoeffizienten für das Vermittlungsmodell. Koeffizienten unter den Pfeilen beziehen sich auf die Rückmeldebedingung (nach Puca & Schmalt, 1999, S. 25).

und daß dies auch die Leistung vermittelt – aber nur dann, wenn eine Rückmeldung erwartet wird.

Auch dieser Befund zeigt, daß die klassischen Modelle leistungsmotivierten Verhaltens in sinnvoller Weise durch den Aspekt der Unsicherheitsreduktion bzw. der Informationsgewinnung ergänzt werden können.

10.6. Zieltheorien

Wie bereits in Kap. 1. dargestellt, taucht der Zielbegriff in modernen Motivationstheorien in verschiedenen Bedeutungsvarianten auf. In Kap. 1. hatten wir ein Modell entworfen, in dem, als *theoretische Konstruktion*, das Handlungsziel in der Herbeiführung bzw. Vermeidung bestimmter Affektkonsequenzen konzipiert wurde (vgl. *Abbildung 1.1*). Im vorangegangenen Kapitel (10.5.) wurde ein Versuch geschildert, speziell für den Fall leistungsmotivierten Verhaltens, dieses affektive Ziel durch ein kognitives, nämlich den antizipierten Informationsgewinn zu ersetzen. Ob der Informationsgewinn und die Reduzierung von Unsicherheit das eigentliche Ziel leistungsorientierten Verhaltens ist oder ob beides eher das Ziel neugiermotivierten Verhaltens darstellt, wollen wir hier nicht weiter verfolgen; in jedem Fall hat der Informationsgewinn und die Reduktion von Unsicherheit wiederum positive affektive Konsequenzen, so daß an der Konstruktion antizipierter affektiver Konsequenzen als der letztlich motivierenden Sachverhalte festgehalten werden kann.

Die in diesem Abschnitt behandelten Zieltheorien beinhalten die *bewußten* Vornahmen, Intentionen und Ziele, die ein Individuum in einem leistungsthematischen Kontext verfolgt. Ausgangspunkt der Entwicklung leistungsthematischer Zieltheorien war die im attributionstheoretischen Zusammenhang gemachte Beobachtung, daß es große interindividuelle Unterschiede bei der Attribuierung von Mißerfolg gibt, nämlich »mangelnde Anstrengung« vs. »mangelnde Begabung«. Eine Mißerfolgsattribuierung auf mangelnde Anstrengung ist mit hohen Erwartungen, hoher Ausdauer und guter Leistung verbunden, während eine Mißerfolgsattribuierung auf mangelnde Begabung mit negativen Emotionen, geringen Erwartungen und geringer Ausdauer und Leistung verbunden ist (s.o.). Dweck und Elliott (1983) vermuten, daß diese unterschiedlichen Attribuierungen zustande kommen, weil die Personen unterschiedliche Ziele verfolgen, nämlich zum einen Ergebnisziele (performance goals), bei denen es um die Demonstration von möglichst hoher eigener Kompetenz geht, und zum anderen Lernziele (learning goals, mastery goals), in denen es darum geht, die eigene Kompetenz zu steigern. Die Übernahme eines Ergebnisziels soll, wenn Mißerfolg sich einstellt, zur Entwicklung einer Hilflosigkeitsorientierung führen, weil Mißerfolg mangelnde Kompetenz signalisiert, während die Übernahme eines Lernziels zu einer Bewältigungsorientierung führt, weil ein Mißerfolg lediglich indiziert, daß man sich nicht genügend angestrengt und noch nicht genügend gelernt hat. Solche Erklärungen aktuellen Verhaltens und Erlebens aus den konkreten Zielsetzungen sind hilfreich, weil sie den großen Bogen, der von den Motivdispositionen zu konkretem Verhalten geschlagen wird, überbrücken helfen, indem sie auf mittelhohem theoretischen Abstraktionsniveau (»mid-level cognitive representations«, Elliot, 1997, S. 154) die verfolgten Leistungsziele und damit auch die allgemeine Richtung des Verhaltens (Aufsuchen – Meiden) präzisieren helfen.

Elliot und Church (1997) haben ein hierarchisches Motivationsmodell entwickelt, in dem insgesamt drei motivationale Tendenzen mit entsprechenden Zielen unterschieden werden (vgl. *Abbildung 10.8*; vermittelnde Variablen). Zunächst eine Bewältigungsorientierung, die auf Steigerung der eigenen Kompetenz gerichtet ist und eine aufsuchende Motivationsform darstellt. Zweitens eine Ergebnisorientierung, die auf Vermeidung von Inkompetenz im Vergleich zu anderen gerichtet ist und eine meidende Motivationsform darstellt. Drittens eine Ergebnisorientierung, die auf Erlangung von Kompetenz im Vergleich zu anderen gerichtet ist und eine zweite aufsuchende Motivationsform darstellt.

Der Zusammenhang dieser Ziele mit Motivdispositionen wird über Attribuierungen hergestellt. Das Ziel, die eigene Kompetenz zu steigern, ist nur bei variabler Mißerfolgsattribuierung (mangelnde Anstrengung), wie es Erfolgsmotivierte zeigen, zu realisieren. Das Ziel, möglichst im Vergleich mit anderen nicht inkompetent darzustehen, ergibt sich nur, wenn Mißerfolg tatsächlich mit mangelnder Begabung zusammengebracht wird, wie es die Mißerfolgsmotivierten tun. Die letzte der oben beschriebenen Orientierungen ist hinsichtlich ihrer motivationalen Determinanten komplexer als die ersten beiden, denen jeweils eindeutig das Erfolgs- bzw. Mißerfolgsmotiv zugeordnet wird. Die aufsuchende Ergebnisorientierung kann durch das Erfolgsmotiv determiniert sein, aber auch eine Ausdrucksform des Mißerfolgsmotivs sein (vgl. *Abbildung 10.8*). Welche konkrete Zielorientierung bei aufsuchender Ergebnisorientierung gebildet wird, hängt von den Kompetenzerwartungen ab. Niedrige Kompetenzerwartung läßt eine Ergebnisorientierung meidender Art, eine hohe Kompetenzerwartung läßt eine Ergebnisorientierung aufsuchender Art entstehen. Die aufsuchende Ergebnisorientierung kann also im Zusammenhang mit beiden Motiven stehen. Das Neue an diesem Zielmodell leistungsorientierten Verhaltens ist, daß auch das Mißerfolgsmotiv mit aufsuchend gerichtetem Leistungsverhalten in Zusammenhang gebracht wird. Besteht eine hohe Kompetenzerwartung, kann das Mißerfolgsmotiv mit einer aufsuchend gerichteten Ergebnisorientierung in Verbindung stehen. Dies ist gewissermaßen eine aktive Form der Mißerfolgsmeidung: bei hoher Kompetenzerwartung den Mißerfolg durch die Übernahme eines aufsuchenden Ergebnisziels zu verhindern zu versuchen.

Aus der Perspektive des Erfolgs- und Mißerfolgsmotivs betrachtet zeigt sich, daß das Erfolgsmotiv stets mit aufsuchenden Zielorientierungen, der Bewältigungsorientierung oder der aufsuchenden Ergebnisorientierung verbunden ist. Das Mißerfolgsmotiv kann hingegen sowohl mit aufsuchenden als auch meidenden Ergebnisorientierungen verbunden sein.

In einer empirischen Untersuchung im Klassenraum haben Elliot und Church (1997) dieses Modell überprüft, indem sie die Motive, Kompetenzerwartungen, Zielorientierungen und schließlich die intrinsische Motivation sowie die erzielten Leistungen erfaßt haben. Sie haben ein Modell pfadanalytisch getestet, das als unabhängige Variablen die Motive und Kompetenzerwartungen, als abhängige Variablen die intrinsische Motivation sowie die erzielten Leistungen betrachtet. Die verschiedenen Zielorientierungen wurden als vermittelnde Variablen eingesetzt. *Abbildung 10.8* zeigt dieses Modell einschließlich der ermittelten signifikanten Pfadkoeffizienten. Die Befunde entsprechen weitgehend dem Modell. Die Übernahme eines Bewältigungsziels erleichtert intrinsische Motivation, und die Übernahme eines meidenden Ergebnisziels erwies sich als beeinträchtigend für intrinsische Motivation und Leistung gleichermaßen. Motive, Erwartungen und Ziele sind untereinander, wie vom Modell beschrieben, verbunden; interessanterweise gibt es keine direkten Effekte von den Motiven zu den abhängigen Maßen, was die eigenständige Rolle der Zielorientierungen unterstreicht. Allerdings sind die Motive, wie vorhergesagt, mit den Zielorientierungen verbunden; das Erfolgsmotiv mit den beiden aufsuchenden Orientierungen, das Mißerfolgsmotiv mit den Ergebnisorientierungen.

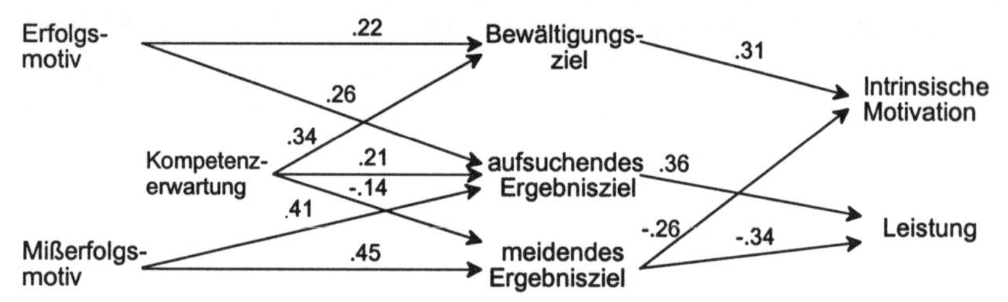

Abbildung 10.8: Ein mehrstufiges Motivationsmodell mit den vermittelnden Zielorientierungen sowie signifikanten Pfadkoeffizienten (nach Elliot, 1997, S. 165).

10.7. Gelernte Hilflosigkeit

Die von Seligman (1975) zum ersten Mal dargestellte Theorie der Gelernten Hilflosigkeit basiert auf einem tierexperimentellen Forschungsparadigma zum Vermeidungslernen. Hunde, denen man jede Bewegungsmöglichkeit nahm und sie mit unausweichlichen, mäßig schmerzhaften Stromstößen behandelte, unternahmen später, auch wenn die Möglichkeit dafür vorhanden war, keine Versuche, diesen aversiven Stromstößen oder anderen Negativereignissen zu entgehen. Die theoretische Erklärung dafür nahm als wichtigsten Faktor für die Entstehung von Hilflosigkeit den objektiv nicht bestehenden Zusammenhang (Nicht-Kontingenz) zwischen Handlung und Handlungsergebnis an. Dies sollte zu Kontrollverlust und zu der sich generalisierenden Erwartung führen, daß auch in Zukunft die Dinge nicht zu kontrollieren sind. Hieran schließen sich motivationale, kognitive und emotionale Defizite an, die schließlich in der Einstellung sämtlicher Handlungsbemühungen enden.

Die recht frühzeitig vorgenommene Ausdehnung des Untersuchungsparadigmas in den Humanbereich führte zu einer Reihe von methodischen und konzeptuellen Veränderungen und Erweiterungen (Hiroto & Seligman, 1975). Die experimentelle Induktion von Nicht-Kontingenz geschah meist über die Herstellung einer Serie von zufällig aufeinander folgenden Mißerfolgen, manchmal allerdings auch nur eines einzigen (»one-shot«) gravierenden Mißerfolgs. Bei der theoretischen Behandlung der Frage, wie sich denn das Erlebnis des Kontrollverlusts auf die Generalisierung von Erwartungen auch zukünftig nicht vorhandener Kontrollmöglichkeiten auswirkt, haben sich Attribuierungen als ein wichtiges vermittelndes Bindeglied erwiesen (Abramson et al., 1978; Weiner & Litman-Adices, 1980). Die Hilflosigkeit tritt nach diesen Reformulierungen insbesondere dann auf, wenn Mißerfolg (Nicht-Kontingenz) mit internal stabilen und globalen Ursachenelementen erklärt wird.

Aufgrund einer gemeinsamen Fragestellung, nämlich der nach der attributionalen Vermittlung von Leistungsdefiziten nach (nicht-kontingenten) Mißerfolgen ist es zu einer zunehmenden Konvergenz in den Forschungs- und Erklärungsansätzen der Hilflosigkeits- und Teilen der Leistungsmotivationsforschung gekommen (Dweck & Elliott, 1983; Boggiano, Barrett & Kellam, 1993). Die attributionale Fassung der Hilflosigkeitstheorie liefert insbesondere eine Erklärung für den Transfer der Erfahrung von Kontrollverlust auf neue Situationen, sie macht allerdings keine Aussage über die Entstehung von Hilflosigkeit in konkreten Situationen (vgl. Brunstein, 1990).

Das Ausmaß der Generalisierung auf neue Situationen sollte insbesondere von der Globalität der vorgenommenen Attribuierung für Mißerfolg abhängig sein. Alloy et al. (1984) haben diese Hypothese überprüft und gefunden, daß bei einer habituellen Neigung zu globalen Attribuierungen für aversive Ereignisse eine besondere Bereitschaft besteht, nach negativen Ereignissen mit emotionalen und verhaltensmäßigen Beeinträchtigungen zu reagieren. Erfaßt man allerdings nicht den habituellen Attributionsstil, sondern theoriegerecht konkrete Attribuierungen für einzelne Ereignisse und entsprechende Beeinträchtigungen, so ist die Datenlage nicht sehr konsistent (Robins, 1988).

Auf den gesonderten Einfluß der Erfolgswahrscheinlichkeit auf die Vermittlung des Hilflosigkeitseffekts macht eine Untersuchung von Mikulincer (1988) aufmerksam. Die Vpn bekamen in unterschiedlichem Ausmaß nicht-kontingenten Mißerfolg induziert bei Aufgaben mit abgestuften Eingangswahrscheinlichkeiten (niedrig, mittel, hoch). Es wurden in dieser Untersuchung keine generellen Hilflosigkeitseffekte beobachtet, sondern sowohl eine gesteigerte wie auch eine herabgesetzte Leistungseffektivität. Ein geringes Ausmaß an nicht-kontingenten Mißerfolgen verbesserte die Leistungseffizienz bei mittelhohen Erfolgserwartungen, während ein größeres Ausmaß an nicht-kontingenten Mißerfolgen die Leistungseffizienz bei mittelhohen und hohen Erfolgserwartungen herabsenkte. Keine Beeinträchtigungen waren hingegen bei ohnehin niedrigen Erfolgserwartungen zu beobachten. Diese Befunde zeigen, daß neben dem Ausmaß an Nicht-Kontingenz-Erfahrungen auch das Ausmaß, in dem frühere Erwartungen und Erfahrungen angesichts der auftretenden Nicht-Kontingenz revidiert werden müssen, die resultierenden Hilflosigkeitseffekte mit beeinflussen. Nicht-Kontingenz und Serien von Mißerfolgen sind also insbesondere dann beeinträchtigend, wenn sie nicht erwartet wurden. Für die Entwicklung einer Hilflosigkeitsorientierung erscheint die Überzeugung wesentlich, daß eigene Anstrengung und angestrebte Erfolge nicht miteinander in Beziehung stehen. Trotz hoher Anstrengung lassen sich die erwünschten Resultate nicht herbeiführen. Auf dem Hintergrund einer niedrigen Einschätzung der eigenen Handlungskompetenz kann eine habituelle Attributionsneigung entstehen, Mißerfolge über alle Lebensbereiche mit mangelnder Kompetenz in Verbindung zu bringen, was zu den beschriebenen Defiziten bis hin zur Depression führen kann (Peterson & Seligman, 1984).

Der enge Zusammenhang von unangemessenen Attribuierungen und der Entstehung von Hilflosigkeit oder gar einer depressiven Erkrankung ist unbestritten; aber kann man davon ausgehen, daß diese Attribuierungen tatsächlich die Ursache für diese Entwicklungen darstellen? Wahrscheinlich nicht. Wahrscheinlich sind hier motivationale Orientierungen wichtiger, und Attribuierungen stabilisieren lediglich die auftretenden Erlebens- und Verhaltensweisen (Brewin, 1988). Neben dem Leistungsmotiv, das für die Verarbeitung von Mißerfolgserlebnissen sicherlich einflußreich ist, hat insbesondere Boggiano (Boggiano & Barrett, 1985; Boggiano, 1998) die Unterscheidung von intrinsischer und extrinsischer Motivation aufgegriffen (vgl. Kap. 3.6.).

Intrinsische Motivation sollte dazu führen, sich selbst mit herausfordernden Aufgaben zu konfrontieren, um den Spaß dabei (insbesondere auch angesichts vom Lernfortschritt) zu genießen. Bei einer extrinsischen Motivation kommen die Anforderungen von außen; ob die angestrebten Ziele realisiert werden können, liegt häufig außerhalb der Kontrollmöglichkeiten des Handelnden. Bei extrinsischer Motivation sollte sich deshalb eher die Vorstellung herausbilden können, daß Ergebnis und investierte Anstrengung unabhängig sind. Auf dem Hintergrund einer extrinsischen Motivation sollte sich Gelernte Hilflosigkeit deshalb bevorzugt entwickeln können. Boggiano (1998) hat diese Vermutungen in einer Untersuchungen geprüft, in der sie die intrinsische und extrinsische Motivation, Kompetenzwahrnehmung, Anstrengungsattribution und die relative Bevorzugung von Begabungs- gegenüber Anstrengungsattribuierungen erfaßt und zu Leistungsmaßen (die Güte von Problemlösungen) nach Mißerfolgsrückmeldungen in Beziehung gesetzt hat. Die Befunde zeigen eine Reihe von bedeutsamen Beziehungen zwischen der intrinsischen Motivation, der Kompetenzwahrnehmung, Attribuierungen und Leistungen. Wenn man jedoch alle Variablen gleichzeitig in einer Regressionsanalyse berücksichtigt, bleibt allein die Beziehung zwischen der intrinsischen Motivation und den Leistungsdaten signifikant, während andere zuvor noch signifikante Einzelbeziehungen verschwinden. Intrinsisch Motivierte bieten angesichts von Mißerfolg zunehmend höherwertige Problemlösungen an, während extrinsisch Motivierte zunehmend schlechtere Lösungen erreichen, sie nehmen auch weniger Anstrengungsattribuierungen vor. Das Auftreten von kognitiven Defiziten nach gehäuftem (nicht-kontingentem) Mißerfolg war in dieser Untersuchung also abhängig von der vorherrschenden Motivation (hier: der extrinsischen Motivation), nicht hingegen abhängig von einem zur Hilflosigkeit prädisponierenden Attributionsmuster.

10.8. Auf ein Wort ...

Eine frühe Theorie leistungsmotivierten Verhaltens hat McClelland entwickelt. Diese Theorie war noch ganz auf die personseitigen Determinanten leistungsorientierten Handelns – die Motive – bezogen. Zunächst wurde das Leistungsmotiv definitorisch eingegrenzt und operational gegen andere Motivthematiken abgegrenzt. Außerdem wurden erste Vorstellungen über den Erwerb von Motivdispositionen geäußert, in denen Prozesse der Affektanregung eine bedeutsame Rolle spielen. Erste empirische Untersuchungen konnten belegen, daß das so konzipierte Leistungsmotiv in einem theoretisch sinnvollen Zusammenhang mit verschiedenen Typen von Leistungsverhalten steht. Allerdings wird in dieser Theorie noch keine Unterscheidung zwischen der Motivdisposition und dem angeregten Motiv – der Motivation also – getroffen. Diese Unterscheidung macht erst das Risiko-Wahl-Modell, das stringent in der Tradition von Erwartung-Wert-Theorien steht und Verhalten aufgrund der Interaktion von Person- und Situationsfaktoren vorhersagt. Das Modell enthält Motiv-, Anreiz- und Erwartungsvariablen, aus deren multiplikativer Interaktion eine Resultierende Tendenz entsteht, die dann Vorhersagen auf Leistungs-, Ausdauer-, Aufgabenwahl- und Zielsetzungsverhalten in Abhängigkeit von der Aufgabenschwierigkeit erlaubt. Danach sollten bei mittleren subjektiven Erfolgswahrscheinlichkeiten die Verhaltensunterschiede zwischen Erfolgs- und Mißerfolgsmotivierten maximiert, bei niedrigen und sehr hohen Erfolgswahrscheinlichkeiten hingegen minimiert werden.

Der attributionstheoretische Neuansatz hält grundsätzlich an den Erwartung-Wert Modellvorstellungen fest, macht jedoch zwei wichtige Zusatzannahmen. Zum einen sollen die Motive mit unterschiedlichen Voreingenommenheiten im Gebrauch von Kausalerklärungen einhergehen, zum anderen sollen die Affekte (Anreize) und Erwartungen bzw. Erwartungsänderungen von diesen Kausalerklärungen abhängen. Es gibt eine Reihe von Untersuchungen, die diese Annahmen des attributionstheoretischen Modells stützen, aber auch einige, die die geforderten Zusammenhänge nicht haben auffinden können. Dies mag daran liegen, daß nicht sämtliche theoretisch repräsentierten Prozesse auch in allen Stadien einer Handlung erlebnismäßig präsent sind und abgerufen werden können. Sie treten wohl insbesondere nur dann ins Bewußtsein, wenn die Handlung vom Zielkurs abzuweichen droht (vgl. Kap. 2.5.).

Die Betonung von Ursachenzuschreibungen im Kontext leistungsmotivierten Verhaltens hat auch die Frage nach den motivierenden Zielzuständen neu entfacht. Neben den antizipierten Affekten wird nun auch der erwartete Informationsgewinn in bezug auf die eigene Tüchtigkeit berücksichtigt. Ein interessanter Aspekt – nicht nur für das Leistungshandeln (vgl. Kap. 6.) – der jedoch ein auf Affekten beruhendes Regulationsprinzip nicht ausschließen muß, da auch Informationsgewinn einen wichtigen Anpassungsvorteil im Sinne der Evolution verschafft, der wiederum entsprechende Affektkonsequenzen nach sich ziehen dürfte.

Die schlichte Trennung von variablen und stabilen Attribuierungen für negative, aversive Ereignisse hat sich als weitreichend und bedeutungsvoll erwiesen. So hat sie beispielsweise dazu angeregt, Handlungsziele zu unterscheiden, die sich zum einen auf die Problembewältigung (Bewältigungsorientierung) beziehen und eine variable Mißerfolgsattribuierung voraussetzen und zum anderen auf Kompetenzdemonstration (Ergebnisorientierung) beziehen und eine stabile Attribution voraussetzen. Als besonders beeinträchtigend hat sich hier eine Ergebnisorientierung erwiesen, die auf Vermeidung von Inkompetenz ausgerichtet ist und auf stabilen internalen Mißerfolgsattribuierungen aufbaut. Stabile intentionale und globale Attribuierungen für negative Ereignisse haben sich auch als ein stabilisierender Faktor für die Ausbreitung von Gelernter Hilflosigkeit erwiesen, insbesondere dann, wenn diesen Aktivitäten eine extrinsische motivationale Orientierung zugrunde liegt.

11. Literaturverzeichnis

Abe, K. (1972). Phobias and nervous symptoms in childhood and maturity: Persistence and associations. *British Journal of Psychiatry, 120,* 275–283.

Abelson, R.P. (1963). Computer simulation of »hot cognitions«. In S. Tomkins & S. Messick (Eds.), *Computer simulation of personality.* New York: Wiley.

Abramson, L.Y., Seligman, M.E.P. & Teasdale, J.D. (1978). Learned helplessness in humans: Critique and reformulation. *Journal of Abnormal Psychology, 87,* 49–74.

Ach, N. (1905). *Über die Willenstätigkeit und das Denken.* Göttingen: Vandenhoeck & Ruprecht.

Ach, N. (1910). *Über den Willensakt und das Temperament.* Leipzig: Quelle & Meyer.

Ach, N. (1935). Analyse des Willens. In E. Abderhalden (Ed.), *Handbuch der biologischen Arbeitsmethoden* (Bd. 6). Berlin: Urban & Schwarzenberg.

Adey, W.R. (1969). Spectral analysis of EEG data from animals and man during alerting, orienting and discriminative responses. In C.R. Evans & T.B. Mulholland (Eds.), *Attention in neurophysiology* (pp.190–229). London: Butterworth.

Adler, A. (1927). *Studie über Minderwertigkeit von Organen.* München.

Allen, G.J. (1970). Effect of three conditions of administration on »trait« and »state« measures of anxiety. *Journal of Consulting and Clinical Psychology, 34,* 355–359.

Alloy, L.B. & Tabachnik, N. (1984). Assessment of covariation by humans and animals: The joint influence of prior expectations and current situational information. *Psychological Review, 91,* 112–149.

Alloy, L.B., Peterson, C., Abramson, L.Y. & Seligman, M.E.P. (1984). Attributional style and the generality of learned helplessness. *Journal of Personality and Social Psychology, 46,* 681–687.

Amelang, M., Ahrens, H.J. & Bierhoff, H.W. (1991a). *Attraktion und Liebe. Formen und Grundlagen partnerschaftlicher Beziehungen.* Göttingen: Hogrefe.

Amelang, M., Ahrens, H.J. & Bierhoff, H.W. (1991b). *Partnerwahl und Partnerschaft. Formen und Grundlagen partnerschaftlicher Beziehungen.* Göttingen: Hogrefe.

Anderson, C.A. (1989). Temperature and aggression: Ubiquitous effects of heat on occurrence of human violence. *Psychological Bulletin, 106,* 70–96.

Anderson, C.A. & DeNeve, K.M. (1992). Temperature, aggression, and the negative affect escape model. *Psychological Bulletin, 111,* 347–351.

Andrews, G.R. & Debus, R.L. (1978). Persistence and the causal perception of failure: Modifying cognitive attributions. *Journal of Educational Psychology, 70,* 150–166.

Archer, J. (1988). *The behavioural biology of aggression.* Cambridge: Cambridge University Press.

Archer, J. (1991). The influence of testosterone on human aggression. *British Journal of Psychology, 82,* 1–28.

Archer, J. (1996). Sex differences in social behavior. Are the social role and evolutionary explanations compatible? *American Psychologist, 51,* 909–917.

Arletti, R., Benelli, A. & Bertolini, A. (1992). Oxytocin involvement in male and female sexual behavior. In C.A. Pedersen, J.D. Caldwell, G.F. Jirikowski & T.R. Insel

(Eds.), *Oxytocin in maternal, sexual, and social behavior* (pp. 180–193). New York: The New York Academy of Sciences.

Asendorpf, J.B. (1996). Die Natur der Persönlichkeit: Eine koevolutionäre Perspektive. *Zeitschrift für Psychologie, 204,* 97–115.

Atkinson, J.W. (1957). Motivational determinants of risk-taking behavior. *Psychological Review, 64,* 359–372.

Atkinson, J.W. (1964). *An introduction to motivation.* Princeton, N.J.: van Nostrand.

Atkinson, J.W., Bongort, K. & Price, L.H. (1977). Explorations using computer simulation to comprehend thematic apperceptive measurement of motivation. *Motivation and Emotion, 1,* 1–27.

Atkinson, J.W. & Feather, N.T. (1966). *A theory of achievement motivation.* New York: Wiley.

Atkinson, J.W. & Litwin, G.H. (1960). Achievement motive and test anxiety conceived as motive to approach success and motive to avoid failure. *Journal of Abnormal and Social Psychology, 60,* 52–63.

Auerbach, S.M. (1973). Trait-state anxiety and adjustment to surgery. *Journal of Consulting and Clinical Psychology, 40,* 264–271.

Badia-Elder, N., Kiefer, S.W. & Dess, N.K. (1996). Taste reactivity in rats selectively bred for high vs. low saccharin consumption. *Physiology & Behavior, 59,* 749–755.

Baerends, G.P., Brouwer, R. & Waterbolk, H.Tj. (1955). Ethological studies on Lebistes reticulatus (Peters), I: An analysis of the male courtship pattern. *Behaviour, 8,* 249–334.

Baker, R. (1997). *Krieg der Spermien.* München: Limes.

Baldwin, B.A., Parrott, R.F. & Ebenezer, I.S. (1998). Food for thought: A critique on the hypothesis that endogenous cholecystokinin acts as a physiological satiety factor. *Progress in Neurobiology, 55,* 477–507.

Bandura, A. (1962). Social learning through imitation. In M.R. Jones (Ed.), *Nebraska Symposium on Motivation* (pp. 211–269). New York: Academic Press.

Bandura, A. (1983). Psychological mechanisms of aggression. In R.G. Geen & E.I. Donnerstein (Eds.), *Aggression. Theoretical and empirical reviews. Vol. 1: Theoretical and methodological issues* (pp. 1–40). New York: Academic Press.

Bandura, A. (1989). Self-regulation of motivation and action through internal standards and goal systems. In L.A. Pervin (Ed.), *Goal concepts in personality and social psychology* (pp. 19–85). Hillsdale, N.J.: Erlbaum.

Bandura, A. (1991). Self-regulation of motivation through anticipatory and self-reactive mechanisms. In R.A. Dienstbier (Ed.), *Nebraska Symposium on Motivation* (pp. 69–164). Lincoln: University of Nebraska Press.

Bandura, A., Underwood, B. & Fromson, M.E. (1975). Disinhibition of aggression through diffusion of responsibility and dehumanization of victims. *Journal of Research in Personality,* 9, 253–269.

Barber, N. (1995). The evolutionary psychology of physical attractiveness: Sexual selection and human morphology. *Ethology and Sociobiology, 16,* 395–424.

Bargh, J.A. (1990). Auto-motives: Preconscious determinants of social interaction. In E.T. Higgins & R.M. Sorrentino (Eds.), *Handbook of motivation and cognition. Foundations of social behavior* (Vol. 2, pp. 93–130). New York: Guilford Press.

Bargh, J.A. & Chartrand, T.L. (1999). The unbearable automaticity of being. *American Psychologist, 54,* 462–479.

Bargh, J.A. & Gollwitzer, P.M. (1994). Environmental control of goal-directed action: Automatic and strategic contingencies between situations and behavior. In W.D. Spaulding (Ed.), *Nebraska Symposium on Motivation* (pp. 71–124). Lincoln: University of Nebraska Press.

Baumeister, R.F. (1991). *Escaping the self: Alcoholism, spirituality, masochism, and other flights from the burden of selfhood.* New York: Basic Books.

Baumgarten, H.G. & Grozdanovic, Z. (1995). Die Rolle des Serotonins in der Verhaltensmodulation. *Fortschritte der Neurologie, Psychiatrie. Sonderheft 1, 63,* 3–8.

Beach, F.A., Noble, R.G. & Orndorff, R.K. (1969). Effects of perinatal androgen treatment on responses of male rats to gonadal hormones in adulthood. *Journal of Comparative and Physiological Psychology, 68,* 490–497.

Becker, P. (1980). *Studien zur Psychologie der Angst.* Weinheim: Beltz.

Beckmann, J. (1996). Entschlußbildung. In J. Kuhl & H. Heckhausen (Eds.), *Enzyklopädie der Psychologie, Motivation und Emotion, Band 4: Motivation, Volition und Handlung* (pp. 411–426). Göttingen: Hogrefe.

Beckmann, J. & Gollwitzer, P. (1987). Deliberative versus implemental states of mind: The issue of impartiality in pre-decisional and post-decisional information processing. *Social Cognition, 5,* 259–279.

Berkowitz, L. (1962). *Aggression: A social psychological analysis.* New York: McGrawHill.

Berkowitz, L. (1983). Aversively stimulated aggression: Some parallels and differences in research with animals and humans. *American Psychologist, 38,* 1135–1144.

Berkowitz, L. (1984). Some effects of thought on anti- and prosocial influences of media events: A cognitive-neoassociation analysis. *Psychological Bulletin, 95,* 410–427.

Berkowitz, L. (1989). Frustration-aggression hypothesis: Examination and reformulation. *Psychological Bulletin, 106,* 59–73.

Berkowitz, L. (1990). On the formation and regulation of anger and aggression. A cognitive-neoassociationistic analysis. *American Psychologist, 45,* 494–503.

Berkowitz, L. (1993). *Aggression: Its causes, consequences, and control.* Philadelphia, PA: Temple University Press.

Berkowitz, L. & Embree, M.C. (1987). The effect of escape possibility on aversively stimulated aggression. *Journal of Research in Personality, 21,* 405–416.

Berkowitz, L. & Geen, R.G. (1966). Film violence and the cue properties of available targets. *Journal of Personality and Social Psychology, 3,* 525–530.

Berkowitz, L., Cochran, S. & Embree, M. (1981). Physical pain and the goal of aversively stimulated aggression. *Journal of Personality and Social Psychology, 40,* 687–700.

Berlyne D.E. (1958). The influence of complexity and novelty in visual figures on orienting responses. *Journal of Experimental Psychology, 55,* 280–296.

Berlyne, D.E. (1960). *Conflict, arousal, and curiosity.* New York: McGraw-Hill.

Berlyne, D.E. (1962). Uncertainty and epistemic curiosity. *British Journal of Psychology, 53,* 27–34.

Berlyne, D.E. (1963). Motivational problems raised by exploratory and epistemic behavior. In S. Koch (Ed.), *Psychology - A study of science* (pp. 284–364). New York: McGraw-Hill.

Berlyne, D.E. (1967). Arousal and reinforcement. In D. Levine (Ed.), *Nebraska Symposium on Motivation* (pp. 1–110). Lincoln: University of Nebraska Press.
Berlyne, D.E. (1971). *Aesthetics and psychobiology*. New York: Appleton Century Crofts.
Berlyne, D.E. (1978). Curiosity and learning. *Motivation and Emotion, 2,* 97–175.
Bernard, C. (1878). *Leçons sur les phénomènes de la vie commune aux animaux et aux végétaux*. Paris: Baillière.
Bernstein, I.L., Treneer, C.M., Goehler, L.E. & Murowchick, E. (1985). Tumor growth in rats: Conditioned suppression of food intake and preference. *Behavioral Neuroscience, 88,* 818–830.
Berridge, K.C. (1996). Food reward: Brain substrates of wanting and liking. *Neuroscience and Biobehavioral Reviews, 20,* 1–25.
Berscheid, E. & Walster, E. (1974a). Physical attractiveness. In L. Berkowitz (Ed.), *Advances in experimental social psychology* (Vol. 7) (pp. 157–215). New York: Academic Press.
Berscheid, E. & Walster, E. (1974b). A little bit about love. In T.L. Huston (Ed.), *Foundations of interpersonal attraction* (pp. 355–381). New York: Academic Press.
Bertalanffy, L., von (1968). *General system theory. Foundations, development, application.* Harmondsworth: Penguin Books.
Bettencourt, B.A. & Miller, N. (1996). Gender differences in aggression as a function of provocation: A meta-analysis. *Psychological Bulletin, 119,* 422–447.
Bexton, W.M., Heron, W., & Scott, T.H. (1954). Effects of decreased variation in the sensory environment. *Canadian Journal of Psychology, 8,* 70–76.
Bischof, N. (1989). Emotionale Verwirrungen. Oder: Von den Schwierigkeiten im Umgang mit der Biologie. *Psychologische Rundschau, 40,* 188–205.
Blanchard, D.C. & Blanchard, R.J. (1989). Experimental animal models of aggression: What do they say about human behaviour? In J. Archer & K. Browne (Eds.), *Human aggression: Naturalistic approaches* (pp. 94–121). London: Routledge.
Blanchard, R.J., Blanchard, D.C. & Takahasi, L.K. (1978). Pain and aggression in the rat. *Behavioral Biology, 23,* 291–305.
Blankstein, K.R., Toner, B.B. & Flett, G.L. (1989). Test anxiety and the contents of consciousness: Thought-listing and endorsement measures. *Journal of Research in Personality, 23,* 269–286.
Boggiano, A.K. (1998). Maladaptive achievement patterns: A test of a diathesis-stress analysis of helplessness. *Journal of Personality and Social Psychology, 74,* 1681–1695.
Boggiano, A.K. & Barrett, M. (1985). Performance and motivational deficits of helplessness: The role of motivational orientation. *Journal of Personality and Social Psychology, 49,* 1753–1761.
Boggiano, A.K., Barrett, M. & Kellam, T. (1993). Competing theoretical analyses of helplessness: A social-developmental perspective. *Journal of Experimental Child Psychology, 55,* 194–207.
Bolles, R.C. (1972). Reinforcement, expectancy, and learning. *Psychological Review, 79,* 394–409.
Bolles, R.C. (1975). *Theory of motivation.* New York: Harper & Row.
Booth, D.A., Toates, F.M. & Platt, S. V. (1976). Control system for hunger and its implications in animals and man. In D. Novin, W. Wyrwicka & G.A. Bray (Eds.), *Hun-*

ger: Basic mechanisms and clinical implications (pp. 127–143). New York: Raven.
Bower, G.H. (1981). Mood and memory. *American Psychologist, 36,* 129–148.
Bowlby, J. (1969). *Attachment (Attachment and loss)* (Vol. 1). New York: Basic Books.
Bray, G.A. & Campfield, L.A. (1975). Metabolic factors in the control of energy stores. *Metabolism, 24,* 99–117.
Brehm, J.W. & Self, E.A. (1989). The intensity of motivation. *Annual Review of Psychology, 40,* 109–131.
Bremer, J. (1959). *A sexualization.* New York: MacMillan.
Brewin, C.R. (1988). Depression und Attribution: Kritische Fragen. In D. Kammer & M. Hautzinger (Eds.), *Kognitive Depressionsforschung* (pp. 17–29). Bern: Huber.
Brown, J.S. (1948). Gradients of approach and avoidance responses and their relation to level of motivation. *Journal of Comparative and Physiological Psychology, 41,* 450–465.
Brown, J.S. (1961). *The motivation of behavior.* New York: McGraw-Hill.
Brunstein, J.C. (1990). *Hilflosigkeit, Depression und Handlungskontrolle.* Göttingen: Hogrefe.
Brunstein, J.C. & Maier, G.W. (1996). Persönliche Ziele: Ein Überblick zum Stand der Forschung. *Psychologische Rundschau, 47,* 146–160.
Brunstein, J.C., Lautenschlager, U., Nawroth, B., Pöhlmann, K. & Schultheiss, O. (1995). Persönliche Anliegen, soziale Motive und emotionales Wohlbefinden. *Zeitschrift für Differentielle und Diagnostische Psychologie, 16,* 1–10.
Brunstein, J.C., Schultheiss, O.C. & Grässmann, R. (1998). Personal goals and emotional well-being: The moderating role of motive dispositions. *Journal of Personality and Social Psychology, 75,* 494–508.
Buck, R. (1999). The biological affects: A typology. *Psychological Review, 106,* 301–336.
Buckert, U., Meyer, W.-U. & Schmalt, H.-D. (1979). Effects of difficulty and diagnosticity on choice among tasks in relation to achievement motivation and perceived ability. *Journal of Personality and Social Psychology, 37,* 1172–1178.
Bühler, Ch., Hetzer, H. & Mabel, F. (1928). Die Affektwirksamkeit von Fremdheitseindrücken im ersten Lebensjahr. *Zeitschrift für Psychologie, 107,* 30–49.
Burkhardt, K., Zumkley, H. & Kornadt, H.-J. (1987). Das Aggressions-Motiv-Gitter: Konstruktion und erste Ergebnisse. *Diagnostica, 33,* 339–353.
Buss, A.H. (1961). *The psychology of aggression.* New York: Wiley.
Buss, A.H. (1963). Physical aggression in relation to different frustrations. *Journal of Abnormal and Social Psychology, 67,* 1–7.
Buss, A.H . (1966). Instrumentality of aggression, feedback, and frustration as determinants of physical aggression. *Journal of Personality and Social Psychology, 3,* 153–162
Buss, A.H. (1971). Aggression pays. In J.L. Singer (Ed.), *The control of aggression and violence* (pp. 7–18). New York: Academic Press.
Buss, D.M. (1985). Human mate selection. *American Scientist, 73,* 47–51.
Buss, D.M. (1991). Evolutionary personality psychology. *Annual Review of Psychology, 42,* 459–491.
Buss, D.M. (1995). Psychological sex differences. Origins through sexual selection. *American Psychologist, 50,* 169–171.

Buss, D.M. & Schmitt, D.P. (1993). Sexual strategies theory: An evolutionary perspective on human mating. *Psychological Review, 100,* 204–232.
Buss, D.M., Larsen, R.J., Westen, D. & Semmelroth, J. (1992). Sex differences in jealousy: Evolution, physiology, and psychology. *Psychological Science, 3,* 251–255.
Buss, D.M., Hasleton, M.G., Shackelford, T.K., Bleske, A.L. & Wakefield, J.C. (1998). Adaptations, exaptations, and spandrels. *American Psychologist, 53,* 533–548.
Byrne, A. & Eysenck, M.W. (1995). Trait anxiety, anxious mood, and threat detection. *Cognition and Emotion, 9,* 549–562.

Cabanac, M. (1979). Sensory pleasure. *Quaterly Review of Biology, 54,* 1–22.
Cabanac, M. (1990). Taste: The maximization of multidimensional pleasure. In E.D. Capaldi & T.L. Powley (Eds.), *Taste, experience, and feeding* (pp. 28–42). Washington, D.C.: American Psychological Association.
Cabanac, M. & Duclaux, R. (1970a). Specificity of internal signals in producing satiety for taste stimuli. *Nature, 227,* 966–967.
Cabanac, M. & Duclaux, R. (1970b). Obesity: Absence of satiety aversion to sucrose. *Science, 168,* 496–497.
Caldwell, J.D. (1992). Central Oxytocin and female sexual behavior In C.A. Pedersen, J.D. Caldwell, G.F. Jirikowski & T. R. Insel (Eds.), *Oxytocin in maternal, sexual, and social behaviors* (pp. 166–179). New York: The New York Academy of Sciences.
Calvo, M.G. & Cano-Vindel, A. (1997). The nature of trait anxiety: Cognitive and biological vulnerability. *European Psychologist, 2,* 301–312.
Cannon, W.B. (1915). *Bodily changes in pain, hunger, fear, and rage.* New York: Appleton-Century-Crofts.
Cantor, J.R., Zillman, D. & Bryant, J. (1975). Enhancement of experienced sexual arousal in response to erotic stimuli through misattribution of unrelated residual excitation. *Journal of Personality and Social Psychology, 32,* 69–75.
Capaldi, E.D. (1996). *Why we eat what we eat.* Washington, D.C.: American Psychological Association.
Carver, C.S. & Scheier, M.F. (1981). *Attention and self-regulation: A control-theory approach to human behavior.* New York: Springer.
Carver, C.S. & Scheier, M.F. (1986). Functional and dysfunctional responses to anxiety: The interaction between expectancies and self-focused attention. In R. Schwarzer (Ed.), *Self-related cognitions in anxiety and motivation* (pp. 111–141). Hillsdale, N.J.: Erlbaum.
Cervone, D. (1993). The role of self-referent cognitions in goal setting, motivation, and performance. In M. Rabinowitz (Ed.), *Cognitive science foundations of instruction* (pp. 57–95). Hillsdale, N.J.: Erlbaum.
Charlesworth, W.R. (1964). Instigation and maintenance of curiosity behavior as a function of surprise versus novel and familiar stimuli. *Child Development, 35,* 1169–1186.
Christiansen, K. (1999). Hypophysen-Gonaden-Achse (Mann). In C. Kirschbaum & D. Hellhammer (Eds.), *Enzyklopädie der Psychologie, Biologische Psychologie, Band 3: Psychoendokrinologie und Psychoimmunologie* (pp. 141–222). Göttingen: Hogrefe.
Clayton, D.A. (1978). Socially facilitated behavior. *Quarterly Review of Biology, 53,* 373–392.

Coie, J.D. (1974). An evaluation of the cross-situational stability of childrens' curiosity. *Journal of Personality, 42,* 93–116.
Cooper, W.H. (1983). An achievement motivation nomological network. *Journal of Personality and Social Psychology, 44,* 841–861.
Corning, W.C. & Kelly, S. (1973). Platyhelminthes: The turbellarians. In W.C. Corning & J.A. Dyad (Eds.), *Invertebrate learning* (Vol. 1) (pp. 171–224). New York: Plenum.
Cosmides, L. & Tooby, J. (1994). Beyond intuition and instinct blindness: Toward an evolutionarily rigorous cognitive science. *Cognition, 50,* 41–47.
Covington, M.V. & Omelich, C.L. (1979). Are causal attributions causal? A path analysis of the cognitive model of achievement motivation. *Journal of Personality and Social Psychology, 37,* 1487–1504.
Cowan, P.E. (1977). Neophobia and neophilia: New-object and new-place reactions of three Rattus species. *Journal of Comparative and Physiological Psychology, 91,* 63–71.
Crespi, L.P. (1942). Quantitative variation of incentive and performance in the white rat. *American Journal of Psychology, 55,* 467–517.
Cronin, H. (1991). *The ant and the peacock.* Cambridge: Cambridge University Press.
Crozier, J.B. (1974). Verbal and exploratory responses to sound sequences varying in uncertainty level. In D.E. Berlyne (Ed.), *Studies in the new experimental aesthetics: Steps toward an objective psychology of aesthetic appreciation* (pp. 27–90). Washington: Wiley.
Csikszentmihalyi, M. (1975). *Beyond boredom and anxiety.* San Francisco: Jossey-Bass.
Csikszentmihalyi, M. & Rathunde, K. (1993). The measurement of flow in everyday life: Toward a theory of emergent motivation. In R.A. Dienstbier & J.E. Jacobs (Eds.), *Nebraska Symposium on Motivation* (pp. 57–97). Lincoln: University of Nebraska Press.
Cunningham, M.R. (1986). Measuring the physical in physical attractiveness: Quasi-experiments on the sociobiology of female facial beauty. *Journal of Personality and Social Psychology, 50,* 925–935.

Darley, J.M. & Cooper, J. (Eds.) (1998). *Attribution and social interaction. The legacy of Edward E. Jones.* Washington, DC: American Psychological Association.
Darwin, Ch. (1871). *The decent of man and selection in relation to sex.* London: Murray.
Darwin, Ch. (1872). *The expression of the emotions in man and animals.* London: Murray.
Darwin, Ch. (1877). A biographical sketch of an infant. *Mind, 2,* 285–294.
Dashiell, J.F. (1928). *Fundamentals of objective psychology.* Boston: Houghton-Mifflin.
Daum, I. & Markowitsch, H.J. (1998). Zur Bedeutung der Neuropsychologie für die Allgemeine Psychologie. *Psychologische Rundschau, 49,* 122–131.
Dautermann, M., Schneider, K. & Krumpholz, D. (1988). Aufgabenbezogene und ich-bezogene Kognitionen bei Kindern in Abhängigkeit von Prüfungsangst und situativen Bedingungen. *Zeitschrift für Differentielle und Diagnostische Psychologie, 9,* 1–12.
Davenport, W.H. (1976). Sex in cross-cultural perspective. In F.A. Beach (Ed.), *Human sexuality in four perspectives* (pp. 115–163). Baltimore: Johns Hopkins University Press.

Davidson, J.M., Rodgers, C.H., Smith, E.R. & Bloch G.J. (1968). Relative thresholds of behavioral and somatic responses to estrogen. *Physiology and Behavior, 3,* 227–229.
Davidson, J.K., Darling, C.A. & Norton, L. (1995). Religiosity and the sexuality of women: Sexual behavior and sexual satisfaction revisited. *The Journal of Sex Research, 32,* 235–243.
Davies, N.B. (1976). Parental care and the transition to independent feeding in the young spotted Flycatcher (musicapa striata). *Behaviour, 59,* 280–295.
Davis, M. (1992). The role of the amygdala in fear and anxiety. *Annual Review of Neuroscience, 15,* 353–375.
Dawkins, R. (1976). *The selfish gene.* New York: Oxford University Press.
DeCharms, R. & Davé, P.N. (1965). Hope of success, fear of failure, subjective probability, and risk-taking behavior. *Journal of Personality and Social Psychology, 1,* 558–568.
Deci, E.L. (1975). *Intrinsic motivation.* New York: Plenum.
Deci, E.L. & Ryan, R.M. (1991). A motivational approach to self: Integration in personality. In R.A. Dienstbier (Ed.), *Nebraska Symposium on Motivation* (pp. 237–288). Lincoln: University of Nebraska Press.
Dehaene, S. (1997). *The number sense.* Oxford: Oxford University Press.
DeRuiter, L. (1967). Feeding behavior of vertebrates in the natural environment. In C.F Code (Ed.), *Handbook of physiology. Section 6: Alimentary canal (Vol. 1), Control of food and water intake* (pp. 97–116). Washington: American Physiological Society.
Derryberry, D. & Tucker, D.M. (1991). The adaptive base of the neural hierarchy: Elementary motivational controls on network function. In R.A. Dienstbier (Ed.), *Nebraska Symposium on Motivation* (pp. 289–342). Lincoln: University of Nebraska Press.
Deutsche Gesellschaft für Ernährung (DGE) (1996). *Ernährungsbericht 1996.* Frankfurt: Henrich.
Diehl, J.M. (1978). *Ernährungspsychologie.* Frankfurt: Fachbuchhandlung für Psychologie.
Dörner, D. & Stäudel, T. (1990). Emotion und Kognition. In K.R. Scherer (Ed.), *Enzyklopädie der Psychologie, Motivation und Emotion, Bd. 3: Psychologie der Emotion* (pp. 293–344). Göttingen: Hogrefe.
Dollard, J., Doob, L.W., Miller, N.E., Mowrer, O.H., & Sears, R. R. (1939). *Frustration and aggression.* New Haven: Yale University Press.
Donnerstein, E.I. & Berkowitz, L. (1981). Victim reactions in aggressive erotic films as a factor in violence against women. *Journal of Personality and Social Psychology, 41,* 710–724.
Drewnowski, A. (1990). Taste and food preferences in human obesity. In E.D. Capaldi & T.L. Powley (Eds.), *Taste, experience, and feeding* (pp. 227–240). Washington, D.C.: American Psychological Association.
Drewnowski, A. & Rock, C.L. (1995). The influence of genetic taste markers on food acceptance. *American Journal of Clinical Nutrition, 62,* 506–511.
Duffy, E. (1962). *Activation and behavior.* New York: Wiley.
Dunbar, R.I.M. (1988). *Primate social systems.* London: Croom Helm.
Dunlap, K. (1922). *Elements of scientific psychology.* St. Lonis: Mosby.
Durham, W.H. (1991). *Coevolution: Genes, culture, and human diversity.* Stanford, CA: Stanford University Press.

Dutton, K.A. & Brown, J.D. (1997). Global self-esteem and specific self-views as determinants of people's reactions. *Journal of Personality and Social Psychology, 73,* 139–148.

Dweck, C.S. & Elliott, E.S. (1983). Achievement motivation. In E.M. Hetherington (Ed.), *Socialization, personality, and social development* (pp. 643–691). New York: Wiley.

Dyck, R.J. & Rule, B.G. (1978). Effect on retaliation of causal attributions concerning attack. *Journal of Personality and Social Psychology, 36,* 521–529.

Eagly, A.H. (1987). *Sex differences in social behavior: A social-role interpretation.* Hillsdale, N.J.: Erlbaum.

Eagly, A.H. & Wood, W. (1999). The origins of sex differences in human behavior. *American Psychologist, 54,* 408–423.

Edholm, O.G., Adam, J.M., Healy, M.J.R., Wolff, H.S., Goldsmith, R. & Best, T.W. (1970). Food intake and energy expenditure of army recruits. *British Journal of Nutrition, 24,* 1091–1107.

Edwards, D.A. & Herndon, J. (1970). Neonatal estrogen stimulation and aggressive behavior in female mice. *Physiology and Behavior, 5,* 993–995.

Edwards, W. (1954). The theory of decision making. *Psychological Bulletin, 51,* 380–417.

Eibl-Eibesfeldt, I. (1950). Über die Jugendentwicklung des Verhaltens eines männlichen Dachses (Meles meles L.) unter besonderer Berücksichtigung des Spieles. *Zeitschrift für Tierpsychologie, 7,* 327–355.

Eibl-Eibesfeldt, I. (1975). *Krieg und Frieden aus der Sicht der Verhaltensforschung.* München: Piper.

Eibl-Eibesfeldt, I. (1978). *Grundriß der vergleichenden Verhaltensforschung.* München: Piper.

Eichenbaum, H. (1992). The hippocampal system and declarative memory in animals. *Journal of Cognitive Neuroscience, 4,* 217–231.

Ekman, P. (1992). An argument for basic emotions. *Cognition and Emotion, 6,* 169–200.

Elliot, A.J. (1997). Integrating the "classic" and "contemporary" approaches to achievement motivation: A hierarchical model of approach and avoidance achievement motivation. In M.L. Maehr & P.R. Pintrich (Eds.), *Advances in motivation and achievement* (pp. 143–179). Greenwich, Connecticut: Jai Press.

Elliot, A.J. & Church, M.A. (1997). A hierarchical model of approach and avoidance achievement motivation. *Journal of Personality and Social Psychology, 72,* 218–232.

Emmons, R.A. (1989). The personal striving approach to personality. In L.A. Pervin (Ed.), *Goal concepts in personality and social psychology* (pp. 87–126). Hillsdale, N.J.: Erlbaum.

Emmons, R.A. (1992). Abstract versus concrete goals: Personal striving level, physical illness, and psychological wellbeing. *Journal of Personality and Social Psychology, 62,* 292–300.

Emmons, R.A. & McAdams, D.P. (1991). Personal strivings and motive dispositions: Exploring the links. *Personality and Social Psychology Bulletin, 17,* 648–654.

Emrich, H.M. (1990). Über die Entstehung von Emotionen und Affekten. Unser begrenztes Verständnis der Wirkung von Psychopharmaka. *Aus Forschung und*

Medizin, 5, 33–44.
Endler, N.S., Parker, J.D.A., Bagby, R.M. & Cox, B.J. (1991). Multidimensionality of state and trait anxiety: Factor structure of the Endler multidimensional anxiety scales. *Journal of Personality and Social Psychology, 60,* 919–926.
Entwisle, D.R. (1972). To dispel fantasies about fantasy-based measures of achievement motivation. *Psychological Bulletin, 77,* 377–391.
Epstein, A.N. (1960). Reciprocal changes in feeding behavior produced by intrahypothalamic chemical injections. *American Journal of Physiology, 199,* 969–974.
Epstein, S. (1962). The measurement of drive and conflict in humans: Theory and experiment. In M.R. Jones (Ed.), *Nebraska Symposium on Motivation* (pp. 127–209). Lincoln: University of Nebraska Press.
Epstein, S. (1967). Towards a unified theory of anxiety. In B.A. Maher (Ed.), *Progress in experimental personality research* (pp. 1–89). New York: Academic Press.
Epstein, S. (1972). The nature of anxiety with emphasis upon its relationship to expectancy. In C.D. Spielberger (Ed.), *Anxiety: Current trends in theory and research* (Vol. 2) (pp. 291–337). New York: Academic Press.
Epstein, S. (1977). Versuch einer Theorie der Angst. In N. Birbaumer (Ed.), *Psychophysiologie der Angst* (pp. 208–266). München: Urban & Schwarzenberg.
Epstein, S. (1983). The unconscious, the preconscious, and the self-concept. In J. Suls & A.G. Greenwald (Eds.), *Psychological perspectives on the self* (Vol. 2) (pp. 219–247). Hillsdale, N.J.: Erlbaum.
Epstein, S., & Fenz, W.D. (1962). Theory and experiment on the measurement of approach-avoidance conflict. *Journal of Abnormal and Social Psychology, 64,* 97–112.
Epstein, S. & Taylor, S.P. (1967). Instigation to aggression as a function of degree of defeat and perceived aggressive intent of the opponent. *Journal of Personality, 35,* 265–289.
Erdelyi, M. (1984). The recovery of unconscious (inaccessible) memories: Laboratory studies of hyperamnesia. *The Psychology of Learning and Motivation, 18,* 95–127.
Ewert, J.-P. (1976). *Neuro-Ethologie.* Berlin: Springer.
Eysenck, M. (1992). *Anxiety: The cognitive perspective.* Hillsdale, N.J.: Erlbaum.

Feather, N.T. (1961). The relationship of persistence at a task to expectation of success and achievement-related motives. *Journal of Abnormal and Social Psychology, 63,* 552–561.
Feather, N.T. (1963). Persistence at a difficult task with alternative task of intermediate difficulty. *Journal of Abnormal and Social Psychology, 66,* 601–609.
Feather, N.T. (1982). *Expectations and actions: Expectancy-value models in psychology.* Hillsdale, N.J.: Erlbaum.
Fechner, G.T. (1923). *Über das höchste Gut.* Stuttgart: Strecker und Schröder.
Fedorchak, P.M. & Bolles, R.C. (1987). Hunger enhances the expression of calorie- but not taste-mediated conditioned flavor preferences. *Journal of Experimental Psychology: Animal Behavior Processes, 13,* 73–79.
Fenz, W.D. & Epstein, S. (1962). Measurement of approach-avoidance conflict along a stimulus dimension by a thematic apperception test. *Journal of Personality, 30,* 613–632.
Ferguson, T.J. & Rule, B.G. (1983). An attributional perspective on anger and aggression. In R.G. Geen & E.I. Donnerstein (Eds.), *Aggression. Theoretical and empirical*

reviews. Vol. 1: Theoretical and methodological issues (pp. 41–74). New York: Academic Press.

Feshbach, S. (1971). The dynamics and morality of violence and aggression: Some psychological considerations. *American Psychologist, 26,* 281–292.

Fink, H., Rex, A., Voits, M. & Voigt, J.-P. (1998). Major biological actions of CCK – a critical evaluation of research findings. *Experimental Brain Research, 123,* 77–83.

Fisch, R. & Schmalt, H.-D. (1970). Vergleich von TAT- und Fragebogendaten der Leistungsmotivation. *Zeitschrift für experimentelle und angewandte Psychologie, 17,* 608–634.

Flynn, J.P. (1972). Patterning mechanisms, patterned reflexes, and attack behavior in cats. In J.K. Cole & D.D. Jensen (Eds.), *Nebraska Symposium on Motivation* (pp. 125–153). Lincoln: University of Nebraska Press.

Fodor, E.M. (1984). The power motive and reactivity to power stresses. *Journal of Personality and Social Psychology, 47,* 853–859.

Fodor, E.M. & Smith, T. (1982). The power motive as an influence on group decision making. *Journal of Personality and Social Psychology, 42,* 178–185.

Folstad, I. & Karter, A.J. (1992). Parasites, bright males, and the immunocompetence handicap. *American Naturalist, 139,* 603–622.

Forgas, J.P., Bower, G.H. & Moylan, S.J. (1990). Praise or blame? Affective influences on attributions for achievement. *Journal of Personality and Social Psychology, 59,* 809–819.

Forkman, B. (1991). Social facilitation is shown by gerbils when presented with novel but not with familiar food. *Animal Behavior*, *42,* 860–861.

Fox, E. (1994). Attentional bias in anxiety: A defective inhibition hypothesis. *Cognition and Emotion, 8,* 165–195.

Franck, D. (1985). *Verhaltensbiologie.* Stuttgart: Thieme.

Frank, G.H. (1923). Die Psyche der Hungernden. *Deutsche medizinische Wochenschrift, 49,* 608–610.

French, J.R.P. & Raven, B.H. (1959). The basis of social power. In D. Cartwright (Ed.), *Studies in social power* (pp. 150–167). Ann-Arbor: The University of Michigan.

Freud, S. (1898). Die Sexualität in der Ätiologie der Neurosen. *Gesammelte Werke, Bd. I* (pp. 489–516). London: Imago, 1952.

Freud, S. (1900). Die Traumdeutung. *Gesammelte Werke,* Bd. II/III (pp. 1–642). London: Imago, 1942.

Freud, S. (1904). Zur Psychopathologie des Alltagslebens. *Gesammelte Werke,* Bd. IV (pp. 1–322). London: Imago, 1941.

Freud, S. (1915a). Triebe und Triebschicksale. *Gesammelte Werke,* Bd. X (pp. 210–232). London: Imago, 1946.

Freud, S. (1915b). Die Verdrängung. *Gesammelte Werke,* Bd. X (pp. 248–261). London: Imago, 1946.

Freud, S. (1920). Jenseits des Lustprinzips. *Gesammelte Werke,* Bd. XIII (pp. 1–69). London: Imago, 1947.

Freud, S. (1930). Das Unbehagen in der Kultur. *Gesammelte Werke,* Bd. XIV (pp. 419–506). London: Imago, 1948.

Friedman, J.M. & Halaas, J.L. (1998). Leptin and the regulation of body weight in mammals. *Nature, 395,* 763–770.

Fröhlich, W.D. (1982). *Angst.* München: Deutscher Taschenbuch Verlag.

Fulkner, D.W., Eysenck, S.B.G. & Zuckerman, M. (1980). The genetics of sensation seeking. *Journal of Personality Research, 14,* 261–281.

Gahr, M. (1996). Neuronale Grundlagen von Motivation und Emotion. In J.Dudel, R. Menzel & R.F. Schmidt (Eds.), *Neurowissenschaft* (pp. 463–484). Berlin: Springer.

Galef, B.G. (1996). Food selection: Problems in understanding how we choose foods to eat. *Neuroscience & Biobehavioral Reviews, 20,* 67–73.

Gangestadt, S.W. & Thornhill, R. (1997). Human sexual selection and developmental stability. In J.A. Simpson & D.T. Kenrick (Eds.), *Evolutionary social psychology* (pp. 169–195). Mahwah, N.J.: Erlbaum.

Ganzer, V.J. (1968). Effects of audience presence and test anxiety on learning and retention in a serial learning situation. *Journal of Personality and Social Psychology, 8,* 190–199.

Garcia, J., Forthman Quick, D. & White, B. (1984). Conditioned disgust and fear from mollusk to monkey. In D.L. Alkon & J. Farley (Eds.), *Primary substrates of learning and behavioral change* (pp. 47–61). Cambridge: Cambridge University Press.

Geen, R.G. (1983). Aggression and television violence. In R.G. Geen & E.I. Donnerstein (Eds.), *Aggression. Theoretical and empirical reviews. Vol. 2: Issues in research* (pp.100–125). New York: Academic Press.

Geen, R.G. (1995). *Human motivation.* Wadsworth: Int. Thomson Publ.

Geen, R.G., Rakosky, J.J. & Pigg, R. (1972). Awareness of arousal and its relation to aggression. *British Journal of Social and Clinical Psychology, 11,* 115–121.

Gibbs, J. & Smith, G.P. (1985). Satiety: The roles of peptides from the stomach and the intestine. *Federation Proceedings, 45,* 1391–1395.

Glickman, S.E. & Sroges R.W. (1966). Curiosity in zoo animals. *Behaviour, 26,* 151–188.

Gollwitzer, P.M. (1994). *Zielbegriffe und -theorien in der heutigen Psychologie.* Vortrag auf dem 39. Kongreß der Deutschen Gesellschaft für Psychologie, 25–29. September 1994, Hamburg.

Gollwitzer, P.M. & Kinney, R.F. (1989). Effects of deliberative and implemental mind-sets on illusion of control. *Journal of Personality and Social Psychology, 54,* 531–542.

Gould, S.J. (1991). *Bully for brontosaurus.* New York: W.W. Norton & Co.

Grammar, K. & Thornhill, R. (1994). Human (Homo sapiens) facial attractiveness and sexual selection: The role of symmetry and averageness. *Journal of Comparative Psychology, 108,* 233–242.

Grastyan, E. (1961). The significance of the earliest manifestations of conditioning in the mechanism of learning. In J.F. Delafresnaye, A. Fessard, R.W. Gerard & J. Konorski (Eds.), *Brain mechanisms and learning.* Oxford: Blackwell Scientific.

Greenberg, D.J. (1977). Visual attention in infancy: Processes, methods, and clinical applications. In J.C. Uzgiris & F. Weizmann (Eds.), *The structuring of experience* (pp. 211–234). New York: Plenum.

Griffitt, W. (1987). Females, males, and sexual responses. In K. Kelley (Ed.), *Females, males, and sexuality* (pp. 141–173). Albany, N.Y.: State University of New York Press.

Grill, H.J. & Norgren, R. (1978). Chronically decerebrate rats demonstrate satiation but not bait shyness. *Science, 201,* 267–269.

Grohmann, J. (1939). Modifikation oder Funktionsreifung? *Zeitschrift für Tierpsychologie, 2,* 132–144.
Groos, K. (1930). *Die Spiele der Tiere.* Jena: Fischer.
Güntürkün, O. (2000a). Die Evolution der Angst. In G. Lazarus-Mainka & S. Siebeneick (Eds.), *Angst und Ängstlichkeit* (pp. 90–106). Göttingen: Hogrefe.
Güntürkün, O. (2000b). Die Neurobiologie der Angst. In G. Lazarus-Mainka & S. Siebeneick (Eds.), *Angst und Ängstlichkeit* (pp. 73–89). Göttingen: Hogrefe.

Hall, G.S. (1897). A study of fears. *American Journal of Psychology, 8,* 147–249.
Hamilton, J.O. (1974). Motivation and risk-taking behavior: A test of Atkinson's theory. *Journal of Personality and Social Psychology, 29,* 856–864.
Hamilton, W.D. (1964). The genetical theory of social behaviour. I, II. *Journal of Theoretical Biology, 7,* 1–52.
Harcourt, A.H. (1987). Dominance and fertility among female primates. *Journal of Zoology, 213,* 471–487.
Harcourt, A.H. (1989). Social influences on competitive ability: Alliances and their consequences. In V. Standen & R.A. Foley (Eds.), *Comparative socioecology – The behavioural ecology of humans and other mammals* (pp. 223–242). Oxford: Blackwell.
Harlow, H.F. (1958). The nature of love. *American Psychologist, 13,* 673–685.
Harlow, H.F. (1962). The heterosexual affectional systems in monkeys. *American Psychologist, 17,* 1–9.
Harlow, H.F. & Harlow, M.K. (1965). The affectional systems. In A.M. Schrier, H.F. Harlow & F. Stollnitz (Eds.), *Behavior of nonhuman primates* (Vol. 2) (pp. 287–334). New York: Academic Press.
Hart, B.L. (1974). Gonadal androgen and sociosexual behavior of male mammals: A comparative analysis. *Psychological Bulletin, 81,* 383–400.
Hart, B.L. & Leedy, M.G. (1985). Neurological bases of male sexual behavior. In N. Adler, D. Pfaff & R.W. Goy (Eds.), *Handbook of behavioral neurobiology: Vol. 7. Reproduction* (pp. 373–422). New York: Plenum.
Harter, S. (1992). The relationship between perceived competence, affect, and motivational orientation within the classroom: Processes and patterns of change. In A.K. Boggiano & T.S. Pittman (Eds.), *Achievement and motivation. A social-developmental perspective* (pp. 77–114). Cambridge: Cambridge University Press.
Heatherton, T.F., Herman, C.P. & Polivy, J. (1991). Effects of physical threat and ego threat on eating behavior. *Journal of Personality and Social Psychology, 60,* 138–143.
Heatherton, T.F., Herman, C.P. & Polivy, J. (1992). Effects of distress on eating: The importance of ego-involvement. *Journal of Personality and Social Psychology, 62,* 801–803.
Hebb, D.O. (1946). On the nature of fear. *Psychological Review, 53,* 88–106.
Hebb, D.O. (1949). *The organization of behavior.* New York: Wiley.
Hebb, D.O. (1955). Drives and the CNS (Conceptual Nervous System). *Psychological Review,* 62, 243–254.
Heckhausen, H. (1963). *Hoffnung und Furcht in der Leistungsmotivation.* Meisenheim: Hain.
Heckhausen, H. (1991). *Motivation and action.* New York: Springer.
Heckhausen, H. & Gollwitzer, P.M. (1987). Thought contents and cognitive functioning

in motivational vs. volitional states of mind. *Motivation and Emotion, 11,* 101–120.
Heckhausen, H., Gollwitzer, P.M. & Weinert, F.E. (1987). *Jenseits des Rubikon: Der Wille in den Humanwissenschaften.* Berlin: Springer.
Heckhausen, H., Schmalt, H.-D. & Schneider, K. (1985). *Achievement motivation in perspective.* New York: Academic Press.
Heider, F. (1958). *The psychology of interpersonal relations.* New York: Wiley.
Henderson, B. (1994). Individual differences in experience-producing tendencies. In H. Keller, K. Schneider & B. Henderson (Eds.), *Curiosity and exploration* (pp. 213–225). Berlin: Springer.
Henderson, V.L. & Dweck, C.S. (1993). Motivation and achievement. In S.S. Feldman & G.R. Elliott (Eds.), *At the threshold. The developing adolescent* (pp. 308–329). Cambridge: Harvard University Press.
Herman, C.P. & Polivy, J. (1975). Anxiety, restraint, and eating behavior. *Journal of Abnormal Psychology, 84,* 666–672.
Herman, C.P. & Polivy, J. (1980). Restrained eating. In A.J. Stunkard (Ed.), *Obesity* (pp. 208–225). Philadelphia, PA.
Hermans, H.J.M. (1970). A questionnaire measure of achievement motivation. *Journal of Applied Psychology, 54,* 353-363.
Hess, W.R. (1954). *Das Zwischenhirn: Syndrome, Lokalisationen, Funktionen.* Basel: Schwabe.
Hetherington, M.M. & Rolls, B.J. (1996). Sensory-specific satiety: Theoretical frameworks and central characteristics. In E.D. Capaldi (Ed.), *Why we eat what we eat. The psychology of eating* (pp. 267–290). Washington, D.C.: American Psychological Association.
Hewstone, M. (1989). *Causal attribution. From cognitive processes to collective beliefs.* Oxford: Basil Blackwell Ltd.
Heine, S.J., Lehman, D.R., Markus, H.R. & Kitayama, S. (1999). Is there a universal need for positive self-regard? *Psychological Review, 106,* 766–794.
Higgins, E.T. (1997). Beyond pleasure and pain. *American Psychologist, 52,* 1280–1300.
Hilgard, E.R. (1963). Motivation in learning theory. In S. Koch (Ed.), *Psychology. A study of science* (Vol. 5) (pp. 253–283). New York: McGraw-Hill.
Hill, S.W. & McCutcheon, N.B. (1975). Eating responses of obese and nonobese humans during dinner meals. *Psychosomatic Medicine, 37,* 395–401.
Hillgruber, A. (1912). Fortlaufende Arbeit und Willensbetätigung. *Untersuchungen zur Psychologie und Philosophie, 1,* 1–51.
Hinde, R.A. (1954). Factors governing the changes in strength of a partially inborn response, as shown by the mobbing behaviour of the chaffinch (Fringilla coelebs): 1, The nature of the response and an examination of its course; 2, The waning of the response. *Proceeding of the Royal Society of London, B, 142,* 306–331, 331–358.
Hinkin, T.R. & Schriersheim, C.R. (1989). Development and application of new scales to measure the French and Raven (1959) bases of social power. *Journal of Applied Psychology, 74,* 561–567.
Hiroto, D.S. & Seligman, M.E.P. (1975). Generality of learned helplessness in man. *Journal of Personality and Social Psychology, 31,* 311–327.
Hogan, R. (1973). Moral conduct and moral character: A psychological perspective. *Psychological Bulletin, 79,* 217–232.

Hughes, A.M., Everitt, B.J., Lightman, S.L. & Todd, K.T. (1987). Oxytocin in the central nervous system and sexual behaviour in male rats. *Brain Research, 414,* 133–137.

Hull, C.L. (1943). *Principles of behavior. An introduction to behavior theory.* New York: Appleton-Century-Crofts.

Hull, C.L. (1952). *A behavior system: An introduction to behavior theory concerning the individual organism.* New Haven: Yale University Press.

Humphreys, M.S. & Revelle, W. (1984). Personality, motivation, and performance: A theory of the relationship between individual differences and information processing. *Psychological Review, 91,* 153–184.

Hunt, J.N. & Stubbs, D.F. (1975). The volume and energy content of meals as determinants of gastric emptying. *Journal of Physiology, 245,* 209–225.

Hyland, M.E. (1988). Motivational control theory: An integrative framework. *Journal of Personality and Social Psychology, 55,* 642–651.

Israel, A.C., Weinstein, J.B. & Prince, B. (1985). Eating behaviors, eating style, and childrens' weight status: failure to find an obese eating style. *International Journal of Eating Disorders, 4,* 113–119.

James, W. (1890). *The principles of psychology.* New York: Holt.

Janowitz, H.D. (1967). Role of the gastrointestinal tract in regulation of food intake. In C.F. Code (Ed.), *Handbook of physiology (Section 6): Alimentary canal (Vol. l). Control of food and water intake* (pp. 219–224). Washington: American Physiological Society.

Jellestad, K., Folleso, G.S. & Ursin, H. (1994). Neurobiological foundation of exploration. In H. Keller, K. Schneider & B. Henderson (Eds.), *Curiosity and exploration* (pp. 43–63). Berlin: Springer.

Jemmott, J.B. III, & McClelland, D.C. (1988). *Secretory IgA as a measure of resistance to infectious disease: Comments on Stone, Cox, Valdimarsdottir, and Neale (1987).* Unpublished manuscript. Princeton, N.J.: Princeton University, Department of Psychology.

Jemmott, J.B. III, Hellman, C., Locke, S.E., McClelland, D.C., Kraus, L., Williams, R.M. & Valeri, R.C. (1988). *Motivational syndromes associated with natural killer cell activity.* Unpublished manuscript. Princeton, N.J.: Princeton University, Department of Psychology.

Jersild, A.T. & Holmes, F.B. (1935). Childrens' fears. *Child Development Monographs* (No.20). New York: Teachers College, Columbia University.

Jevons, S.W. (1871). *Die Theorie der politischen Ökonomie. Sammmlung sozialwissenschaftlicher Meister,* Bd. 23. Jena: Fischer.

Johnson, T.E. & Rule, B.G. (1986). Mitigating circumstance information, censure, and aggression. *Journal of Personality and Social Psychology, 50,* 537–542.

Jones, D. (1995). Sexual selection, physical attractiveness, and facial neoteny: Cross-cultural evidence and implications. *Current Anthropology, 36,* 723–748.

Jones, E.E. (1979). The rocky road from acts to dispositions. *American Psychologist, 34,* 107–117.

Kagan, E.K. (1958). The effect of number and strength of electric shocks on running speed in a conflict situation. *American Psychologist, 13,* 389.

Karabenick, S.A. & Youssef, Z.I. (1968). Performance as a function of achievement level and perceived difficulty. *Journal of Personality and Social Psychology, 10,* 414–419.

Karli, P., Eclancher, F., Vergnes M., Chaurand J.P. & Schmitt, P. (1974). Emotional responsiveness and interspecific aggressiveness in the rat: Interactions between genetic and experimental determinants. In J.H.F. van Abeelen (Ed.), *The genetics of behavior* (pp. 291–319). Amsterdam: North-Holland.

Katz, D. (1932). *Hunger und Appetit. Untersuchungen zur medizinischen Psychologie.* Leipzig: Barth.

Katz, S.H., Hediger, M.L. & Valleroy, L.A. (1974). Traditional maze processing techniques in the new world. *Science, 184,* 765–773.

Keller, H., Schneider, K. & Henderson, B. (1994). Preface: The study of exploration. In H. Keller, K. Schneider & B. Henderson (Eds.), *Curiosity and exploration* (pp. 1–13). Berlin: Springer.

Kelley, H.H. & Michela, J.L. (1980). Attribution theory and research. *Annual Review of Psychology, 31,* 457–501.

Kendler, K.S., Neale, M.C., Kessler, R.C., Heath, A.C. & Eavens, L.J. (1992). The genetic epidemiology of phobias in women. *Archives of General Psychiatry, 49,* 273–281.

Kennedy G.C. (1950). The hypothalamic control of food intake in rats. *Proceedings of the Royal Society of London, Series B, 137,* 535–548.

Kenrick, D.T. & Keefe, R.C. (1992). Age preferences in mates reflect sex differences in reproductive strategies. *Behavioral and Brain Sciences, 15,* 75–133.

Kenrick, D.T., Sadalla, E.K., Groth, G. & Trost, M.R. (1990). Evolution, traits, and the stages of human courtship: Qualifying the parental investment model. *Journal of Personality, 58,* 97–116.

Keverne, E.B. (1977). Pheronomes and sexual behavior. In J. Money & H. Musaph (Eds.), *Handbook of Sexology* (pp. 413–428). Amsterdam: Elsevier.

Kleinbeck, U. (1991). Die Wirkung von Zielsetzungen auf die Leistung. In H. Schuler (Ed.), *Beurteilung und Förderung beruflicher Leistung* (pp. 41–56). Stuttgart: Verlag für Angewandte Psychologie.

Kleinbeck, U. & Schmidt, K.-H. (1996). Die Wirkung von Zielsetzungen auf das Handeln. In J. Kuhl & H. Heckhausen (Eds.), *Enzyklopädie der Psychologie, Motivation und Emotion, Band 4: Motivation, Volition und Handlung* (pp. 875–907). Göttingen: Hogrefe.

Kleinbeck, U., Schmidt, K.-H. & Carlson, H. (1985). Veränderungen von Zielsetzungswirkungen auf die Leistung durch leistungsthematische Einflußfaktoren. *Zeitschrift für Experimentelle und Angewandte Psychologie, 32,* 263–280.

Kling, A. (1968). Effects of amygdalectomy and testosterone on sexual behavior of male juvenile macaques. *Journal of Comparative and Physiological Psychology, 65,* 466–471.

Klinger, E. (1984). A consciousness-sampling analysis of test anxiety and performance. *Journal of Personality and Social Psychology, 47,* 1376–1390.

Klinger, E. (1987). Current concerns and disengagement from incentives. In F. Halisch & J. Kuhl (Eds.), *Motivation, intention, and volition* (pp. 337–347). Berlin: Springer.

Klinger, E. (1990). *Daydreaming. Using waking fantasy and imagery for self-knowledge*

and creativity. Los Angeles: Jeremy P. Tarcher, Inc.
Klivington, K.A. (1992). *Gehirn und Geist.* Heidelberg: Spektrum.
Klüver, H. & Bucy, P. (1937). »Psychic blindness« and other symptoms following bilateral temporal lobectomy in Rhesus monkeys. *American Journal of Physiology, 119,* 352–353.
Klüver, H. & Bucy, P. (1939). Preliminary analysis of functions of the temporal lobes in monkeys. *Archives of Neurology and Psychiatry, 42,* 979–1000.
Kogon, E. (1947). *Der SS-Staat.* Stockholm: Berman-Fischer.
Kornadt, H.-J. (1974). Toward a motivation theory of aggression and aggression inhibition: Some considerations about an aggression motive and their application to TAT and catharsis. In J. deWit & W.W. Hartup (Eds.), *Determinants and origins of aggressive behavior* (pp. 567–577). The Hague, Mouton.
Kornadt, H.-J. (1982). *Aggressionsmotiv und Aggressionshemmung. Band 1: Empirische und theoretische Untersuchungen zu einer Motivationstheorie der Aggression und zur Konstruktvalidierung eines Aggressions-TAT.* Bern: Huber.
Kornadt, H.-J. (1984). Motivation theory of aggression and its relation to social psychological approaches. In A. Mummendey (Ed.), *Social psychology of aggression* (pp. 21–31). New York: Springer.
Kornadt, H.-J. & Tachibana, Y. (1999). Early child-rearing and social motives after nine years: A cross-cultural longitudinal study. In W.J. Lonner, D.L. Dinnel, D.K. Forgays & S.A. Hayes (Eds.), *Merging past, present, and future: Selected proceedings of the 14th international congress of the international association for cross-cultural psychology* (pp. 429–441). Lisse: Swets and Zeitlinger.
Kuester, J. & Paul, A. (1989). Reproductive strategies of subadult barbary macaque males at Affenberg Salem. In A.E. Rasa, C. Vogel & E. Voland (Eds.), The sociobiology of sexual and reproductive strategies (pp. 93–109). London: Chapman & Hall.
Kuhl, J. (1983). *Motivation, Konflikt und Handlungskontrolle.* Berlin: Springer.
Kuhl, J. (1996). Wille und Freiheitserleben: Formen der Selbststeuerung. In J. Kuhl & H. Heckhausen (Eds.), *Motivation, Volition und Handlung. Enzyklopädie der Psychologie, Motivation, Voliton und Handlung, Band 4: Motivation und Emotion* (pp. 665–765). Göttingen: Hogrefe.
Kummer, H. (1975). *Sozialverhalten der Primaten.* Berlin: Springer.

Langens, T. (1996). Implizite Motive, explizite Motivationen und emotionales Wohlbefinden. Wuppertal: Diplomarbeit im Fach Psychologie der Bergischen Universität.
Lanzetta, J.T. (1971). The motivational properties of uncertainty. In H.I. Day, D.E. Berlyne & D.E. Hunt (Eds.), *Intrinsic motivation: A new direction in education* (pp. 134–147). Toronto, Montreal: Holt.
Laux, L. & Glanzmann, P. (1987). A self-presentational view of test anxiety. In R. Schwarzer, H.M. van der Ploeg & C.D. Spielberger (Eds.), *Advances in test anxiety research* (Vol. 5) (pp. 31–37). Lisse: Swets & Zeitlinger.
Laux, L. & Glanzmann, P. (1996). Angst und Ängstlichkeit. In M. Amelang (Ed.), *Enzyklopädie der Psychologie, Differentielle Psychologie und Persönlichkeitsforschung, Band 3: Temperaments- und Persönlichkeitsunterschiede* (pp. 107–151). Göttingen: Hogrefe.
Lazarus, R.S. (1966). *Psychological stress and the coping process.* New York: McGraw-Hill.

Lazarus, R.S. (1982). Thoughts on the relations between emotion and cognition. *American Psychologist, 37,* 1019–1024.
Lazarus, R.S. (1991a). Cognition and motivation in emotion. *American Psychologist, 46,* 352–367.
Lazarus, R.S. (1991b). Progress on a cognitive-motivational-relational theory of emotion. *American Psychologist, 46,* 819–834.
Lazarus, R.S. & Alfert, E. (1964). Short-circuiting of threat by experimentally altering cognitive appraisal. *Journal of Abnormal and Social Psychology, 69,* 195–205.
Lazarus, R.S. & Smith, C.A. (1988). Knowledge and appraisal in the cognition-emotion relationship. *Cognition and Emotion, 2,* 281–300.
Lazarus-Mainka, G. & Siebeneick, S. (1997). *Ängstlichkeit als Selbstkonzept.* Göttingen: Hogrefe.
Lazarus-Mainka, G. & Siebeneick, S. (2000). Ängstlichkeit - ein Selbstkonzept. In G. Lazarus-Mainka & S. Siebeneick (Eds.), *Angst und Ängstlichkeit* (pp. 314–350). Göttingen: Hogrefe.
LeDoux, J.E. (1989). Cognitive-emotional interactions in the brain. *Cognition and Emotion, 3,* 267–289.
LeDoux, J.E. (1990). Fear pathways in the brain: Implications for a theory of the emotional brain. In P.F. Brain, S. Parmigiani, R.J. Blanchard & D. Mainardi (Eds.), *Fear and defence* (pp. 163–177). Chur: Harwood.
LeDoux, J.E. (1995). Emotion: Clues from the brain. *Annual Review of Psychology, 46,* 209–235.
LeDoux, J.E. (1996). *The emotional brain.* New York: Simon & Schuster.
Leibowitz, S.F. (1992). Neurochemical-neuroendocrine systems in the brain controlling macronutrient intake and metabolism. *Trends in Neuroscience, 15,* 491–497.
Leibowitz, S.F. & Shor-Posner, G. (1986). Hypothalamic monoamine systems for control of food intake: Analysis of meal patterns and macronutrient selection. In M.O. Carruba & J.E. Blundell (Eds.), *Pharmacology of eating disorders: Theoretical and clinical developments* (pp. 29–49). New York: Raven Press.
LeMagnen, J. (1952). Les phénomènes olfacto-sexuels chez le rat blanc. *Archives des Sciences Physiologiques, 6,* 295–331.
LeMagnen, J. (1955). Sur le mécanisme d'établissement des appétits caloriques. *Comptes Rendus des Seances de l'Académie des Sciences, 240,* 2436–2438.
LeMagnen J. (1971). Advances in studies on the physiological control and regulation of food intake. In E. Stellar & J.M. Sprague (Eds.), *Progress in Physiological Psychology* (Vol.4) (pp. 203–261). New York: Academic Press.
LeMagnen, J. (1985). *Hunger.* Cambridge: Cambridge University Press.
LeMagnen, J. (1992). *Neurobiology of feeding and nutrition.* San Diego, CA: Academic Press.
Leventhal, H. (1984). A perceptual-motor theory of emotion. In L. Berkowitz (Ed.), *Advances in experimental social psychology* (Vol. 17) (pp. 117–182). New York: Academic Press.
Leventhal, H. (1990). Emotional and behavioural processes. In M. Johnston & L. Wallace (Eds.), *Stress and medical procedures* (pp. 25–57). Oxford: Oxford University Press.
Leventhal, H. & Scherer, K.R. (1986). The relationship of emotion to cognition: A functional approach to semantic controversy. *Cognition and Emotion, 1,* 3–28.

Lewin, K. (1926). Untersuchungen zur Handlungs- und Affektpsychologie. II. Vorsatz, Wille und Bedürfnis. *Psychologische Forschung, 7,* 330–385.
Lewin, K. (1931). Environmental forces in child behavior and development. In C. Murchison (Ed.), *Handbook of child psychology* (pp. 94–127). Worcester, Mass.: Clark University Press.
Lewin, K. (1935). *A dynamic theory of personality: Selected papers.* New York: McGraw-Hill.
Lewin, K., Dembo, T., Festinger, L. & Sears, P.S. (1944). Level of aspiration. In J.McV. Hunt (Ed.), *Personality and the behavior disorders* (Vol. 1) (pp. 333–378). New York: Ronald Press.
Lindsley, D.B. (1957). Psychophysiology and motivation. In M.R. Jones (Ed.), *Nebraska Symposium on Motivation* (pp. 44–105). Lincoln: University of Nebraska Press.
Lindworsky, J. (1923). *Der Wille, seine Erscheinung und seine Beherrschung.* Leipzig: Barth.
Lindworsky, J. (1932). *Willensschule.* Paderborn: Schöningh.
Locke, E.A. (1968). Towards a theory of task motivation and incentives. *Organizational Behavior and Human Performance, 3,* 218–250.
Locke, E.A. & Latham, G.P. (1990). Goals, expectancies, self-efficacy, valences, and performance. In E.A. Locke & G.P. Latham (Eds.), *A theory of goal setting and task performance* (pp. 63–85). Englewood Cliffs: Prentice Hall.
Locke, E.A., Shaw, K.N., Saari, L.M. & Latham, G.P. (1981). Goal setting and task performance: 1969-1980. *Psychological Bulletin, 90,* 125–152.
Loeber, R. & Stouthamer-Loeber, M. (1998). Development of juvenile aggression and violence: Some common misconceptions and controversies. *American Psychologist, 53,* 242–259.
Loewenstein, G. (1994). The psychology of curiosity: A review and reinterpretation. *Psychological Bulletin, 116,* 75–99.
Looy, H. & Weingarten, H.P. (1992). Facial expressions and genetic sensitivity to 6-n-propylthiouracil predict hedonic response to sweet. *Physiology & Behavior, 52,* 75–82.
Lore, R.K. & Schultz, L.A. (1993). Control of human aggression. A comparative perspective. *American Psychologist, 48,* 16–25.
Lorenz, K. (1937). Über die Bildung des Instinktbegriffes. *Naturwissenschaften, 25,* 289–300, 307–318 und 325–331.
Lorenz, K. (1943). Die angeborenen Formen möglicher Erfahrung. *Zeitschrift für Tierpsychologie,* 235–309.
Lorenz, K. (1950). Ganzheit und Teil in der tierischen und menschlichen Gemeinschaft. *Studium Generale, 3,* 455–499.
Lorenz, K. (1963). *Das sogenannte Böse.* Wien: Borotha-Schoeler.
Lorenz, K. (1969). Innate bases of learning. In K.H. Pribram (Ed.), *On the biology of learning* (pp. 13–93). New York: Harcourt.
Lowell, E.L. (1952). The effect of need for achievement on learning and speed of performance. *Journal of Psychology, 33,* 31–40.
Lugt-Tappeser, H. & Schneider, K. (1987). Ängstlichkeit und das Erkunden eines neuen Objektes bei Vorschulkindern. *Zeitschrift für Entwicklungspsychologie und Pädagogische Psychologie, 19,* 300–313.

Luhmann, N. (1975). *Macht.* Stuttgart: Enke.
Lumsden, C.J. & Wilson, E.O. (1981). *Genes, mind, and culture. The coevolutionary process.* Harvard University Press.

Mandler, G. & Sarason, S.B. (1952). A study of anxiety and learning. *Journal of Abnormal and Social Psychology, 47,* 166–173.
Marshall, J.F. & Teitelbaum, P. (1974). Further analysis of sensory inattention following lateral hypothalamic damage in rats. *Journal of Comparative and Physiological Psychology, 86,* 375–395.
Mason, A. & Blankenship, V. (1987). Power and affiliation motivation, stress, and abuse in intimate relationships. *Journal of Personality and Social Psychology, 52,* 203–210.
Mayer, J. (1955). Regulation of energy intake and the body weight: The glucostatic theory and the lipostatic hypothesis. *Annals of the New York Academy of Sciences, 63,* 15–43.
Maynard-Smith, J. (1982). *Evolution and the theory of games.* Cambridge, U.K.: Cambridge University Press.
Maynard-Smith, J. & Price, G.R. (1973). The logic of animal conflicts. *Nature, 246,* 15–18.
Mayr, E. (1974). Behavior programs and evolutionary strategies. *American Scientist, 62,* 650–659.
Mayr, E. (1994). *... und Darwin hat doch recht. Charles Darwin, seine Lehre und die moderne Evolutionstheorie.* München: Piper.
McAdams, D.P. (1982). Experiences of intimacy and power: Relationships between social motives and autobiographical memory. *Journal of Personality and Social Psychology, 42,* 292–302.
McClelland, D.C. (1975). *Power. The inner experience.* New York: Irvington.
McClelland, D.C. (1979). Inhibited power motivation and high blood pressure in men. *Journal of Abnormal Psychology, 88,* 182–190.
McClelland, D.C. (1985). *Human motivation.* London: Scott, Foresman & Co.
McClelland, D.C. (1987). Biological aspects of human motivation. In F. Halisch & J. Kuhl (Eds.), *Motivation, intention, and volition* (pp. 11–19). Berlin: Springer.
McClelland, D.C. (1989). Motivational factors in health and disease. *American Psychologist, 44,* 675–683.
McClelland, D.C. (1995). *Scientific psychology as a social enterprise.* Boston: Boston University.
McClelland, D.C. & Watson, R.I., Jr. (1973). Power motivation and risk-taking behavior. *Journal of Personality, 41,* 121–139.
McClelland, D.C. & Teague, G. (1975). Predicting risk preferences among power related tasks. *Journal of Personality, 43,* 266–285.
McClelland, D.C., Atkinson, J.W., Clark, R.A. & Lowell, E.L. (1953). *The achievement motive.* New York: Appleton-Century-Crofts.
McClelland, D.C., Wanner, E. & Vanneman, R. (1972). Drinking in the wider context of restrained and unrestrained assertive thoughts and acts. In D.C. McClelland, W.N. Davis, R. Kalin & E. Wanner (Eds.), *The drinking man* (pp. 162–197). New York: The Free Press.
McClelland, D.C., Maddocks, J.A. & McAdams, D.P. (1985). The need for power, brain

noradrenaline turnover, and memory. *Motivation and Emotion, 9,* 1–10.
McClelland, D.C., Patel, V., Stier, D. & Brown, D. (1987). The relationship of affiliative arousal to dopamine release. *Motivation and Emotion, 11,* 51–66.
McClelland, D.C., Koestner, R. & Weinberger, J. (1989). How do self-attributed and implicit motives differ? *Psychological Review, 96,* 690–702.
McDougall, W. (1908). *An introduction to social psychology.* London: Methuen.
McDougall, W. (1928). *Grundlagen einer Sozialpsychologie.* Jena: Fischer.
McFarlane, D.H. (1930). The role of kinesthesis in maze learning. *University of California Publications in Psychology, 4,* 277–305.
Mead, M. (1961). Cultural determinants of sexual behavior. In W. Young (Ed.), *Sex and internal secretions* (Vol.11) (pp. 1433–1479). Baltimore: Williams & Wilkins.
Mehrabian, A. (1969). Measures of achieving tendencies. *Educational and Psychological Measurement, 29,* 445–451.
Mento, A.J., Steel, R.P. & Karren, R.J. (1987). A meta-analytic study of the effects of goal setting on task performance: 1966–1984. *Organizational Behavior and Human Decision Processes, 39,* 52–83.
Metcalfe, J. & Mischel, W. (1999). A hot/cool-system analysis of delay of gratification: Dynamics of willpower. *Psychological Review, 106,* 3–19.
Meyer, M. (2000). *Einführung in die Theorie psychometrischer Tests.* Stuttgart: Kohlhammer.
Michotte, A.E. & Prüm, E. (1910). Etude expérimentale sur le choix volontaire et ses antecédents immédiats. *Achives de Psychologie, 10,* 119–299.
Mikulincer, M. (1988). The relationship of probability of success and performance following unsolvable problems: Reactance and helplessness effects. *Motivation and Emotion, 12,* 139–153.
Mikulincer, M. (1989). Cognitive interference and learned helplessness: The effects of off-task cognitions on performance following unsolvable problems. *Journal of Personality and Social Psychology, 57,* 129–135.
Miles, D.R. & Carey, G. (1997). Genetic and environmental architecture of human aggression. *Journal of Personality and Social Psychology, 72,* 207–217.
Miller, G.A., Galanter, E. & Pribram, K.-H. (1960). *Plans and the structure of behavior.* New York: Holt, Rinchart & Winston.
Miller, N.E. (1944). An experimental investigation of acquired drives. *Psychological Bulletin, 38,* 534–535.
Miller, N.E. (1948). Studies of fear as an acquirable drive: I. Fear as motivation and fear-reduction as reinforcement in the learning of new responses. *Journal of Experimental Psychology, 38,* 89–101.
Miller, N.E. (1951). Learnable drives and rewards. In S.S. Stevens (Ed.), *Handbook of experimental psychology* (pp. 435–472). New York: Wiley.
Miller, N.E., Sears, R.R., Mowrer, O.H., Doob, L.W. & Dollard, J. (1941). The frustration-aggression hypothesis. *Psychological Review, 48,* 337–342.
Miller, L.C. & Fishkin, S.A. (1997). On the dynamics of human bonding and reproductive success: Seeking windows on the adapted-for human-environmental interface. In D.T. Kenrick & J.A. Simpson (Eds.), *Evolutionary social psychology* (pp. 197–235). Mahwah, N.J.: Erlbaum.
Mischel, W. (1984). Convergence and challenges in the search for consistency. *American Psychologist, 39,* 351–364.

Mischel, W. & Shoda, Y. (1998). Reconciling processing dynamics and personality dispositions. *Annual Review of Psychology, 49,* 229–258.
Mogenson, G.J. (1977). *The neurobiology of behavior: An introduction.* Hillsdale: Lawrence Erlbaum.
Møller, A.P. & Thornhill, R. (1998). Male parental care, differential parental investment by females, and sexual selection. *Animal Behaviour, 55,* 1507–1515.
Monteith, M., Berkowitz, L., Kruglanski, A. & Blair, C. (1990). *The influence of physical discomfort on experienced anger and anger-related ideas, judgments, and memories.* Unpublished mansucript.
Morris, J.S., Frith, C.D., Perett, D.I., Rowland, D., Young, A.W., Calder, A.J. & Colan, R.J. (1996). A differential neural response in the human amygdala to fearful and happy facial expression. *Nature, 383,* 812–815.
Morris, L.W. & Liebert, R.M. (1970). Relationship of cognitive and emotional components of test anxiety to physiological arousal and academic performance. *Journal of Consulting and Clinical Psychology, 35,* 332–337.
Morris, M.W. & Peng, K. (1994). Culture and cause: American and Chinese attributions for social and physical events. *Journal of Personality and Social Psychology, 67,* 949–971.
Moruzzi, G. & Magoun, H.W. (1949). Brain stem reticular formation and activation of the EEG. *Electroencephalography and Clinical Neurophysiology, 1,* 455–473.
Mowrer, O.H. (1939). A stimulus-response analysis of anxiety and its role as a reinforcing agent. *Psychological Review, 46,* 553–565.
Mowrer, O.H. (1960). *Learning theory and behavior.* New York: Wiley.
Murray, H.A. (1938). *Explorations in personality.* New York: Oxford University Press.
Murray, H.A. (1942). *Thematic apperception test.* Cambridge, Mass.: Harvard University Press.

Natsoulas, T. (1995). A rediscovery of Sigmund Freud. *Consciousness and Cognition, 4,* 300–322.
Neary, R.S. & Zuckerman, M. (1973). Sensation seeking, trait and state anxiety, and the electrodermal orienting reflex. *Psychophysiology, 10,* 211.
Neisser, U. (1967). *Cognitive psychology.* New York: Appleton-Century- Crofts.
Netter, P. & Rammseyer, T. (1991). Reactivitiy to dopaminergic drugs and aggression related personality traits. *Personality and Individual Differences, 12,* 1009–1017.
Neumann, O. & Prinz, W. (1987). Kognitive Antezedenzien von Willkürhandlungen. In H. Heckhausen, P. Gollwitzer & F. Weinert (Eds.), *Jenseits des Rubikon: Der Wille in den Humanwissenschaften* (pp. 195–215). Berlin: Springer.
Nicholls, J.G. (1984). Achievement motivation: Conceptions of ability, subjective experience, task choice, and performance. *Psychological Review, 91,* 328–346.
Nickel, T.W. (1974). The attribution of intention as a critical factor in the relation between frustration and aggression. *Journal of Personality, 42,* 482–492.
Nisbett, R.E. (1968). Taste, deprivation, and weight determinants of eating behavior. *Journal of Personality and Social Psychology, 10,* 107–116.
Nisbett, R.E. & Storms, M.D. (1974). Cognitive and social determinants of food intake. In H. London & R.E. Nisbett (Eds.), *Thought and feeling: Cognitive alteration of feeling states* (pp. 190–208). Chicago: Aldine.

Nishijo, H., Ono, T. & Nishino, H. (1988). Single neuron responses in amygdala of alert monkey during complex sensory stimulation with affective significance. *Journal of Neuroscience, 8,* 3570–3583.
Novin, D. (1983). The integration of visceral information in the control of feeding. *Journal of the Autonomic Nervous System, 9,* 233–246.
Novin, D. & VanderWeele, D.A. (1977). Visceral involvement in feeding: There is more to regulation than the hypothalamus. In J.M. Sprague & A.N. Epstein (Eds.), *Progress in psychobiology and physiological psychology* (Vol. 7) (pp. 193–241). New York: Academic Press.
Nunnally, J.C. (1971). Determinants of visual exploratory behavior: A human tropism for resolving informational conflicts. In H.I. Day, D.E. Berlyne & D.E. Hunt (Eds.), *Intrinsic motivation: A new direction in education* (pp. 73–82). Toronto: Holt, Rinehart & Winston.

Oatley, K. (1971). Dissociation of the circadian drinking pattern from eating. *Nature, 229,* 494–496.
Öhman, A. (1992). Orienting and attention: Preferred preattentive processing of potentially phobic stimuli. In B.A. Campbell, H. Hayne & R. Richardson (Ed.), *Attention and information processing in infants and adults: Perspectives from human and animal research* (pp. 263–295). Hillsdale, N.J.: Erlbaum.
Olds, J. (1969). The central nervous system and the reinforcement of behavior. *American Psychologist, 24,* 114–132.
Olds, J. & Milner, P. (1954). Positive reinforcement produced by electrical stimulation of septal area and other regions of the rat brain. *Journal of Comparative and Physiological Psychology, 47,* 419–427.
Olton, D.S. (1979). Mazes, maps, and memory. *American Psychologist, 34,* 583-596.
Olweus, D. (1979). Stability of aggressive reaction patterns in males: A review. *Psychological Bulletin, 86,* 852–875.
O'Neil, H.F., Jr. (1972). Effects of stress on state anxiety and performance in computer-assisted learning. *Journal of Educational Psychology, 63,* 473–481.
Oomura, Y. (1976). Significance of glucose, insulin, and free fatty acid on the hypothalamic feeding and satiety neurons. In D. Novin, W. Wyrwicka & G. Bray (Eds.), *Hunger: Basic mechanisms and clinical implications* (pp. 145–158). New York: Raven Press.

Panksepp, J. & Krost, K. (1975). Modification of diurnal feeding patterns by palatability. *Physiology und Behavior, 15,* 673–677.
Pedersen, C.A., Caldwell, J.D. & Brooks, P.J. (1990). Neuropeptide control of parental and reproductive behavior. In D. Ganten & D. Pfaff (Eds.), *Current topics in neuroendocrinology: Behavioral aspects of neuroendocrinology* (pp. 81–114). New York: Springer.
Pérusse, D. (1993). Cultural and reproductive success in industrial societies: Testing the relationship at the proximate and ultimate levels. *Behavioral and Brain Sciences, 16,* 267–322.
Peterson, C. & Seligman, M.E.P. (1984). Causal explanations as a risk factor for depression: Theory and evidence. *Psychological Review, 91,* 347–374.

Peterson, C., Maier, S.F. & Seligman, M.E.P. (1993). *Learned helplessness: A theory for the age of personal control.* New York: Oxford University Press.

Peterson, C., Semmel, A., Baeyer, C. von, Abramson, L.Y., Metalsky, G.I. & Seligman, M.E.P. (1982). The Attributional Style Questionnaire. *Cognitive Therapy and Research, 6,* 287–299.

Phillips, B.N., Martin, R.P. & Meyers, J. (1972). Interventions in relation to anxiety in school. In C.D. Spielberger (Ed.), *Anxiety: Current trends in theory and research* (Vol. 2) (pp. 409–464). New York: Academic Press.

Piaget, J. (1975). Das Erwachen der Intelligenz beim Kinde (Gesammelte Werke, Bd. 1). Stuttgart: Klett.

Pinnow, M. & Schneider, K. (1994). Mimetic behavior of rats in flavor aversion learning. *Behavioural Processes, 31,* 1–12.

Plutchik, R. (1991). Emotions and evolution. In K.T. Strongman (Ed.), *International review of studies on emotion* (Vol. 1) (pp. 37-58). Chichester: Wiley.

Povinelli, D.J. (1993). Reconstructing the evolution of mind. *American Psychologist, 48,* 493–509.

Powers, W.T. (1973). Feedback: Beyond behaviorism. *Science, 179,* 351–356.

Preyer, W. (1882). *Die Seele des Kindes. Beobachtungen über die geistige Entwicklung des Menschen in den ersten Lebensjahren.* Leipzig: Fernau.

Pribram, K.H. (1976). Self-consciousness and intentionality. In G.E. Schwartz & D. Shapiro (Eds.), *Consciousness and self-regulation. Advances in research* (Vol. 1) (pp. 51–100). New York: Wiley.

Pribram, K.H. (1985). »Holism« could close cognition era. *APA Monitor, 16,* 50.

Prize, J. & Grinker, J. (1973). Effects of degree of obesity, food deprivation, and palatability on eating behavior of humans. *Journal of Comparative and Physiological Psychology, 85,* 265–271.

Puca, R.M. & Schmalt, H.-D. (1999). Task enjoyment: A mediator between achievement motives and performance. *Motivation and Emotion, 23,* 15–29.

Puca, R.M. & Schmalt, H.-D. (2000). The influence of the achievement motive on spontaneous thoughts in pre- and postdecisional action phases. *Personality and Social Psychology Bulletin.*

Pudel, V. (1978). *Zur Psychogenese und Therapie der Adipositas. Untersuchungen zum menschlichen Appetitverhalten.* Berlin: Springer.

Pudel, V. & Westenhöfer, J. (1989). *Fragebogen zum Eßverhalten. Handanweisung.* Göttingen: Hogrefe.

Pudel, V. & Westenhöfer, J. (1991). *Ernährungspsychologie.* Göttingen: Hogrefe.

Reeve, J. (1992). *Understanding motivation and emotion.* New York: Harcourt Brace College Publishers.

Reisenzein, R. (1986). A structural equation analysis of Weiner's attribution – affect model of helping behavior. *Journal of Personality and Social Psychology, 50,* 1123–1133.

Rensch, B. (1973). *Gedächtnis, Begriffsbildung und Planhandlungen bei Tieren.* Hamburg: Parey.

Rensch, B. (1988). *Probleme genereller Determiniertheit allen Geschehens.* Berlin: Parey.

Rescorla, R.A. (1988). Pavlovian conditioning: It's not what you think it is. *American Psychologist, 43,* 151–160.

Reyer, H.-U. (1985). Brutpflegehelfer beim Graufischer. In D. Francke (Ed.), Verhaltensbiologie (2. Aufl.) (pp. 277–282). Stuttgart: Thieme.

Reyer, H.-U. (1990). Pied kingfishers: Ecological causes and reproductive consequences of cooperative breeding. In P.B. Stacey & W.D. Koenig (Eds.), Cooperative breeding in birds – long-term studies of ecology and behavior (pp. 529–557). Cambridge: Cambridge University Press.

Rheinberg, F. (1980). *Leistungsbewertung und Lernmotivation.* Göttingen: Hogrefe.

Rheinberg, F. (1996). Flow-Erleben, Freude an riskantem Sport und andere „unvernünftige" Motivationen. In J. Kuhl & H. Heckhausen (Eds.), *Enzyklopädie der Psychologie, Motivation, Volition und Handlung, Band 4: Motivation und Emotion* (pp. 101–118). Göttingen: Hogrefe.

Rheinberg, F. (2000). *Motivation* (3. Auflage). Stuttgart: Kohlhammer.

Rheinberg, F. & Krug, S. (1993). *Motivationsförderung im Schulalltag.* Göttingen: Hogrefe.

Riedl, R. (1987). *Kultur. Spätzündung der Evolution?* München: Piper.

Ritter, R.C., Slusser, P.G. & Stone, S. (1981). Glucoreceptors controlling feeding and blood glucose: Location in the hind brain. *Science, 213,* 451–453.

Roberts, S.B., Nicholson, M., Staten, M., Dallal, G.lE., Sawaya, A.L., Heyman, M.B., Fuss, P. & Greenberg, A.S. (1997). Relationship between circulating leptin and energy expenditure in adult men and women aged 18 years to 81 years. *Obesity Research, 5,* 459–463.

Robins, C.J. (1988). Attributions and depression: Why is the literature so inconsistent? *Journal of Personality and Social Psychology, 54,* 880–889.

Rodin, J. (1981). The current state of the internal-external hypothesis: What went wrong? *American Psychologist, 36,* 361–372.

Rolls, B.J. (1979). How variety and palatability can stimulate appetite. *Nutrition Bulletin, 5,* 78–86.

Rolls, B.J. (1998). Volume of food consumed affects satiety in men. *American Journal of Clinical Nutrition, 67,* 1170–1177.

Rolls, E.T. (1981). Central nervous mechanism related to feeding and appetite. *British Medical Bulletin, 37,* 131–134.

Rolls, E.T. (1986). A theory of emotion and its application to understand the neural basis of emotion. In Y. Oomura (Ed.), *Emotions* (p. 325). Basel: Karger.

Rook, K.S. & Hammen, C.L. (1977). A cognitive perspective on the experience of sexual arousal. *Journal of Social Issues, 33,* 7–29.

Rose, R.M., Holaday, J.W. & Bernstein, I.S. (1971). Plasma testosterone, dominance rank, and aggressive behavior in male Rhesus monkeys. *Nature, 231,* 366–368.

Rosen, J.B. & Shulkin, J. (1998). From normal fear to pathological anxiety. *Psychological Review, 105,* 325–350.

Rosenzweig, M.R. (1984). Experience, memory, and the brain. *American Psychologist, 39,* 365–376.

Ross, H.S., Rheingold, H.L. & Eckerman, C.O. (1972). Approach and exploration of a novel alternative by 12-month-old infants. *Journal of Experimental Child Psychology, 13,* 85–93.

Ross, L. (1974). Effects of manipulating the salience of food upon consumption by obese and normal eaters. In S. Schachter & J. Rodin (Eds.), *Obese humans and rats* (pp. 43–51). Washington: Erlbaum.

Roth, G. & Menzel, R. (1996). Neuronale Grundlagen kognitiver Leistungen. In J. Dudel, R. Menzel & R.F. Schmidt (Hrsg.), *Neurowissenschaft* (pp. 539–559). Heidelberg: Springer.

Rotter, J.B. (1954). *Social learning and clinical psychology.* New York: Prentice-Hall.

Rowland, N.E., Li, B.-H. & Morien, A. (1996). Brain mechanisms and the physiology of feeding. In E.D. Capaldi (Ed.), *Why we eat what we eat. The psychology of eating* (pp. 173–204). Washington, D.C.: American Psychological Association.

Rozin, P. (1996). Sociocultural influences on human food selection. In E.D. Capaldi (Ed.), *Why we eat what we eat. The psychology of eating* (pp. 233–263). Washington, D.C.: American Psychological Association.

Ruderman, A.J. (1986). Dietary restraint: A theoretical and empirical review. *Psychological Bulletin, 99,* 247–262.

Rule, B.G. & Nesdale, A.R. (1974). Differing functions of aggression. *Journal of Personality, 42,* 467–481.

Rule, B.G. & Nesdale, A.R. (1976). Emotional arousal and aggressive behavior. *Psychological Bulletin, 83,* 851–863.

Russell, B. (1938). *Power.* London: Allen and Unwin.

Rushton, J.P., Fulkes, D.W., Neall, M.C., Nias, D.K.B. & Eysenck, H.J. (1986). Altruism and aggression: The heritability of individual differences. *Journal of Personality and Social Psychology, 50,* 1192–1198.

Sadalla, E.K., Kenrick, D.T. & Vershure, B. (1987). Dominance and heterosexual attraction. *Journal of Personality and Social Psychology, 52,* 730–738.

Sarason, I.G. (1972). Experimental approaches to test anxiety: Attention and the uses of information. In C.D. Spielberger (Ed.), *Anxiety. Current trends in theory and research* (Vol. 2) (pp.381–403). New York: Academic Press.

Sarason, I.G. (1984). Stress, anxiety, and cognitive interference. *Journal of Personality and Social Psychology, 46,* 929–938.

Sarason, I.G. & Sarason, B.R. (1987). Cognitive interference as a component of anxiety: Measurement of its state and trait aspects. In H.M. van der Ploeg, R. Schwarzer & C.D. Spielberger (Eds.), *Advances in test anxiety research* (Vol. 4) (pp. 3–14). Lisse: Swets & Zeitlinger.

Sarason, I.G., Sarason, B.R., Keefe, D.E., Hayes, B.E. & Shearin, E.N. (1986). Cognitive interference: Situational determinants and traitlike characteristics. *Journal of Personality and Social Psychology, 51,* 215–226.

Sartory, G. (1993). The associative network of fear: How does it come about? In N. Birbaumer & A. Öhman (Eds.), *The organization of emotion. Psychophysiological approaches to the structure of emotion.* Toronto: Hogrefe.

Schachter, S. (1964). The interaction of cognitive and physiological determinants of emotional state. In L. Berkowitz (Ed.), *Advances in Experimental Social Psychology* (Vol.1) (pp. 49–80). New York: Academic Press.

Schachter, S. (1968). Obesity and eating. *Science, 161,* 751–756.

Schachter, S. (1971). Some extraordinary facts about obese humans and rats. *American Psychologist, 26,* 129–144.

Schachter, S., Goldman, R. & Gordon, A. (1968). Effects of fear, food deprivation, and obesity on eating. *Journal of Personality and Social Psychology, 10,* 91–97.
Schafe, G.E. & Bernstein, I.L. (1996). Taste aversion learning. In E.D. Capaldi (Ed.), *Why we eat what we eat. The psychology of eating* (pp. 31–51). Washington, D.C.: American Psychological Association.
Scharrer, E., Erbersdobler, H. & Zucker, H. (1967). Untersuchungen über den Verzehrsrückgang bei proteinreicher Ernährung. 2. Mitteilung. Beziehungen zwischen Futterverzehr und freien Aminosäuren im Plasma. *Zeitschrift für Tierphysiologie, Tierernährung und Futtermittelkunde, 22,* 265–275.
Scharrer, E. & Zucker, H. (1967). Untersuchungen über den Verzehrsrückgang bei proteinreicher Ernährung. 1. Mitteilung. Spezifisch-dynamische Wirkung und Schmackhaftigkeit. *Zeitschrift für Tierphysiologie, Tierernährung und Futtermittelkunde, 22,* 141–160.
Scherer, K.R. (1993). Neuroscience projections to current debates in emotion psychology. *Cognition and Emotion, 7,* 1–41.
Schjelderup-Ebbe, T. (1935). Social behavior in birds. In C. Murchison (Ed.), *Handbook of social psychology* (pp. 947–972). Worcester: Clark University Press.
Schmalt, H.-D. (1976a). Methoden der Leistungsmotivmessung. In H.-D. Schmalt & W.-U. Meyer (Eds.), *Leistungsmotivation und Verhalten* (pp. 165–191). Stuttgart: Klett.
Schmalt, H.-D. (1976b). *Das LM-GITTER. Ein objektives Verfahren zur Messung des Leistungsmotivs bei Kindern. Handanweisung.* Göttingen: Hogrefe.
Schmalt, H.-D. (1976c). *Die Messung des Leistungsmotivs.* Göttingen: Hogrefe.
Schmalt, H.-D. (1979a). Leistungsthematische Kognitionen II: Kausalattribuierungen, Erfolgserwartungen und Affekte. *Zeitschrift für Experimentelle und Angewandte Psychologie, 26,* 509–531.
Schmalt, H.-D. (1979b). Machtmotivation. *Psychologische Rundschau, 30,* 269-285.
Schmalt, H.-D. (1982). Two concepts of fear of failure motivation. In R. Schwarzer, H. van der Ploeg & C.D. Spielberger (Eds.), *Advances in test anxiety research* (Vol. 1) (pp. 45–52). Lisse: Swets & Zeitlinger.
Schmalt, H.-D. (1986). Das Machtmotiv und Verantwortlichkeitsattribution für interpersonale Ereignisse. *Psychologische Beiträge, 28,* 533–550.
Schmalt, H.-D. (1987). Power motivation and the perception of control. In F. Halisch & J. Kuhl (Eds.), *Motivation, intention, and volition* (pp. 101–113). Berlin: Springer.
Schmalt, H.-D. (1989). Motivationszustand und Informationsverarbeitung. *Psychologische Beiträge, 31,* 19–34.
Schmalt, H.-D. (1990). Zustands- und dispositionsabhängige Unterschiede bei der Informationsverarbeitung. *Zeitschrift für Experimentelle und Angewandte Psychologie, 37,* 486–504.
Schmalt, H.-D. (1994). Zur Aufhebung und Akzentuierung von Leistungsdefiziten nach nichtkontingentem Mißerfolg. *Zeitschrift für Experimentelle und Angewandte Psychologie, 61,* 261–278.
Schmalt, H.-D. (1996). Zur Kohärenz von Motivation und Kognition. In J. Kuhl & H. Heckhausen (Eds.), *Enzyklopädie der Psychologie, Motivation, Volition und Handlung, Band 4: Motivation und Emotion* (pp. 241–273). Göttingen: Hogrefe.
Schmalt, H.-D. (1999). Assessing the achievement motive using the grid technique. *Journal of Research in Personality, 33,* 109-130.

Schmalt, H.-D. & Heckhausen, H. (1994). Motivation. In H. Spada (Ed.), *Allgemeine Psychologie* (2. Aufl.) (pp. 451–494). Bern: Huber.
Schmalt, H.-D., Sokolowski, K. & Langens, (2000*)*. *Das Multi-Motiv-Gitter zur Erfassung von Anschluß, Leistung und Macht – MMG*. Frankfurt: Swets.
Schmalt, H-D. & Sokolowski, K. (2000). Zum gegenwärtigen Stand der Motivdiagnostik. *Diagnostica.*
Schmalt, H.-D. & Langens, Th. (in Vorb.). Projective, semiprojective, and self-report measures of human motivation predict private cognitive events: Strivings, memories, and daydreams.
Schnackers, U. & Kleinbeck, U. (1975). Machtmotiv und machtthematisches Verhalten in einem Verhandlungsspiel. *Archiv für Psychologie, 227,* 300–319.
Schneider, A.M. & Tarshis, B. (1975). *Physiological Psychology*. New York: Random House.
Schneider, K. (1973). *Motivation unter Erfolgsrisiko.* Göttingen: Hogrefe.
Schneider, K. (1977). Leistungsmotive, Kausalerklärungen für Erfolg und Mißerfolg und erlebte Affekte nach Erfolg und Mißerfolg. *Zeitschrift für Experimentelle und Angewandte Psychologie, 24,* 613–637.
Schneider, K. (1994). Emotionen. In H. Spada (Ed.), *Allgemeine Psychologie* (2. Aufl.) (pp. 403–449). Bern: Huber.
Schneider, K. (1996). Intrinsisch (autotelisch) motiviertes Verhalten – dargestellt an den Beispielen des Neugierverhaltens sowie verwandter Verhaltenssysteme (Spielen und leistunsmotiviertes Handeln). In J. Kuhl & H. Heckhausen (Eds.), *Enzyklopädie der Psychologie, Motivation, Volition und Handlung, Band 4: Motivation und Emotion* (pp. 119–152). Göttingen: Hogrefe.
Schneider, K. & Dittrich, W. (1990). Evolution und Funktion von Emotionen. In K.R. Scherer (Ed.), *Enzyklopädie der Psychologie, Motivation, Volition und Handlung, Band 3: Psychologie der Emotion* (pp. 41–114). Göttingen: Hogrefe.
Schneider, K. & Heckhausen, H. (1980). Subjective uncertainty and task preference. In H.I. Day (Ed.), *Advances in intrinsic motivation and aesthetics.* New York: Plenum.
Schneider, K. & Meise, C. (1973). Leistungs- und anschlußmotiviertes Risikoverhalten bei der Aufgabenwahl. In K. Schneider (Ed.), *Motivation unter Erfolgsrisiko* (pp. 212–238). Göttingen: Hogrefe.
Schneider, K. & Rheinberg, F. (1996). Erlebnissuche und Risikomotivation. In K. Pawlik & M. Amelang (Eds.), *Enzyklopädie der Psychologie, Temperaments- und Persönlichkeitsunterschiede, Band 3: Differentielle Psychologie und Persönlichkeitspsychologie* (pp. 407–439). Göttingen: Hogrefe.
Schneider, K., Wegge, J. & Konradt, U. (1993). Motivation und Leistung. In J. Beckmann, H. Strang & E. Hahn (Eds.), *Aufmerksamkeit und Energetisierung. Facetten von Konzentration und Leistung* (pp. 101–131). Göttingen: Hogrefe.
Schrödinger, E. (1945). *What is life?* New York: MacMillan.
Schützwohl, A. & Horstmann, G. (1999). Überraschung, Handlungsunterbrechung und Schemarevision. In M. Jerusalem & R. Pekrun (Eds.), *Emotion, Motivation und Leistung* (pp. 65–77). Göttingen: Hogrefe.
Schwarting, R.K.W. (1997). Zur Neurochemie des Verhaltens: Dopamin und Motivation. *Psychologische Rundschau, 48,* 211–223.
Schwarz, N. (1990). Feelings as information: Informational and motivational functions of affective states. In E. Higgins & R. Sorrentino (Eds.), *Handbook of motivation and*

cognition. Foundations of social behavior (Vol. 2) (pp. 527–561). New York: Guilford.
Schwarzer, R. (Ed.) (1986). *Self-related cognitions in anxiety and motivation.* Hillsdale, N.J.: Erlbaum.
Schwarzer, R. (2000). *Streß, Angst und Handlungsregulation* (4. Aufl.). Stuttgart: Kohlhammer.
Schweiger, U. & Pirke, K.-M. (1999). Die Hypothalamus-Hypophysen-Gonaden-Achse bei der Frau. Wechselwirkungen mit Verhalten und anderen psychischen Funktionen. In C. Kirschbaum & D. Hellhammer (Eds.), *Enzyklopädie der Psychologie, Theorie und Forschung, Biologische Psychologie, Band 3: Psychoendokrinologie und Psychoimmunologie* (pp. 223–261). Göttingen: Hogrefe.
Sears, R.R. (1941) Non-aggressive reactions to frustration. *Psychological Review, 48,* 343–346.
Sedikides, C., Campbell, W.K., Reeder, G.D. & Elliot, A. (1998). The self-serving bias in relational context. *Journal of Personality and Social Psychology, 74,* 378–386.
Seligman, M.E.P. (1971). Phobias and preparedness. *Behavior Therapy, 2,* 307–320.
Seligman, M.E.P. (1975). *Helplessness: On depression, development, and death.* San Francisco: Freeman.
Shafir, E. & Tversky, A. (1995). Decision making. In E. Smith & D.N. Osherson (Eds.), *Thinking. An invitation to cognition science* (Vol. 3) (pp. 77–100). Cambridge, Mass.: The MIT Press.
Shackelford, T.K. & Larsen, R.J. (1997). Facial asymmetry as an indicator of psychological, emotional, and physiological distress. *Journal of Personality and Social Psychology, 72,* 456–466.
Shannon, C.E. & Weaver, W. (1949). *Mathematical theory of communication.* Urbana: University of Illinois Press.
Sharma, K.N., Anand, B.K., Dua, A. & Singh, B. (1961). Role of stomach in regulation of activities of hypothalamic feeding centers. *American Journal of Physiology, 201,* 593–598.
Sheffield, F.D. & Roby, T.B. (1950). Reward value of a non-nutritive sweet taste. *Journal of Comparative and Physiological Psychology, 43,* 471–481.
Silver, A.J. & Morley, J.E. (1991). Role of CCK in regulation of food intake. *Progress in Neurobiology, 36,* 23–34.
Simpson, J.A. & Kenrick, D. (1997). *Evolutionary social psychology.* London: Erlbaum.
Simpson, J.A., Gangestad, S.W., Christensen, P.N. & Leck, K. (1999). Fluctuating asymmetry, sociosexuality, and intrasexual competitive tactics. *Journal of Personality and Social Psychology, 76,* 159–172.
Sims, E.A H. (1974). Studies in human hyperphagia. In G.A. Bray & J.E. Bethune (Eds.), *Treatment and management of obesity* (pp. 28–43). Hagerstown: Harper & Row.
Singh, D. (1993). Adaptive significance of female physical attractiveness: Role of waist-to-hip ratio. *Journal of Personality and Social Psychology, 65,* 293–307.
Smith, C.P. (1992). Reliability issues. In C.P. Smith (Ed.), *Motivation and personality: Handbook of thematic content analysis* (pp. 126–139). Cambridge: Cambridge University Press.
Smith, C.P., Feld, S.C. & Franz, C.E. (1992). Methodological considerations: Steps in research employing content analysis systems. In C.P. Smith (Ed.), *Motivation and*

personality: Handbook of thematic content analysis (pp. 515–536). Cambridge: Cambridge University Press.
Snyder, C.R., Sympson, S.C., Ybasco, F.C., Borders, T.F., Babyak, M.A. & Higgins, R.L. (1996). Development and validation of the state hope scale. *Journal of Personality and Social Psychology, 70,* 321–335.
Sobal, J. & Stunkard, A.J. (1989). Socioeconomic status and obesity: A review of the literature. *Psychological Bulletin, 105,* 260–275.
Sokolov, E.N. (1963). *Perception and the conditioned reflex.* Oxford: Pergamon Press.
Sokolowski, K. (1992). Entwicklung eines Verfahrens zur Messung des Anschlußmotivs. *Dingnostica,* 38, 1–17.
Sokolowski, K. (1993). *Emotion und Volition.* Göttingen: Hogrefe.
Sokolowski, K., Schmitt, S., Jörg, J. & Ringendahl, H. (1997). Anschlußmotiv und Dopamin: Ein Vergleich zwischen Parkinson- und Rheumaerkrankten anhand implizit und explizit gemessener Motive. *Zeitschrift für Differentielle und Diagnostische Psychologie, 18,* 251–259.
Sokolowski, K., Schmalt, H.-D., Langens, T. & Puca, R.M. (2000). Assessing achievement, affiliation, and power motives all at once: the Multi-Motive Grid (MMG). *Journal of Personality Assessment, 74,* 126–145.
Solomon, R.L. & Wynne, L.C. (1953). Traumatic avoidance learning: Acquisition in normal dogs. *Psychological Monographs, 67* (whole No. 354).
Sorrentino, R.M. (1996). The role of conscious thougt in a theory of motivation and cognition. The uncertainty orientation paradigm. In P.M. Gollwitzer & J.A. Bargh (Eds.), *The psychology of action. Linking cognition and motivation to behavior* (pp. 619–644). New York: Guilford Press.
Sorrentino, R.M., Short, J.C. & Raynor, J.O. (1984). Uncertainty orientation: Implications for affective and cognitive views of achievement behavior. *Journal of Personality and Social Psychology, 46,* 189–206.
Spangler, W.D. & House, R.J. (1991). Presidential effectiveness and the leadership motive profile. *Journal of Personality and Social Psychology, 60,* 439–455.
Spence, J.T. & Spence, K.W. (1966). The motivational components of manifest anxiety: Drive and drive stimuli. In C.D. Spielberger (Ed.), *Anxiety and behavior* (pp. 291–326). New York: Academic Press.
Spence, K.W. (1951). Theoretical interpretations of learning. In S.S. Stevens (Ed.), *Handbook of experimental psychology.* New York: Wiley.
Spence, K.W. (1956). *Behavior theory and conditioning.* New Haven: Yale University Press.
Spence, K.W. (1964). Anxiety (drive) level and performance in eyelid conditioning. *Psychological Bulletin, 61,* 129–139.
Spielberger, C.D. (1966). Theory and research on anxiety. In C.D. Spielberger (Ed.), *Anxiety and behavior* (pp. 3–20). New York: Academic Press.
Spielberger, C.D. (1972). Anxiety as an emotional state. In C.D. Spielberger (Ed.), *Anxiety: Current trends in theory and research* (Vol. 1) (pp. 23–49). New York: Academic Press.
Spielberger, C.D. (1983). *Manual for the State-Trait Anxiety Inventory (STAI).* Palo Alto, CA: Consulting Psychologists Press.
Spielberger, C.D. & Smith, L.H. (1966). Anxiety (drive), stress, and serial position ef-

fects in serial-verbal learning. *Journal of Experimental Psychology, 72,* 589–595.
Spitzer, L. & Rodin, J. (1981). Human eating behavior: A critical review of studies in normal weight and overweight individuals. *Appetite, 2,* 293–329.
Squire, L.R. (1992). Memory and the hippocampus: A synthesis from findings with rats, monkeys, and humans. *Psychological Review, 99,* 195–231.
Srole, L., Langner, T.S., Michael, S.T., Opler, M.K. & Rennie, T.A. (1962). *Mental health in the metropolis: The Midtown Manhattan Study.* New York: McGraw-Hill.
Steiner, J.E. (1979). Human facial expressions in response to taste and smell stimulation. *Advances in Child Development and Behavior, 13,* 257–295.
Stellar, E. (1954). The physiology of motivation. *Psychological Review, 61,* 5–22.
Stewart, A.J. & Rubin, Z. (1976). The power motive in the dating couple. *Journal of Personality and Social Psychology, 34,* 305–309.
Steyer, R., Schwenkmezger, P. & Auer, A. (1990). The emotional and cognitive components of trait anxiety: A latent state-trait model. *Personality and Individual Differences, 11,* 125–134.
Stunkard, A.J. (1975). Obesity and the social environment. In A. Howard (Ed.), *Recent advances in obesity research. 1. Proceedings of the 1. International Congress on Obesity* (pp. 178–190). London: Newman.
Svare, B. & Kinsley, C.H. (1987). Hormones and sex-related behavior: A comparative analysis. In K. Kelley (Ed.), *Females, males, and sexuality: Theories and research* (pp. 13–58). New York. Albany.
Switzky, H.N., Haywood, H.C. & Isett, R. (1974). Exploration, curiosity, and play in young children: Effects of stimulus complexity. *Developmental Psychology, 10,* 321–329.

Tataranni, P.A., Gautier, J.-F., Chen, K., Uecker, A., Bandy, D., Salbe, A.D., Pratley, R.E., Lawson, M., Reiman, E.M. & Ravussin, E. (1999). Neuroanatomical correlates of hunger and satiation in humans using positron emission tomography. *Proceedings of the National Academy of Science, USA, Medical Science, 96,* 4569–4574.
Taylor J.A. (1953). A personality scale of manifest anxiety. *Journal of Abnormal and Social Psychology, 48,* 285–290.
Taylor, J.A. (1956). Drive theory and manifest anxiety. *Psychological Bulletin, 53,* 303–320.
Taylor, S.E. & Gollwitzer, P.M. (1995). Effect of mindset on positive illusions. *Journal of Personality and Social Psychology, 69,* 213–226.
Tent, L. (1988). Heinrich Dükers Handlungstheorie. *Archiv für Psychologie, 140,* 169–182.
Tepper, B.J. (1998). Genetics of perception '98. 6-n-propylthiouracil: A genetic marker for taste, with implications for food preference and dietary habits. *American Journal of Human Genetics, 63,* 1271–1276.
Tepper, B.J. & Nurse, R.J. (1998). PROP taster status is related to the perception and preference for fat. *Annals of the New York Academy of Science, 855,* 802–804.
Terhune, K.W. (1968). Motives, situation, and interpersonal conflict within Prisoner's Dilemma. *Journal of Personality and Social Psychology, Monograph Supplement, 8, No. 3, Pt. 2,* 1–24.
Terhune, K.W. (1970). The effects of personality in cooperation and conflict. In P. Swingle (Ed.), *The structure of conflict* (pp. 193–234). New York: Academic Press.

Thompson, R.F. (1993). *The brain: A neuroscience primer* (2. Ed.). New York: Freeman.
Thompson, R.J., Jr. & Kolstoe, R.H. (1974). Physical aggression as a function of strength of frustration and instrumentality of aggression. *Journal of Research in Personality, 7,* 314–323.
Thornhill, R., Gangestad, S.W. & Comer, R. (1995). Human female orgasm and mate fluctuating asymmetry. *Animal Behaviour, 50,* 1601–1615.
Tinbergen, N. (1951). *The study of instinct.* London: Oxford University Press.
Tinbergen, N. (1952). *Instinktlehre.* Berlin: Parey.
Tinbergen, N. & Kuenen, D.J. (1939). Über die auslösenden und richtungsgebenden Reizsituationen der Sperrbewegung von jungen Drosseln (Turdus m. merula L. und T. e. ericetorum Turton). *Zeitschrift für Tierpsychologie, 3,* 37–60.
Tolman, C.W. (1967). The feeding behaviour of domestic chicks as a function of rate of pecking by a surrogate companion. *Behaviour, 29,* 57–62.
Tolman, E.C. (1932). *Purposive behavior in animals and men.* New York: Appleton
Tolman, E.C. (1952). A cognition motivation model. *Psychological Review, 59,* 389–400.
Tooby, J. (1988). The emergence of evolutionary psychology. In D. Pines (Ed.), *Emerging syntheses in science* (pp. 67–76). Redwood City, CA: Addison-Wesley.
Tooby, J. & Cosmides, L. (1992). The psychological foundations of culture. In J. Barkow, L. Cosmides & J. Tooby (Eds.), *The adapt mind: Evolutionary psychology and the generation of culture.* New York: Oxford University Press.
Trapnell, P.D. & Campbell, J.D. (1999). Self-consciousness and the five-factor model of personality: Distinguishing rumination from reflection. *Journal of Personality and Social Psychology, 76,* 284–304.
Trivers, R.L. (1972). Parental investment and sexual selection. In B. Campbell (Ed.), *Sexual selection and the descent of man: 1871–1971* (pp. 136–179). New York: Aldine-Atherton.
Trivers, R. (1985). Social evolution. Menlo Park, CA: Benjamin/Cummings.
Trope, Y. (1975). Seeking information about one's own ability as a determinant of choice among tasks. *Journal of Personality and Social Psychology, 32,* 1004-1013.
Trope, Y. (1982). Self-assessment and task performance. *Journal of Experimental Social Psychology, 18,* 201–215.
Trope, Y. (1986a). Testing self-assessment and self-enhancement theories of achievement motivation: A reply to Sohn's critique. *Motivation and Emotion, 10,* 247–261.
Trope, Y. (1986b) Self-enhancement and self-assessment in achievement behavior. In R.M. Sorrentino & E.T. Higgins (Eds.), *Handbook of motivation and cognition. Foundations of social behavior* (pp. 350–378). New York: The Guilford Press.
Trope, Y. & Brickman, P. (1975). Difficulty and diagnosticity as determinants of choice among tasks. *Journal of Personality and Social Psychology, 31,* 918–925.
Trudewind, C. & Schneider, K. (1994). Interindividual differences in the development of exploratory behavior: Methodological considerations. In H. Keller, K. Schneider & B. Henderson (Eds.), *Curiosity and exploration* (pp. 151–176). Berlin: Springer.
Trudewind, C., Machowiak, K. & Schneider, K. (1999). Neugier, Angst und kognitive Entwicklung. In M. Jerusalem & R. Pekrun (Eds.), *Emotion, Motivation und Leistung* (pp. 105–126). Göttingen: Hogrefe.
Trudewind, C., Unzner, L. & Schneider, K. (1989). Die Entwicklung der Leistungsmo-

tivation. In H. Keller (Ed.), *Handbuch der Kleinkindforschung* (pp. 491–524). Berlin: Springer.
Tversky, A. & Kahneman, D. (1973). Availability: A heuristic for judging frequency and probability. *Cognitive Psychology, 5,* 207–232.

Usala, P.D. & Hertzog, Ch. (1991). Evidence of differential stability of state and trait anxiety in adults. *Journal of Personality and Social Psychology, 60,* 471–479.

Veroff, J. (1957). Development and validation of a projective measure of power motivation. *Journal of Abnormal and Social Psychology, 54,* 1–8.
Veroff, J. (1969). Social comparison and the development of achievement motivation. In C.P. Smith (Ed.), *Achievement-related motives in children* (pp. 46–101). New York: Russel Sage Foundation.
Veroff, J. (1992). Power motivation. In C.P. Smith (Ed.), *Motivation and personality: Handbook of thematic content analysis* (pp. 278–285). Cambridge: Cambridge University Press.
Veroff, J. & Feld, Sh.C. (1970). *Marriage and work in America.* New York: Van Nostrand-Reinhold.
Veroff, J. & Veroff, J.B. (1972). Reconsideration of a measure of power motivation. *Psychological Bulletin, 78,* 279–291.
Vining, D.R. (1986). Social versus reproductive success: The central theoretical problem of human sociobiology. *Behavioral and Brain Sciences, 9,* 167–187.
Voland, E. (1993). *Grundriß der Soziobiologie.* Stuttgart: Fischer.
Vontobel, J. (1970). *Leistungsbedürfnis und soziale Umwelt.* Bern: Huber.
Vroom, V.H. (1964). *Work and motivation.* New York: Wiley.

Watson, P.J. & Thornhill, R. (1994). Fluctuating asymmetry and sexual selection. *Trends in Ecology and Evolution, 9,* 21–25.
Weber, M. (1956). *Wirtschaft und Gesellschaft.* Tübingen: Mohr.
Wedekind, C. & Füri, S. (1997). Body odour preferences in men and women: Do they aim for specific MHC combinations or simply heterozygosity? *Proceedings of The Royal Society of London, 264,* 1471–1479.
Wegge, J. (1998). *Lernmotivation, Informationsverarbeitung, Leistung.* Münster: Waxmann.
Weiner, B. (Ed.) (1974). *Cognitive views of human motivation.* New York: Academic Press.
Weiner, B. (1980). A cognitive (attribution) – emotion – action model of motivated behavior: An analysis of judgments of help-giving. *Journal of Personality and Social Psychology, 39,* 186–200.
Weiner, B. (1985a). An attributional theory of achievement motivation and emotion. *Psychological Review, 92,* 548–573.
Weiner, B. (1985b). »Spontaneous« causal thinking. *Psychological Bulletin, 97,* 74–84.
Weiner, B. (1986). *An attributional theory of motivation and emotion.* New York: Springer.
Weiner, B. (1996). Searching for order in social motivation. *Psychological Inquiry, 7,* 199–216.
Weiner, B. & Litman-Adizes, T. (1980). An attributional, expectancy-value analysis of

learned helplessness and depression. In J. Garber & M.E.P. Seligman (Eds.), *Human helplessness. Theory and applications* (pp. 35–57). New York: Academic Press.
Weiner, B., Russell, D. & Lerman, D. (1978). Affective consequences of causal ascriptions. In J.H. Harvey, W.J. Ickes & R.F. Kidd (Eds.), *New directions in attribution research* (Vol.2) (pp. 59–90). Hillsdale, N.J.: Erlbaum.
Weiner, B., Russell, D. & Lerman, D. (1979). The cognition-emotion process in achievement-related contexts. *Journal of Personality and Social Psychology, 37,* 1211–1220.
Weiner, B. & Sierad, J. (1975). Misattribution for failure and enhancement of achievement strivings. *Journal of Personality and Social Psychology, 31,* 415–421.
Weiskrantz, L. (1956). Behavioral changes associated with ablation of amygdaloid complex in monkeys. *Journal of Comparative and Physiological Psychology, 49,* 381–391.
Weiss, J.M., Glazer, H.I. & Pohorecky, L.A. (1976). Coping behavior and neurochemical changes in rats: An alternative explanation for the original »learned helplessness« experiments. In G. Serban & A. King (Eds.), *Animal models in human psychobiology* (pp. 141–173). New York: Plenum.
Westenhoefer, J. & Pudel, V. (1993). Pleasure from food: Importance for food choice and consequences of deliberate restriction. *Appetite, 20,* 246–249.
Whalen, R.E. (1966). Sexual motivation. *Psychological Review, 73,* 151-163.
Whissell-Buechy, D. (1990). Effects of age and sex on taste sensitivity to phenylthiocarbamide (PTC) in the Berkely Guidance sample. *Chemical Senses, 15,* 39–57.
White, R.W. (1959). Motivation reconsidered: The concept of competence. *Psychological Review, 66,* 297–333.
Wickler, W. (1970). Soziales Verhalten als ökologische Anpassung. *Verhandlungen der Deutschen Zoologischen Gesellschaft, 64,* 291–304.
Wicklund, R.A. (1982). Self-focused attention and the validity of self-reports. In M.P. Zanna, E.T. Higgins & C.P. Herman (Eds.), *Consistency in social behavior. The Ontario Symposium* (Vol. 2) (pp. 149–172). Hillsdale, N.J.: Erlbaum.
Wiedeman, M.W. (1997). Extramarital sex: Prevalence and correlates in a national survey. *The Journal of Sex Research, 34,* 167–174.
Wills, T.A., Windle, M. & Cleary, S.D. (1998). Temperament and novelty seeking in adolescent substance use: Convergence of dimensions of temperament with constructs from Cloninger's theory. *Journal of Personality and Social Psychology, 74,* 387–407.
Wilson, E.O. (1975). *Sociobiology: The new synthesis.* Cambridge: Harvard University Press.
Wilson, T.D. & Linville, P.W. (1982). Improving the academic performance of college freshmen: Attribution therapy revisited. *Journal of Personality and Social Psychology, 42,* 367–376.
Wilson, D.S., Near, D. & Miller, R.R. (1996). Machiavellianism: A synthesis of the evolutionary and psychological literatures. *Psychological Bulletin, 119,* 285–299.
Wine, J. (1971). Test anxiety and direction of attention. *Psychological Bulletin, 76,* 92–104.
Winter, D.G. (1972). The need for power in college men: Action correlates and relationship to drinking. In D.C. McClelland, W.N. Davis, R. Kalin & E. Wanner (Eds.), *The drinking man* (pp. 99–119). New York: The Free Press.
Winter, D.G. (1973). *The power motive.* New York: The Free Press.

Winter, D.G. (1987a). Enhancement of an enemy's power motivation as a dynamic of conflict escalation. *Journal of Personality and Social Psychology, 52,* 41–46.
Winter, D.G. (1987b). Leader appeal, leader performance, and the motive profiles of leaders and followers: A study of American presidents and elections. *Journal of Personality and Social Psychology, 52,* 196–202.
Winter, D.G. (1991). A motivational model of leadership: Predicting long-term management success from TAT measures of power motivation and responsibility. *Leadership Quaterly, 2,* 67–80.
Winter, D.G. (1993). Power, affiliation, and war: Three tests of a motivational model. *Journal of Personality and Social Psychology, 65,* 532–545.
Winter, D.G. (1995). Presidential psychology and governing styles: A comparative psychological analysis of the 1992 presidential candidates. In S.A. Renshon (Ed.), *The Clinton presidency. Campaigning, governing, and the psychology of leadership* (pp. 113–134). Boulder: Westview Press.
Winter, D.G., Stewart, A.J. & McClelland, D.C. (1977). Husband's motives and wife's career level. *Journal of Personality and Social Psychology, 35,* 159–166.
Wise, R.A. & Rompre, P.-P. (1989). Brain dopamine and reward. *Annual Review of Psychology, 40,* 191–225.
Woike, B.A. (1995). Most-memorable experiences: Evidence for a link between implicit and explicit motives and social-cognitive processes in everyday life. *Journal of Personality and Social Psychology, 68,* 1081–1091.
Wong, P.T.P. & Weiner, B. (1981). When people ask »why« questions, and the heuristics of attributional search. *Journal of Personality and Social Psychology, 40,* 650–663.
Wood, W., Wong, F.Y. & Chachere, J.G. (1991). Effects of media violence on viewers' aggression in unconstrained social interaction. *Psychological Bulletin, 109,* 371–383.
Wood-Gush, D.G.M. & Vestergaard, K. (1991). The seeking of novelty and its relation to play. *Animal Behaviour, 42,* 599–606.
Wright, J. (1997). Helping-at-the-nest in Arabian babblers: Signalling social status or sensible investment in chicks? *Animal Behaviour, 54,* 1439–1448.
Wünschmann, A. (1963). Quantitative Untersuchungen zum Neugierverhalten von Wirbeltieren. *Zeitschrift für Tierpsychologie, 20,* 80–109.
Wundt W. (1907). Über Ausfrageexperimente und über die Methoden zur Psychologie des Denkens. *Psychologische Studien, 3,* 301–360.

Yalon, I.D., Green, R. & Fisk, N. (1973). Prenatal exposure to female hormones: Effect on psychosexual development in boys. *Archives of General Psychiatry, 28,* 554–561.
Ybarra, O. & Stephan, W.G. (1999). Attributional orientations and the prediction of behavior: The attribution-prediction bias. *Journal of Personality and Social Psychology, 76,* 718–727.
Young, P.T. (1947). Studies of food preference, appetite, and dietary habit: VII. Palatability in relation to learning and performance. *Journal of Comparative and Physiological Psychology, 40,* 37–72.
Young, P.T. (1961). *Motivation and emotion. A survey of the determinants of human and animal activity.* New York: Wiley.
Young, W.C. (1961). The hormones and mating behavior. In W.C. Young (Ed.), *Sex and internal secretions* (Vol. 2) (pp. 1173–1239). Baltimore: Williams & Wilkins.

Zajonc, R.B. (1980). Feeling and thinking: Preferences need no inferences. *American Psychologist, 35,* 151–175.
Zajonc, R.B. (1984). On the primacy of affect. *American Psychologist, 39,* 117–123.
Zeaman, D. (1949). Response latency as a function of the amount of reinforcement. *Journal of Experimental Psychology, 39,* 466–483.
Zillmann, D. & Bryant, J. (1974). Effect of residual excitation on the emotional response to provocation and delayed aggressive behavior. *Journal of Personality and Social Psychology, 30,* 782–791.
Zuckerman, M. (1972). Sensation seeking and habituation of the electrodermal orienting response. *Psychophysiology, 9,* 267.
Zuckerman, M. (1990). The psychophysiology of sensation seeking. *Journal of Personality, 58,* 313–345.
Zuckerman, M. (1994). Impulsive unsocialized sensation seeking: The biological foundations of a basic dimension of personality. In J.E. Bates & T.D. Wachs (Eds.), *Temperament. Individual differences at the interface of biology and behavior* (pp. 219–255). Washington, D.C.: American Psychological Association.
Zuckerman, M., Bone, R.N., Neary, R., Mangelsdorff, D. & Brustman, B. (1972). »What is the sensation seeker?« Personality trait and experience correlates of the sensation-seeking scales. *Journal of Consulting and Clinical Psychology, 39,* 308–321.
Zumkley, H. (1985). Operante versus respondente Messung von Aggressivität, Vigilanz und Wahrnehmungsabwehr bei der Identifikation von aggressionsrelevanten Wörtern. *Psychologische Beiträge, 27,* 68–78.
Zumkley, H. (1987a). Zur Gültigkeit des Aggressions-Motiv-Gitters. *Psychologische Beiträge, 29,* 558–566.
Zumkley, H. (1987b). »Aggressiv sind nicht immer nur die anderen!« Einflüsse von individuellen Differenzen der Aggressivität auf das Aggressionsurteil. *Psychologische Beiträge, 29,* 109–122.
Zumkley, H. (1992). Stability of individual differences in aggression. In A. Fraczek & H. Zumkley (Eds.), *Socialization and aggression* (pp. 45–57). Heidelberg: Springer.
Zumkley, H. (1996). Aggression und Aggressivität. *Enzyklopädie der Psychologie, Differentielle Psychologie und Persönlichkeitsforschung, Band 3: Temperaments- und Persönlichkeitsunterschiede* (pp. 337–375). Göttingen: Hogrefe.

12. Sachregister

Absicht (s. Intention)
Ärger 82, 87, 222, 228, 248, 276, 288
Affekt (s. Emotion)
Aggression 28, 49, 54, 55, 63, 88, 141, 217–250, 252, 289
Aktivation (Aktivierung) 77, 78, 163–165, 177, 183, 184, 202–209, 224, 270, 281, 289
Amygdala 44–49, 80–85, 122, 143, 154, 155, 183, 184, 212–214, 249, 252, 253
Angst (s. auch Furcht) 28, 49–50, 54, 78, 90, 91, 123–125, 162, 186–216, 252
Anreiz 12, 17–21, 37–41, 51–56, 71–74, 77–79, 94–97, 103–105, 123, 135, 137–146, 166, 176–178, 191, 192, 195, 227, 232, 243–248, 255, 266–271, 274, 275–283
Anschlußmotivation 28, 48, 54, 87, 88–90, 260–268
Anspruchsniveau 280, 283
Anstrengung 33, 34, 281–294, 297–303
Appetenzverhalten 59–64
Attraktivität 134–144
Attribution 26, 82–91, 145, 146, 233–243, 248, 284–291, 297–303
Aufforderungscharakter (s. Anreiz)
Aufmerksamkeit 89, 122–125, 183, 196–201
Ausdauer (Persistenz) 278, 281–283, 298
Auslösemechanismus 17, 60–64
Auslöser (z.B. AAM) 17, 60–63, 139–141

Basalganglien 47, 48
Behaviorismus 73–77
Bekräftigung 71, 72, 74–76, 78, 289, 290
Beobachtungslernen 243–248
Bewußtsein 14, 22–24, 30, 31–35, 70, 72, 88, 93, 94, 96, 233–236

Calvinismus 17
Cholezystokinin (CCK) 116, 117

Depression 49, 89, 90, 286
Diagnostizität 292–296
Dominanz (s. Macht)
Dopamin 22, 47, 48, 154, 155, 184
Drogen 180–182, 245–247, 258–260

Eifersucht 138, 139
Elektroencephalogramm (EEG) 43, 46, 177, 183
Elterliches Investment 137–139
Emotion 20–23, 51, 59–60, 71, 72, 77–86, 110, 111, 128, 132–134, 137, 183, 184, 231–248, 256–258, 274, 284–294, 297–303
Endhandlung 59–64
Erregung 142–153, 236–245, 289
Erwartung 13, 23–24, 85–87, 94–96, 171–173, 269–271, 275–291, 297–303
Erwartung-Wert-Modell 14, 23–27, 86, 243–248, 266–271, 275–291
Ethologie 59–64
Evolution 27–29, 57–70, 102, 129, 132–141, 159–161, 190–192, 219–222, 254
Exploration (s. Neugier)

Fantasien 143–146
Fitneß 27, 28, 60–70, 134–141, 252
Flowerleben 33, 78, 86, 90, 91, 296–297
Fluktuierende Asymmetrie (FA) 135–141
Formatio reticularis 45, 76, 177
Fremdenangst 189, 219
Freude 82, 276, 288
Frustration 82, 88, 221, 227–243, 246–248
Furcht (s. auch Angst) 74, 81, 82, 162, 163, 176, 183, 186–216

GABA 49–50, 121, 213
Gefühl (s. Emotion)
Gelernte Hilflosigkeit 49, 82, 286, 298–303
Geschmack (süß-bitter) 109–115, 128–130
Geschmacksaversion 114–115, 128–130
Gesundheit 97, 98, 102, 103, 260–262
Gitter-Technik 53–55, 267
Glukose 116–118, 123–125

Hackordnung 251–253
Handlungsmodelle (hierarchisch) 96–101
Handlungsmodelle (sequentiell) 92–96, 99–101
Hedonische Verzerrung 285–291
Helfer-am-Nest 66–68
Hilfeleistung 87, 88
Hippocampus 47–49, 81–85, 183, 212
Hunger 28, 102–131
Hypothalamus 22, 44–48, 106, 107, 116–121, 147–155, 212–214, 224, 225, 249

Information 173–175, 292–297
Instinkt 57–64, 79
Intention 91–101, 217, 221, 228, 238–243, 248, 269–271
Intrinsische Motivation 34, 78, 90, 91, 296

Kaspar-Hauser-Versuch 58–60, 189
J.F. Kennedy 257, 263–265
Klassisches Konditionieren (Pawlow) 118, 130, 191, 192, 213, 214, 218, 231
Koevolution 16, 69–70
Kognition 79–91, 122–125, 145–146, 196–201, 207, 210, 233, 248, 284–297
Kollative Variablen 166–176
Komplexität 167–170
Konflikt 201–207, 264, 265, 268–271
Kontrolle 255–257, 260, 285, 300–303
Kortex 77–85, 120, 121, 183
Krieg und Frieden 262–265

Langeweile 78, 90, 91, 163, 164, 177–180, 275
Leistungsmotiv 17, 21, 24, 30, 31, 40–42, 79, 87– 91, 98, 247, 256, 262–268, 273–304
Lerndispositionen 127, 190
Lernen 73–77, 127–130, 191–195, 212–214, 231–235, 243–248
Limbisches System 48, 120–122, 147, 212, 252
Locus coeruleus 47, 48
Lustprinzip 20, 21, 71, 72, 77
Lust-Unlust-Mechanismus 20–22, 48, 78, 79, 81, 82, 132, 155, 231–233

Machiavellismus 254, 269
Macht 28, 31, 54, 90, 91, 98, 134–143, 251–272
Magen-Darm-Trakt 115–117
Major Histocompatibility Complex (MHC) 143, 144

Mediale präoptische Region (MPOA) 47, 143, 144, 152–155
Mediales Vorderhirnbündel (MFB) 22, 47
Mimik 110–114
Modellernen 130
Motivmessung 50–56

Nahrungsaufnahme 108–122
Neoassoziationismus 30, 231–235
Neugier 28, 81, 159–185, 294–296
Neurotransmitter 43, 46–50
Noradrenalin 47–49, 116–121, 261, 268
Nucleus accumbens 22, 47
Nucleus paraventricularis 121

Östrogen 148–155
Organismische Bedingungsfaktoren 36, 41–50, 59, 73, 74, 102–122, 146–154,183, 184
Orientierungsreaktion 163, 164, 173, 181–183
Oxytocin 153

Paarbildung 133–139, 156–158, 259–261
Parkinson 48
Positronenemissionstomographie (PET) 43, 49–50, 120
Provokation (s. Frustration)
Psychoanalyse 70–72

Rangordnung 251–253
regionale Hirndurchblutung (rCBF) 43, 120, 213, 214
Risiko-Wahl-Modell 266–268, 275–283
Rollenerwartungen 155–157, 219–221
Rubikon-Modell 94–96

Schizophrenie 48
Schlüsselreize (s. Auslöser)
Schönheit 139–141
Selbstaufmerksamkeit 89
Selbstbewertung 80–83, 89, 90, 244–248, 285–291
Selbstkontrolle 123–125
Selbstregulation 244–248
Selektion 57–63, 134–141, 155–163, 219–220
Sensation Seeking 179–184
Sensorische Deprivation 176–179
Serotonin 48, 49, 116, 121, 184
Sexualität 28, 29, 48, 49, 63, 71, 72, 132–158, 179–181, 237, 238, 258–260
Soziobiologie 16, 26, 27, 64–70, 72, 132–141, 155–157, 252–254
Substantia nigra 47, 48
Sucht 130
State-Trait-Anxiety 208–212
Stereotaktisches Gerät 43, 44
Stolz 82, 87, 88
Streß 201–211, 213, 232, 260, 270

Testosteron 135, 144, 147–155, 225–227, 247
Thalamus 45, 80–85, 121, 183
Thematischer Auffassungs-Test (TAT) 51–54, 204–206, 256–261, 266, 267, 274, 275
Triebtheorie 70–77, 164, 165, 191–195

Übergewicht 103, 106, 107, 111–113, 122–127
Überraschung 173–176, 289
Unangenehme Ereignisse 231–235, 244–248
Unsicherheit 170–180, 292–296
Ursachen (s. Attribution)

Valenz (s. Erwartung-Wert-Modell)
Vergleichende Verhaltensforschung 59–64, 222
Vermeidung (s. Furcht)

Volition (s. Wille)
Vornahme (s. Intention)
Vorsatz (s. Intention)

Wert (s. Erwartung-Wert-Modell)
Wille 30–35, 82, 90, 92–101, 120, 123–125, 254, 281, 282
WHR (waist-to-hip-ratio) 68–70
Wohlbefinden (s. Gesundheit)

Zeiterleben 33, 34
Ziel 11–14, 22–35, 70, 77–83, 89, 94–101, 132, 133, 201–207, 217–219, 232–235, 239–243, 252, 255, 278–283, 292–300
ZNS 18, 19, 22, 27, 41, 43, 46–50, 56, 71, 73, 75, 83, 108, 116, 121, 146, 147, 153, 154, 177, 183